"博学而笃志，切问而近思。"
（《论语》）

博晓古今，可立一家之说；
学贯中西，或成经国之才。

作者简介

胡涵钧 男 1948年生,在复旦大学获经济学学士和硕士学位,现为复旦大学经济学院副院长,教授。长期从事国际贸易的教学和研究工作。曾作为高级访问学者在英国牛津大学圣安东尼学院做学术研究,在英国阿斯顿大学商学院完成中-欧交流项目《欧洲经济一体化和中欧贸易》。负责和参与国家社科基金资助的课题多项。在《世界经济》等杂志上发表学术论文数十篇。曾获上海市教学成果一等奖。已出版的著作有《新编国际贸易》、《当代中美贸易(1974-2001)》等。

金融学系列

新编国际贸易

(第二版)

■ 胡涵钧　主编

复旦大学出版社

内容提要

全书共分十六章。第一章是对国际贸易的总体概述。第二章至第七章在传统的国际贸易理论基础上，较为详细地介绍了规模经济、不完全竞争、产业内贸易和国际间生产要素流动等问题。第八章至第十一章分别论述了区域经济一体化、经济增长、环境保护、服务贸易与国际贸易的关系。第十二章至第十四章在传统的关税与非关税政策基础上，还重点介绍了战略贸易政策和贸易政策的政治经济学。第十五章是以WTO为重点介绍国际贸易的组织和协定。第十六章在回顾中国申请加入世贸组织过程的基础上，分析入世后中国的对外经济贸易。本书从国内高校的实际教学状况出发，力求使本书涉及的内容和深度达到欧美著名大学相关课程20世纪90年代末的水平。本书适合高等院校"国际贸易"课程作为教材，也可供从事实际经济工作的管理人员作为参考。

前　　言

本教材是复旦大学重点建设课程的教材。

本教材是在复旦大学世界经济系和国际金融系等多年教学实践的基础上，几经修改讲稿，不断去粗取精最终才形成目前的框架和内容。

20世纪50年代以来，国内高校的"国际贸易"课程大多选用对外经济贸易大学(前北京对外贸易学院)编写的《国际贸易》为教材。80年代以后，"国际贸易"课程的教材逐渐多了起来。至今，不同的版本已不下几十种。

本教材具有以下特点：

1. 基本沿用国外"国际经济学"课程的教材中有关国际贸易部分的结构体系。重点阐述国际贸易的理论和政策，考虑到近几年中国加入世界贸易组织的重要性，最后增加了国际贸易组织与协定这一章。

2. 考虑到国内高校的财经类专业已经把宏观经济学和微观经济学列入基础课程，因此，本教材较多地采用西方经济学的分析工具来阐述国际贸易的理论和分析国际贸易的政策，使这种阐述和分析更为直观，容易理解。

3. 编者参考了多种欧美著名大学的同类教材，在同一内容的多种表述方法中作了慎重的选择，使本教材较为系统和准确地反映了国际贸易理论和政策的全貌，基本上做到了历史和逻辑的统一。

4. 本教材用较多的篇幅介绍了当今国际贸易的新问题，如国际服务贸易、国际贸易与环境、战略贸易政策和贸易政策的政治经济学。使本教材大体上同国外 20 世纪 90 年代末的同类教材保持同步。

囿于国内本科生教材通常在 25 万字左右的惯例,本教材未能更多地编入有代表性的案例分析,编者有意在条件许可的情况下编写与本教材配套的案例汇编和形式更为多样化的习题集。

参加本教材编写的人员有:胡涵钧、张婵媛、陈芸、黄焱、王志伟、俞萌,全书由胡涵钧统稿。

希望读者对本教材提出批评和建议,以便今后改进和提高。

编 者

2000 年 5 月于复旦校园

第二版前言

这本教材出版迄今,销量已逾万册,增印过一次,现在修订后再版。

步入新的世纪以来,世界经济发生了巨大的变化,经济一体化的进程正在加快,保护环境和反对一体化的势力也不断增强。世界贸易组织最近召开的坎昆会议不欢而散,新一轮多边贸易谈判停滞不前。同时,发达国家、发展中国家以及区域经济集团都对双边自由贸易产生了浓厚的兴趣。世界贸易的协调和发展走多边还是双边的道路,成了人们普遍关注的问题。

中国加入世界贸易组织将近两年,在国内经济强劲的推动下,对外贸易高速增长。原来预计会受到冲击的产业也有很好的表现。

这本教材的再版,致力于反映近年来国际贸易和中国对外贸易领域中的新情况和新问题,具体的修订有以下几个方面:

1. 在原有的世界贸易组织一节中增加了世界贸易组织建立后召开的几次重要会议,以反映当前各国政府政策层面上关心的国际贸易热点问题。

2. 在世界贸易组织的协定中增加了海关估价协定和原产地规则协定。这两个很多教科书中未作介绍的协定,对国际贸易的影响是十分重大的。在跨国生产和经营日益普遍,进口国差别性的贸易待遇复杂多变的情况下,海关估价和原产地规则变得尤为重要。

3. 中国和世界贸易组织的关系由原来的一节扩充为一章,增加了中国加入世界贸易组织以后实施议定书的情况以及进出口商品结构的变化。

4. 更新了世界货物贸易、服务贸易以及相关的一系列数据,尽可能反映国际贸易的现状。

5. 更正了原教材中的一些错误和遗漏。

在修订过程中,徐明东和王纪亮协助收集了有关的资料和数据,国际金融系和公共经济系的学生在修读时曾提出很多有益的问题和建议,在此一并致谢。

编 者
2003年10月于复旦校园

目　　录

第一章　国际贸易概述 ………………………………………… 1
第一节　当代国际贸易的重要特点 ……………………………… 2
一、国际贸易的增长超过生产的增长 ……………………… 3
二、服务贸易迅速发展 ……………………………………… 4
三、发展中国家的贸易增长快于发达国家 ………………… 4
第二节　影响国际贸易发展的主要因素 ………………………… 5
一、以信息革命为代表的科技创新 ………………………… 6
二、建立在市场经济基础上的世界市场 …………………… 6
三、世界经济一体化的程度提高 …………………………… 6
四、世界贸易组织的作用加强 ……………………………… 7
第三节　国际贸易的主要内容 …………………………………… 7
第四节　国际贸易的基本概念 …………………………………… 9
一、关税区 …………………………………………………… 10
二、贸易的商品结构 ………………………………………… 10
三、贸易的地理结构 ………………………………………… 11
四、贸易额和贸易量 ………………………………………… 11

第二章　早期的贸易理论 ……………………………………… 12
第一节　重商主义 ………………………………………………… 12
一、重商主义的经济和社会框架 …………………………… 13
二、重商主义的经济政策 …………………………………… 14
第二节　早期古典经济学对重商主义的挑战 …………………… 15
一、价格—黄金流动机制 …………………………………… 15

二、绝对利益论 …………………………………………………… 16
第三章　古典贸易理论 …………………………………………………… 19
　第一节　李嘉图模型的基本假设条件 ………………………………… 20
　第二节　比较利益论 …………………………………………………… 21
　　一、简单的李嘉图模型 ……………………………………………… 21
　　二、用生产可能性边界表示的李嘉图模型 ………………………… 23
　第三节　扩展的古典贸易模型 ………………………………………… 26
　　一、建立在货币基础上的古典贸易模型 …………………………… 26
　　二、多种商品和多恩布什—费歇尔—萨缪尔森模型 ……………… 28
　　三、运输成本 ………………………………………………………… 31
　　四、多个国家 ………………………………………………………… 33
第四章　新古典贸易理论 ………………………………………………… 36
　第一节　均衡的封闭经济 ……………………………………………… 37
　　一、机会成本递增的生产可能性边界 ……………………………… 37
　　二、边际效用递减的社会无差异曲线 ……………………………… 39
　　三、生产和消费的均衡 ……………………………………………… 40
　第二节　自由贸易的利益 ……………………………………………… 42
　　一、均衡的开放经济 ………………………………………………… 42
　　二、消费利益和生产利益 …………………………………………… 45
　　三、消费偏好和产品构成 …………………………………………… 47
　第三节　贸易条件 ……………………………………………………… 49
　　一、提供曲线 ………………………………………………………… 50
　　二、均衡的贸易条件 ………………………………………………… 52
第五章　要素禀赋和国际贸易 …………………………………………… 57
　第一节　赫克歇尔—俄林模型 ………………………………………… 57
　　一、要素丰富的含义 ………………………………………………… 58
　　二、要素密集性和生产效率轨迹 …………………………………… 60
　　三、赫克歇尔—俄林定理 …………………………………………… 64
　第二节　赫克歇尔—俄林模型的扩展 ………………………………… 67
　　一、要素价格均等化定理 …………………………………………… 67

二、斯托尔珀—萨缪尔森定理 …………………………………… 71
　　三、雷布津斯基定理 ……………………………………………… 72
  第三节　赫克歇尔—俄林理论的实证检验 ………………………… 74
　　一、里昂惕夫的投入—产出分析 ………………………………… 74
　　二、改进的投入—产出分析 ……………………………………… 76
　　三、更现实的理论模型和实证检验 ……………………………… 78

第六章　规模经济、不完全竞争和国际贸易 ………………………… 85
  第一节　规模经济与国际贸易 ……………………………………… 86
　　一、规模报酬、规模经济和不完全竞争 ………………………… 86
　　二、外部规模经济与国际贸易 …………………………………… 87
　　三、内部规模经济与国际贸易 …………………………………… 90
  第二节　不完全竞争市场中的国际贸易模型 ……………………… 94
　　一、不完全竞争市场 ……………………………………………… 94
　　二、寡头垄断模型 ………………………………………………… 95
　　三、垄断竞争模型 ………………………………………………… 100
　　四、倾销模型 ……………………………………………………… 105
  第三节　产业内贸易 ………………………………………………… 108
　　一、产品异质性的规定 …………………………………………… 108
　　二、产业内贸易的特点 …………………………………………… 109
　　三、产业内贸易的利益 …………………………………………… 111
　　四、产业内贸易指数 ……………………………………………… 112

第七章　国际要素流动 ………………………………………………… 115
  第一节　生产要素流动与商品流动 ………………………………… 116
　　一、生产要素流动与商品流动的替代 …………………………… 116
　　二、实际情况下的不完全替代 …………………………………… 116
  第二节　国际资本流动 ……………………………………………… 118
　　一、国际直接投资与间接投资 …………………………………… 118
　　二、国际资本流动的规模 ………………………………………… 119
　　三、国际资本流动的动机 ………………………………………… 120
　　四、国际资本流动的福利效应 …………………………………… 122

五、资本流动对东道国和本国的其他影响……………………125
　　六、跨国公司与国际贸易………………………………………126
第三节　国际劳动力流动……………………………………………129
　　一、劳动力流动的福利效应……………………………………129
　　二、过剩劳动力流动的福利影响………………………………130
　　三、劳动力流动对生产结构和贸易结构的影响………………132
　　四、劳动力流动的进一步分析…………………………………133
　　五、国际间的劳动力流动………………………………………136
第四节　产品周期与技术转移………………………………………138
　　一、产品周期……………………………………………………138
　　二、产品周期的变化……………………………………………140
　　三、发达国家与发展中国家的技术转移………………………140

第八章　区域经济一体化…………………………………………145
第一节　经济一体化的内容和形式…………………………………146
第二节　关税同盟理论的静态模型…………………………………148
　　一、贸易创造和贸易转移………………………………………148
　　二、局部均衡模型………………………………………………152
　　三、一般均衡模型………………………………………………158
　　四、关税同盟改善福利的条件…………………………………162
第三节　关税同盟理论的动态模型…………………………………164
　　一、动态的规模效应……………………………………………165
　　二、其他动态效应………………………………………………166
第四节　关税同盟的成本和收益在成员国之间的分配……………168
　　一、收益分配的初始情况………………………………………168
　　二、收益分配的调整方式………………………………………169
第五节　区域经济一体化的其他形式………………………………170
　　一、自由贸易区…………………………………………………171
　　二、共同市场和经济联盟………………………………………171
　　三、区域经济一体化和全球经济一体化………………………173

第九章　国际贸易和经济增长……………………………………176

第一节　国际贸易对经济增长的影响……………………… 176
第二节　经济增长对国际贸易的影响……………………… 179
　　一、生产增长的效应……………………………………… 180
　　二、消费增长的效应……………………………………… 181
　　三、生产和消费增长的综合效应………………………… 182
第三节　经济增长、国际贸易和社会福利………………… 184
　　一、影响经济增长的两大要素…………………………… 184
　　二、要素偏性增长的小国模型…………………………… 187
　　三、要素偏性增长的大国模型…………………………… 190
　　四、偏好变化和国际贸易………………………………… 193
第四节　经济增长和贸易条件：发展中国家的战略……… 195

第十章　环境与国际贸易……………………………………… 199
第一节　环境与环境意识…………………………………… 199
　　一、世界环境保护意识的加强…………………………… 199
　　二、环境与贸易的关系…………………………………… 199
第二节　环境与贸易自由化………………………………… 201
　　一、环境对贸易所得的影响……………………………… 201
　　二、环境政策与贸易政策的替代性……………………… 209
第三节　环境与比较优势…………………………………… 211
　　一、环境政策对比较优势的影响………………………… 211
　　二、生态倾销……………………………………………… 214
第四节　跨国界污染………………………………………… 218
　　一、理论分析……………………………………………… 218
　　二、政策分析……………………………………………… 219
第五节　产品环境标准与非关税贸易壁垒………………… 221
　　一、作为非关税贸易壁垒的产品环境标准……………… 221
　　二、对产品环境标准的政策反应………………………… 222
　　三、有害物品的贸易……………………………………… 223
第六节　环境与WTO………………………………………… 223
　　一、WTO环境问题的背景………………………………… 223

二、环境问题的多边协调 …………………………………… 224
第十一章　服务贸易 ………………………………………………… 227
　第一节　服务贸易概述 …………………………………………… 227
　　一、服务和经济服务化 …………………………………… 227
　　二、服务、服务贸易、国际服务贸易 …………………… 229
　　三、服务贸易的特性 ……………………………………… 230
　　四、服务贸易与货物贸易的关系 ………………………… 231
　　五、服务贸易的分类 ……………………………………… 232
　第二节　服务贸易发展趋势 ……………………………………… 233
　　一、国际服务贸易发展概况 ……………………………… 234
　　二、服务贸易发展的特点 ………………………………… 235
　　三、服务贸易增长的原因 ………………………………… 237
　　四、服务贸易的发展趋势 ………………………………… 239
　第三节　服务贸易理论 …………………………………………… 239
　　一、国际服务贸易的决定因素 …………………………… 240
　　二、伯格斯模型 …………………………………………… 243
　　三、双渠道模型 …………………………………………… 245
　第四节　服务贸易总协定 ………………………………………… 249
　　一、服务贸易总协定的基本框架和一般原则 …………… 249
　　二、服务贸易总协定的意义和作用 ……………………… 250
第十二章　国际贸易的政策工具 …………………………………… 253
　第一节　关税的基本概念 ………………………………………… 253
　　一、关境 …………………………………………………… 253
　　二、税率表 ………………………………………………… 254
　　三、关税的种类 …………………………………………… 256
　　四、测量关税的方法 ……………………………………… 260
　第二节　关税政策的影响 ………………………………………… 264
　　一、进口关税的局部均衡分析 …………………………… 264
　　二、进口关税的一般均衡分析 …………………………… 270
　　三、出口关税的影响 ……………………………………… 274

第三节 其他贸易政策工具 ·· 276
　一、进口配额 ··· 277
　二、自愿出口限制 ··· 281
　三、对进口竞争产业的补贴 ·· 283
　四、其他非关税壁垒 ·· 285
　五、出口补贴 ··· 287
第四节 贸易政策的选择 ·· 289
　一、政策选择的基本原则 ··· 290
　二、关于关税政策的争论 ··· 292
　三、关税政策的社会效应 ··· 294

第十三章 战略贸易政策 ·· 299
第一节 用关税获取国外垄断利润 ·································· 300
　一、模型的前提条件 ·· 300
　二、模型的一般分析 ·· 300
　三、本国的福利变化 ·· 301
第二节 政府介入的寡头垄断 ·· 302
　一、模型的前提条件 ·· 302
　二、模型的一般分析 ·· 303
　三、双头垄断的利润矩阵 ··· 306
　四、实例分析 ··· 308
第三节 规模经济与寡头垄断市场的均衡 ························· 310
　一、模型的前提条件 ·· 310
　二、模型的一般分析 ·· 310
第四节 研究、开发和企业销售 ····································· 313
第五节 目标产业与政策实施 ·· 316
　一、目标产业的选择 ·· 316
　二、战略贸易政策的实施 ··· 317

第十四章 贸易政策的政治经济学 ································ 321
第一节 贸易政策的政治因素 ·· 322
　一、政治与经济利益 ·· 322

二、贸易政策的自身利益论 …………………………………… 322
　　三、贸易政策的社会目标论 …………………………………… 325
　　四、发达国家的保护领域 ……………………………………… 326
　第二节　寻租行为和贸易政策 …………………………………… 327
　第三节　国际谈判与贸易政策 …………………………………… 330
　　一、国际谈判的优点 …………………………………………… 330
　　二、优惠贸易协定 ……………………………………………… 332

第十五章　国际贸易组织和协定 …………………………………… 334
　第一节　关税与贸易总协定 ……………………………………… 334
　　一、关税与贸易总协定的由来 ………………………………… 335
　　二、关税与贸易总协定的基本规则 …………………………… 336
　第二节　联合国贸易与发展会议 ………………………………… 341
　　一、联合国贸易与发展会议的历程 …………………………… 341
　　二、普遍优惠制 ………………………………………………… 343
　第三节　世界贸易组织 …………………………………………… 347
　　一、从 GATT 到 WTO ………………………………………… 348
　　二、世界贸易组织的协定 ……………………………………… 351
　　三、WTO 新一轮谈判 ………………………………………… 362

第十六章　中国与世界贸易组织 …………………………………… 367
　第一节　中国加入世界贸易组织 ………………………………… 368
　　一、新中国和关税与贸易总协定 ……………………………… 368
　　二、中美谈判的主要问题 ……………………………………… 369
　　三、中国加入世界贸易组织的利与弊 ………………………… 371
　第二节　中国加入世界贸易组织后的对外经济和贸易 ………… 372
　　一、对外经济和贸易的发展 …………………………………… 373
　　二、中国入世的承诺 …………………………………………… 376
　　三、融入世界贸易组织的大家庭 ……………………………… 379

第一章　国际贸易概述

　　进入新千年的世界经济正处于迅速发展和激烈动荡之中,国际贸易的影响已渗透到人们日常生活的每一个细节,人们对国际贸易的关注达到了前所未有的程度。

　　中国台湾省的一次大地震会使美国的计算机产量下降,并使全世界的计算机市场面临价格上涨的压力。中东石油输出国的产量限制使许多工业化国家感受到通货膨胀的危险,以致美国不惜动用战略储备来缓解国内市场的石油短缺。

　　几个简单的类比可以概括出国际贸易在20世纪发生的巨大变化:

　　1 000年前,全世界约6千万人口,饥饿是人类最大的威胁,每当粮食收获以后,人们都要仔细盘算,对当年口粮和明年播种的分配作困难的选择。今天,"绿色革命"和转基因技术得到了广泛的应用,虽然有些国家对饥荒的恐惧还未彻底消除,但欧盟和美国政府却在为减少补贴后剩余的农产品如何销售出去而煞费苦心。

　　1 000年前,人们还不清楚地球有多大,在阿拉伯人的地图中,麦加是世界的中心,而中国的"淳化天下图"中,中国在世界的正中央。500年后,麦哲伦的船队环球航行一周花了近3年时间,终于知道了地球是圆的。而今天,交通网络已遍布世界各地,飞机的运送速度可以数倍于音速,人们不仅深入地了解了地球,而且便捷的商务往来淡化了国家的地域概念。

　　1 000年前,当一小撮胡椒粉出现在欧洲王公贵族的宴会上时,往往会引起客人们的一阵惊叹,因为它不仅是来自神秘的东方,而且意味着一路上诡谲莫测的风险和昂贵的运输成本。而今天,不计其数的进口商品已大量进入平常百姓家,使各国贸易专家感到困惑的是如何制定切实可行的原产地规则来识别这些商品应算作来自哪个国家。

1 000年前,羊皮纸是西方教士和富人的专用品,中国的造纸技术也刚刚起步。信息的传递不仅有限而且缓慢。今天,计算机的使用已十分普及,电子商务将淘汰纸张的大部分功能,生产商有可能直接面对全世界的最终用户,而信息高速公路可以使信息传递的所费时间趋向于零。

国际贸易给各国经济带来了巨大的利益,发达国家需要全球贸易的自动化为本国企业开拓更为广阔的发展空间,发展中国家也纷纷把出口导向作为本国工业化的发展战略。

美国是当今世界上最大的进出口贸易国,每年进出口贸易达2万亿美元。出口产业已成为美国经济增长的领头羊,美国经济增长的1/3来自出口行业。

欧盟是当今世界上最大的贸易集团,每年进出口贸易都占世界进出口贸易的1/5左右。欧盟成员国之间的内部贸易,是欧盟一体化的重要经济基础。

国际贸易对中国尤为重要,随着中国经济发展和对外开放,对外贸易在中国经济中的重要性日益显现,1999年,中国国内生产总值为8.2万亿元人民币,全年进出口总额3 607亿美元,其中出口总额1 949亿美元[1]。进出口额相当于全年国内生产总值的1/3以上。全国将近1/5的产品是直接用于出口的。2001年,中国加入了世界贸易组织,中国的市场将更加开放,中国的经济将与世界经济的联系更加紧密。中国不仅需要更多的人关心国际贸易,而且需要更多的人学习和研究国际贸易。

第一节 当代国际贸易的重要特点

国际贸易有悠久的历史。当人类的生产有了剩余产品后,不同

---

[1] 《中华人民共和国1999年国民经济和社会发展统计公报》,国家统计局,2000年2月28日。上述数据不包括香港、澳门、台湾的数据。

产品之间就有了交换。当产品归属私人所有后,交换就成了贸易。大约在公元前 3 000 年,古埃及、幼发拉底河和底格里斯河流域出现了国家的雏形,同时也产生了国际贸易。

当代国际贸易通常是指二战以后,或者说是 20 世纪后半期的国际贸易。

当代国际贸易主要有以下特点。

一、国际贸易的增长超过生产的增长

根据世界贸易组织的统计,1948—1999 年的 50 多年里,世界产出的年平均增长率为 3.64%,而同期商品出口的年平均增长率为5.78%。

表 1-1 世界货物贸易和世界经济发展情况

1948—1999 年年平均增长	世界货物贸易增长	5.78%
	世界 GDP 增长	3.64%

数据来源:世贸组织 50 年数据,国际货币基金组织。

国际贸易的增长速度超过生产增长的速度,意味着生产的专业化分工水平提高和劳动生产率的提高,1948—1997 年的 50 年里,人口增长了1.4 倍,而按固定价格计算的人均国内生产总值仍然增长了 1.6 倍[①]。

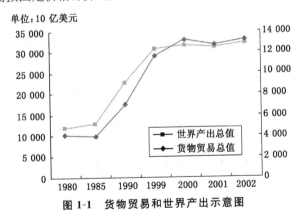

图 1-1 货物贸易和世界产出示意图

数据来源:www.imf.org World Economic Outlook Database April 2003

---

① http://www.wto.org/wto/anniv/press.htm.

二、服务贸易迅速发展

商品贸易过程中伴随着运输、仓储、金融、保险、通讯等各类服务。商品贸易的增加必然会使各类相关的服务业扩大,而运输成本下降、资金周转的便利和通讯速度的提高也会促进商品贸易的增长。

20世纪70年代以来,服务贸易摆脱了附属于商品贸易的地位,作为一种相对独立的国际贸易,比国际商品贸易更快地增长。从1980—1998年期间,世界商品贸易的年平均增长率为5.6%,而同期商业性服务贸易的年平均增长率为7.4%。

2002年,按现值统计的世界商业性服务贸易总额为30 607亿美元,同期世界商品出口总额为131 090亿美元,服务贸易约占商品贸易的1/4。

世界商品贸易和服务贸易的同时增长,加强了世界各国经济的相互依赖,意味着世界经济一体化的程度提高。1950年,世界总的产出中用于贸易的比例仅为8%,1997年达到26%,根据世界贸易组织的预计,2020年时,这一比例将达到45%。

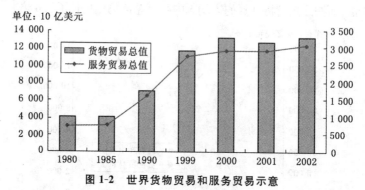

图1-2 世界货物贸易和服务贸易示意

数据来源:www.imf.org World Economic Outlook Database April 2003

三、发展中国家的贸易增长快于发达国家

1980年,发展中国家作为一个整体,占世界出口商品贸易的比重曾达到29.1%,其主要原因是石油的价格大幅度上涨,随着油价

回落,发展中国家所占的比重也不断下降。进入20世纪90年代以后,发展中国家的商品贸易增长速度逐步加快,到2002年,发展中国家的出口商品达到世界商品出口总额的45%。

1990—1998年间,发展中国家出口商品的年平均增长率为7.2%,同期发达国家的出口商品年平均增长率为5.7%。

但是,出口商品的增长速度只能说明发展中国家贸易状况的一个方面,还需要注意的是:

第一,如果把世界商品贸易分成三个大类:矿产品、农产品和制成品。用贸易量来衡量,从1973年以来,矿产品增加了25%,农产品增加了75%,制成品则增长了2倍多。目前世界商品贸易的80%左右是制成品,矿产品和农产品大约各占10%。

亚洲的发展中国家出口商品的各类比重大体同世界商品贸易的比重相似,但其他地区的发展中国家制成品出口仅占40%,农产品出口占20%,矿产品出口占40%。即使亚洲发展中国家制成品出口占80%以上的份额,但仍以纺织品、服装、箱包、鞋类等劳动密集性商品和标准化的家用电器为主。

第二,发展中国家商品出口与发达国家的跨国公司投资有密切关系,许多发达国家的跨国公司在发展中国家生产制成品,开采矿产品或者建立大规模的种植园,这些公司生产的商品大量用于出口,但统计时都算作发展中国家的出口贸易。

第三,发展中国家的经济缺乏稳固的基础,20世纪90年代初的墨西哥和90年代中的东南亚都出现过急剧的经济动荡,对国际商品贸易造成很大的冲击。

第四,在商业技术产品和服务贸易方面,发展中国家仍然处于不利的地位,而且从近期的发展趋势来看,发展中国家很难改变这种不利的状况。

第二节 影响国际贸易发展的主要因素

国际贸易的发展与世界政治、经济、科技创新有密切的联系。20

世纪 90 年代以来,世界政治和经济的格局发生了重大的变化,科学研究有许多突破性的进展,这些都对国际贸易产生了巨大的影响,成为学习当代国际贸易和分析国际贸易发展趋势必不可少的因素。

一、以信息革命为代表的科技创新

计算机的普及和世界信息网的形成,引发了一场信息革命,使各国的生产、交易和消费联为一体。

信息处理技术的不断提高大大加快了各种产品决策、试验、推广和使用的时间。古老的市场经济的经典定义:无数买者和卖者必须对市场拥有完全的信息,只有今天才真正具有了现实意义。真正的世界市场在信息技术高度发展的今天才能够成为事实。

信息技术的高速发展,促进了航天、通讯、生物工程和新材料的技术创新,各个领域里的科技进步在 20 世纪 90 年代已初见效益,并将继续展现其巨大的潜力。

二、建立在市场经济基础上的世界市场

20 世纪 90 年代初苏联的解体和经济互助委员会的解散标志着延续了近半个世纪的"冷战"结束,1947 年以来分割的两个"世界市场"重新统一。

尽管对 90 年代以来的世界实际状况有"冷战后"、"后冷战"、"冷和平"等种种描述,但几乎所有的原中央计划经济国家都正在转向市场经济是不争的事实。"和平与发展"已成为各国普遍接受的准则。

三、世界经济一体化的程度提高

随着世界各国市场的不断开放,阻碍商品和服务在国际间流动的障碍逐步取消,各国经济上的联系和依赖程度大大提高,跨国界的生产和销售变得越来越普遍,世界经济一体化的进程正在加快。

区域经济一体化作为世界经济一体化的局部的,或者说是过渡的形式,取得的进展尤为显著。欧盟的形成,欧元的诞生,北美自由贸易区的建立和亚太经济合作的加强使世界经济中最主要的三个地

区内部一体化领先于整个世界的一体化步伐。由于区域经济一体化过程中不能对其他国家设置新的障碍,使区域经济一体化对世界经济一体化主要显示出正面影响。

四、世界贸易组织的作用加强

由于世界各国有大小,经济实力有强弱,特别是世界经济一体化过程中,发达国家和发展中国家的贫富差距正在继续扩大,因此,建立一个公平竞争的国际环境,制定一套国际公认的行为规则是十分必要的。

世界贸易组织的产生,不仅继承了关税与贸易总协定的全部功能,而且扩大了适用范围,完善了规则的内容,强化了世界贸易组织对成员之间争端的解决机制,规定了对成员贸易政策的监督和评审职能。

尽管世界贸易组织的建立不可能彻底消除国际间不平等的贸易关系,但是,世界贸易组织能够把大国对小国、富国对穷国的双边贸易关系纳入到统一的国际多边体制中来,对国际贸易的发展能够起到积极的推动作用。

第三节 国际贸易的主要内容

国际贸易是经济学的一个部分,从个人、企业以及政府的一般动机和行为来说,国际贸易和国内贸易没有什么不同,因此,经济学是国际贸易的基础。

但是,国际贸易涉及两个或两个以上的国家,这又与经济学研究一个经济体中的经济行为不同,这些不同之处构成了国际贸易的主要内容。

国际贸易是研究国际间商品和服务的交换,为了简化分析过程,国际间商品和服务被假定为不通过货币支付的直接交换。人们通常会对国际间商品和服务的交换提出这样一些问题:某些商品为什么不在本国生产而要从外国进口？一个国家出口哪些商品或者进口哪些商品是怎么决定的？国际贸易会带来哪些利益？这些利益是归哪些人所得的？关于这些问题的解答就构成了国际贸易的理论部分。

国际贸易理论简单地可以归纳为四个方面：

1. 为什么会产生国际贸易？
2. 国际贸易的流向是怎么决定的？
3. 国际贸易的条件是怎样确定的？
4. 国际贸易的利益是如何分配的？

国际贸易理论的发展和逻辑的展开在时间上是大致吻合的，上述这些问题在18世纪和19世纪大体上都有了答案，但是，这些解答过于简单，只有在很多严格的假定条件下才能成立。随着对国际贸易研究的不断深入，一些假定条件被逐步取消，理论的研究就更加符合不断发展的现实的国际贸易情况。

本书理论部分的安排，除了最初的重商主义，基本上是围绕比较利益展开的。

李嘉图的简单模型实际上已经回答了国际贸易产生、贸易流向的决定和贸易利益的问题，但是不能确定贸易的条件（第三章）。

新古典贸易理论则是用经济学的分析工具更准确地描述比较利益，并且解释了均衡的贸易条件（第四章）。

赫克歇尔和俄林对国际间劳动生产率的差异问题提出质疑，从而产生了要素禀赋理论（第五章）。

完全竞争的市场是前面各章分析的基本前提条件。那么，不完全竞争会对国际贸易产生什么影响？（第六章）

国际间只有商品流动，没有要素流动也是一个重要的假设条件。但是，实际情况是资本和劳动力在一定程度上都能在国际间流动。国际贸易的理论在这方面也进行了探讨（第七章）。

区域经济一体化使国际贸易在不同的条件下进行，区域内的贸易更为自由。区域经济对国际贸易的影响越来越大。国际贸易理论必须对此作出合理的解答（第八章）。

古典或新古典贸易理论假定各国劳动生产率有差异而且不变，

要素禀赋论则强调各国生产要素禀赋有差异而且不变,但是,从较长的时期内看,国际贸易会影响经济的增长,而经济增长也会引起国际贸易的变化(第九章)。

环境问题是一个新的研究领域,可持续发展问题不仅对经济学的研究有重要意义,对国际贸易而言,环境也是不容回避的问题(第十章)。

当代国际贸易的主要特点之一,就是国际服务贸易的迅速发展,许多专家和学者对此现象作了理论上的探讨,他们的主要成果反映在第十一章里。

构成国际贸易内容的另一部分是国际贸易政策。

第十二章介绍传统的关税政策和政策理论,同时也介绍了一些常用的非关税壁垒。

传统的国际贸易政策通常被分成自由贸易和保护贸易两种。但是,随着国际市场竞争的日趋激烈,政府支持下的扩张性贸易政策也越来越受到重视,这就是第十三章介绍的战略贸易政策。

国际贸易带来的利益,在贸易国之间分配是不平均的,在贸易国内部的分配也是不平均的。如何在民主体制下,通过影响立法或制定政策来获取利益,就构成了贸易的政治经济学(第十四章)。

第十五章集中介绍国际贸易领域里最重要的国际组织——世界贸易组织。世界贸易组织的协定框架,构成了130多个成员共同认同的国际贸易规则。这当然也是学习国际贸易时必须了解的知识。

第十六章介绍中国加入世界贸易组织后实施议定书的情况及进出口商品结构的变化。

第四节 国际贸易的基本概念

国际贸易的状况通常要用许多统计数据来描述和分析,正确理解国际贸易的一些基本概念是十分重要的。

一、关税区

关税区(Customs Territory)也称关税领土,是指一个与其他领土之间的大部分贸易保持单独关税税率或其他单独贸易法规的领土。关税区是一个地理概念,不一定指主权国家。关税区的边境称为关境(Customs Frontier)。

通常人们认为国际贸易就是两个或两个以上国家的贸易,但是,严格地说,国家和关税区有时是有区别的。关税同盟应该理解为两个或两个以上关税区的联合,或者说是以一个关税区代替两个或两个以上的关税区。中国内地和香港地区的贸易也应该理解为两个实施不同关税税率和贸易法规的关税区之间的贸易。

关税与贸易总协定上签字的每一方都称为缔约方(Contracting Party),世界贸易组织的每一方都称为成员(Member)。关于建立世界贸易组织的马拉喀什协定专门注明:本协定所称的"国家"应该理解为包括世界贸易组织的任何单独关税区成员;当本协定把一个单独关税区称为"国家"时,这种表达仍应理解为指的是单独关税区。

本书的理论和政策分析模型中,习惯上都称为"国家",但是严格地说,也应该是指若干个单独的关税区之间的贸易。

国际贸易的统计数据一般都会注明,有关数据是按国家还是按单独关税区统计的。

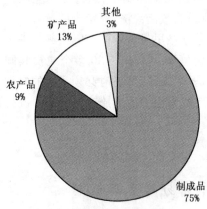

图 1-3 2001 年世界贸易的商品结构示意图

数据来源:www.wto.org trade statistics "World merchandise exports by product, 2001"

二、贸易的商品结构

贸易的商品结构(Commodity Composition of Trade)是指一定时期各类商品在整个贸易中的比重,整个贸易可以是指一个国家、一个区域贸易组织,也可以是指整个世界,商品结构可以按制成品、原料等大类或具体的各种商品区分。

三、贸易的地理结构

贸易的地理结构(Geographical Composition of Trade)是指贸易的地区分布。世界贸易的地理结构是指各个国家或各类国家的贸易在世界贸易中的比重。一个国家的贸易的地理结构是指世界各国或各类国家在这个国家的对外贸易中的比重。一个国家贸易的地理方向也称对外贸易流向(Direction of Foreign Trade)。

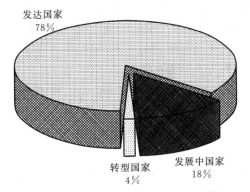

图1-4 1999年世界贸易的地区分布情况

数据来源:国际货币基金组织《世界经济展望2000》附录第99页按出口值计算国际贸易的商品结构示意图。

四、贸易额和贸易量

贸易额(Value)是按现值统计的贸易总额。一个国家的对外贸易总额是指进口额和出口额之和,世界贸易总额为了避免重复计算,通常是指世界各国出口额之和,即世界出口贸易总额。世界出口贸易总额不等于世界进口贸易总额,因为世界进口贸易总额还包括一定数量的运输费和保险费。

贸易量(Volume)不是指贸易的实际数量,而是指按固定价格计算的贸易额。由于按现值统计的贸易额含有货币变动的因素,用贸易量计算可以增加不同时期贸易的可比性。

第二章 早期的贸易理论

　　一个国家从对外贸易中可以得到哪些利益？一个国家应该采取哪些对外贸易政策来达到国内的经济目标？尽管随着时代的变迁，这些问题的内涵已经发生了深刻的变化，但是，人们在思考这些问题时经常会感觉到，在几百年后的今天，早期经济学家和思想家的一些观点，仍然具有相当大的影响力。

　　本章介绍重商主义(Mercantilism)的经济思想，大卫·休谟和亚当·斯密的不同观点，以及古典贸易理论的核心，即大卫·李嘉图的比较利益模型。最后，在比较利益模型的基础上，进行若干更为切合实际的探讨。

　　理论学习的方法通常是从简单到复杂，从抽象到具体。早期贸易理论不仅为国际贸易理论的学习提供了必要的历史背景，更为重要的是，早期贸易理论、特别是比较利益模型，为国际贸易理论的学习提供了适当的起点。从某种意义上说，国际贸易理论是建立在比较利益基础上的。

第一节 重商主义

　　重商主义盛行于16—18世纪中期。严格地说，重商主义并不是一种经院式的学术思想，它汇集了当时欧洲各国国内经济和对外贸易方面的主要思想和政策。

　　这一时期的欧洲发生了一系列重大事件，例如地理大发现、文艺复兴、民族国家的形成等等。这些事件对重商主义的观点有重大影响,而重商主义通过各国政策的实施,加快了贵金属的开采,提高了商人的地位,改变了财富的宗教偏见,推动了人口增长,促进了国际贸易的发展。重商主义在这段欧洲历史上,打下了鲜明的烙印。

一、重商主义的经济和社会框架

重商主义用静止的观点看待世界资源,认为国家的财富就是指国家掌握的贵金属。由于世界存在的贵金属总量不变,一个国家经济活动的最终目标是要增加拥有的财富,也就是贵金属的数量。于是,经济活动被看成是一种"零和博弈",一方的获利等于另一方的损失。国内的经济活动不会改变一个国家财富的总量,只有对外贸易引起的贵金属货币支付才会改变一个国家财富的总量,也只有商品出口才会使国外贵金属货币流入国内,增加出口国的财富。

重商主义认为经济体系有三个部分组成:农业是国内各种原料的供应部门,殖民地是国外各种原料的供应部门,制造业则加工各种原料,包括用于出口的商品。

重商主义认为基本的生产要素中最重要的是劳动者,因此提倡增加人口。在整个社会中,对国家经济贡献最大的是商人,商人作为一个集团对国家的强盛起最关键的作用。

重商主义主张由国家严格控制各种经济活动,特别是采掘贵金属和对外贸易。没有控制的社会个人行为会同国家的经济目标不一致,结果会损害国家的利益。

重商主义还强调国家军事力量的重要性,指出强大的海军是保证商业海运,以及维持和提高国家力量的重要条件。

最后,也是重商主义最有代表性的观点,就是认为国家必须保持商品的出口大于进口,或者说贵金属的流入大于流出。重商主义把商品的出口大于进口看成是一种有利的贸易平衡(Favorable Balance of Trade)或者是积极的贸易平衡(Positive Balance of Trade)。由于重商主义把财富的增加等同于贵金属的积累,从外国流入的金银货币越多,国家增加的财富就越多。国家的财富不仅用于支付庞大的军费开支,而且用于生产的扩大。尽管重商主义认为世界资源的总量不会改变,但劳动力随着出生人数的增加而增加,国家必须不断增加国内的金银货币供应,保持充分就业,使生产的规模相应地扩大。

二、重商主义的经济政策

重商主义的经济政策追随重商主义的思想。政府控制贵金属的使用和交易,因此,重商主义也被称作拜金主义(Bullionism)。政府试图禁止黄金、白银和其他贵金属的出口,统治者只有在必要的情况下才让贵金属离开国家,而个人私运贵金属出口将受到惩罚,经常是被处死刑。

政府往往给一些专门的公司按规定的渠道或在指定的区域经营贸易的权力。这种垄断的贸易一般可以带来高额的利润。垄断贸易保证国家有利的贸易平衡,统治者则分享贸易的利润。哈得孙湾公司(Hudson Bay Company)和荷兰东印度贸易公司(Dutch East India Trading Company)就是两家当时著名的大公司。

政府试图通过专门的公司达到尽可能大的贸易顺差,制定了一系列的特殊政策。出口商品可以得到政府的补贴,进口消费品则征收高关税或实施配额。进口原材料征收低关税或免税,因为原材料有可能在国内加工成制成品再出口。政府鼓励同殖民地的贸易,殖民地被看作是低成本原材料和农产品的供应地,同时又是潜在的制成品出口市场。航海政策的目标是控制国际贸易,使船运服务的收入尽可能多地流入国内。例如英国的海运法不允许外国商船从事沿海贸易,也不允许外国商船把商品运到英国本土或所属殖民地。这种政策至今在一些国家仍未完全消除,例如在美国,非美国船只在美国港口之间从事货运业务仍然被法律禁止。

政府通过颁布各种规章制度控制产业和劳工。皇家制造业者可以得到专营特权,并享受免税或补贴。劳工则受到行会规则的限制。重商主义认为,严格的规章制度有助于提高劳工技术和制造工艺,增强出口能力,最终能给国家带来更多的财富。

重商主义支持政府实行低工资政策。低工资意味着产品的低成本,也就具有出口的竞争力。当时流行的观点是,低收入阶层必须保持贫困才能勤劳,提高工资会使劳动生产率降低。生产的增长依赖于劳工数量的增长,因此政府采取鼓励生育政策,对家庭子女,甚至对结婚给予补贴。

建立在重商主义基础上的政府政策,存在着明显的矛盾:在重商主义看来十分富裕的国家,却有一大批非常贫困的人民;积累大量金银货币的同时,又损害了当时的消费。富裕的国家还要花费很大的开支来保护自己,防止其他国家用武力来夺取财富。

第二节 早期古典经济学对重商主义的挑战

在19世纪初期,人们对经济活动的认识开始变化。拜金主义逐渐被看成是一种天真的想法。国内政治团体不断涌现,封建主义被迫向中央集权的君主立宪制让步。科技进步和市场体系的发展不断削弱国家的垄断。受益于意大利文艺复兴的不断变革精神,新的观念和新的哲学思想,特别是人文主义思想广为传播。19世纪后期,当古典经济学家,如大卫·休谟和亚当·斯密对重商主义的基本信念发起挑战时,关于国际贸易的一些观点开始变化。

一、价格—黄金流动机制

大卫·休谟在他的《政治演说》(Political Discourses, 1752)中首先对重商主义的观念发起攻击。休谟认为,一个国家商品的出口大于进口,即处于"有利的贸易平衡"会产生以下影响:
- 黄金货币净流入;
- 国内货币供应增加;
- 国内工资和商品价格提高;
- 商品的进口增加、出口减少。

上述影响会使该国的贸易盈余逐步消失,最后使出口等于进口。

这些影响对贸易逆差国同样存在,相反的过程使贸易逆差消失,达到进出口平衡。

黄金货币和商品贸易的这种相互影响的关系被称为"价格—黄金流动机制",这一机制表明,一个国家长期处于贸易顺差,国外黄金货币无限制地流入的重商主义政策目标是难以实现的。

价格—黄金流动机制是对货币理论的早期探讨,用现代经济学的观点来看,这一机制的运行取决于四个重要的前提条件。

(1) 国家始终保持充分就业,货币供应的增加不可能有更多的劳动投入生产。

(2) 消费者对进出口商品的需求有充分的价格弹性。但实际情况往往是价格变化对消费者行为的长期影响要大于短期影响。在短期内,价格上涨反而会刺激消费者购买。

(3) 完全竞争的商品和要素市场。这是保证商品价格和工资水平作出迅速调整的重要条件。

(4) 假定金本位存在,黄金可以买卖,各种货币可以自由兑换。这样才能使各国货币的供应同黄金的流动建立起直接的联系。

二、绝对利益论

亚当·斯密的《国富论》(The Wealth of Nations, 1766)给重商主义更加沉重的打击。斯密认为一个国家财富的多少不能用拥有的贵金属来衡量,而是要看这个国家生产能力的大小。国家的注意力应该从积累贵金属转向扩大商品生产。

斯密指出:最有利于提高生产能力的环境是人们能够自由地追求自身的利益。自身的利益将使人们按各人的能力作专业化分工并交换他们的产品。分工和劳动的专业化会提高劳动生产率并带来利益。斯密认为:自身利益是催化剂,而竞争则是自动调节器。

在斯密看来,政府对经济只需要很少的管理。政府应该执行不干预(Laissez Faire)的政策,允许人们在接受法律的约束、遵守市场秩序、尊重财产的权利的情况下决定自己的经济行为,而这些行为最终将增加国家的财富。斯密在《国富论》中十分强调市场的作用,认为自由的市场是看不见的手,不仅在国家财富的积累过程中起关键的作用,而且有助于维持社会的秩序。

斯密对一个国家内部经济行为的专业化分工和两个国家之间的贸易提出自己的观点。斯密认为,在两个国家、两种商品、一种生产要素(通常是指劳动)的情况下,两个国家应该进行专业化分工,各自生产具有绝对利益(Absolute Advantage)的一种商品,然后相互交换,结果能使两个国家都获得利益。绝对利益是指一个国家生产某种商品的劳动生产率比贸易伙伴国高,或者说生产一个单位产品需要的劳动时间比贸易伙伴国少。斯密的这一观点被称作"绝对利益论"。

绝对利益论可以用下面一组数字来说明(见表2-1)。

表 2-1　绝对利益的简单模型

单位:劳动小时

	1 瓶 酒	1 码 布
英　国	1	4
德　国	3	2

表2-1中,没有分工之前,英国和德国用5个劳动小时都可以生产1瓶酒和1码布,但是英国生产酒需要的劳动比德国少,而德国生产布需要的劳动比英国少。如果两个国家进行分工,在投入的劳动量不变的情况下,英国用5个劳动小时可以生产5瓶酒,德国用5个劳动小时可以生产 $2\frac{1}{2}$ 码布。如果英国用1瓶酒同德国的1码布交换,英国就有了4瓶酒和1码布,比原来多了3瓶酒。德国则有1瓶酒和 $1\frac{1}{2}$ 码布,比原来多了 $\frac{1}{2}$ 码布。

在表2-1中,酒是英国有绝对利益的产品,通过分工和交换,英国得到的绝对利益是3瓶酒。同样,布是德国有绝对利益的产品,德国得到的绝对利益是 $\frac{1}{2}$ 码布。

斯密的绝对利益论在古典经济学说取代重商主义思想的过程中

起了关键的作用,其主要贡献有以下四个方面。

(1) 参与贸易的国家都可以从贸易中获利,而不是重商主义所说的一方利益是另一方的损失。

(2) 国家取得的利益是指劳动量不变情况下的商品增加,而不是重商主义追求的贵金属积累。

(3) 国家取得利益的原因是生产商品的劳动生产率比贸易伙伴国高。劳动生产率的提高主要取决于分工(在斯密看来,自然资源如气候、地理条件对劳动生产率也有影响),而不是重商主义强调的出口大于进口。

(4) 各种经济行为主要靠市场调节,而不是重商主义提倡的国家严格控制。在对外贸易方面应该实行自由贸易,而不是重商主义采取的奖励出口、限制进口的政策。

复习思考题

一、关键词语

　　重商主义　有利的贸易平衡　绝对利益

二、问答题

　　1. 简述"价格—黄金流动机制"及其前提条件。

　　2. 什么是"绝对利益论"?

第三章　古典贸易理论

亚当·斯密对重商主义的有力批评,使越来越多的人相信,自由贸易不仅会给所有参加贸易的人带来利益,而且会提高各个国家的生产能力,增加国家的财富。

大卫·李嘉图在他的《政治经济学及赋税原理》(The Principles of Political Economy and Taxation, 1817)中进一步指出,国际贸易潜在的利益并不局限于绝对利益。即使一个国家生产的所有商品都没有绝对利益,只要这些商品的劳动生产率同外国相比不完全相同,国际贸易仍然可以使这个国家获益。

李嘉图的这一思想,加深了人们对国际贸易的理解,更全面地揭示了国际贸易中存在的利益,为推动当时的国际贸易作出了巨大的贡献。同时,也为后人继续从事国际贸易理论的研究奠定了坚实的基础。

本章首先介绍一些假设条件,这些条件虽然不是李嘉图本人提出的,但是对于准确理解和深入分析李嘉图的贸易思想是非常必要的。然后介绍根据李嘉图的贸易思想建立的简单模型,这个模型的逻辑分析只有在严格的假设条件下才能成立。有些假设条件看来与实际情况不相符合,但是,这个模型采用的方法是国际贸易理论研究的基本方法,它所表述的思想是国际贸易理论的核心思想,至今仍然具有重大的理论和现实意义。本章最后对放宽一些假设条件后的国际贸易进行探讨,这将有助于更全面地理解基本模型。

第一节 李嘉图模型的基本假设条件

古典经济学形成于 19 世纪末,由于认识上的局限性,当时一些杰出的经济学家提出的观点,在今天看来也是十分粗浅的。李嘉图的贸易思想也不例外。如果作为历史研究,可以注重于李嘉图思想的背景和思想的具体内容;而作为贸易理论研究,则应该在今天的认识水平上,对李嘉图的思想作更为科学的分析。

李嘉图的贸易思想是建立在一系列假设条件上的,其中基本的假设条件有以下九点。

(1) 每个国家拥有的资源是固定的,每种资源用计量单位计量时,所有单位资源的质量是完全相同的。

(2) 生产要素在一个国家内部各个产业之间可以充分流动。这也同时意味着,每个国家同种生产要素的价格是相同的。

(3) 生产要素在国际间不能流动。因此在贸易前,同一种生产要素的价格在不同的国家里可能是不同的。

(4) 在只有一种生产要素的模型中,生产要素通常是指劳动。商品相对价格的惟一基础就是相对的劳动量。这意味着:

● 生产过程中不使用任何其他的投入,或者

● 生产过程中使用的任何其他投入都能折算成劳动量,或者

● 各种商品生产过程中使用的其他投入的量与劳动量的比是相同的。

简单地说,这个假设条件表明:一件用 2 个劳动小时生产的商品的价格比另一件用 1 个劳动小时生产的商品的多 1 倍。

(5) 各个国家的生产技术可能是不同的,但是无论有没有发生贸易,每个国家的技术水平都是固定不变的。

(6) 商品的生产成本是固定的,也就是说,不管一种商品的产量发生什么变化,每单位商品的劳动小时数是不变的。

(7) 每个国家始终处于充分就业的状况。

(8) 国内市场和国际市场都是完全竞争的,没有任何单个的生产者或消费者能够影响市场,也没有政府干预。所有商品的价格都等于它们各自的边际生产成本。

(9) 商品的成本只计生产成本,其他成本如运输成本等都假设为零。

第二节 比较利益论

大卫·李嘉图继承了亚当·斯密的自由贸易思想。简单的李嘉图模型可以清楚地揭示李嘉图贸易思想的核心,即比较利益,同时也可以说明李嘉图如何发展了绝对利益的思想,进一步扩大贸易的范围,使国际贸易建立在比较利益的基础上。

用生产可能性边界表示的比较利益实际上起了承上启下的作用。生产可能性边界是近代经济学的概念,比较利益在以后的章节中还会出现,涉及的近代经济学概念也会更多。运用新的概念和新的工具来分析比较利益,可以使分析的逻辑性更强,分析更加深入。

一、简单的李嘉图模型

大卫·李嘉图的贸易思想沿用两个国家、两种商品、一种生产要素的模型表示(见表3-1)。

表3-1 简单的李嘉图模型

单位:劳动小时

	1 桶 酒	1 匹 布
英 国	80	90
法 国	120	100

按照斯密的绝对利益论,表3-1中的法国在两种商品的生产中都没有绝对利益,英法两国之间也就没有贸易的基础。但是,李嘉图指出,如果一个国家在两种商品的生产中都有利,其中一种商品的有

利程度更大些;而另一个国家在两种商品的生产中都不利,其中一种商品的不利程度更小些,那么这两个国家进行专业化分工,通过贸易都可以得到利益。

在表 3-1 中,英国生产酒和布的劳动生产率都比法国高,用劳动小时来计算,两国生产酒的比率为 80∶120,两国生产布的比率为 90∶100。在劳动是商品惟一成本的情况下,劳动小时的比率也就是价格的比率,比率小意味着相对价格便宜。因此,对英国来说,生产酒更为有利。同样,法国生产酒和布的劳动生产率都比英国低,两国生产酒的比率为 120∶80,两国生产布的比率为 100∶90。对法国来说,布的比率比酒的比率小,因此,法国生产布相对有利。

如果在没有新的劳动投入的情况下,两国进行专业化分工,英国用 170 个劳动小时生产酒,可以生产 $2\frac{1}{8}$ 桶酒。法国用 220 个劳动小时生产布,可以生产 $2\frac{1}{5}$ 匹布。如果英国用 1 桶酒和法国的一匹布交换,英国贸易后拥有 $1\frac{1}{8}$ 桶酒和 1 匹布,比没有贸易时同时生产两种商品多了 $\frac{1}{8}$ 桶酒。法国贸易后拥有 1 桶酒和 $1\frac{1}{5}$ 匹布,比原来多了 $\frac{1}{5}$ 匹布。

英国的 $\frac{1}{8}$ 桶酒和法国的 $\frac{1}{5}$ 匹布就是两国贸易后取得的比较利益 (Comparative Advantage)。比较利益的关键是比较,也就是两个国家生产两种商品需要的劳动小时数的比较,或者说是两个国家没有贸易时两种商品价格的比较。

用生产商品需要的劳动小时数来比较,两个国家同种商品相比较可以得出一个比率,两种商品就有两个比率,其中较小的比率意味着这个国家生产这种商品需要的劳动小时数较少,或者说劳动生产率较高,生产成本较低,相对价格较便宜。也就是说这个国家生产这种商品有比较利益。

绝对利益论不是比较两个国家的两种商品，而是单独比较两个国家的一种商品，哪个国家生产这种商品需要的实际劳动小时数少，就是有绝对利益。

绝对利益论要求两个国家都有一种商品有绝对利益，相互贸易才对双方有利，所以满足这种条件的贸易机会就十分有限。表3-1中的数据表明，法国生产酒和布需要的劳动小时数都比英国多。在绝对利益论看来，法国就没有贸易机会，也不可能得到贸易利益。

比较利益论扩大了贸易机会，令人信服地证明了表3-1中的法国通过贸易也可以取得利益，这就是李嘉图的贡献。

把表3-1中的情况一般化，假定两个国家分别用A、B表示，两种商品分别用Q_1、Q_2表示。Q_1^A代表A国生产Q_1商品需要的劳动小时数，Q_2^A、Q_1^B和Q_2^B以此类推。那么，在两个国家、两种商品、一种生产要素的模型中，只要满足以下条件：

$$Q_1^A : Q_1^B \neq Q_2^A : Q_2^B$$

两个国家经过专业化分工，各自生产比较有利的商品，通过贸易都可以取得贸易利益。

所有满足绝对利益论条件的贸易，都能满足比较利益论的条件。因此，比较利益论实际上包容了绝对利益论的内容，或者说，绝对利益是比较利益的一种特殊情况。

只有在$Q_1^A : Q_1^B = Q_2^A : Q_2^B$的情况下，两个国家各自生产两种商品同两个国家各生产一种商品再进行交换的结果相同，这两个国家才没有比较利益。

需要注意的是：简单的李嘉图模型能够用来判断两个国家之间有没有比较利益，也能够确定一个国家生产哪种商品有比较利益。但是，这个模型不能确定每个国家可以取得多少利益。

二、用生产可能性边界表示的李嘉图模型

在表3-1中，英国国内酒和布的交换比率用劳动小时表示为80∶90，用产品的数量表示也就是1桶酒可以换$\frac{8}{9}$匹布。如果这桶

酒可以换到法国的 1 匹布,就等于英国用 80 个劳动小时"间接地"生产了一匹布,比英国用 90 个劳动小时直接地生产一匹布节省了 10 个劳动小时。这是英国一个单位商品的交换取得的比较利益。

一个国家如何使取得的比较利益极大化?整个分析过程就要复杂些。比较利益的多少首先受到生产资源的限制。

假定英国总的劳动数量为 7 200 小时,按照表 3-1 提供的数据,英国全部生产酒,可以生产 90 桶酒;全部生产布,可以生产 80 匹布。

图 3-1(a)的纵轴表示酒的数量,横轴表示布的数量。90 桶酒和 80 匹布之间的连线称为生产可能性边界(Production Possibilities Frontier,简称 PPF)。

生产可能性边界表示一个国家用给定的生产资源生产两种商品的数量组合的所有可能性。由于假设商品的生产成本是固定的,所以图 3-1 中的生产可能性边界都是直线。直线的斜率表示生产两种商品需要的劳动量的比率,也就是没有贸易的情况下国内两种商品价格的比率。

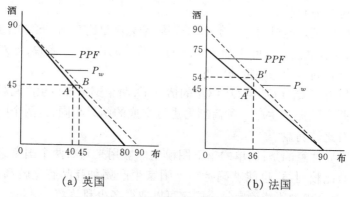

图 3-1 用生产可能性边界表示的李嘉图模型

生产可能性边界上的任意一点都表示两种商品数量的一种组合。生产可能性边界上的所有点都具有以下特点:
- 给定的生产资源全部被有效地使用;
- 每单位商品都是在当时的技术条件下,充分利用生产资源

的情况下生产出来的,每单位商品的边际成本都等于给定的固定成本;
- 生产资源在不同商品生产之间转移不计成本。

不能满足这些特点的两种商品数量组合的点的位置就会在生产可能性边界的下方,而生产可能性边界上方的任意点都表示一种现有条件无法达到的数量组合。

图 3-1(a)中的 A 点是生产可能性边界上的任意一点,表示两种商品的一种特定的数量组合,即英国把全部 7 200 个劳动小时中 3 600 个小时生产 45 桶酒,另外 3 600 个小时生产 40 匹布。

图 3-1(a)中生产可能性边界的斜率为 $-\frac{9}{8}$,意味着每增加 1 桶酒的产量,就必须减少 $\frac{8}{9}$ 匹布的生产。或者说,每增加 1 匹布的生产,必须减少 $\frac{9}{8}$ 桶酒的产量。

图 3-1(a)中虚线 P_w 是国际市场上酒和布的价格比率。P_w 的斜率为 -1,表示国际市场上酒和布的价格为 1∶1,即 1 桶酒换 1 匹布。这里的价格比率是假定的,关于国际市场上商品价格的决定,在以后的章节里会详细讨论。

生产可能性边界同纵轴的交点是一种特殊的数量组合,是指英国生产了 90 桶酒,而布的产量为零。

如果英国把 90 桶酒中的 45 桶用于消费,另外 45 桶酒用于交换,按照国际市场上的价格比率,可以换到 45 匹布。而英国把生产 45 桶酒的劳动量改为生产布的话,只能生产 40 匹布。英国得到的比较利益为 5 匹布,即图 3-1(a)中的 AB。

简单地说,英国如果在 A 点生产,在 A 点消费,那么生产等于消费,酒的数量为 45 桶,布的数量为 40 匹。

英国如果生产 90 桶酒,通过交换在 B 点消费,就可以多消费 5 匹布。

图 3-1(b)假定法国全部劳动为 9 000 个小时,按照表 3-1 提供的数据,如果在生产可能性边界上任意点 A' 生产,可以生产 45 桶酒

和 36 匹布。如果全部生产布,可以生产 90 匹布。把其中 54 匹布按 1∶1 的价格比率交换,可以换到 54 桶酒,比本国生产多 9 桶酒,这是法国取得的比较利益。用 $A'B'$ 表示。

一个国家怎样才能在既定的条件下,取得最大的比较利益呢?

图 3-1 表明,一个国家分工越彻底,贸易量越大,取得的比较利益就越多。

在图 3-1(a)中,英国全部生产酒,把酒全部换成布,取得最大的比较利益为 10 匹布。

在图 3-1(b)中,法国全部生产布,把布全部换成酒,取得最大的比较利益为 15 桶酒。

必须指出的是:这里所说的最大比较利益是在一系列既定条件下,特别是假定的国际市场上两种商品价格比率为 1∶1 的条件下取得的。事实上,商品的价格比率本身是一个需要讨论的问题,对比较利益的大小有直接关系,这将有待进一步探讨。

另外,一个国家为了取得最大的利益,必须实行完全的分工,生产的商品必须全部用于交换,这些做法显然与实际情况不相符合。但是,这些并不是李嘉图模型的缺陷,因为结论是在严格的假设条件下推导出来的,要使模型更切合实际,必须放宽假设的条件,然后再进行分析。

第三节　扩展的古典贸易模型

比较利益是李嘉图贸易思想的核心,也是国际贸易理论的重要概念。比较利益经受了时间的检验,至今仍然具有十分重要的意义。

比较利益并不受制于简单的模型,本节的内容是在古典经济学的基础上作必要的扩展,使比较利益较为接近实际。

一、建立在货币基础上的古典贸易模型

用劳动的节约或商品数量的增加来揭示比较利益的存在,是一

种简单而又直观的方法。但是,即使在李嘉图时代,进出口商品贸易也是通过价格比较,而不是通过劳动小时的比较进行的。因此,简单模型合乎逻辑的扩展,首先是在其他假设条件不变的情况下,用商品的价格代替商品需要的劳动。

假设生产商品需要的劳动是惟一的成本,商品的成本等于价格,那么单位商品的价格就等于生产单位商品需要的劳动小时数乘以每小时劳动的工资数。

假定英国每小时劳动的工资为 1 英镑,德国每小时劳动的工资为 1 马克。借用表 2-1 的数据,就可以得到表 3-2。

表 3-2　建立在货币基础上的古典贸易模型

工 资 率	1 瓶 酒		1 码 布	
	劳动小时	价　格	劳动小时	价　格
英国　1 英镑/小时	1	1 英镑	4	4 英镑
德国　1 马克/小时	3	3 马克	2	2 马克

当商品的价格用货币表示时,两国商品价格的比较就牵涉到汇率问题。汇率是一个单位的货币能够交换到的另一种货币的数量。

假定英镑和马克的汇率为 1∶1,表 2-1 和表 3-2 就没有什么区别。英国在酒的生产方面有绝对利益,而德国生产布有绝对利益。但是,在表 2-1 中,决定贸易利益的惟一因素是生产商品需要的劳动时间,而表 3-1 中,决定贸易利益的有三个因素:生产商品需要的劳动时间、工资率和汇率。

在货币表示的贸易模型中,衡量一个国家的一种商品是否有利,就是指这种商品的价格是否比别国低,只有价格相对低的商品才符合出口条件(Export Condition)。

出口条件可以用下面的不等式表示

$$C_j^A \cdot W_A \cdot e < C_j^B \cdot W_B$$

不等式中的 C_j 表示某种商品需要的劳动数量,A、B 分别代表两个国家,W_A、W_B 是两个国家的工资率,e 是两种货币的汇率(B 国货币

/A 国货币)。

不等式移项后可得

$$C_j^A/C_j^B < W_B/(W_A \cdot e)$$

假定德国的工资率不变,把表 3-2 中酒的数据代入不等式可得

1 劳动小时 /3 劳动小时 < 1 马克 / 小时 /W_A · (1∶1)

$$W_A < 3$$

英国要维持酒的出口,工资率必须小于每小时 3 英镑。

再把表 3-2 中布的数据代入不等式可得

4 劳动小时 /2 劳动小时 < 1 马克 / 小时 /W_A · (1∶1)

$$W_A < 0.5$$

如果英国工资率小于每小时 0.5 英镑,英国布的价格就小于每码 2 英镑。在英镑和马克汇率为 1∶1 的情况下,英国就不再从德国进口布,大量的出口盈余在价格—黄金流动机制下,会使英国的工资率上升,或者使英镑的汇率上升。

在其他条件不变的情况下,英国的工资率只能在大于 0.5 英镑和小于 3 英镑之间调节,这称为工资率界限(Wage Rate Limits)。

用同样的方法,可以得出德国的工资率界限为大于 $\frac{1}{3}$ 马克和小于 2 马克。

二、多种商品和多恩布什—费歇尔—萨缪尔森模型

在此以前的分析都假定贸易都是在两个国家的两种商品中进行,而事实上每个国家生产和贸易的商品都不止两种。那么两种以上的贸易中是否存在比较利益?或者说,比较利益在两种以上的贸易中将会有什么变化?

表 3-3 是一组商品,按照英国和德国生产每一个单位商品需要的劳动小时数的比率,从小到大顺次排列。根据前面一节中假定的

条件,英国的工资率为每小时 1 英镑,德国的工资率为每小时 1 马克,英镑和马克的汇率为 1∶1。则 $W_B/(W_A \cdot e) = 1$。英国符合出口条件的商品,就是那些 $C_j^A/C_j^B < 1$ 的商品,即表 3-3 中的酒、鞋和纸。而糖、布、钟则由英国从德国进口,因为它们的 $C_j^A/C_j^B > 1$。

表 3-3　多种商品模型

劳动小时/单位商品

	酒	鞋	纸	糖	布	钟
英　国	1	4	3	2	4	15
德　国	3	9	4	1.5	2	7
C_j^A/C_j^B	0.33	0.44	0.75	1.33	2.00	2.14

工资率和汇率都能影响贸易流向。例如,英国的工资率提高到每小时 2.5 英镑,其他条件不变,$W_B/(W_A \cdot e) = 0.4$,那么英国就只能出口酒一种商品。因为只有酒的 $C_j^A/C_j^B < 0.4$。如果英镑贬值后每 1.6 英镑兑换 1 马克,则 $e = 1/1.6 = 0.625$,其他条件不变,则 $W_B/(W_A \cdot e) = 1.6$。英国将出口酒、鞋、纸、糖四种商品,进口布和钟两种商品。

多恩布什—费歇尔—萨缪尔森模型(R. Dornbusch, S. Fischer and P. Samuelson, 1977,简称 DFS),是在古典贸易模型的基础上,分析两个国家之间相对工资的决定、相互贸易的流向以及供给和需求的影响。

图 3-2 假定两个国家之间有很多种商品贸易,根据一个国家生产一个单位商品需要的相对劳动小时的多少顺次排列。这个商品序列用 Z 代表,使 $A_{(Z)} = C_{(Z)}^B/C_{(Z)}^A$。$C^B$ 是一个单位 Z 序列中某种商品在 B 国生产需要的劳动量,C^A 是一个单位 Z 序列中某种相同商品在 A 国生产需要的劳动量。对 A 国来说,需要劳动量相对最少的商品品种(即最小的 C^A/C^B,或者最大的 C^B/C^A)排在最前面。其他品种的商品从小到大顺次排列,构成 Z 序列。$A_{(Z)}$ 对 B 国来说,是 B 国生产需要相对劳动量最多的一种商品排在最前面,但无论对 A 国还是对 B 国,各种商品在 $A_{(Z)}$ 中的位置是相同的。

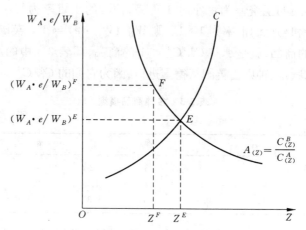

图 3-2　多种商品的相对工资和贸易流向分析

图 3-2 中的纵轴为 $W_A \cdot e/W_B$，表示 A、B 两国的相对工资水平，从下往上表示 A 国的相对工资提高。横轴表示 Z 序列中的各种商品，从左到右表示 A 国生产的各种商品需要的相对劳动量逐步增加。

在 A、B 两国拥有的生产资源，或者说劳动小时总数不变，两国货币的汇率不变的假设条件下，图中向下倾斜的 $A_{(Z)} = C^B_{(Z)}/C^A_{(Z)}$ 曲线表示相对工资和出口商品品种的供给关系，由于相对工资越高，符合出口条件的商品品种就越少，所以曲线向下倾斜。曲线上任意一点表示一种特定的相对工资和商品出口品种的关系。例如，线上 F 点表示 A 国的相对工资水平为 $(W_A \cdot e/W_B)^F$ 时，A 国出口排列在从零到 Z^F 的各种商品，进口排列在 Z^F 右边的各种商品。

因为在 Z^F 这点上，$C^B/C^A = W_A \cdot e/W_B$，所以 Z^F 称为商品边界(Boundary Good)。商品边界就是把一个国家生产并供应出口的商品和进口商品按品种区分开来。

图 3-2 中向上倾斜的 C 曲线表示对出口商品的需求和相对工资的关系，随着对出口商品品种的增加，出口国需要更多的劳动生产出口商品，在假设一国劳动总时数不变的条件下导致国内工资水平的提高，因此，C 曲线向上倾斜。

$A_{(Z)}$ 曲线和 C 曲线的交点 E 是 A 国供需一致的均衡点, Z^E 是均衡的商品边界, $(W_A \cdot e/W_B)^E$ 是均衡的相对工资水平。

E 点作为均衡点同样适用 B 国, Z^E 也是 B 国的商品边界,在 $(W_A \cdot e/W_B)^E$ 的相对工资水平上,B 国进口 Z^E 左侧的各种商品,出口 Z^E 右侧的各种商品。

DFS 模型的分析是建立在古典贸易模型基础上的,除了把两种商品改为多种商品以外,古典贸易模型的其他假设条件仍然适用。

DFS 模型的主要贡献,是在分析了两个国家、多种商品的情况下,相对工资和贸易流向是如何决定的。

三、运输成本

假设国际贸易没有运输成本在简单模型中是必要的,这样可以集中分析比较利益等关键问题。但是完全忽视运输成本对国际贸易的影响,也可能掩盖了国际贸易的一些重要特点。因为对某些运输成本占价格比例较大的商品来说,运输成本不仅可能影响贸易量,而且可能改变贸易流向。

运输成本的大小取决于很多因素,例如运输的距离、贸易的规模、货物的重量、货物本身的特性等等。国际货币基金组织在分析运输成本对国际贸易的影响时,把一般运输成本列为"货运和保险因素"(A Freight and Insurance Factor,简称 FIF),用包括运费和保险费在内的进口商品价格 CIF 除以不包括运费和保险费在内的进口价格 FOB 得出 FIF。例如 FIF = 1.08,表示运输成本在进口商品价格中的平均比重为 8%。

在古典贸易模型中分析运输成本,首先要假设几个条件:

● 运输成本是指商品运输过程中的所有费用,并全部计入商品出口价格;

● 运输成本用商品运输需要的劳动小时计量;

● 运输成本全部计入出口价格后,由进口方支付。

仍然用表 3-3 中的数据,加入运输成本后列出表 3-4。

表 3-4　加入运输成本的贸易模型

劳动小时/单位商品

	酒	鞋	纸	糖	布	钟
英国	1(+1)	4(+1)	3(+1)	2	4	15
德国	3	9	4	1.5(+1)	2(+1)	7(+1)
C_j^A/C_j^B	0.33	0.44	0.75	1.33	2.00	2.14
$(C_j^A+tr_j)/C_j^B$	0.67	0.56	1.00			
$C_j^A/(C_j^B+tr_j)$				0.80	1.33	1.88

如果表 3-4 中每个单位的商品贸易所需的运输成本都是 1 个劳动小时,并计入商品的出口价格,运输成本就像商品生产增加了需要的劳动量一样,会缩小两个国家的生产差异,减少贸易的比较利益。

根据前面的假设条件,运输成本都计入出口商品的价格并由进口方支付,因此表 3-4 中英国出口的每单位商品需要的劳动中,都加上 1 个劳动小时的运输成本。英国进口商品的运输成本则加在德国生产每单位商品所需要的劳动量中。

商品价格中加入运输成本以后是否符合出口条件必须重新衡量,假定 $W_A \cdot e/W_B = 1$,英国的酒和鞋仍然可以出口,但纸的情况发生了变化。英国生产一个单位的纸需要 3 个劳动小时,加上 1 个劳动小时的运输成本后,一个单位纸的价格为 4 英镑;德国生产同样一个单位纸需要 4 个劳动小时,价格为 4 马克。在英镑和马克汇率为 1∶1 的情况下,德国原来按 3 英镑价格进口的纸,现在需要支付 4 英镑。德国就会自己生产纸而不再进口。

更为典型的商品是糖。不计运输成本时德国出口糖有比较利益,因为德国生产一个单位糖需要 1.5 个劳动小时,而英国生产同样一个单位糖需要 2 个劳动小时。加入运输成本后,德国出口一个单位的糖需要的劳动为 2.5 个小时,英国不可能进口价格为 2.5 马克,即相当于 2.5 英镑一单位的糖。因为英国国内生产一个单位的糖只要 2 英镑。同时,德国也不可能进口英国的糖,因为加上运输成本,英国出口每单位糖的价格为 3 英镑。

如果一个国家生产的商品,既用于国内消费又能够出口,称为可

贸易商品(Tradeable Goods)。可贸易商品必须满足出口条件,在计入运输成本后,必须满足

$$(C_j^A + tr_j)/C_j^B < W_B/W_A \cdot e$$

表 3-3 中英国生产的酒和鞋,德国生产的钟和布都是可贸易商品。

如果一个国家生产的商品,只能满足国内消费,不能出口,又不能用进口来替代国内生产,这种商品称为非贸易商品(Nontraded Goods)。在计入运输成本后,非贸易商品必定同时满足

$$(C_j^A + tr_j)/C_j^B \geqslant W_B/W_A \cdot e \text{ 和 } C_j^A/(C_j^B + tr_j) \leqslant W_B/W_A \cdot e$$

表 3-3 中英国生产的纸和德国生产的糖就是非贸易商品。

四、多个国家

在两个国家、两种商品的框架里,建立在相对劳动量基础上的比较利益决定贸易流向,结果是明确的。在两个国家、多种商品的框架里,货币化的商品价格取决于相对劳动量、相对工资率和汇率,贸易流向也是确定的。那么,如果有两个以上的国家参与贸易,结果会怎样?

采用两种商品的古典贸易模型可以使分析简化,下面通过三个国家之间的贸易来探讨多国贸易模式的基本特征。

表 3-5 中的数据表明三个国家在生产酒和鱼时需要的劳动量的比率都不同,因此贸易肯定可以给这些国家带来比较利益。

表 3-5 多个国家模型

单位:劳动小时

	1 瓶 酒	1 磅 鱼
英国	5	2
瑞典	3	2
德国	3	4

首先考虑没有贸易时国内交换差别最大的两个国家之间的贸

易,因为英国是1瓶酒换2.5磅鱼;瑞典是1瓶酒换1.5磅鱼;德国是1瓶酒换0.75磅鱼。所以,首先考虑英国和德国的贸易。

在自由贸易条件下,英国和德国按1瓶酒换1.5磅鱼的比率交换,英国用鱼换德国的酒,双方都有比较利益。但这个交换比率同瑞典国内的交换比率相同,瑞典将不参加贸易。

如果英国和德国按1瓶酒换2磅鱼的比率贸易,瑞典就会参加贸易,通过向英国出口酒,并且从英国进口鱼,瑞典可以取得比较利益。

如果英国同德国的贸易按1瓶酒换1磅鱼进行交换,瑞典也会加入贸易,瑞典将对德国出口鱼,同时从德国进口酒。在这种情况下,瑞典和英国的贸易流向一致,即瑞典同德国进行贸易。

上述分析可以得出以下一般性结论:

(1) 在多个国家的贸易中,没有贸易时国内两种商品交换比率相差最大的两个国家的贸易模式与两个国家的古典贸易模型分析结果完全一样(表3-5中的英国和德国)。

(2) 没有贸易时国内两种商品交换比率处于中间的国家(表3-5中的瑞典,简称中间国家),贸易模式是不确定的。中间国家的贸易模式取决于国际市场上两种商品的交换比率。

● 当国际市场上的交换比率同中间国家国内的交换比率相同时,贸易不会发生。

● 当国际市场上的交换比率同中间国家国内的交换比率不同时,贸易模式取决于中间国家国内交换比率和国际交换比率之间的比较利益。如果把国际交换比率看成是一个国家的交换比率,那么两个国家的古典贸易模型仍然适用。

用古典贸易模型分析多个国家的贸易有很大的局限性。例如没有考虑需求的影响,也没有考虑中间国家的贸易对国际市场上商品交换比率的影响。古典贸易模型分析最重要的结论是中间国家生产和出口什么商品,进口什么商品,同哪个国家进行贸易都取决于国际交换比率,而国际交换比率,也就是贸易条件的决定,正是新古典贸易理论的一个重要方面。

复习思考题

一、关键词语

比较利益　生产可能性边界　出口条件

工资率界限　商品边界　货运和保险因素

二、问答题

1. 李嘉图模型有哪些基本的假设条件？
2. 什么是"多恩布什—费歇尔—萨缪尔森"模型？
3. 多个国家贸易有哪些一般性结论？

第四章 新古典贸易理论

虽然在 18 世纪末到 19 世纪初,古典贸易理论有若干重要的发展,但是古典经济学家的分析仍然受到思想认识方面的局限。例如重视生产成本对贸易的影响,忽视需求方面的分析,把生产需要的劳动看作是贸易惟一的基础,生产成本固定不变等等。

在 19 世纪末到 20 世纪初,微观经济学的研究成果,对国际贸易理论产生了重大影响。微观经济学的分析工具被运用到国际贸易理论研究中来,使整个国际贸易的理论框架更为严密,在修正一些重要假设条件方面取得了重大的进展。

同古典贸易理论相比较,新古典贸易理论更注重来自贸易的利益研究,对影响贸易利益的贸易条件从供给和需求两方面作了深入的分析。在贸易的原因,这个国际贸易根本性的问题上,两位瑞典经济学家提出了新的见解。

在新古典贸易理论框架中,贸易利益的分析首先从一个封闭的国家开始,然后比较这个国家在自由贸易情况下能够取得的利益,最后讨论一些限制性假设条件。这种分析方法称为局部静态均衡分析。所谓静态,是指分析中只比较一个国家在封闭条件和自由贸易条件下的区别,而不涉及这个国家从封闭到自由贸易整个过程中可能发生的问题。一个国家的对外贸易必然关系到别的国家,但是这里的分析限定在一个国家范围内,不讨论贸易伙伴国之间的相互影响,特别是国际市场上的商品相对价格被当作已知条件。因此,这种均衡是局部的。

第一节 均衡的封闭经济

封闭(Autarky)意味着没有任何对外贸易。在这种情况下,所有生产者(包括劳动者和企业)都通过生产活动寻求最大的报酬,而所有消费者都通过购买商品寻求最大的满足,或者说寻求消费效用极大化。

同古典模型一样,封闭经济假设是一个完全竞争的市场,生产要素可以在各个产业间自由流动,没有运输成本。

一、机会成本递增的生产可能性边界

机会成本(Opportunity Cost)是指多生产一个单位的商品必须放弃的生产另一种商品的数量。

在李嘉图模型中,劳动是惟一的生产要素,由于两种的生产成本是固定的,例如表 3-1 中的英国每增加 1 桶酒的生产就必须减少 $\frac{8}{9}$ 匹布的生产,因此机会成本是不变的。在此基础上形成的生产可能性边界就是一条直线。

新古典贸易理论中的生产要素除了劳动外,还有资本和土地,哈伯勒(Gottfried Haberler,1936)把这些生产要素称为特定要素(Specific Factors)。在他看来,生产要素被一种产业使用后,就成了特定要素。例如资本投入制酒行业,购买了制酒设备,从短期来看,制酒设备不能用来织布,从长期来看,制酒业可以向纺织业投资,从生产酒改为生产布。同样,生长葡萄的土地也不能马上改种棉花。劳动的情况有些不同,一般来说,普通劳动力从一个产业转到另一个产业比较容易,有专门技术的人改变专业就要经过一定的培训。

特定要素并不否定生产要素在一国内部自由流动的假设条件,而是认为各种特定要素在不同产业间流动需要的时间是不同的。

哈伯勒认为,最初从一个产业流向另一个产业的特定要素比较适应另一个产业的生产,对另一个产业的贡献比较大。随着要素流动数量的增加,以后的那些特定要素适应性就比较差,对另一个产业的贡献就比较小。换一种方法表述,就是随着一个产业产量的提高,每增加一个单位商品,必须吸收来自另一产业的特定要素的数量是不断增加的,而同时另一个产业必须减少生产的商品的数量也是不断增加的。这种情况称为机会成本递增(Increasing Opportunity Costs)①。

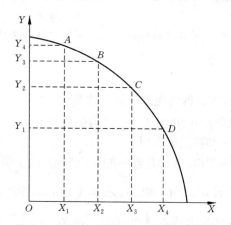

图 4-1 机会成本递增的生产可能性边界

图 4-1 描绘了机会成本递增的生产可能性边界。从生产可能性边界上 A 点转到 B 点,X 商品增加了 X_1X_2,Y 商品减少了 Y_4Y_3;从 B 点转到 C 点,X 商品增加了 X_2X_3,Y 商品减少了 Y_3Y_2。$X_1X_2 = X_2X_3$,$Y_3Y_2 > Y_4Y_3$,以此类推。随着 X 商品增加,生产相同增量的 X 商品,减少的 Y 商品的数量不断增加。如果增加 Y 商品的生产,X 商品数量减少的情况也是相同的。

生产可能性边界上各点的斜率,是两种商品的边际转换率(Marginal Rate of Transformation,简称 MRT)。其公式为

---

① 保尔·萨缪尔森和罗纳德·琼斯在 1971 年提出特定要素的另一种解释,但结论是相同的。

$$\mathrm{MRT} = -\frac{\Delta Y}{\Delta X}$$

二、边际效用递减的社会无差异曲线

消费者无差异曲线是指消费者满意水平相同的两种商品所有不同的数量组合点的连线。

社会无差异曲线(Community Indifference Curve)用来代表整个国家的福利水平。

社会无差异曲线不是单个消费者无差异曲线的简单加总,因为单个消费者得到的效用大小是不可比的。如图4-2,当Y商品在A点减少了ΔY,需要ΔX的X商品才能够使每个消费者回到原来的效用水平,代表一定效用水平的Y、X两种商品的数量组合的A点,就移向Y、X两种商品数量不同,但代表的总效用水平不变的B点。以此类推,把所有不同的数量组合,但代表的总效用水平不变的点连接起来,得到社会无差异曲线。

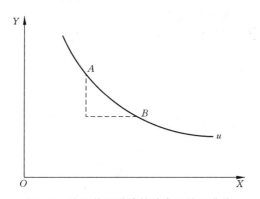

图4-2 边际效用递减的社会无差异曲线

满足社会无差异曲线的假设条件是:
- 消费者对两种商品的偏好可以不同,但每个消费者的偏好不变。
- 社会的收入分配不变。
- 如果整个社会消费的Y商品总量减少了ΔY,每个消费者就按原来消费 Y 商品占社会总量的份额同比例减少。同样,X 商品增加了 ΔX,每个消费者都增加了 X 商品的消费,但每个消费者在社会总量中的消费比例不变。

社会无差异曲线的斜率等于两种商品效用的边际替代率(Marginal Rate of Substitution,简称 MRS)。其公式为

$$MRS = -\Delta Y / \Delta X$$

根据经济学的一般原理,边际效用是递减的,因此,社会无差异曲线凸向原点,它具有消费者无差异曲线的共同特点。

● 同一社会无差异曲线上任意两种商品的数量组合都表示相同的总效用水平。

● 无数形状相同的社会无差异曲线中,位置在上方的社会无差异曲线表示的总效用水平大。

● 社会无差异曲线不能相交。

三、生产和消费的均衡

图 4-3 描绘了封闭经济中生产和消费的均衡。

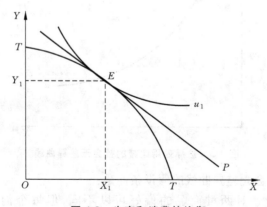

图 4-3　生产和消费的均衡

如前面所述,生产可能性边界上任意一点,都代表两种商品的特定数量组合,这些商品都是在既定的技术条件下,充分利用既定的生

产资源生产出来的。图中 TT 曲线是生产可能性边界,凹向原点的曲线形状表示机会成本递增。

图中 u_1 是社会无差异曲线,这样的社会无差异曲线有无数条,每一条都表示一种总的效用水平。但是,u_1 曲线上方的所有社会无差异曲线代表的总效用水平,是 TT 曲线上任何一种商品数量组合都无法达到的。u_1 曲线下方的所有社会无差异曲线代表的总效用水平,虽然是 TT 曲线上的某些商品数量组合能够达到的,但是这些社会无差异曲线代表的总效用水平都小于 u_1 曲线代表的总效用水平。

因此,图4-3中的 E 点,也就是生产可能性边界和 u_1 这条社会无差异曲线相切的切点,是这个封闭经济的生产和消费,或者说供给和需求的均衡点。

E 点在 TT 曲线上,表示生产可能性边界上一种特定的商品数量组合,即 OY_1 的 Y 商品和 OX_1 的 X 商品的组合。这是 TT 曲线上无数种可能的商品数量组合中最优的一种,因为只有这种数量组合可以满足社会的消费效用极大化。

E 点也在 u_1 曲线上,表示消费 OY_1 的 Y 商品和 OX_1 的 X 商品可以达到 u_1 表示的总的效用水平,这是既定条件下能够达到的最大的总效用水平,也就是说满足了消费效用极大化的要求。

图4-3中过 E 点的切线 P 是两种商品相对价格的比率。

$$P = P_X/P_Y$$

因为 P 是 TT 曲线的斜率,也是两种商品在 E 点的边际转换率。ΔX 是 ΔY 的机会成本,或者说 ΔY 是 ΔX 的机会成本,ΔY 的边际成本用 MC_Y 表示,ΔX 的边际成本用 MC_X 表示,则

$$\text{MRT} = -\frac{\Delta Y}{\Delta X} = MC_X/MC_Y$$

同时,P 是 u_1 曲线的斜率,也是两种商品在 E 点的边际替代率。增加 ΔX 的同时减少 ΔY,或者减少 ΔX 的同时增加 ΔY,总的消费效用水平不变。用 MU_X 表示 ΔX 提供的边际效用,MU_Y 表示 ΔY 提

供的边际效用。

$$\mathrm{MRS} = -\Delta Y/\Delta X = MU_X/MU_Y$$

根据经济学的一般原理,E 点满足了下述条件:

$$\mathrm{MRT} = MC_X/MC_Y = P_X/P_Y = MU_X/MU_Y = \mathrm{MRS}$$

因此,E 点是封闭经济的均衡点,OX_1 的 X 商品和 OY_1 的 Y 商品是均衡产量,P_X/P_Y 是两种商品的均衡价格。

应该注意的是,封闭经济中的商品相对价格 P_X/P_Y 是均衡价格。这个价格是与两种商品的均衡产量同时确定的。前面所说局部均衡分析不涉及价格问题,是指不涉及国际市场上的商品价格。

第二节 自由贸易的利益

开放经济是相对于封闭经济而言的,开放经济就是一个国家允许自由贸易,政府对贸易没有任何政策干预。从封闭经济转向开放经济,最主要的问题是整个经济将面对国际市场上新的相对价格。国内消费者为了达到消费效用极大化,面对新的相对价格将调整消费各种商品的数量。国内生产者将在比较利益的基础上调整生产各种商品的数量,从而引起国内生产要素在不同产业间的重新配置。

假设国际市场是完全竞争的,任何一个国家增加或减少商品进出口的数量都不会影响商品的相对价格。同时假设开放经济是自由贸易,因此国内商品的相对价格将完全等同于国际市场的相对价格。

贸易利益(Gains From Trade)是指自由贸易的开放经济同封闭经济相比较,在既定的生产资源不变、生产技术不变的情况下新增加的利益。利益的增加表现为整个社会福利水平的提高。

一、均衡的开放经济

开放经济中的贸易会打破封闭经济的均衡,开放经济的生产和消费都会作相应的调整,最重要的是开放经济将接受一种不同的相对价格。

图 4-4 描述了一个国家、两种商品的模型。图中 E 点是封闭经济情况下的均衡点,TT 曲线和 u_1 曲线在 E 点相切,原来的国内相对价格 P 现在用 P_d 表示,以便同国际相对价格区别开来。图中的 P_w 表示国际市场上 X 商品和 Y 商品的相对价格,这里不讨论直线 P_w 为什么不更陡峭一些,或者更平坦一些。假定国际市场上两种商品的相对价格水平就是图中的 P_w。但 P_w 和 P_d 必须是不同的,如果相同(在图中重合或者平行)就意味着不可能产生贸易。

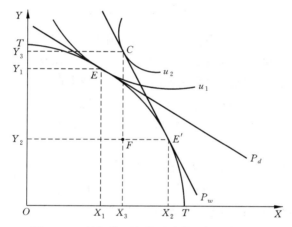

图 4-4 开放经济下贸易利益的局部均衡分析

P_w 同生产可能性边界 TT 相切,表示国内两种商品的生产在 P_w 的相对价格条件下作了调整。图中 P_w 直线比 P_d 直线更加陡峭,表示国际市场上 Y 商品比国内便宜,X 商品比国内昂贵。而 X 商品在国内相对便宜,意味着国内生产 X 商品比较有利。

从古典贸易理论中可以得出的结论是:通过专业化分工,生产并出口比较有利的 X 商品,进口 Y 商品,可以取得比较利益。

但是,这里与古典贸易理论不同的是:国内没有进行完全的专业化分工,国内生产 X 商品的数量从 OX_1 增加到 OX_2,生产 Y 商品的数量从 OY_1 减少到 OY_2。也就是国内生产两种商品的数量组合从生产可能性边界上的 E 点转移到了 E' 点。这是因为在机会成本递增的条件下，E' 点是 TT 曲线和 P_w 的切点，在这一点上，边际转换率等于两种商品的边际成本的比率，也等于两种商品的价格比率。如果再往 E' 点下方移动，多生产一个单位的 X 商品必须放弃更多的 Y 商品的生产，就会出现以下情况：

$$\Delta Y \cdot P_Y > \Delta X \cdot P_X, \text{或者} \Delta Y/\Delta X > P_X/P_Y,$$

显然，这是一种不经济的行为。同样，如果分工停留在 E' 点的上方，则会出现另一种情况：

$$\Delta Y \cdot P_Y < \Delta X \cdot P_X, \text{或者} \Delta Y/\Delta X < P_X/P_Y$$

这说明在 P_w 的相对价格条件下，国内的生产资源还未达到最优配置，两种商品的数量组合还可以作进一步的调整。

E' 点虽然是国内生产在新的条件下的最优点，但是如果生产的商品全部给国内消费者消费，总的消费效用就会大大减少，在图中，如果增加一条过 E' 点的社会无差异曲线，这条曲线必定在 u_1 曲线的下方。

图中 C 点是 u_2 这条社会无差异曲线同直线 P_w 的切点。形状同 u_1 相同的社会无差异曲线有无数条，同 P_w 相切的只有 u_2，u_2 上方的社会无差异曲线表示的都是达不到的效用水平。而 u_2 下方的社会无差异曲线表示的效用水平都比 u_2 代表的效用水平小。因此，消费者为了达到消费效用极大化的目标，必然会选择 C 点表示的特定数量组合消费，即消费 OY_3 的 Y 商品和 OX_3 的 X 商品。

因为 C 点所在的社会无差异曲线 u_2 在 E 点所在的社会无差异曲线 u_1 的上方，表明总的消费效用增加了，也就是说，社会整体的福利水平提高了。

国内生产者在 E' 点生产，国内消费者要求在 C 点消费，国内 X 商品和 Y 商品的供给与需求都不一致。

图中 CFE' 构成的三角形称为贸易三角形(Trade Triangle)，这个几何三角形的经济含义是：

- 水平的一条边 FE' 表示 X_2X_3 数量的 X 商品；
- 垂直的一条边 CF 表示 Y_2Y_3 数量的 Y 商品；
- 斜边 CE' 表示 X 商品和 Y 商品的相对价格。

因为斜边 CE' 就是国际市场上的相对价格 P_w，所以出口 X_2X_3 的 X 商品，进口 Y_2Y_3 的 Y 商品可以达到贸易平衡。

图 4-4 描述了自由贸易条件下一个国家、两种商品的均衡状况，简要的结果就是：从封闭经济转向开放经济，这个国家的生产从 E 点转移到 E' 点，增加了相对有利的 X 商品的产量，减少了相对不利的 Y 商品的产量，通过出口 X_2X_3 的 X 商品，进口 Y_2Y_3 的 Y 商品，消费者能够在 C 点消费。社会无差异曲线 u_2 在 u_1 的上方，表示社会整体的福利水平提高，这是自由贸易给开放经济带来的利益。

开放经济处于均衡状态，是指国内生产在 E' 点生产的 X 商品和 Y 商品的数量组合是最优的，国内生产资源的配置是最合理的。国内消费者在 C 点消费，满足了消费效用极大化的要求。通过 X 商品的出口和 Y 商品的进口，开放经济中两种商品的供给都等于需求，进出口商品的数量也是确定的。

必须强调的是，以上的均衡状态是建立在既定的国际商品相对价格基础上的，这种均衡是静态的局部均衡。

二、消费利益和生产利益

从封闭经济转向开放经济后，一个国家得到的全部利益可以分成两个部分：消费利益（Consumption Gain）和生产利益（Production Gain）。消费利益也可以称为来自交换的利益（Gains from Exchange），生产利益也可以称为来自专业化的利益（Gains from Specialization）。

消费利益是在开放经济中，消费者在国际市场的相对价格条件下，对两种商品消费的数量组合作了调整，多消费国际市场上相对便宜的 Y 商品，少消费相对昂贵的 X 商品。这种消费的调整是在国内生产没有任何变化的情况下进行的，消费调整的结果也可以使消费者的总效用水平提高。这种纯粹是消费行为带来的利益称作为消费

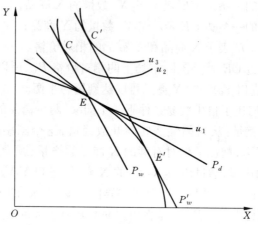

图 4-5　来自贸易的消费利益和生产利益

利益。

图 4-5 中的 E 点是封闭经济的均衡点，P_w 是过 E 点的国际市场相对价格，C 点是与 P_w 相切的社会无差异曲线 u_2 上的切点。消费者通过少量的商品进出口，使消费从 E 点转移到 C 点。X 商品的出口和 Y 商品的进口是按国际市场相对价格进行的，C 点是现存条件下消费效用极大化的点。

新的国际市场相对价格必然会对国内生产产生影响。生产者会更多地生产相对有利的 X 商品，减少生产相对不利的 Y 商品。这种生产的专业化调整会进一步扩大进出口贸易，使总的消费效用提到更高的水平。

图 4-5 中生产可能性边界上的 E 点移到 E' 点，E' 点是生产可能性边界和 P'_w 的切点，$P'_w \mathbin{/\mkern-2mu/} P_w$，两条直线表示国际市场上同一种相对价格。但是如同前面所述，E' 是切点，说明这是一种最优的商品数量组合，其结果是多生产 X 商品，少生产 Y 商品，生产方面作了专业化调整，C' 是社会无差异曲线 u_3 和 P'_w 的切点，表示国内两种商品生产组合在 E' 点时，在 P'_w 的相对价格条件下，消费者满足消费效用极大化的点。

同 E 点相比较，通过生产的专业化调整，在 E' 点生产，在 C' 点消费可以取得更大的利益,在消费利益基础上进一步取得的利益称为生产利益。在图中,用社会无差异曲线 u_3 在 u_2 上方表示。

三、消费偏好和产品构成

根据前面的讨论,在两个国家、两种商品的模型中,如果两个国家在封闭经济情况下,两种商品的相对价格有很大的不同,潜在的贸易利益就很大。如果相对价格很接近,潜在的贸易利益就很小。

影响相对价格水平的因素,可以从需求和供给两个方面来分析。

首先假定两个国家有相同的生产条件,但消费者对两种商品的偏好不同。

在古典的李嘉图模型中,两个国家生产两种商品的条件相同就不可能发生贸易。在新古典模型中,生产条件相同是指两个国家有相同的生产可能性边界,消费偏好不同是指两个国家的社会无差异曲线不同。

图 4-6 表示 A、B 两个国家,各自生产 X、Y 两种商品。在没有贸易时,A 国在 E_A 点达到均衡,相对价格 P_A,消费总效用在 u_A 的水平。B 国在 E_B 点达到均衡,相对价格 P_B,消费总效用在 u_B 的水平。

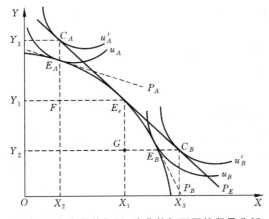

图 4-6 生产条件相同、消费偏好不同的贸易分析

两国的生产条件相同,因此图中用同一条生产可能性边界表示。导致相对价格不同是 A 国消费者对 Y 商品的偏好更大些,B 国消费者对 X 商品的偏好更大些。

消费偏好不同影响了本国的商品生产,A 国更多地生产 Y 商品,而 B 国则更多地生产 X 商品。图中虚线 P_A 比 P_B 更平坦,说明 A 国的 X 商品价格相对便宜,Y 商品的价格相对昂贵。

两个国家如果按 P_E 价格贸易,A 国的 E_A 点将向下移动,B 国的 E_B 点将向上移动,共同的 P_E 价格使 A、B 两国的生产有相同的均衡点 E_e。A 国消费总的效用水平从 u_A 提高到 u'_A,在 C_A 点达到消费效用极大化。B 国消费总的效用水平从 u_B 提高到 u'_B,在 C_B 点达到消费效用极大化。

图 4-6 中两国贸易的相对价格 P_E 是假定的,两国按 P_E 价格条件贸易,可以各自达到贸易平衡,即图中 A 国出口 X_2X_1 的 X 商品,进口 Y_1Y_3 的 Y 商品,贸易三角形为 C_AFE_e。B 国出口 Y_1Y_2 的 Y 商品,进口 X_1X_3 的 X 商品,贸易三角形为 E_eGC_B。P_E 价格条件不能保证 A 国的出口等于 B 国的进口,A 国的进口等于 B 国的出口。只有当 P_E 是均衡价格时,两国之间的贸易才能平衡。这个问题将在贸易条件这一节中讨论。

如果两个国家的消费偏好相同,但产品的构成不同,在两种商品的条件下,就是指两种商品的产量不同,同样会影响各自的相对价格。

图 4-7 表示 A、B 两个国家消费偏好相同,有相同的社会无差异曲线。在没有贸易时,A 国在 E_A 点达到均衡,P_A 是国内相对价格。B 国在 E_B 点达到均衡,P_B 是国内相对价格。两国消费效用水平相同,用社会无差异曲线 u_1 表示。

如果两个国家按 P_E 的相对价格贸易,A 国的生产将向上移到 E'_A 点,B 国的生产将向下移动到 E'_B 点。通过进出口贸易,两国的消费总效用水平提高到 u_2,两国在 C 点消费同时达到消费效用极大化。

图 4-6 和图 4-7 分析了两个国家、两种商品情况下,贸易的最低

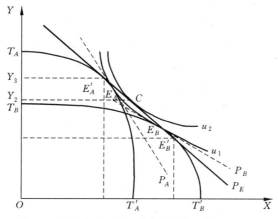

图 4-7 生产条件不同、消费偏好相同的贸易分析

条件。消费偏好不同或者产品构成不同都能够使两个国家成为潜在的贸易伙伴。

第三节 贸 易 条 件

前面的理论分析中多次指出,国际间贸易的相对价格是假定的,以表 3-1 表示的李嘉图模型为例,假定了英国和法国的贸易,是按 1 桶酒换 1 匹布的条件进行的。事实上,酒和布的交换不一定要按 1∶1 的比率才会产生比较利益。表 3-1 中的数据可以确定产生比较利益的一个范围,就是说英国的 1 桶酒至少要换到 $\frac{8}{9}$ 匹以上的布,同时,英国的 1 桶酒不可能换到 $\frac{6}{5}$ 匹或者更多的布。因为如果 1 桶酒只能换 8/9 匹布,英国将退出贸易。因为英国生产 1 桶酒要 80 个劳动小时,而 80 个劳动小时英国自己可以生产 8/9 匹布,不需要再同法国贸易。而法国不会用 6/5 匹布换 1 桶酒,因为 6/5 匹布在法国需要用 120 个劳动小时才能生产出来,如果要 6/5 匹布换 1 桶酒,法国就会用生产 6/5 匹布的 120 个劳动小时自己生产 1 桶酒。

因此,1 桶酒交换的布只要在大于 8/9,小于 6/5 的范围内,两国都可以取得比较利益。而这个范围内的交换比率可以有无数种。

在新古典贸易理论中,封闭经济的国内相对价格用生产可能性边界上均衡点的斜率表示。两个国家的相对价格不同,也就是两个斜率不同。国际市场上两种商品的相对价格或者两个国家相互贸易的相对价格必须处在两个国家的相对价格之间;而两个国家的相对价格之间可以有无数种不同的相对价格,假定的仅仅是其中的一种。

贸易条件(Terms of Trade,TOT)是指商品交换的数量之比或价格之比。对一个国家来说,用商品数量表示的贸易条件等于 Q_M/Q_X,Q_M 是进口商品数量,Q_X 是出口商品数量。用价格表示的贸易条件等于 P_X/P_M,P_X 是出口商品价格,P_M 是进口商品价格。

提供曲线是分析贸易条件的重要工具。了解提供曲线的特点有利于分析贸易条件是如何确定的。

一、提供曲线

提供曲线(Offer Curve)是一个国家在国际市场上按各种不同的相对价格愿意出口和进口的商品的数量。同前面采用的许多经济学图解方法不同,提供曲线是一条同时反映供给和需求两方面的曲线。

穆勒(J.S.Mill)首先把国际相对价格同供给和需求联系起来,他认为比较利益可以确定两个国家两种商品交换比率的范围,而每个国家对对方出口商品的需求使两种商品的交换比率确定下来。

马歇尔(Alfred Marshall)和埃奇沃斯(F.Y.Edgeworth)则通过图形描述,提出提供曲线这个概念。

图 4-8 描述了一个国家在两种不同的相对价格条件下愿意进出口的商品数量的变化。

图 4-8(a)表示在相对价格 P 的条件下,这个国家愿意用 X_1X_2 数量的 X 商品出口,换取 Y_1Y_2 数量 Y 商品的进口。

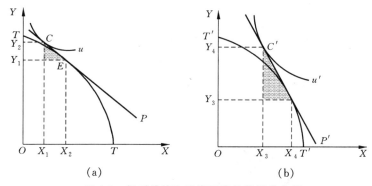

图 4-8　相对价格和进出口商品数量的分析

图 4-8(b)表示在相对价格 P 改变为 P' 时,因为直线 P' 比 P 更陡峭,意味着用 X 商品表示的相对价格 P_X/P_Y 提高,这个国家就愿意出口更多的 X 商品来换取 Y 商品,图中在相对价格 P' 的条件下,X 商品的出口为 X_3X_4,进口的 Y 商品为 Y_3Y_4。

所谓一个国家"愿意",是指一个国家满足消费效用极大化。图 4-8(a)中,以生产可能性边界 TT 和相对价格 P 的切点 E 生产,到社会无差异曲线 u 和相对价格 P 的切点 C 消费,就表明这个国家在相对价格 P 的条件下,通过进出口贸易达到消费效用极大化。同样,图 4-8(b)表示这个国家在相对价格 P' 的条件下,通过相应调整进出口商品的数量,同样达到了消费效用的极大化。

一个国家对每一种特定的相对价格,都有一组相应的、确定的进口和出口的商品数量,这组进出口商品的数量可以使这个国家达到消费效用极大化。把所有可能的相对价格条件下,这个国家一一对应的进出口商品数量组合的点连接起来,就形成一条曲线,这条曲线就是提供曲线。

图 4-9 中,在相对价格为 P_1 时,这个国家愿意出口 OX_1 的 X 商品,进口 OY_1 的 Y 商品。在相对价格为 P_2 时,这个国家愿意出口 OX_2 的 X 商品,进口 OY_2 的 Y 商品,以此类推。事实上,在 P_1 和 P_2 之间,还有多种相对价格的可能性,把所有可能的情况都描绘出来,便形成一条连续的提供曲线 OC。

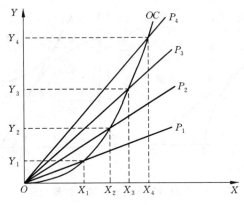

图 4-9　提供曲线的形成

根据提供曲线的推导过程,可以得出一个符合逻辑的判断,就是在一条已知的提供曲线上,任意一点都表示一个国家,在过这一点的相对价格条件下,愿意进出口的商品数量。而通过这一数量商品的进出口,这个国家可以达到消费效用的极大化。

二、均衡的贸易条件

在两个国家、两种商品的模型中,用同样方法可以推导出另一个国家的提供曲线,由于两个国家进出口的商品流向相反,如果表示 Y 商品的纵轴和表示 X 商品的横轴不变,则另一个国家的提供曲线的位置也是相反的。

图 4-10 表示 A、B 两个国家,X、Y 两种商品的模型中均衡的贸易条件。图中 OC_A 是 A 国的提供曲线,OC_B 是 B 国的提供曲线。当两国贸易的相对价格为 P 时,A 国愿意出口的 X 商品数量为 OX_1,进口的 Y 商品数量为 OY_1。B 国愿意进口的 X 商品数量为 OX_2,出口的 Y 商品数量为 OY_2。由于同一市上 X 商品的供给小于需求,而 Y 商品的供给大于需求,X 商品的相对价格就会上升,Y 商品的相对价格会下降。相对价格 P 会向上移动。图中的 E 点是 OC_A 和 OC_B 的交点,过 E 点的相对价格为 P_E。因为 E 点在 OC_A 上,A 国在 P_E 的相对价格条件下,愿意出口 OX_e 的 X 商品、进口

第四章 新古典贸易理论

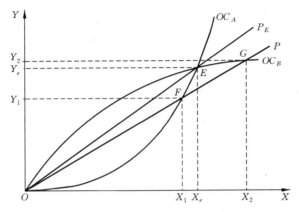

图 4-10 用提供曲线表示的贸易均衡

OY_e 的 Y 商品,同时,E 点也在 OC_B 上,表明 B 国愿意在 P_E 相对价格条件下出口 OY_e 的 Y 商品和进口 OX_e 的 X 商品。由于 A、B 两国愿意进出口的商品数量相等,P_E 代表的相对价格就是均衡的相对价格,也就是 A、B 两国均衡的贸易条件。A、B 两国在相对价格 P_E 的条件下,在 E 点贸易,同时可以达到消费效用的极大化。

如果一个国家的生产或消费发生变化,就会使提供曲线的位置移动,原来的均衡就会被打破,贸易条件和贸易的商品数量都会相应变化。

图 4-11 表示 A 国的消费者对 Y 商品的偏好增强,在相对价格 P_E 的条件下,A 国希望进口 OY_1 数量的 Y 商品,同时,A 国 X 商品的出口也增加到 OX_1。如果 B 国的生产和消费不变,在 P_E 条件下的进出口量也就不变,国际市场上 Y 商品的需求大于供给,使 Y 商品的相对价格上升,相对价格 P_E 将往下移动。

A 国消费偏好的变化会引起每一种相对价格条件下愿意进出口的商品数量变化,因此,A 国的提供曲线移向 OC_A',同 B 国的提供曲线 OC_B 在 E' 点相交。相对价格 P_E' 是过 E' 点的新的均衡的相对价格。A 国出口 OX_e' 数量的 X 商品,进口 OY_e' 数量的 Y 商品,同 B 国愿意出口的 Y 商品和进口的 X 商品的数量相等。

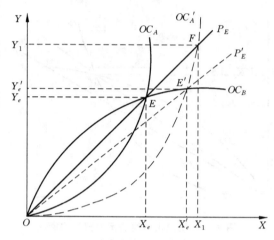

图 4-11　消费偏好对提供曲线的影响

　　同 P_E 相比较,相对价格 P'_E 对 A 国不利,因为 A 国出口的 X 商品相对价格下降,A 国必须出口更多数量的 X 商品才能进口数量相同的 Y 商品。这种情况对 A 国来说是贸易条件恶化,对 B 国来说则是贸易条件改善。

　　均衡的贸易条件是稳定的,偏离均衡的贸易条件会使国际市场上商品的供需不平衡,然后自动恢复均衡的贸易条件,其过程就像图 4-10 中相对价格 P 会受到供需不平衡的压力向上移动,最后稳定在相对价格 P_E 一样。

　　均衡的贸易条件稳定的原因是:一种商品供给大于需求,相对价格会下降;需求大于供给,相对价格会上升。但是,有一种例外的情况,爱尔兰的历史上曾经出现过面包的消费随着价格一再上涨而不断增加,这个著名的反常现象被称为吉芬悖论(Giffen Paradox)。

　　如果出现吉芬悖论,一个国家对某种出口商品的国内消费随着相对价格上升而增加,那么愿意出口的数量就会减少,形成反折的提供曲线(Backward-Bending Offer Curve)。在图 4-12 中,A、B 两国的提供曲线都有一段是反折的,其结果使得 OC_A 和 OC_B 有三个交点。E_1 和 E_3 两个点是相对稳定的。以 E_1 为例,如果相对价格稍微

偏离过 E_1 点的 P_2，供需不平衡的压力会使相对价格恢复到 P_2 的位置。E_3 点的情况也一样。

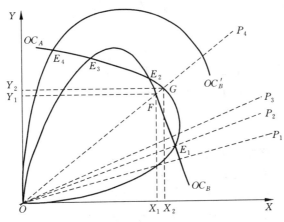

图 4-12　特殊的提供曲线

E_2 点是不稳定的，一旦相对价格偏离后，假定移动到 P_4，A 国的提供曲线 OC_A 同 P_4 的交点为 G，B 国的提供曲线 OC_B 同 P_4 的交点为 F。国际市场上 X 商品供给大于需求，Y 商品需求大于供给，因此相对价格 P_4 不仅不会向上移动，反而会向下移动，最后移到 E_1 点。同样，如果相对价格在 E_2 点向上偏离，则会最后移到 E_3 点。

图中的提供曲线 OC'_B 是假定 B 国的生产或消费发生变化，所以提供曲线 OC_B 移动到 OC'_B 的位置。OC'_B 和 A 国的提供曲线 OC_A 在 E_4 点相交。E_4 是稳定的、惟一的交点。

图 4-12 描述了一些特殊的情况，首先是两条提供曲线 OC_A 和 OC_B 有多个交点，其中有些是相对稳定的，有些是不稳定的。图中无法说明，什么情况下稳定在 E_1，什么情况下稳定在 E_3。

E_4 是一个新的均衡点。如果原来在 E_1 达到均衡，B 国提供曲线移动后，均衡点将迅速从 E_1 移到 E_4。短期内相对价格和两种商品的供需数量发生急剧的变化，是很多企业和消费者都难以承受的。

图 4-12 描述的情况是十分罕见的，但是从理论上也不能完全排除这些可能性。

复习思考题

一、关键词语

　　机会成本　特定要素　社会无差异曲线

　　贸易利益　贸易三角形　专业化分工利益

　　贸易条件　提供曲线

二、问答题

　　1. 新古典贸易理论与古典贸易理论的区别是什么？
　　2. 自由贸易比封闭经济有哪些利益？
　　3. 消费偏好对生产条件相同的国家之间贸易有没有影响？
　　4. 用提供曲线分析均衡的贸易条件。

第五章　要素禀赋和国际贸易

国际贸易建立在什么基础上？前面各章的内容都曾经涉及这个问题。古典经济学家认为，各个国家生产商品需要的劳动时间不同，所以会产生贸易。新古典经济学家认为，各个国家在封闭经济情况下的商品相对价格不同，所以会产生贸易。而商品相对价格不同又是因为需求条件和供给条件不同引起的。需求条件就是消费，消费偏好不同会影响商品的相对价格。供给条件就是生产，生产的产品结构不同也会影响相对价格。产品结构不同可以用形状不同的生产可能性边界来表示。但是，为什么生产可能性边界会不同？

本章首先集中讨论要素禀赋对相对价格的影响，然后就生产要素价格、商品价格、收入分配之间的关系作进一步的探讨。

第一节　赫克歇尔—俄林模型

要素禀赋(Factor Endowments)是指一个国家拥有的生产资源。在新古典经济学中，对生产有重要影响的生产资源是土地、资本和劳动，称为生产要素。

20 世纪初期，在研究生产要素禀赋对国际贸易的影响方面有重大贡献的是两位瑞典的经济学家赫克歇尔(Eli Heckscher, 1919)和俄林(Bertil Ohlin, 1933)。

赫克歇尔和俄林的理论被后来的经济学家归纳成两个国家、两种商品、两种生产要素的贸易模型，分析过程中的重要假设条件有：

(1) 两种商品的每一种都是同质的。两种生产要素的每一种也都是同质的。两个国家的生产要素禀赋是固定的、不同的。

(2) 两个国家的技术相同,也就是说,每种商品在两个国家的生产函数是相同的。

(3) 生产规模的报酬是固定的。

(4) 两种商品的要素密集性不同,生产要素价格的变化不会改变商品的要素密集性。

(5) 两个国家的消费偏好相同,而且收入分配的变化不影响任何既定的商品价格和相应的商品消费数量的关系。也就是说,收入分配在贸易前后会发生变化,但所有的社会无差异曲线不变。

(6) 两个国家都建立了完全竞争的商品市场和生产要素市场。

(7) 生产要素在两个国家内部完全流动,但不能在国家间流动。

(8) 没有运输成本。

(9) 没有政策干预。

这些假设条件中,有些在前面的模型中已经提到过,但是对赫克歇尔—俄林模型来说,上述的每个假设条件都是重要的。不同之处在于:

(1) 强调两个国家的生产要素禀赋不同。

(2) 两个国家生产同种商品的技术相同。

(3) 强调商品的要素密集性。即两种商品的要素密集性不同,两个国家生产同种商品的要素密集性相同。

(4) 消费偏好相似,实际上是不考虑需求的影响。

一、要素丰富的含义

生产要素禀赋不同并不是指某种生产要素在两个国家的绝对量不同,而是指各种生产要素量的比率在两个国家里不同。每种生产要素的量,既可以用物理量来计量,也可以用价格来计量。

鲍恩(Harry P. Bowen, 1987)等人提供了许多国家 1966 年的数据。用三种生产要素的三个物理量的比率来实证分析每个国家的要素禀赋。

表 5-1 列举了 5 个有代表性的国家和香港地区的数据。美国拥有的资本量一般都认为是最多的,但是用资本/劳动的比率来衡量,加拿大的资本要素要比美国丰富。如果用资本/土地的比率来衡量,香港的资本比美国相对高出 80 多倍,实际上,这个结果是反映了香港的土地要素稀缺。澳大利亚在 20 世纪 60 年代的人口约 1 500 多万。从绝对数量来说比有些国家要多,但由于土地面积大,劳动/土地的比率就非常小,香港同期人口只占澳大利亚的 1/3,用劳动/土地的比率来衡量,香港劳动要素就极为丰富。

表 5-1 部分国家(地区)的要素禀赋

国家(地区)	资本/劳动(每个劳动力比美元数)	资本/土地(每公顷土地比美元数)	劳动/土地(每公顷土地比劳动人数)
澳大利亚	7 415.5	67.2	0.009
巴 西	1 151.6	43.8	0.038
加 拿 大	10 583.1	198.0	0.019
日 本	3 358.5	5 286.5	1.574
香港地区	1 368.5	90 739.1	66.304
美 国	10 260.9	1 058.6	0.103

要素禀赋用物理量计量,就是每种要素用特定的计量单位计量,如资本用美元,土地用公顷,劳动用劳动力的人数。要素丰富(Factor Abundance)就是在两个国家、两种生产要素的模型中,用相同计量单位计量的要素数量比率大。例如用 A、B 表示两个国家,K 表示美元计量的资本,L 表示劳动力人数计量的劳动。$K_A/L_A > K_B/L_B$ 就理解为 A 国资本丰富,A 国劳动稀缺;B 国资本稀缺,B 国劳动丰富。

要素丰富或稀缺虽然是一个相对概念,同一个国家实际拥有的要素量有很大的区别。但是,要素丰富与否在赫克歇尔—俄林模型的分析中却起了十分关键的作用。

要素禀赋也可以用价格来计量。在 A、B 两个国家中,资本要素的价格为 r,劳动要素的价格为 W。如果 $r_A/W_A < r_B/W_B$,表示 A 国资本的相对价格比 B 国的低,也就是 A 国的资本比 B 国的资本

丰富。相对价格越低,要素就相对越丰富。

计量要素禀赋的两种方法之间有什么关系呢?用物理量计量的结果是一种相对的数量关系,而价格本身要受到要素市场上供给和需求两方面的影响。对生产要素的需求,主要有两个因素,一个是生产商品的技术,生产技术变化会使生产一个单位商品需要的生产要素的量发生变化。另一个是消费偏好,消费偏好变化会使消费的商品数量变化,同样会使生产商品需要的生产要素数量发生变化。

如果假定两个国家的生产技术和消费偏好相同,计量要素禀赋的两种方法之间的关系就是明确的。一个国家有一个相对大的 K/L 比率,就必定有一个相对小的 r/W 比率,意味着这个国家的资本丰富。反过来也一样。

如果两个国家的生产技术或者消费偏好不同,就有可能使要素禀赋的两种计量方法之间的关系不确定,一个国家有一个相对大的 K/L 比率,同时可能有一个相对大的 r/W 比率。这个问题留在后面讨论。

二、要素密集性和生产效率轨迹

在两个国家、两种商品、两种生产要素的模型中,每一种商品都是用两种生产要素生产出来的。但是,两种商品生产中需要的两种生产要素的比例是不同的。

商品的要素密集性(Commodity Factor Intensity)是指一种商品在生产中使用的一种生产要素比例大于另一种生产要素。

例如有 X、Y 两种商品,K、L 两种生产要素,如果 $K_X/L_X > K_Y/L_Y$,那么 X 商品称为资本密集性商品,Y 商品称为劳动密集性商品。根据前面的假设条件,模型中的两种商品密集性不相同。同样根据假设条件,由于两个国家生产同种商品的生产函数相同,因此,同种商品在两个国家的密集性是相同的。

生产效率轨迹(Production Efficiency Locus)也被称作契约线(Contract Curve),整个推导过程不能确定生产者生产什么商品,或者生产多少商品,而是分析生产者怎样选择生产要素,并且有效率地生产。

图 5-1 表示两种生产要素生产一种商品的情况,Q_1 曲线称为等产量线(Isoquant)。图中 A 点表示用 Ok_1 的资本量和 Ol_1 的劳动量可以生产 Q_0 数量的某种商品,如果减少 k_1k_2 数量的资本投入,商品的产出数量将落到 C 的位置,如果增加 l_1l_2 数量的劳动,则商品的产出数量将从 C 点移到 B 的位置,假定 A 和 B 表示相同的商品产出数量,就意味着从生产技术上看 k_1k_2 的资本和 l_1l_2 的劳动可以互相替换而不影响产出的数量。也就是说,用 Ok_1 的资本和 Ol_1 的劳动组合或者用 Ok_2 的资本和 Ol_2 的劳动组合能生产出同一数量的某种商品。把所有生产既定数量某种商品的不同的要素投入数量组合的点连接起来,就形成等产量线。

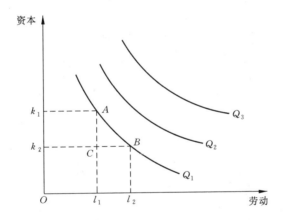

图 5-1 等产量线表示两种生产要素生产一种商品的情况

A 点的斜率称为边际技术替代率(Marginal Rate of Technical Substitution,简称 MRTS)。边际技术替代率是负的,MRTS = $-\Delta K/\Delta L$。等产量线凸向原点,是因为边际技术替代率是递减的。在生产技术不变的情况下,商品产出的每一种数量,都有一条相应的、形状相同的等产量线。图 5-1 中 Q_1、Q_2、Q_3 表示三种不同的产出数量,而且离原点越远,代表的产出数量越大。

当某种商品的产量既定时,生产者按照生产要素价格的比率来确定选用哪一种要素投入的组合。假定劳动的价格为 W,资本的价格为 r,则

$$MRTS = W/r$$

当 $MRTS > W/r$ 时,生产者会使用更多的劳动替代资本,当 $MRTS < W/r$ 时,生产者会使用更多的资本替代劳动。

图 5-2 是用等产量线表示的两种要素密集性不同的商品。假定 $W/r = P$ 是既定的,生产者生产 x_1 数量的 X 商品就会选择图中 x_1 和 P 的切点。因为等产量线 x_1 上无数种要素投入组合中,只有切点的边际技术替代率等于生产要素价格的比率。

当生产要素价格既定而且不变时,不同等产量线与 P 的切点可以连成一条直线,在图 5-2(a)中,就是 O_xA。O_xA 表示 X 商品生产中资本和劳动投入的比例,而且表明不管生产多少数量的 X 商品,只要要素的价格不变,要素投入的数量比例也不变。由于生产 X 商品使用的劳动多于资本,因此 X 商品是劳动密集性商品。

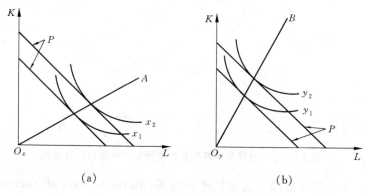

图 5-2 用等产量线表示的要素密集性

图 5-2(b)中 P 的斜率与(a)中相同。这是因为一个国家内生产要素市场是完全竞争的,不同产业生产中使用的要素价格相同。Y 商品的等产量线 y_1、y_2 等与 P 的切点的连线 O_yB 比 O_xA 更为陡峭,表明 Y 商品是资本密集性商品。

第五章 要素禀赋和国际贸易   63

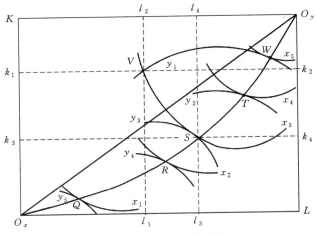

图 5-3 埃奇沃斯箱形图

图 5-3 称为埃奇沃斯箱形图(Edgeworth Box Diagram),是把图 5-2 的两个图合并在一个图中,图 5-2(a)的 X 商品不变,图 5-2(b)中 Y 商品生产的原点移到箱形图的右上角。假定一个国家两种生产要素的禀赋是既定的,O_xL 的长度表示劳动的总量,O_xK 的长度表示资本的总量。箱形图框内任意一点,都表示这个国家拥有的两种生产要素在两种商品生产中的分配。例如在 V 点生产,X 商品投入 O_xl_1 的劳动和 O_xk_1 的资本。同时 Y 商品的投入是 O_yl_2 的劳动和 O_yk_2 的资本。

在 X 商品的等产量线 x_1 到 x_5,离原点 O_x 最远的 x_5 表示 X 商品的产量相对最大。Y 商品的等产量线 y_1 到 y_5,离原点最远的 y_5 表示 Y 商品的产量相对最大。

图中 Q、R、S、T、W 分别表示一对等产量线的切点。如 Q 是 x_1 和 y_5 的切点。表示两种商品的生产都是有效率的。如果在 x_1 生产 X 商品,在 y_4 生产 Y 商品,两条等产量线没有交点,说明还有一部分资本和劳动未投入到生产中去。如果是生产 x_3 的 X 商品和 y_4 的 Y 商品,则有一部分要素被重复投入,说明超过了这个国家拥有的要素总量。

一对等产量线相交,也表明没有达到有效率的生产。如 V 点是 x_3 和 y_1 的交点,而等产量线 x_3 也与 y_3 在 S 点相切。表明这个国家拥有的两种生产要素在 S 点分配给两种商品的生产,用 $O_x l_3$ 的劳动和 $O_x k_3$ 的资本生产 X 商品,用 $O_y l_4$ 的劳动和 $O_y k_4$ 的资本生产 Y 商品。同 V 点相比较,S 点生产时 X 商品仍然是 x_3 的产量不变,Y 商品的产量从 y_1 改变为 y_3。因为 y_3 比 y_1 离原点 O_y 更远,表明 Y 商品的产出增加,因此 S 点比 V 点更有效率。

把图中的每对等产量线的切点,如 Q、R 等等连接起来,形成 $O_x QRSTWO_y$ 曲线,这条曲线就是生产效率轨迹。上述推导表明,生产效率轨迹上任意一点,都表示两种商品的一种数量组合,而且这两种商品都是有效率地生产出来的。

三、赫克歇尔—俄林定理

赫克歇尔和俄林对国际贸易理论的主要贡献是更深入地研究了国际贸易的基础。

国际贸易建立在什么基础上?人们的认识是逐步深入的。

亚当·斯密认为建立在绝对利益基础上。

大卫·李嘉图认为不必局限于绝对利益,在比较利益基础上,国际贸易就能够进行。

新古典经济学家进一步分析了产生比较利益的条件,指出即使生产条件相同,需求条件不同也可以成为国际贸易的基础。

赫克歇尔和俄林在假定需求条件相同的情况下,更深入地分析了生产条件,从两种商品的相对价格分析发展到对生产商品的生产要素的数量和价格分析。

赫克歇尔和俄林认为,国际贸易是建立在生产要素禀赋基础上的,即使生产技术相同,只要要素禀赋不同,就能够进行国际贸易,并且带来利益。

图 5-4 是两个埃奇沃斯箱形图。描述了 A、B 两个国家,棉布和钢铁两种商品,资本和劳动两种生产要素的模型。

由前面生产效率轨迹的推导可以知道,A 国是资本丰富的国

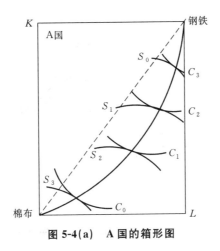

图 5-4(a)　A 国的箱形图

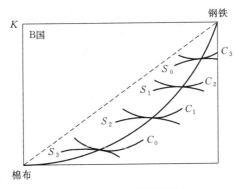

图 5-4(b)　B 国的箱形图

家,B 国是劳动丰富的国家。因为箱形图的边框表示要素禀赋,A 国的资本多于劳动,B 国的劳动多于资本。在两个国家里,棉布都是劳动密集性商品,钢铁都是资本密集性商品。需要注意的是,要素密集性是相对的。如果一单位棉布需要 1 份劳动和 2 份资本投入,而一单位钢铁需要 1 份劳动和 3 份资本投入,棉布仍然是劳动密集性商品,尽管本身需要的要素投入中资本大于劳动。

图 5-5 是局部均衡的比较静态分析。图 5-5(a)是贸易前两个国家在封闭经济条件下的均衡,图 5-5(b)是贸易后两个国家生产和消

费的均衡。

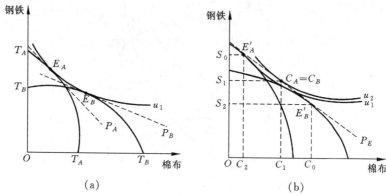

图 5-5　两国贸易利益的局部均衡分析

把图 5-4(a)中 A 国棉布的等产量线和钢铁的等产量线的交点移到图 5-5(a)中来，就形成 T_AT_A 曲线，或者说，图 5-4(a)中的生产效率轨迹就是图 5-5(a)中的 T_AT_A 生产转换曲线。因为图5-4(a)中的边框是代表生产要素的数量，图 5-5(a)中的纵横轴代表商品的数量，因此两条曲线的形状和位置有所不同。但是，两条曲线上的任意一点，都表示充分利用既定的生产技术和生产要素，有效率地生产出来的两种商品的数量组合。

图 5-5(a)中两个国家都达到国内均衡，A 国在 E_A 点生产和消费，钢铁和棉布的均衡相对价格为 P_A。B 国在 E_B 点达到均衡，P_B 是 B 国的均衡相对价格。

图 5-5(b)是自由贸易后的情况。A 国的生产移到 E'_A，比封闭经济时更多生产钢铁，减少了棉布的生产。B 国作了相反的调整，生产移到 E'_B 点。在消费偏好相同的前提条件下，两国的消费在 $C_A = C_B$ 的位置达到消费效用极大化，作为局部均衡的特征，两国贸易条件为假定的 P_E。

如前面所说，A 国是资本丰富的国家，B 国是劳动丰富的国家。钢铁是资本密集性商品，棉布是劳动密集性商品。两国的实际贸易情况是：A 国出口 S_0S_1 数量资本密集性的钢铁，进口 C_1C_2 数量劳动密集性的棉布。B 国出口 C_0C_1 数量劳动密集性的棉布,进口 S_1S_2 数量资本密集性的钢铁。

赫克歇尔—俄林定理(Heckscher-Ohlin Theorem),简称 H—O 定理:一个国家将出口密集使用本国丰富要素生产的商品和进口密集使用本国稀缺要素生产的商品。

图 5-5 是对 H—O 定理的具体描述。当然,只有在所有假设条件都得到满足的情况下,H—O 定理才能成立。

图 5-5 的分析同前面图 4-7 的分析似乎相像。但是图 4-7 中生产可能性边界不同仅仅是一种假定,而图 5-5 描述的 H—O 定理则有完整的理论框架和严密的推导过程。

H—O 定理不仅对两个国家的贸易模式(Trade Pattern)作出了判断,更重要的是,H—O 定理强调资源禀赋是国际贸易的基础。

第二节 赫克歇尔—俄林模型的扩展

对外贸易是一个国家经济的组成部分。赫克歇尔—俄林把贸易商品的研究扩展到对生产商品的要素研究,引起许多经济学家的兴趣。对外贸易是否会影响要素的价格?对外贸易是否会影响收入分配?尽管对外贸易可以提高一个国家的福利水平,那么是全社会平均分享贸易的利益,还是一部分人受损,一部分人得益?

下面介绍 H—O 定理以后的三个相关定理。

一、要素价格均等化定理

封闭经济里不同的商品相对价格是国际贸易的一般基础,在两个国家愿意进出口的商品数量相等时,国际市场上两种商品的相对价格是均衡价格。在开放经济条件下,贸易参加国的国内相对价格等于国际市场上的均衡价格。无论哪一个贸易参加国,出口商品的相对价格都会提高,进口商品的相对价格都会下降,两个国家两种商品的相对价格最终会达到一致。这是赫克歇尔—俄林以前的贸易理论也可以得出的必然结果。

萨缪尔森(Paul A. Samuelson, 1949)在 H—O 定理的基础上进一步指出,在技术不变和市场完全竞争的条件下,商品的价格等于边际成本,而边际成本由投入要素的数量和价格构成。国际贸易使商品的相对价格发生变化,同时也使生产要素的相对价格变化。

图 5-6 描述了生产要素相对价格和商品使用的要素数量比例的关系。

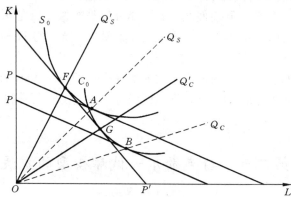

图 5-6 生产要素相对价格和使用数量的比例

图中纵轴代表资本 K 的数量,横轴代表劳动 L 的数量。从原点引出的直线 Q_S、Q_C 分别代表生产钢铁和棉布使用的生产要素的比例,OQ_S 比 OQ_C 陡峭,表示钢铁是资本密集性商品,棉布是劳动密集性商品。S_0 和 C_0 是钢铁和棉布的等产量线。P 等于 W/r,是劳动和资本的相对价格,两条平行线 P 分别同 S_0 和 C_0 相切,切点 A、B 表示在规定的相对价格条件下,S_0 和 C_0 的最优要素数量组合,A、B 两点的斜率,即边际技术替代率等于 P。A 点是使用 OQ_S 比例的资本和劳动生产钢铁,B 点是使用 OQ_C 比例的资本和劳动生产棉布。

当生产要素的相对价格从 P 改变为 P',意味着劳动的相对价格上升,资本的相对价格下降。P' 和 S_0、C_0 的切点分别为 F、G 点。表明生产两种商品数量不变时,生产要素价格变化会引起投入生产要素的数量比例变化。过 F 点的 OQ'_S 比 OQ_S 陡峭,说明生产钢铁使用的资本密集程度提高。过 G 点的 OQ'_C 比 OQ_C 陡峭,说明棉布使用的资本密集程度同时也提高。

这是理解 H—O 定理和其他一些有关的定理的重要假设条件,也就是说,当一种生产要素价格下降时,两种商品都会在生产中增加这种要素投入的数量,同时减少另一种生产要素投入的数量。但是,生产商品的要素投入比例变化,不会引起商品密集性的变化,只是要素密集程度的变化。图 5-6 中,要素相对价格以 P 改为 P' 后,虽然两种商品的资本密集程度都提高了,但钢铁仍然是资本密集性商品,而棉布仍然是劳动密集性商品。

图 5-7 用两个埃奇沃斯箱形图描述两个国家、两种商品、两种生产要素在自由贸易条件下的一般均衡。

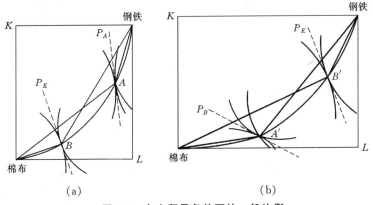

图 5-7　自由贸易条件下的一般均衡

图 5-7(a)表示 A 国,封闭经济条件下 A 国均衡点为 A。A 国拥有的资本和劳动总量在 A 点分配,图右上角原点到 A 点的直线是生产钢铁的要素数量比例,从左下角原点到 A 点的直线是生产棉布的要素数量比例。同棉布相比较钢铁是资本密集性商品。两条等产量线在 A 点相切,过 A 点的切线是要素相对价格 P_A。

埃奇沃斯箱形图的边框长度表示要素的数量,同图 5-7(b)中的 B 国相比较,A 国是资本丰富的国家。根据 H—O 定理 A 国在自由贸易时将出口钢铁进口棉布。

在图 5-7(a) 中，A 国贸易后将调整国内两种商品的产量，A 点将沿着生产效率轨迹向下移动。

A 国增加钢铁的产量同时减少棉布的产量，生产要素就会从棉布产业转向钢铁产业，由于两种商品的要素密集性不同，减少一个单位棉布释放出来的生产要素中劳动多于资本，而增加一个单位钢铁吸收的生产要素中资本多于劳动，这种情况在国内要素市场上的反映，就是劳动的供给大于需求，同时资本的需求大于供给。

要素市场上供给和需求的不平衡会使要素的相对价格发生变化，资本的相对价格提高，而劳动的相对价格下降。

要素相对价格的变化会影响生产商品使用的要素数量比例。由于要素市场是完全竞争的，要素在国内不同产业内能够充分流动，因此，国内不同产业面临相同的要素相对价格。当 A 国资本需求大于供给时，资本的相对价格提高，钢铁和棉布两个产业会同时增加劳动的投入数量，钢铁和棉布的劳动密集程度都会提高。但是，钢铁始终是资本密集性商品，棉布始终是劳动密集性商品。

相反的情况会同时在 B 国发生，图 5-7(b) 中，B 国贸易前在 A' 点均衡，自由贸易使 B 国的生产从 A' 点沿着生产效率轨迹向上移动。

如果 A、B 两国的商品贸易在均衡贸易条件下进行，两国的进出口商品数量达到一致。A 国国内两种商品的产量将在图 5-7(a) 中的 B 点达到均衡，B 国国内两种商品的产量将在图 5-7(b) 中的 B' 点同时达到均衡。过 B、B' 并且同两点相对应的等产量线相切的切线 P_E 是要素的相对价格，这时两条 P_E 有相同的斜率，表示相同的要素相对价格。

因为国际商品市场上 A、B 两国按相同的相对价格贸易，而假设条件又是两国按相同的技术生产同种商品，生产要素是同质的。因此，A、B 两国国内生产要素的相对价格必定是相同的。

要素价格均等化定理(Factor Price Equalization Theorem)：在均衡的条件下，两个国家商品贸易的绝对价格和相对价格都是相同的，两个国家有相同的生产技术和固定的规模报酬，商品的相对成本和绝对成本将是均等的。这种均衡只有在要素价格均等时才能达到。

图 5-7 是一般均衡的比较静态分析,在两个国家要素禀赋既定的情况下,两个国家两种商品的供给和需求、两种要素的供给和需求、两种商品和两种要素的价格同时达到均衡。

要素价格均等化定理在逻辑上是无隙可击的,但是只有在严格的假设条件下才能成立。有些假设条件是与现实的经济状况不完全相符的。

要素价格均等化定理的理论贡献在于分析了商品价格和要素价格之间的相互关系,由商品贸易引起的要素价格的变化趋向已被大量经济案例所证实。

二、斯托尔珀—萨缪尔森定理

国际贸易可以给所有贸易参加国带来利益。李嘉图模型中,贸易利益是用等量劳动获得的商品数量增加表示的。新古典贸易模型中是用消费的总的效用水平提高表示的。如果贸易参加国的所有人都能够从贸易中获利,那么就没有人会反对贸易。然而事实上,总是有一部分人或者有一部分企业是反对贸易的。这就涉及贸易利益的分配问题。

斯托尔珀(Wolfgang Stolper,1941)和萨缪尔森研究了关税对收入分配的影响,然后把他们的研究结果扩大到一般国际贸易对收入分配的影响。

斯托尔珀—萨缪尔森定理(Stolper—Samuelson Theorem):在贸易前和贸易后都能达到充分就业的情况下,贸易使丰富要素的价格上升和稀缺要素的价格下降,意味着丰富要素所有者的实际收入增加而稀缺要素所有者的实际收入减少。

这一定理是在 H—O 理论基础上提出的,分析过程可以借用图 5-7,图 5-7(a)中 A 国贸易前要素相对价格 P_A,贸易后的要素相对价格 P_E 比 P_A 平坦,说明 A 国丰富的资本价格上升,稀缺的劳动价格下降。而图 5-7(b)中 B 国贸易前要素相对价格 P_B,贸易后 P_E 比 P_B 陡峭,说明 B 国丰富的劳动价格上升,稀缺的资本价格下降。

这一定理的成立必须满足 H—O 模型的全部假设条件,同时,这一定理还假设模型中两种商品都是最终产品,也就是说,每一种商品都不能作为另一种商品的投入。因为这样可以使完全竞争的条件下,商品的价格等于各种要素投入的成本之和变得简单化。

那么,在一个劳动稀缺的国家,贸易后工人如果更多地购买价格下降的劳动密集性商品棉布,是否会使工人更多地获得贸易利益以至于实际收入不变甚至增加呢?

结论是否定的。因为根据这一定理,一种商品价格变化的幅度将等于这种商品全部投入要素的成本变化的平均幅度(完全竞争条件下,商品价格总是等于边际成本)。

例如,在一个劳动稀缺的国家,贸易前劳动密集性的棉布价格相对比较高,如果贸易后棉布价格下降了 10%,国内生产棉布的投入,包括劳动和资本的平均成本也要下降 10%,如果资本价格不变,劳动价格下降必须超过 10%才能使平均成本下降 10%,如果资本价格上升,劳动价格必须下降更多。这种情况被称为"增大效应"(Magnification Effect)。

斯托尔珀—萨缪尔森定理说明,自由贸易虽然能提高整个国家的福利水平,但是在一部分人收入增加的同时,另外一部分人的收入却减少了。这就是为什么每个国家总是有人主张自由贸易,也总是有人反对的原因。

三、雷布津斯基定理

H—O 定理是建立在要素禀赋基础上的,所有的分析都假定每个国家拥有的要素数量是不变的。然而事实上,资本的积累、人口的增长、自然资源的开发等等,都会使一个国家拥有的要素数量发生变化。

雷布津斯基(T. M. Rybczynski, 1955)分析了一个国家拥有的要素数量变化对国际贸易的影响,这里只介绍要素数量变化对生产的影响,关于对贸易条件的影响在经济增长的一章里再讨论。

在一个国家、两种商品、两种生产要素的模型中,假定要素禀赋变化,其他假设条件不变。为了使分析简单化,假定这个国家是个小国,生产和消费商品数量的变化,包括进出口商品数量的变化,都不会影响商品的相对价格和要素的相对价格。

如果这个国家的劳动增加了 10%，资本的数量不变，两种商品的产量不可能都增加 10%，因为这样需要额外的资本。但是，如果两种商品的产量增加不到 10%，增加的劳动就不能被完全使用。在两种商品的相对价格不变、两种要素的相对价格不变时，生产两种商品使用的两种要素比例也不变。因此，只有一种商品的产量增加 10% 以上，而且必须是生产中密集使用劳动的那种商品产量增加。劳动密集性商品产量增加 10% 以上，相应增加的资本必然来自生产资本密集性商品的产业。从而使资本密集性商品的产量减少。

图 5-8 中，一个国家原来拥有 O_xL 的劳动和 O_xK 的资本，在埃奇沃斯箱形图中，该国在自由贸易时，国内生产在 E 点均衡，生产 q_x 数量的 X 商品和 q_y 数量的 Y 商品。如果这个国家增加了 LL' 的劳动，资本不变，箱形图变成 $O_xL'O_y'K$。由于两种商品生产的要素比例不变，劳动密集性商品 X 的产量将沿着 O_xE 的方向推进，Y 商品生产的要素比例也不变，图中以 O_y' 为原点，引出 O_yE 的平行线 $O_y'E'$，E' 为 O_xE' 和 $O_y'E'$ 的交点，以 E' 为切点的两条等产量线中 q_x' 的产量比 q_x 大，q_y' 的产量比 q_y 小。

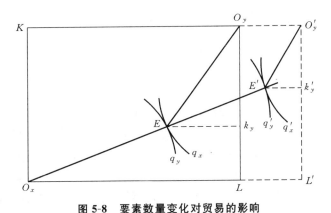

图 5-8 要素数量变化对贸易的影响

雷布津斯基定理（Rybczynski Theoremn）：在商品和要素的相对价格不变的条件下，生产要素不平衡的增长将导致商品产量更大的不对称变化。一种要素量的增加将导致密集使用这种要素生产的商品产量增加,而使另一种商品的产量减少。

雷布津斯基定理指出了要素供给和商品产量之间的增大效应,它们之间变化比例的静态排列是:

$$\uparrow X > \uparrow L > \uparrow K > \uparrow Y$$

第三节 赫克歇尔—俄林理论的实证检验

理论的正确与否必须经过实证检验,逐步完善和详尽的统计数据,为经济学家的实证分析创造了条件。理论分析的结果和实证检验的结果不一致的话,又会激起人们更大的兴趣,去探讨矛盾产生的原因,从而推动理论研究的深入发展。

一、里昂惕夫的投入—产出分析

投入—产出表(Input-output Table)是里昂惕夫(Wassily W. Leontief)创建的。他把整个经济中所有产业都列入表内,详细地分析每一个产业的产出流向,同时也分析每一个产业的投入来源,完整地反映了各个产业之间原料、中间产品、最终产品之间的供需关系。表内的产品都被还原成生产产品需要的生产要素。因此,每一种表内的产品,不管是中间产品还是最终产品都可以用生产这些产品的总要素需求(Total Factor Requirements)来表示。总要素需求包括直接要素需求(Direct Factor Requirements),即生产中直接投入的要素和间接要素需求(Indirect Factor Requirements),即生产中投入的原料或中间产品。投入—产出表可以清楚地显示出一个国家经济的总体平衡,以及各个产业之间产量的供需平衡,而这些相互关系都是用各种生产要素的数量表示的。

里昂惕夫是第一个对 H—O 定理作实证研究的著名经济学家,并于1953年发表了他的研究结果。

里昂惕夫用1949年和1951年美国进出口商品的数据，按照他所擅长的投入—产出分析，结论却同 H—O 定理正好相反。

表5-2 中有三栏数据，第一栏是里昂惕夫用1947年的数据在1947年做的投入—产出表。1947年，美国出口的每100万美元商品需要使用255万美元左右的资本和182个劳动力工作一年。美国同年进口每100万美元的商品，表内的数据不是用原产国的，而是美国生产相同商品需要 309 万美元左右的资本和 170 个劳动力工作一年，因此不是"进口"而是"进口替代"。这种替代并不影响对 H—O 定理的检验，因为 H—O 定理假设同种商品在不同国家生产的技术是相同的。里昂惕夫还把美国不能生产的进口商品，例如香蕉进口排除在外，把他的分析定义为对"竞争的进口"分析。

表5-2 里昂惕夫的实证分析

	美国每百万美元进出口商品需要的资本和劳动		
	出口	进口替代	进口替代/出口
1947年：			
资本(美元)	2 550 780	3 091 339	
劳动(人/年)	182	170	
资本/劳动	14 010	18 180	1.30
1951年：			
资本(美元)	2 256 880	2 303 400	
劳动(人/年)	174	168	
资本/劳动	12 977	13 726	1.06
资本/劳动(不包括自然资源)			0.88
1958年：			
资本(美元)	1 876 000	2 132 000	
劳动(人/年)	131	119	
资本/劳动	14 200	18 000	1.27
资本/劳动(不包括自然资源)			1.04
资本/劳动(不包括自然资源，包括人力资源)			0.92

里昂惕夫通过$(K/L)_m/(K/L)_x$计算统计结果。$(K/L)_m$是生产进口商品需要的资本和劳动数量的比率,$(K/L)_x$是生产出口商品需要的资本和劳动数量的比率,如果计算结果大于1.0,表明进口商品是资本密集性商品,出口是劳动密集性商品。如果计算结果小于1.0,则进出口商品密集性相反。里昂惕夫的这一方法被称为"里昂惕夫统计项"(Leontief Statistic)。

第一栏里数据的计算结果是1.30,表明美国在1947年,出口的是劳动密集性商品,进口的是资本密集性商品。

在20世纪40年代末,美国是世界上拥有资本数量最多的国家,按照H—O定理,美国应该出口资本密集性商品,进口劳动密集性商品。因此,里昂惕夫的实证分析结论公布后,对H—O定理是一个重大挑战,引起经济学界的广泛注意,由于没有充分的理由说明是H—O定理的错误,还是里昂惕夫的分析方法有问题,这个矛盾的情况又被称为"里昂惕夫悖论"(The Leontief Paradox)。

二、改进的投入—产出分析

许多经济学家都试图解开这个悖论,有些认为应该对H—O定理重新评价,另一些则用其他数据进行分析。然而问题却更为复杂。

对加拿大20世纪50年代的对外贸易分析,结果是加拿大出口资本密集性商品,由于加拿大与美国贸易占很大比重,这个结果似乎同里昂惕夫的分析一致。

对日本20世纪50年代的对外贸易分析,日本出口的也是资本密集性商品,这个结果更加令人难以接受,因为日本当时的经济很大程度上依赖美国资本。

对苏联20世纪50年代和60年代的分析,结果是苏联同发展中国家的贸易中,苏联出口资本密集性商品,苏联同发达国家的贸易中,苏联出口的是劳动密集性商品。显然,这同H—O定理是一致的。

里昂惕夫在1956年撰文指出,没有考虑自然资源的影响可能是出现悖论的一个原因。鲍德温(Robert Baldwin,1971)用1958年的数据分析美国对外贸易,按不包括自然资源的计算,里昂惕夫统计项的值为 1.04,如果包括自然资源则为 1.27。哈蒂冈(James Hartigan,1981)重新计算美国 1951 年的对外贸易,最后得出与里昂惕夫相似的结果。但是不包括自然资源的结果是 0.88,悖论不再成立。见表 5-2 第二栏和第三栏。

自然资源的丰富或稀缺肯定会影响一个国家的贸易模式,在两种商品、两种生产要素的模型中,无法体现自然资源的存在显然是一个缺陷。例如美国大量进口的原油、煤、钢铁等,虽然生产过程中需要大量资本,但如果按资本和自然资源两种要素分析,这些产品可能是资源密集性商品而不是资本密集性商品。但是,自然资源究竟重要到什么程度却无法确定。

对悖论的另一种解释最初也来自里昂惕夫本人,他认为悖论可能是把劳动看成同质而引起的。美国一个工人的劳动相当于别国三个工人的劳动,如果把进口替代栏中的劳动人数乘以 3,悖论就不再存在。

基辛(Donald Keesing,1966)把劳动分成八类,第一类是科学家,第二类是技术人员,最后一类是没有技术的工人。基辛用美国 1962 年的贸易数据分析,把劳动分成八类后,两种要素的模型变成多种要素模型,每一类劳动都作为一种特殊的要素。然后把美国的出口商品和竞争的进口替代商品进行实证检验。通过美国和 13 个其他国家比较,结果是美国出口技术劳动密集性商品,进口非技术劳动密集性商品。这样,同 H—O 定理就没有矛盾。

表 5-2 中最后一行数据是鲍德温用 1958 年美国贸易数据做的另外一个投入—产出表,表内不包括自然资源,但把劳动按受教育程度分类,结果发现,当年美国出口商品中使用的劳动,受教育时间在 13 年以上的占很大比重,而进口竞争商品中使用的劳动中,受教育时间在 8 年以下的占很大比重。用里昂惕夫统计项计算,比值为 0.92。

培养生产技术或者接受教育需要资本投入,最后体现在有技能的劳动使用上,经济学家于是提出人力资本这样一个新的概念。基辛和鲍德温的实证分析表明,把劳动这种生产要素进一步细分是必要的。因为不同质量的劳动在生产中的作用是不同的,模型分析如果把劳动简单地按人/年计算或单位劳动小时计算,都会造成很大的误差。这也是出现悖论的原因之一。但是,如何对不同质的劳动科学地分类,如何从量上估计人力资本对一个国家贸易模式的影响,仍然是不确定的。

三、更现实的理论模型和实证检验

把自然资源和人力资本两个因素纳入投入—产出分析,一定程度上解释了悖论产生的原因。另外一些经济学家则试图从H—O定理方面寻找答案。他们认为严格的假设条件,使理论和实际产生了矛盾。

(1)需求逆转(Demand Reversal)。H—O定理注重于商品的生产,通过假设各国需求相同,未对需求的影响作进一步的分析。

图5-9中A、B两个国家的消费偏好有很大的不同,A国对钢铁有强烈的偏好,而B国对棉布有强烈的偏好。在没有贸易的封闭经济中,A国在图5-9(a)中的 A 点达到均衡。P_A 是A国国内钢铁和棉布的相对价格,A国的生产可能性边界形状表明A国是资本丰富的国家,钢铁是资本密集性商品。由于A国对钢铁的偏好使社会无差异曲线 u_A 的位置很高,A国虽然生产很多钢铁,但需求也很大,P_A 的斜率十分平坦,表明钢铁的相对价格很高。

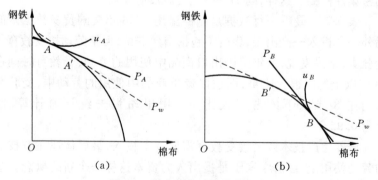

图5-9 需求偏好对贸易的影响

图 5-9(b)表示 B 国的情况相反,由于 B 国对棉布的强烈偏好,以致 B 国生产了很多棉布,也消费了很多棉布,棉布的相对价格在 B 国很高。

自由贸易后,A 国的生产下移到 A' 点,B 国的生产上移到 B' 点。A 国多生产棉布并出口棉布,B 国多生产钢铁并出口钢铁。

按照 H—O 定理,A 国在贸易中应该出口本国丰富的资本生产的资本密集性钢铁,进口本国稀缺的劳动生产的劳动密集性棉布。在图 5-9 中,A 国在贸易中是实际出口棉布,进口钢铁。这种情况并不构成悖论。因为 A 国对钢铁的偏好造成 A 国钢铁相对价格高,自由贸易后的国际钢铁相对价格比 A 国低,A 国便进口钢铁。B 国的情况则正好相反。

需求逆转是改变了 H—O 定理原来假设贸易国需求相同的条件,如果贸易国的需求有很大的不同,以致抵消了生产要素禀赋的差异,则商品的贸易流向同 H—O 定理推导的结论相反。

需求逆转是贸易国存在的一种特殊情况,如果这种情况不发生,H—O 定理就仍然适用。

(2) 要素密集性转换(Factor-intensity Reversal)。H—O 定理的另一个值得探讨的假设条件是要素价格的变化虽然会使商品生产中使用的要素数量比例发生变化,一般来说,是增加变得便宜的要素数量,减少变得昂贵的要素数量,但是,每种商品的要素密集性不变。这是前面分析中十分强调的一点,在严密的理论推导过程中是必要的。

要素密集性不变,就要求两种商品的等产量线有相同的要素价格弹性。例如在一个国家,两种商品、两种要素的模型中,生产者用资本和劳动生产钢铁和棉布,如果劳动的相对价格提高,钢铁和棉布的生产者都会更多地投入资本,同时减少劳动的投入。

但是,在有些情况下要素价格的变化对不同产业的影响是不同的,例如劳动相对价格提高,对钢铁生产来说,用资本替代劳动比较困难;而对棉布生产来说,用资本替代劳动就比较容易。于是,两种商品生产的要素比例就会发生不同的变化,甚至导致要素密集性的改变。

图 5-10 中的纵轴表示资本和劳动的比率,横轴表示劳动和资本的相对价格,两条商品的等产量线向上倾斜,表示随着劳动相对价格提高,两种商品都会更多地使用资本,使资本和劳动的数量比率上升。但是棉布的等产量线 C 比钢铁的等产量线 S 更为陡峭,意味着劳动相对价格提高一定的幅度,棉布产业用资本替代劳动的反应要比钢铁产业大。

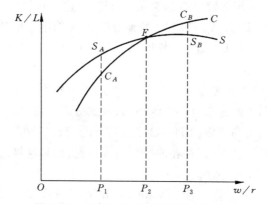

图 5-10 要素价格与要素密集性的关系

图中的 P_1 表示劳动和资本的相对价格水平比较低,相应的棉布生产的要素数量组合为 C_A,钢铁的要素数量组合在 S_A,由于 S_A 表示较高的资本和劳动的数量比率,因此钢铁是资本密集性商品,棉布是劳动密集性商品。P_2 左面的任何一种要素相对价格都不会改变两种商品的密集性,只会使生产两种商品的密集程度发生变化。P_2 是一个特殊的要素相对价格,两条等产量线在 F 点相交,表示在这一价格水平上,两种商品生产使用的要素数量比例相同,很难确定商品的要素密集性,P_2 右边的所有要素相对价格,都使两种商品的要素密集性发生了转换。例如在 P_3 的相对价格水平上,由于劳动的相对价格提高,虽然两种商品都增加了资本的投入,但棉布生产中增加的资本更多。同 P_3 价格相对应的棉布生产使用的资本和劳动的数量比率在 C_B 点,钢铁生产则在 S_B 点,由于 C_B 点表示的资本/劳动比率高于 S_B 点,棉布变成了资本密集性商品,钢铁变成了劳动密集性商品。

要素密集性转换可以说明为什么现实的国际商品市场上,印度和美国都出售钢铁,尽管印度劳动力丰富,而美国则资本丰富。

关于要素密集性转换最著名的研究是明哈斯(B. S. Minhas, 1962)。他选用了1947年和1951年美国和日本20个相同产业的数据,并把美国20个产业按资本/劳动的要素使用比例从大到小依次排列,例如石油工业资本密集程度最高,排在第1位,煤炭工业排第2位,钢铁工业排第8位,纺织工业排在第11位等等。如果按照H—O理论的假设,日本的20个产业排列应该同美国的排列次序相同。

从统计学的意义上说,如果两国的排列次序相同,相关系数为1.0,如果排列的次序完全相反,相关系数为-1.0,如果两国的排列没有关系,相关系数为0。明哈斯研究的结果是美国和日本20个产业的排列相关系数为0.328。也就是说,尽管两国的产业中使用的要素比例有些联系,但相差的程度很大。例如,钢铁工业在美国排第8位,而在日本排第3位,船舶制造业在美国排第15位,而在日本为第7位等等。

以后的一些经济学家通过各自的研究后指出,现实经济中确实存在某些要素密集性转换的情况,但是其重要性并没有明哈斯的研究结果显示的这样大。

严格的假设条件同现实经济的不一致还表现在很多方面,如市场的不完全竞争、贸易的政策干预、生产技术的进步等等。

数学工具在贸易理论研究中的广泛使用和国际贸易研究对象的扩大,使H—O理论的实证分析出现了许多新的探索方向。下面介绍两种比较主要的观点。

(1) 从商品角度探讨,也称 H—O 的商品说(Commodity Version of H—O)。从商品角度探讨就是从一个国家不同产业的有关生产特性来分析这些产业出口减进口后的净贸易地位。基本方法是收集一个国家净出口或净进口产业的数据,例如资本—劳动的需求、其他相关的变量等等,通过多重回归分析处理收集到的数据。一组典型的分析是斯特恩和马斯库斯(R. Sterm and K. Maskus,1981)提供的。他们对美国 1958—1976 年净出口产业的分析中,1976 年的分析结果是

$$(X-M)=-18.54-0.08K+0.06H-2.83L$$

其中 X 是产品的出口,M 是产品的进口,K 代表固定资本,H 代表人力资本,L 是这个产业的就业水平。结果表明一个产业的净出口与固定资本和就业水平是负相关的,在其他条件相同的情况下,较大的固定资本和较多的劳动只有较少的净出口,而拥有较多的人力资本的产业比人力资本少的产业有更大的净出口。这一分析结果的意义在于:美国的净出口产业可能不是里昂惕夫悖论中显示的劳动密集性产业,而是人力资本密集性产业。

(2) 从要素含量角度探讨,也称 H—O 的要素含量说(Factor Content Version of H—O)。从要素含量角度探讨的基本思想是把产品的供应和需求同要素服务结合起来。在供应方面,一个国家的要素禀赋包括不同数量的资本服务、劳动服务、其他的自然资源服务等等。假定充分就业,一个国家在一定时期拥有的全部要素,或者说是全部要素服务的供应等于生产所有种类产品产量需要的要素总和。在需求方面,购买产品实际上是购买要素服务,对所有需求的产品数量就是对这些产品生产时所需要的要素服务的需求。

这一思想体现在国际贸易中,就是一个国家对每种要素服务的供应和需求决定这个国家通过贸易的要素服务的流向。假定 A 国对资本服务的需求超过它拥有的资本服务,则 A 国的资本服务要素就是稀缺的,通过从其他国家进口含有资本服务的产品可以满足国内的需求;同样地,A 国的劳动服务供应超过对劳动服务的需求,则 A 国的劳动服务是丰富的,通过出口含有劳动服务的产品可以平衡国内对劳动服务的供应和需求。

赫克歇尔—俄林—凡尼克定理(Heckscher-Ohlin-Vanek Theorem,简称 HOV):一个国家要素的相对丰富是通过这个国家贸易流向中含有的要素服务显示出来的。

H—O定理是通过投入—产出分析一个国家的要素相对丰富或稀缺来确定这个国家的贸易流向。

HOV定理是通过分析一个国家进出口产品中含有的要素服务量来显示(Reveal)这个国家的要素相对丰富或稀缺。

1987年,波恩(Harry Bowen)、利默(Edward Leamer)和斯维考斯卡斯(Leo Sveikauskas)建立了一个庞大的模型,在HOV的基础上分析27个国家12种不同的生产要素。其结果之一是:通过分析美国1967年的净出口和净进口产品中含有的要素服务量,显示出美国是资本存量、专业技术工人、农业工人和可耕作土地相对丰富的国家,而总的劳动力则相对稀缺。

复杂而又多样的实证分析并没有停止,上述介绍的各种观点也没有一致公认的结论。但是,对理论的实证研究是必要的,也是十分有趣的。关于H—O定理的实证研究在理论和现实中架起了一座座桥梁。

尽管不同的假设会有不同的结果,但是,上述所有分析都离不开三个方面:

1. 一个国家的要素禀赋;
2. 产品在生产过程中的要素密集程度;
3. 这个国家的贸易流向。

大多数分析过程中仅重视三个方面中的两个,例如从商品的角度探索就忽视了要素禀赋,而从要素含量角度的探索试图从三个方面考虑,但实际上对特定的进出口商品中含有的要素的密集性论证是不充分的。里昂惕夫悖论的解决有待于经济学家们的进一步研究。

复习思考题

一、关键词语

要素禀赋　要素密集性　生产效率轨迹　边际技术替代率

H—O 定理　里昂惕夫统计项　人力资本　需求逆转
H—O 的商品说　H—O 的要素含量说

二、问答题

1. H—O 理论的假设条件与李嘉图模型相比有哪些不同？
2. 什么是要素丰富？
3. 与 H—O 定理相关的定理有哪些？
4. 为什么里昂惕夫的投入—产出分析结果被称为悖论？
5. 什么是要素密集性转换？

第六章 规模经济、不完全竞争和国际贸易

　　传统的国际贸易理论是建立在比较优势的基础上,以规模报酬不变和完全竞争为假设前提,认为各国在要素禀赋上的差别导致了国际贸易的产生,各国依据自身的比较优势进行生产,并且依靠贸易获取所需产品,从而实现世界范围内福利水平的提高。传统理论可以解释发达国家与发展中国家之间的贸易、发达国家与新兴工业化国家之间的贸易以及贸易对收入分配的影响,但是对贸易领域中的许多现象却无法解释。

　　根据要素禀赋理论,国家之间的要素差异越大,彼此之间的贸易往来也就越频繁。但在现实生活中,要素禀赋相似的国家,如西欧、北美、日本等国家之间的贸易却大量存在,对此,传统的贸易理论无法解释。另外,世界上大约有四分之一的贸易是产业内贸易。在发达国家的制造业中,产业内贸易占有着极为重要的地位,这一点也是与产业间比较优势为基础的传统理论相违背的。

　　在跨国公司日益深入经济生活的今天,世界市场已不再具有完全竞争的特征,几家大的跨国公司可以瓜分某种产品整个市场的份额,它们已不再是价格的接受者,而是价格的制定者。因此,以完全竞争为假设前提的传统理论就出现了明显的局限性。

　　这些现象说明了国家之间要素的差异已不再是产生国际贸易的惟一原因,以规模报酬不变和完全竞争为前提的假设被修改以后,形成了新的贸易理论。这些理论肯定了规模经济,并以规模经济和产品异质性为特征的不完全竞争来分析贸易领域中的现象。

　　本章共分三部分。第一部分首先介绍规模报酬的三种情况以及

规模经济和不完全竞争之间的紧密关系,然后分析外部规模经济和内部规模经济对国际贸易的影响;第二部分着重阐述不完全竞争市场的几个国际贸易模型,即寡头垄断模型、垄断竞争模型和倾销模型;在最后一部分对不完全竞争条件下的国际贸易模式——产业内贸易作了具体的分析,并提供了比较合理的解释。

第一节 规模经济与国际贸易

传统的贸易模型是以比较优势为基础,将国与国之间要素禀赋的差异作为贸易产生的惟一原因,而在这里要分析的,则是规模经济也可能成为贸易的动因。在规模经济作用下,市场结构将会发生变化,不完全竞争更为普遍,从而使国际贸易领域出现了一些新的现象。

一、规模报酬、规模经济和不完全竞争

与规模报酬相关的概念是边际产量(Marginal Product),这是指在其他投入保持不变的情况下,由于增添 1 单位的某种投入而多生产出来的产品的产量。它描述的是其他投入不变时产出对于单一投入增加的反应。而规模报酬(Returns to Scale)则是指所有投入要素同比例增加时,即生产规模扩大时,总产量的变化情况。根据产量变化的程度,规模报酬可以分为三种情况:规模报酬递增(Increasing Returns to Scale)是指所有投入的增加导致了产出水平更大比例的增加;规模报酬不变(Constant Returns to Scale)表示所有投入的增加导致产出水平的同比例增加;规模报酬递减(Decreasing Returns to Scale)则表示所有投入的增加导致产出水平较小比例的增加。

用数学方式表示这三种情况,假设生产一种产品需投入 n 种可变要素,生产函数为 $Q = f(x_1, x_2, \cdots, x_n)$,若 $x_1, x_2, \cdots, x_n$ 同时增加 a 倍,产量增加 λ 倍,即 $\lambda Q = f(ax_1, ax_2, \cdots, ax_n)$。若

$\lambda > a$,表示规模报酬递增;若 $\lambda = a$,表示规模报酬不变;若 $\lambda < a$,则表示规模报酬递减。图 6-1 描述了这三种情况,其中横轴为可变要素的投入量,纵轴为总产量。

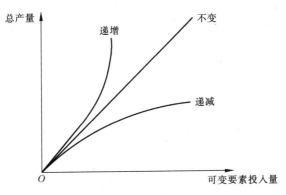

图 6-1 规模报酬的三种情况

在规模报酬的三种情况中,规模报酬递增即通常所说的规模经济。在规模经济的条件下,随着生产规模的扩大,总产量增加的速度超过要素投入的增加速度,这意味着平均成本下降、生产效率提高。因而大厂商比小厂商更有优势,随着小厂商被挤出市场,少数大厂商逐渐垄断了整个市场,不完全竞争取代完全竞争成为市场的基本特征。

根据厂商平均成本下降的原因,规模经济可以分为外部规模经济(External Economies)和内部规模经济(Internal Economies)。外部规模经济是指由于整个产业产量的扩大而导致每个厂商的平均生产成本下降。内部规模经济是指由于厂商产出量的增加而导致厂商平均生产成本的不断下降。外部规模经济和内部规模经济对于市场结构和国际贸易的影响是不同的。

二、外部规模经济与国际贸易

外部规模经济的实现只依赖于产业规模,而不是单个厂商的规模。因此,在一个仅存在外部经济的行业中,大厂商并不具有优势,整个产业主要由中小规模的厂商组成,近似于完全竞争的状态。

外部规模经济出现的主要原因是整个产业集中在一个地理区域内,有利于形成专业化供应商,培育共同的劳动力市场,并有利于知识外溢,使得整个产业的生产效率得以提高,所有厂商的平均生产成本下降。有关外部规模经济的例子如集中在美国加利福尼亚的硅谷的计算机工业、纽约的美国银行业,以及集中在好莱坞的美国娱乐业等。

在外部规模经济下,产业规模的扩大使得厂商的成本下降,从而具有成本优势,该国成为商品的出口国。但是出口产业的最初建成或扩大纯粹是偶然因素决定的,一旦一个国家建立起大于别国的生产规模,随着时间的推移,该国就会拥有更多的成本优势。这样,即使其他国家更具有比较优势,如果该国已先行将产业发展到了一定的规模,那么其他国家就不可能成为该产品的出口国。所以,在外部规模经济存在的情况下,贸易模式可能受历史因素和偶然性的影响而难以确定。

如图 6-2,D_w 代表某种产品的世界需求曲线,该产品可以由 A 国或 B 国生产,平均成本曲线分别为 AC_1 和 AC_2。A 国和 B 国的产业均具有外部规模经济,产业规模的扩大会导致产品平均成本的下降,因而 AC 线都向下倾斜;同时假定厂商之间的完全竞争,使得产品价格等于厂商的平均成本。

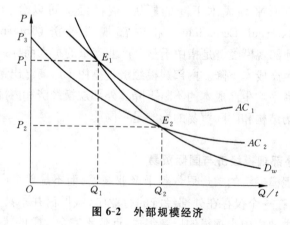

图 6-2　外部规模经济

如果由于历史的偶然性或其他原因，A 国已经发展起这种产业，而 B 国却没有，那么 A 国会以 $AC_1 = P$，按 P_1 的价格为世界提供 Q_1 单位的产品，均衡点为 E_1。虽然 B 国的该行业最终有实力能以 $AC_2 = P$，按 P_2 的价格为世界提供大于 Q_1 的 Q_2 数量的产品，但是，假定 A 国的产业已经相当强大，如果 B 国要涉足该产业，最初必须按 $P = AC$，即 P_3 的价格才能生产，而这是市场不能接受的。可以看到，A 国具有的规模效应，阻止了 B 国进入该产业，并能够保持既有的优势。因此，在外部规模经济存在的情况下，虽然完全竞争市场并没有被打破，但是贸易模式并不能依据比较成本的高低确定下来。对于世界来说，产品的生产不能集中在成本最低的国家，造成了福利的损失。

如果将图 6-2 稍稍加以修改，即用横轴表示累计产量，每一时点累计产量的平均成本就连接成一条向下倾斜的曲线，称为学习曲线（Learning Curve）。这里涉及一个新的概念——动态外部经济。

在产品生产过程中，具有创新能力的厂商能够积累经验，改进产品，提高生产技术，使本企业生产成本下降，而产业内其他厂商不断模仿创新，从而整个产业的生产成本不断下降。这种随着厂商经验的积累和产业总产量的增加而导致生产平均成本下降的现象，被称为动态外部经济。

外部规模经济强调的是一定时间内产业产量的增加引起的成本下降，而动态外部经济强调的是随着时间的推移，由于厂商经验的积累，整个产业生产总量不断增加而使平均生产成本下降。比如，飞机产业装配 100 架飞机要耗费 1 000 个小时，由于工人经验的积累，再装配另外 100 架飞机时可能只要 700 个小时了。动态外部经济可以用学习曲线表示。学习曲线反映的是随着产业累计产量的增加，生产平均成本下降的过程。如图 6-3，横轴表示随时间推移该产品的累计产量，纵轴仍然表示平均成本。曲线 L_1 表示 A 国的平均成本随着累计产量的增加而下降，当累计产量为 Q_1 时，平均成本为 C_1，而当产出量达到 Q_2 时，平均成本则下降为 C_2。曲线 L_2 表示 B 国的

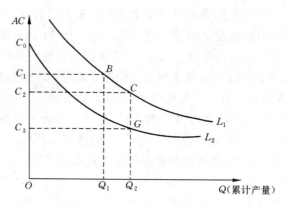

图 6-3 动态的外部规模经济

学习曲线,当 B 国的产量为 Q_2 时,其平均成本为 C_3,但与外部规模经济的分析类似,如果此时 B 国还未生产该产品的话,其初始成本将为 C_0,而 C_0 要高于 C_1 或 C_2,这是市场所不能接受的,因而 B 国不可能进入该产业。在动态外部经济的条件下,贸易模式也是不确定的;B 国为了进入该产业,政府必然会提供贸易保护,即所谓的保护幼稚工业。

三、内部规模经济与国际贸易

内部规模经济的实现要依赖于厂商自身规模的扩大和产出的增加。在具有内部规模经济的产业中,大厂商比小厂商更具有成本优势,因而能够迫使小厂商退出市场,从而控制市场,形成不完全竞争的市场结构。在封闭经济的情况下,这会导致一系列负面现象的发生,如经济中的竞争性下降,消费者支付的成本上升,享受的产品多样性减少等等,而解决这些矛盾的办法之一便是国际贸易。

图 6-4 表示了自由贸易对于价格的影响,贸易缓解了规模经济和竞争性之间的矛盾。PP 线表示,随着市场中厂商数目的增加,竞争性增强,平均成本随之下降。在 PP 线上任一点代表在市场中既定厂商数目的该产品平均成本,在完全竞争条件下,这种平均成本是

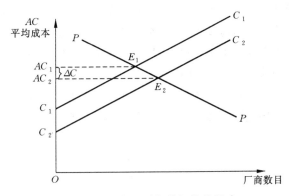

图 6-4　国际贸易对规模经济的影响

等于价格的。C_1C_1 线反映的是规模经济对厂商平均成本的影响。在封闭经济中,如果厂商数目较小,则单个厂商就相对较大,因而可以较大程度地实现规模经济。随着厂商数目增加,单个厂商规模变小,因而平均成本上升,所以 C_1C_1 在图中是一条向上倾斜的曲线。PP 线与 C_1C_1 的交点 E_1 表示均衡时的厂商数目,此时平均成本为 AC_1。在开放经济条件下,由于国际贸易的存在,世界市场取代了国内市场,由于世界市场可以容纳更多的厂商而不丧失规模效应,因而 C_1C_1 曲线就向下移动变为 C_2C_2 曲线,这时均衡点也变为 E_2,平均成本下降为 AC_2。与封闭的国内市场相比,世界市场可以容纳更多的厂商存在,同时单个厂商的规模也扩大,从而解决了规模经济和竞争性的矛盾。

　　在规模经济较为重要的产业,国际贸易可以使消费者享受到比封闭经济条件下更多种类的产品。因为规模经济意味着在一国范围内企业只能生产有限的产品种类,如果允许进口,则在国内市场上就可以购买到更多种类的产品。

　　举例来说,在 20 世纪 60 年代美加汽车自由贸易协定达成之前,由于加拿大对美国进口汽车课以重税,使得美国几乎所有的汽车生产厂商都在加拿大境内设厂,但由于市场容量有限,使得美国在加拿大的汽车生产厂商生产的汽车成本较高,而且种类较少。60 年代中期以后,美加之间扩大了汽车及零部件的贸易,因而在加拿大境内消费者就可以购买到美国生产的多种型号的汽车。这样,加拿大的美国汽车生产厂商就集中生产几种类型的汽车,部分用于出口,实现了规模生产,大幅度削减了生产成本。

对于研究和开发费用等成本支出较大的产业来说,规模经济更显得重要;如果没有国际贸易,这类产业就可能无法生存。研究和开发费用可以说是一种固定的成本费用,随着产量的增加,单位产品的固定成本降低。如果这种产品仅局限在国内市场上销售,则由于产量有限,单位产品的固定成本就较高,因而平均成本较高,厂商难以实现规模经济甚至无法收回投入的研究和开发费用。如果允许国际贸易,使产品在世界市场上销售,产量就会增加,厂商能够实现规模经济下的生产。

图 6-5 说明了国际贸易对一个具有高度规模经济的产业的重要性。图中 D_d 表示国内的需求曲线,如果仅有国内市场,那么厂商在任何产量水平上,平均成本 AC 都高于需求曲线 D_d 和边际收益曲线 MR_d,即厂商不可能盈利,只会亏损。而如果厂商面对的是整个世界市场,即需求曲线上移,在图中表示为 D_w 线,这样厂商在由边际收益曲线 MR_w 和边际成本曲线 MC 决定的均衡产量 Q_e 处生产,相

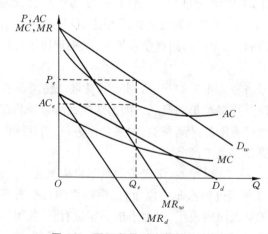

图 6-5　国际贸易对内部经济的影响

应的价格为 P_e，高于平均成本 AC_e，厂商可以获利。由此可见，国际贸易使厂商实现了内部规模经济，保证了高额的研究与开发费用投入得到回报。

国际贸易除了能够为厂商带来内部规模经济之外，还可以直接增加贸易双方的福利。如图 6-6 所示，假设 M 和 N 两个国家在各个方面完全一致，因而可以用相同的生产可能性曲线和社会无差异曲线反映两国的状况。规模报酬递增使得生产可能性曲线凸向原点，同时由于两国生产可能性曲线和社会无差异曲线一致，所以在不存在贸易情况下，X 产品和 Y 产品均衡的商品相对价格之比也相同。在图中，生产可能性曲线和社会无差异曲线 I 在 A 点相切，斜率为 $P_x/P_y = P_A$。M 和 N 两国都生产和消费 OX_a 的 X 产品和 OY_a 的 Y 产品。

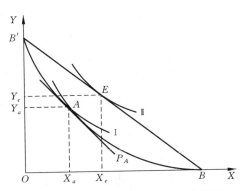

图 6-6　国际贸易增加内部经济的福利

在允许自由贸易的情况下，M 国可以专门从事 X 产品的生产，产量为 OB；而 N 国则可以专门从事 Y 产品的生产，产量为 OB'。M 国和 N 国可以相互交换产品，M 国以 $B'Y_e$ 的 Y 换 N 国 OX_e 的 X；N 国以 X_eB 的 X 换 M 国 OY_e 的 Y，使各自的效用达到无差异曲线 II 上的 E 点，高于贸易前的 A 点的效用，表明两国都增加了福利。这种消费扩张的收益来自于专业化生产产生的规模经济，而在没有贸易的情况下，两国要想消费两种商品，只能在较低的规模上同时生产，因而生产成本高于后者。

第二节 不完全竞争市场中的国际贸易模型

一、不完全竞争市场

在完全竞争市场中，存在着许多买者和卖者，各家厂商的产品同质，因此没有任何厂商能影响市场价格，只能接受市场价格；而在不完全竞争市场中只有有限的买者和卖者，并且产品具有一定的异质性，因此厂商对于市场具有控制力，不再是产品价格的接受者，而是价格的制定者。

不完全竞争产生的原因可能是多方面的：其一，行业内存在的内部规模经济使得大厂商比小厂商更具成本优势，从而使市场结构由完全竞争变为不完全竞争；其二，完全竞争理论假定产品都是同质的，而实际上同一类别的产品之间也存在着异质性（Differentiation），这也使得各厂商对于市场有一定的控制能力。

在不完全竞争市场的前提下，依照垄断程度的大小，不完全竞争市场可以分为三种：完全垄断市场、寡头垄断市场和垄断竞争市场。

完全垄断市场(Perfect Monopoly)主要特征是：(1)一种产品在市场上只有惟一的供应厂商；(2)该产品不存在任何相近似的替代品；(3)该产业具有进入壁垒，新的厂商无法进入；(4)垄断厂商是价格的制定者，它可以根据自身利益制定价格，实现利润最大化。

寡头垄断(Oligopoly)是指少数厂商垄断了某一产业的市场，其产量占据了市场份额的很大比重。主要特征是：(1)厂商数量较少，基本控制了该产业，新的厂商要进入该产业比较困难；(2)各厂商的产品可以同质，也可以存在差异，因而厂商之间存在激烈竞争；(3)厂商之间相互影响，彼此之间存在依赖关系，每个厂商都要关注其他厂商的决策；(4)厂商行为具有不确定性。

垄断竞争(Monopolistic Competition)是一种竞争与垄断并存的市场结构，基本特征是：(1)同一类产品之间存在差异，这种差异主要来源于产品内在品质、外观形象以及消费者主观评价等；(2)厂商数目较多,可以忽视对手的反应,独立决策;(3)产业的进入壁垒比较少;(4)由于存在产品的异质性,厂商对产品价格具有一定的影响力。

在不完全竞争的三种类型中,完全垄断近乎一种纯理论的假设,在现实生活中,很少有纯粹的完全垄断,但寡头垄断和垄断竞争有普遍的现实意义,下面就分别介绍寡头垄断和垄断竞争起主要作用的两个国际贸易模型。

二、寡头垄断模型

首先假设国内市场被一家厂商完全垄断,该厂商生产的产品仅在国内销售。如图 6-7,为简单起见,假设国内的需求曲线是线性的,在图中用 DD 线来表示;垄断厂商的边际成本不变,在图中用水平的 MC 线表示,边际成本等于市场价格 c。由微观经济学中的完全垄断理论可知,边际收益 MR 曲线位于 DD 线的下方,斜率为 DD 线的一半。由 MR 线和 MC 线的交点 B 决定了垄断厂商的均衡产量为 x,此时价格为 $(a+c)/2$。同时,可以看出,DD 线与 MC 线的交点 A 处的均衡产量为 $2x$,这是完全竞争市场中厂商的产量。

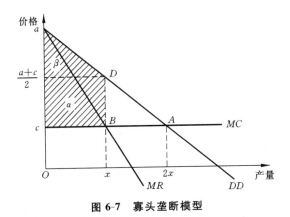

图 6-7 寡头垄断模型

国内市场处于完全垄断的情况下的社会福利水平是确定的。首先,这里对社会福利定义为以下三个部分:本国厂商获取的超额利润即生产者剩余;本国消费者剩余和政府的税收收入。在这里,假定税收收入为零,本国厂商的生产者剩余为 $(P-C)Q$。由于 $P=\dfrac{a+c}{2}$, $C=c$, $Q=x$,所以生产者剩余为 $\left(\dfrac{a+c}{2}-c\right)\cdot x$。消费者剩余为 $\left(a-\dfrac{a+c}{2}\right)\cdot\dfrac{x}{2}$,即 DD 线与均衡价格线所夹的三角形区域。生产者剩余和消费者剩余在图 6-7 中分别表示为 α 和 β,$\alpha+\beta=\dfrac{3(a-c)}{4}x$。

假设本国开放国内市场,一家国外厂商进入本国市场,该厂商的边际成本也是 c,那么本国市场在开放条件下的福利变化情况要取决于两家厂商的竞争方式。

第一种方式是它们合谋平分本国市场,实现整体利润最大化。在合谋的竞争方式下,均衡价格和两家厂商的总产量不会发生变化,因此消费者剩余不会增加,但本国厂商的超额利润会减半,由于社会福利的定义中不包括外国厂商的利润,这样整个社会福利水平下降,由原来的 $\dfrac{3(a-c)}{4}x$ 降为 $\dfrac{(a-c)}{2}x$。

第二种方式是两家厂商积极参与价格竞争。在竞争中,双方都将对方价格视为不变来确定自己的价格以实现利润最大化。假设消费者信息完全充分,可以自由选择价格。这样,每个厂商都可以通过稍微降价获取全部的市场份额,因而每个厂商都有不断削价的动力,最终价格一直会降到边际成本 c,此时两家厂商都是保本销售。在这种竞争方式下,社会福利有了极大变化。由于价格等于边际成本,整个市场类似于完全竞争状态,产量由 x 上升至 $2x$。虽然生产者剩余为零(因为 $P=MC$),但消费者剩余却增加至 $(a-c)x$,在图 6-7 中表现为 DD 线、MC 线和价格轴围成的大三角形面积。

第三种方式是数量竞争,这可以利用古诺(Cournot)模型来分析。在古诺模型中,假设每个厂商都将对方的产出量看作既定不变的,并依此来确定自己的产量以实现利润最大化。模型中假定市场需求曲线是线性的,边际成本相同且保持不变,总的市场容量为 $2x$,也就是完全竞争市场或价格竞争下的产量。在古诺模型中，假定一家厂商均衡产量为 q，那么另一家厂商会将剩余市场容量 $(2x-q)$ 的一半作为自己的均衡产量，即为 $(2x-q)/2$。由于两家厂商行为完全相同，因而每家厂商即把自己的产量定在 $q=(2x-q)/2$，即 $q=2/3x$。这就是说，两家厂商各自生产市场容量 $2x$ 的三分之一。如图 6-8，两家厂商的总产量为 $4x/3$，价格也下降为 $c+\dfrac{1}{3}(a-c)=\dfrac{a+2c}{3}$。此时消费者剩余扩大至 $\dfrac{1}{2}\left[\dfrac{4x}{3}\left(a-\dfrac{a+2c}{3}\right)\right]=\dfrac{4x}{9}(a-c)$，在图 6-8 中表示为 α 区域。

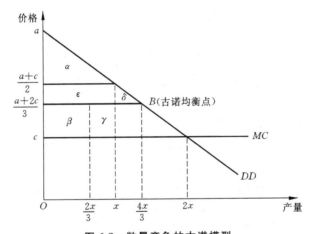

图 6-8 数量竞争的古诺模型

在这种情况下，社会福利发生了相应的变化。由于此时价格为 $\dfrac{a+2c}{3}$，而成本为 c，本国厂商的产量也由垄断状态下的 x 降为 $\dfrac{2x}{3}$，因而本国厂商的生产者剩余为 $\dfrac{2x}{9}(a-c)$，与完全垄断时相比下降了，生产者剩余在图 6-8 中表示为 β 区域。这样，本国社会福利应等于 $\alpha+\beta=\dfrac{4x(a-c)}{9}+\dfrac{2x(a-c)}{9}=\dfrac{2x}{3}(a-c)$，这比完全垄断时期的社会福利下降了。从图 6-8 中可以看出，消费者剩余比国外厂商进入本国市场前增加了 ε+δ 部分,其中 ε 是由本国厂商转移给消费者的,δ 是本国消费者从外国厂商那里获取的利益。但同时,在本国厂商的生产者剩余减少 (ε+γ) 部分中,ε 转移给本国消费者,但 γ 部分却被外国厂商获取,由于 γ 面积大于 δ 面积 $\left(\gamma=\frac{x}{3}\cdot\left(\frac{a+2c}{3}-c\right),\delta=\frac{1}{2}\cdot\frac{x}{3}\left(\frac{a+c}{2}-\frac{a+2c}{3}\right)\right)$,所以本国福利还是下降了 $\frac{x}{12}(a-c)$。

由上面的分析可以看出,按照两家厂商竞争方式的不同,外国厂商进入本国市场后给本国社会福利的影响可分为三种情况:(1)在合谋情况下,社会福利损失了 $\frac{x}{4}(a-c)$;(2)价格竞争使本国社会福利增加了 $\frac{x}{4}(a-c)$;(3)古诺竞争使本国社会福利损失了 $\frac{x}{12}(a-c)$。

那么,开放的市场或者说自由贸易给世界福利带来了什么影响呢?在合谋情况下,本国社会福利的减少就是国外厂商超额利润的增加,整个世界的福利水平并不发生变化。在价格竞争情况下,由于外国厂商的生产者剩余为零,因此本国社会福利的增加也意味着世界福利的增加。在古诺竞争的情况下,将外国厂商的利润增加考虑在内,全世界的福利水平还是增加了。由此可见,在价格竞争和数量竞争情况下,国际贸易提高了世界的福利水平。

另外,在古诺竞争情况下,虽然本国的福利水平下降,但通过改变模型的假设前提,就会得到不同的结果:

一种方法是引进"完全对称"(Full Symmetry)。这就是说,本国的厂商也可以进入外国市场参与古诺竞争。假设本国厂商通过国外销售也可以获得 β 面积 $\left(\frac{2x}{9}(a-c)\right)$ 的利润,那么这就可以抵消外国厂商在本国取得的利润,本国福利水平净增加。

另一种方法是将双寡头垄断扩展至多头垄断,如果有多家外国厂商的产品进入本国市场。这时,由于更多的厂商之间相互竞争,价格会下降,消费者剩余会有提高,如果增加的消费者剩余超过本国厂商减少的生产者剩余,最终本国的福利水平将比贸易前有所提高。

但是,现实生活中完全的对称是很少见的,那么在古诺竞争情况下,本国的社会福利可能受到损失。例如以下三种情况:(1)国内需求水平相对较高。较高的国内需求水平使得本国市场大于国外市场,在其他因素都相同的情况下,外国厂商从贸易中获取的收益要大于本国厂商,那么本国的福利可能遭受净损失;(2)本国在世界范围内经营的厂商较少。这样本国在世界总产量中所占份额较低,利润很可能就流向外国;(3)本国厂商的生产成本较高。当本国厂商的成本高于外国厂商时,所获利润就会大大降低。

此外,由于前面的分析是建立在局部均衡的基础上,如果将分析扩大到一般均衡分析,那么寡头垄断对社会福利的影响将有所变化。比如,当本国厂商生产成本相对较高时,意味着本国在该产业没有比较优势,那么它必然会从该产业退出,资源流向本国具有比较优势的产业,提高生产效率,其最终可能给本国福利带来有利的影响。

在国际寡头垄断的条件下,一国能否成为净出口国,同完全竞争一样也要取决于比较成本、技术优势和要素的丰裕程度。国内的需求量也有一定影响,在其他因素都相同的情况下,如果国内需求较少,厂商就倾向于直接出口。但是,国际寡头垄断涉及一些有别于完全竞争的因素,如:(1)厂商数目;(2)超额利润;(3)相互贸易。

在寡头垄断条件下,本国某种产业中厂商的数目多少会影响到它是否会成为净出口国,假设整个世界只有本国和外国两个国家,其他因素都相同,但本国厂商数目多于外国,那么本国产量高于外国,本国必然成为净出口国。

超额利润在完全竞争的情况下是不存在的,但在寡头垄断条件下,如果存在产业进入壁垒,那么厂商就可能获取超额利润。

再者,在上述国际寡头垄断模型中,可以看到贸易是双向的,即相同的产品既被进口,也同时可能被出口至其他国家,这被形象地称为"交叉搬运"(Cross-hauling)。如果产品是无差异的,那么这种相互之间的贸易就证实了古诺模型的预测:每个国家都要进入外国市场,否则盈利机会就会丧失。

三、垄断竞争模型

垄断竞争市场的主要特征是存在许多厂商互相竞争,但各个厂商的产品之间不能完全取代,即产品存在异质性。依照假设前提的不同,垄断竞争模型又有两大类:其一,假定消费者都具有偏好的多样性(Liking for Variety),即同一个消费者会愿意购买各种具有异质性的产品;其二,假定同一个消费者对异质性产品的偏好是单一不变的,但是消费者之间存在差异,即不同的消费者倾向于购买不同厂商的产品,这种差异可能是由于偏好不同造成的,也可能是由于地理位置的不同造成的。第一种情况有许多例子,比如消费者愿意光顾各种不同的快餐店,喜欢购买不同风味的饼干,使用不同品牌的洗发水等等;第二种情况下,消费者可能更愿意保持自己独有的偏好,比如他可能一直使用某一家厂商生产的咖啡等等。

不同的假设下,垄断竞争又表现出一定的区别。

(1) 消费者具有偏好多样性的垄断竞争市场。在垄断竞争条件下,假设市场没有进入壁垒,那么产业内厂商的数目具有内生性,它取决于超额利润为零时的均衡位置。每个厂商只能生产某一种产品,同时由于固定成本的存在,每个厂商的生产具有规模效应。

当消费者对于不同种类的产品都具有偏好,并且偏好均匀分布,可以用下面的式子表示产品的价格:

$$(p-c)/p = 1/\{e-[e-1]/n\} \qquad (6-1)$$

其中 n 表示厂商的数目;c 为边际成本,各厂商的边际成本相同而且不变;e 为正值参数,表示异质产品之间的替代弹性。当 n 非常大时,$(e-1)/n$ 趋向于零,从而 $(p-c)/p$ 趋向于 $1/e$,这是典型的完全竞争情况:随着 e 的上升,p 不断下降。如果 n 是有限的,价格与边际成本的差就会扩大,随着厂商数量下降,价格通常会上升。

厂商数目。这里用 I 表示一国所有居民的总收入,a 是消费者收入中用来购买某种产品的比例,F 代表固定成本。将这种产品的生产厂商看作一代表性厂商,那么它的产出量可以表示为 aI/pn。

当超额利润为零时,可以确定 n 的值,表示为:

$$n = (p-c)aI/pF^{①} \tag{6-2}$$

将式(6-2)代入式(6-1),可求得

$$p = ce/[(e-1)(1-F/aI)] \tag{6-3}$$

对该产业产品需求量越大意味着更多的厂商和更多的产品品种以及更低的价格;而较大的需求量可能来自增加的收入(I)或者是在该产品上消费的增加(a 上升)。另一方面,若固定成本(F)上升,则意味着厂商为了使利润不为负值,必须提高价格(p),但相应的厂商数目(n)却会呈下降趋势。

上面的分析是建立在封闭经济的基础上,如果本国开放市场,实行自由贸易,那么带来的结果类似于收入(I)上升的情形,即产品的种类增加,而价格将下跌。

这一系列结果可以从上面的方程中推导出来。假设有 m 个相同的国家,收入均为 Y。用 mY 代替上面的 I,就可以得出厂商数量,这是所有国家的厂商数目之和,也就是消费者可以获取的异质产品总的种类。

由此可见,自由贸易给世界带来了两大影响:其一是整个市场的扩大,厂商提供更多品种的产品,从而满足了消费者的偏好多样性;其二是产品价格下降。产品种类的增多意味着每个厂商在扩大的贸易领域中面临的平均收益曲线弹性上升,那么,高于平均成本的超额利润将下降。随着价格的下降,部分厂商不得不退出该产业,剩余的厂商则扩大生产规模,在超额利润为零处实现均衡。

上面都是假设各个国家情况完全相同,但如果各国在生产的边际成本上有差别,那么结果就会不同。各国在技术上或要素禀赋方面的不同必然导致国与国之间边际成本的不同,在这种情况下实行

---

① 利润可以表示为 $pq - cq - F$,又 $\because q = \dfrac{aI}{pn}, \therefore$ 当 $pq - cq - F = 0$ 时,$n = (p-c)aI/pF$。

自由贸易,该行业就会集中在边际成本较低的国家,而边际成本较高的厂商会退出该行业,进入其他具有比较优势的行业,这使得各国都从自由贸易中获利。

赫克歇尔—俄林理论分析了为什么在不同国家产品的边际成本不同,而这里以多样性为基础的垄断竞争理论则阐述了为什么一国在出口一种产品的同时,又进口相似的产品。所以说,偏好多样性模型是侧重考虑要素禀赋的传统理论的有益的补充,而并非是替代。

(2) 消费者具有差异性的垄断竞争模型。在这里,假设消费者的偏好是不同的,他们就不会去购买所有品种的异质性商品,而是仅仅选用其中的某一种商品。这种特定商品的供应商可能在地理位置上与消费者是最接近的,供应商必须考虑运输成本,因为消费者居住地点不同,影响到供应商的成本;而消费者也会根据商品的价格或购买商品的便利来选择供应商,由此也决定了垄断竞争行业的结构。当然,地理位置仅是一种比喻、一种分析问题的方法,商品给消费者的满足程度就可以用地理位置的远近来代替。

以报纸为例,许多人喜欢购买地方性报纸,因为他们关注居住地区发生的事件甚于其他地区,如果没有额外的成本的话,他们也可能购买其他地区的报纸,但对之兴趣要小得多。对于内容差异很大的各种全国性报纸,有的消费者关注于严肃的政治新闻,有的则侧重于金融领域内发生的事情。读者有的偏爱轻松的闲聊,有的则喜欢严肃的报道,每个人在选择报纸时都是选择最接近自己偏好或趣味的一种。

一份报纸必须选择好自己的定位,去迎合特定的消费群。假设严肃和轻松分别表示报纸的两种特性,任何一种报纸都是这两种特性不同程度的结合。如图6-9(a)所示,在线段的最左端表示"轻松"的特征,最右端表示"严肃"的特征,这之间的每个点都是两者的不同结合。读者购买报纸与其最偏爱报纸之间的距离反映了读者的不满意程度。如图6-9(b)所示的消费者的补偿函数,$n(V)$曲线表示有n种报纸按轻松到严肃的顺序排列后与消费者满意程度的关系。V^*表示消费者最理想的报纸品种,而他所能获得的报纸与理想中的类型相差越远,他所要求的"补偿"就越多。

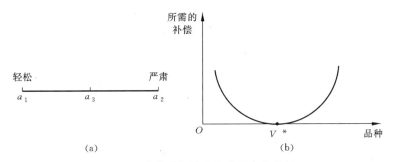

图 6-9 消费偏好差异的垄断竞争分析

在上述条件下,假设本国的报纸产业处于双头垄断的情况下,若不考虑价格因素,那么两份报纸为了吸引最大的读者群,都会将报纸定位于线段的中间位置,即 a_3 处,这样对于整个社会来说并不是最优的情况。与此类似,假设本国和外国各有一份报纸,起初两国间的贸易是被禁止的,因而两份报纸都具有垄断性,后来允许自由贸易,那么不考虑价格因素的话,两份报纸都会迎合中间的读者群,自由贸易没有带来任何好处。

如果不限定报纸的种类,而是由模型在超额利润为零时内生出来,那么结果会是什么样呢?

假设有多个厂商存在,每个厂商生产一种产品,并在一个圆周上选择其定位,圆周的周长为 1。在圆周的每一点上都有相等的消费者存在。消费者除了对于最理想的产品的定义有所不同之外,其他各方面都是相同的,每个消费者都从最接近其偏好的一点购买一个单位的产品。

如图 6-10,假定市场中有 n 个厂商在圆周上均匀分布,各厂商之间的距离为 $1/n$,假设一个消费者在 M 点,与附近的一个供应商 A 的距离为 x,供应商的产品定价为 p_1,那么消费者距另外一个供应商 B 的距离为 $\frac{1}{n} - x$,供应商 B 的产品定价为 p_2,t 为单位距离的运输成本。消费者从 A 处购买的价格和运输成本之和为 $p_1 + tx$,从 B 处购买的价格和运输成本之和为 $p_2 + \frac{t}{n} - tx$。如果消费者对 A 和

B 购买无所谓的话,必须要求:

$$p_1 + tx = p_2 + \frac{t}{n} - tx, 即 x = (p_2 - p_1 + \frac{t}{n})/2t \quad (6-4)$$

在 A 厂商的另一边还有 C 厂商。根据对称性,C 厂商也应定价为 p_2。假设所有的厂商都具有相同的边际成本 c 和固定成本 F,任何厂商都是在假定其他厂商定价一定的情况下来确定自己的价格。

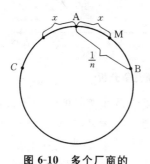

图 6-10 多个厂商的垄断竞争分析

假设 x 表示 A 厂商的市场的最大边界,在图 6-10 中表示为距 A 的距离,引申开来,可以用它来代表 A 厂商的产量,根据对称性,A 的产量应用 $2x$ 来表示,A 的单位利润可以表示为 $(p_1 - c)$,因而 A 厂商的超额利润可以表示为 $2x(p-c) - F$,利用式(6.4)代入其中,可得 A 厂商的超额利润为 $\dfrac{\left(p_2 - p' + \dfrac{t}{n}\right)(p' - c)}{t} - F$。对此求极大值求得 p_1(设 p_2 既定)。由于对称性作用,不难设想 $p_2 = p_1$,因而可得 $p_1 = p_2 = c + \dfrac{t}{n}$。厂商的均衡数目可以通过令超额利润为零求得,$n = \sqrt{t/F}$,那么 $p - c = c + \dfrac{t}{\sqrt{t/F}} - c = \sqrt{tF}$。$t$ 越大,厂商数量会越多,F 越高,则初期投入越大,每个厂商都希望通过扩张规模来弥补成本。当 t 和 F 都很大时产品定价会很高。当 t 很大而 F 很小时,厂商数目(n)很大,近乎完全竞争的情形。

上面的分析是建立在封闭经济的基础上,如果允许一些相似的国家进行自由贸易,假定 c、t、F 等变量以及消费者和生产厂商的行为都不变,m 是国家的数目,n 为扩大了的市场中厂商的总数。这样一来,价格方程 $p_2 = p_1 = c + \dfrac{t}{n}$ 保持不变,但是厂商的产量却由 $2x$

上升至 $2mx$(因为可以在世界市场中销售),超额利润为零时的均衡厂商的数目相应地变为 $\sqrt{mt/F}$,而 $p-c$ 变为 $\sqrt{tF/m}$。由于 n 增加,这使得更多的消费者可以找到符合自己要求的理想产品。同时,总的运输成本和价格相应下降,这是由于每个市场上有了更多的产品供应,而厂商数目却下降了,结果节约了部分固定成本。

上述分析表明,由于开放经济条件下,以不同偏好的消费者为前提的垄断竞争给经济带来一系列好处,如更低的价格、更大的选择空间以及资源的节约等等。

最后,在模型中的"运输成本"是一个比喻性的概念,它代表了消费者不能使用最满意的产品而造成的成本。

四、倾销模型

寡头垄断模型和垄断竞争模型说明了在不完全竞争条件下,国际贸易是如何通过规模经济来影响各国以及整个世界的福利水平的,但并没有讨论不完全竞争给国际贸易可能带来的影响。在本节中将着重探讨不完全竞争给国际贸易带来的重要影响——倾销行为的发生。

倾销(Dumping)实际上是一种发生在国际和国内市场间的价格歧视。所谓价格歧视,是指厂商利用对市场的控制力,对不同地区的消费者实行不同的价格。倾销是指厂商对同一种产品在外市场实行低于国内市场的价格策略。倾销模型即是用来分析为什么厂商在不完全竞争条件下会采用倾销手段。当然,厂商要实行倾销,必须同时具备两个条件:(1)必须是不完全竞争市场,这使得厂商对市场具有一定的控制能力,可以制定产品的价格;(2)厂商能有效地将不同的市场分割开来。

如图 6-11,用来说明倾销是如何增加厂商利润的。图中向下倾斜的曲线 D 为国内需求曲线。水平线 D' 为国外需求曲线,表明有无限的价格弹性,因此,价格等于边际收益。首先假定不存在对外贸易,那么国内厂商可以依照利润最大化的原则决定在国内边际成本

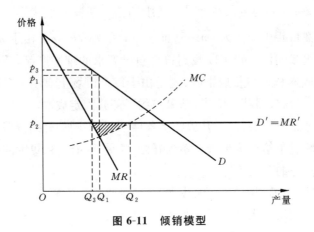

图 6-11 倾销模型

等于边际收益时的产量为 Q_1，相对应的价格为 p_1。当厂商可以向外国出口这种产品时，出口价格为 p_2。如果厂商能有效地阻止出口产品返回本国市场销售，那么厂商为了实现利润极大化，必然将：(1)使国际市场的边际收益和国内市场的边际收益相等，提高国内销售价格至 p_3，同时减少国内销售至 Q_3；(2)以世界市场价格 p_2 出口数量为 Q_3Q_2 的产品。

厂商减少在价格较高的国内市场的销售量，是因为存在国内、国外两个不同的市场，厂商需要在两个市场上分别按 $MR = MC$ 来决定销售量。图中显示，厂商在国内的边际收益曲线 MR 是向下倾斜的，但是在 p_2 的水平上，收益曲线开始变为水平的了（$D' = MR'$）。这是由于厂商能按 p_2 价在国际市场上无限量销售，即追加的任何一单位产品都能得到等于 p_2 的收益。这样，厂商就会增加产出，直到 $MC = p_2$ 为止，这时厂商的总的产量为 Q_2。又因为 Q_2 处厂商的边际收益 MR' 为 p_2，所以厂商在国内市场的销售量也要按 $MR = p_2$ 来决定，即为 Q_3。Q_2 与 Q_3 之差 Q_3Q_2 即为厂商的出口产品数量。由 Q_3 决定的国内定价因而也上升至 p_3，这样 $p_3 > p_1 > p_2$，国外市场的销售价低于国内市场的销售价，这种情况就构成了倾销。

需要强调的是：(1)该模型是建立在厂商能够有效地分割市场的

基础上的。如果出口产品又返销至国内,那么将促使国内价格下降至 p_2,该国将成为一个净进口国,倾销失败,厂商不能获取利润。(2)厂商之所以选择倾销,是因为国内外市场的销售量对于价格的敏感程度不同。一般来说,国际市场的需求对价格的敏感度要高于国内,即国外的需求弹性高于国内。在本例中假定出口的需求对于价格有无限的弹性,因而厂商可以按价格 p_2 任意扩大出口,边际收益曲线(MR')等于价格线并与需求曲线(D')相重合。但在国内市场上则不同,厂商要增加销售量,就必须降低价格。

倾销使得国内垄断厂商从中获利。如图 6-11,MR' 曲线、MR 曲线与 MC 曲线所围成的阴影面积代表了厂商通过倾销手段扩大出口所获取的超额利润。当然还要注意到由于国内销售量减少,厂商在国内获取的垄断利润有可能减少了,但正如上面所指出的,国内对于价格的需求弹性低于国际市场,因而这部分利润的流失远低于通过倾销从国际市场获得的收益。

倾销通常被认为是一种不公平的行径,倾销产品的进口国一般会对倾销全力抵制。从倾销模型本身看来,进口国的消费者从低价的进口产品获取收益,似乎是社会福利的增加。但是,进口国的生产厂商会因为低价产品进口而受到损害,他们将倾销视为不正当的竞争行为。除此之外,倾销很可能是一种短期行为,出口厂商可能只是暂时地压低产品售价,从而将外国厂商挤出该行业,一旦倾销厂商在市场上占据垄断地位以后,就会提高价格。这种掠夺行为在许多国家是被坚决制止的。

假设国内、国外市场各有一个垄断厂商,如果倾销行为可能存在的话,那么国内、国外的两个厂商都会倾向于限制国内市场的销售量,都有"进占"对方市场的动力,并以等于边际成本但低于国内价格的售价销售其产品。这样,即便国内、国外市场的初始价格相同,最终也会有贸易发生,极端情况下就会导致同种产品的双向贸易,这也是通常所说的相互倾销(Reciprocal Dumping)。相互倾销的出现,可能会消除起初的纯粹垄断,导致某种程度的竞争,但竞争带来的收益又可能被来回运输过程中的资源耗费所抵消,所以它对社会福利的影响也是不确定的。

第三节 产业内贸易

就像本章开始提到的那样,现今国际贸易领域中大量存在着同一产业内部异质产品的交易活动,这被称为产业内贸易(Intra-industry Trade),这种贸易有别于传统贸易理论中的产业间贸易(Inter-industry Trade)的贸易模式。

一、产品异质性的规定

与产业间贸易不同,产业内贸易的对象是同一产业内具有异质性的产品。要讨论异质产品贸易的潜在的决定因素,必然要涉及如何来区分产品异质性,也就是产品异质性的分类问题。

产品异质性虽然并无非常明确的分类,但是基本上有以下三种类型。

(1) 水平异质性(Horizontal Differentiation)。它是指产品特征组合方式的差异。在一组产品中,所有的产品都具有某些共同的本质性特征,即核心特征。这些特征不同的组合方式决定了产品的差异,从同一产业内部一系列不同规格的产品中可以看出水平异质性的存在。

(2) 垂直异质性(Vertical Differentiation)。它是指在一组产品中各个产品具备的核心特征在绝对数量上的差异。可以将垂直异质性理解为产品质量上的区别。比如,同一个产业生产不同等级的可替代的产品,这些产品就是具有垂直异质性的产品。

(3) 技术异质性(Technological Differentiation)。它是指一组产品中每种产品的一种或几种核心特征存在技术上的不同,而这些不同是由于生产过程中采用的技术不同造成的,这些产品就成为具有技术异质性的产品。技术异质性是生产过程创新的结果,这种创新使产品在生产中不断运用新的技术,即产生不同价位、不同质量的改良产品。市场上之所以同时存在着各种具有技术异质性的产品,是因为技术扩散过程的滞后,或者是这种创新的连续性导致的。

从理论上来说,这三种类型的产品异质性是显然不同的,现实生活中也确实存在这样的例子,如混凝土有几百个品种,黄沙、水泥和碎石混合比例的差异可以认为是水平异质性,混凝土中加入钢筋可以增加抗拉程度,加入钢筋的多少可以认为是垂直异质性,而假设现在有了新型的混凝土,可以防止渗水,甚至可以在水中凝固,则与其他混凝土之间就具有了技术异质性。但是,更通常的是,这三种类型的异质性会同时存在于一个产业的产品中,而同一件产品与其他产品的区别可能是某两种或三种异质性的混合。

二、产业内贸易的特点

产业间贸易是源自要素禀赋的差异决定的比较优势。假设世界经济由本国和外国组成,两国都拥有两种生产要素:资本和劳动,本国是资本丰裕的国家,外国是劳动丰裕的国家;假设有两个产业:制造品和粮食,其中制造品是资本密集型产品,粮食是劳动密集型产品。如果制造业不是一个产品具有异质性的产业,那么这种贸易模式就可以用图 6-12(a)表示,其中箭头方向表示贸易方向。

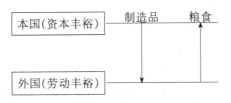

图 6-12(a)　产业间贸易

假设制造业是一个产品具有异质性的产业,那么,由于规模经济的存在,该产业会形成垄断竞争的市场结构,本国和外国将生产具有异质性的制造品。虽然本国仍是制造品的净出口国,但由于外国厂商的产品与本国厂商的产品具有不同之处,而本国厂商又不可能生产每种消费者偏好的产品,所以在制造业内部也会有贸易的存在,如图 6-12(b)所示。

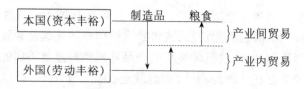

图 6-12(b) 产业内贸易

产业内贸易的发生与前面讲述的垄断竞争模型的有关理论是一致的。由于同一消费者具有偏好多样性以及消费者之间的不同偏好决定了消费者对于产品需求的多样化,而在规模经济作用明显的产业中,要实现产品的多样化,厂商扩大生产规模的愿望就难以实现;在这种情况下,生产的规模经济和消费的多样化特点只能通过产业内的贸易才能够保证。产业内贸易使得不同国家的消费者可以享受到更多种的异质性产品,而且由于厂商可以有效地实现规模生产,消费者也可以用更低廉的价格购买到产品。

产业内贸易的重要性在欧盟内表现得尤为明显。欧洲形成统一市场后,由于取消了关税和其他贸易壁垒,贸易量大增。而在这增长的贸易量中,大部分是产业内贸易。同时,产业内贸易本身又促使单个厂商规模的扩张,使得欧盟内成员国产品的竞争力得到提高。

关于产业内贸易这种贸易模式,还有以下四点需要注意。

第一,根据赫克歇尔—俄林理论,产业间贸易是以国家之间的要素差异产生的比较优势为基础,而产业内贸易则是以产品的异质性和规模经济为基础。因此,国家之间要素禀赋差异越大,产业间贸易的机会也越大;国家之间经济规模和要素之间比例越相似,产业内贸易则越有可能发生。

第二,产业间贸易的贸易流向可以凭借贸易前同种产品的价格差来确定,而产业内贸易却不可以简单地凭价格差来确定。因为在产业内贸易发生前,价格是由于规模不同造成的,一个大国可能由于国内市场容量较大而生产成本较低;但是发生产业内贸易后,各国都是以整个世界作为自己的市场,也就是说,各国利用规模经济来降低成本的机会是相同的,所以很难事先预测哪个国家将生产哪一种产品。因此,产业内贸易的具体流向很难确定。

第三,按照赫克歇尔—俄林理论,产业间贸易会提高本国丰裕要素的报酬降低本国稀有要素的报酬,而产业内贸易是以规模经济为基础的,所有的要素都可能从中获益。战后制成品贸易的自由化进程几乎没有遭到各种利益集团的阻挠,这是一个重要的原因。相比之下,工业发达国家对一些新兴的发展中国家开放市场时却遭到了本国劳动者的强烈反对,原因在于两者之间主要是产业间贸易。

第四,产业间贸易是由各国要素禀赋的内生差异引起的,假设要素在世界各国之间是可以流动的,那么要素的流动在某种程度上来说,是贸易的一种替代品。但是在一个以产业内贸易为主的世界中,要素流动与商品流动是否还是替代的关系呢？由于产业内贸易可以在要素禀赋没有太大差异的国家之间进行,要素流动带来跨国公司的产生及发展,而跨国公司正是产业内贸易的主要载体,因而至少可以说,产业内贸易与要素流动之间存在一定的互补关系。

三、产业内贸易的利益

传统的利益分析一般是针对以比较优势为基础的产业间贸易的。产业间贸易给一国带来的利益与两个因素密切相关,即以世界市场价格交换产品的机会和贸易带来的专业化生产。而在以产品异质性为基础的产业内贸易的框架中,也可以将利益分为这样两个部分：交换带来的利益和专业化生产带来的利益。

但是,产业内贸易的利益的性质与产业间贸易有所不同。在产业内贸易的模型中,可供消费的产品种类的增多是交换利益的重要原因。由于专业化分工带来的利益则既可以是静态的资源重新配置产生的,也可能是由于动态的规模经济的实现。由于产品种类增多而获得的利益依代表性消费者的效用函数的特定形式而定,特别是要看所涉及的产品是水平异质的,还是垂直异质的。从专业化中所得的利益要取决于可以实现的规模经济的程度,特别是要看产品生产的最小有效规模。

具体来说,影响产业内贸易利益大小的因素主要有以下五种。

(1) 产品的品种数量。在产业内贸易发生前产品的品种数量和产业内贸易发生后产品的品种数量对消费者剩余的多少有着重要的影响。假设别的条件一样,封闭经济中产品品种越少,则产业内贸易给消费者带来的潜在利益越小。

(2) 厂商的数量。不管是生产单一产品的厂商还是生产多种产品的厂商,厂商数量都明显地影响着竞争行为,特别是定价政策。在别的条件既定的情况下,厂商数量越少,贸易给生产者带来的潜在利益就越大。

(3) 成本递减速度。这是通常所说的"规模因素",它决定了随着市场的扩大单位产品成本下降的幅度。显然,别的条件相同时,规模效益越明显的产业从产业内贸易中所获取的利益就越大。

(4) 运输成本。通常的产业内贸易的模型中都未考虑运输成本。但实际上在产业内贸易中,运输成本会部分或全部抵消消费者剩余增加带来的利益,但这种相关性仅仅是一种经验上的判断。

(5) 产品创新的动力。如果在贸易前市场上已有的产品种类较少,那么在贸易后,厂商对产品的质量改进或技术创新的动力就较大,从而增加社会净利益。同样,如果产品开发的固定成本较高,也会影响到厂商创新的动力,从而对产业内贸易的利益也会有一定的影响。

四、产业内贸易指数

一国的产业内贸易的水平一般通过产业内贸易指数(Intra-industry Trade Index)来衡量:

$$T = 1 - \frac{|X - M|}{X + M}$$

其中 X 和 M 分别代表某个产业的出口值和进口值,并且对 $X - M$ 取绝对值。从上式可以看出,T 的值应在 0 与 1 之间。当 $T = 0$ 时,表示该国只进口或只出口该产业的产品,这说明该国的这个产业不存在产业内贸易。当 $X = M$ 时,$T = 1$,这说明该产业的出口与进口相互抵消,此时产业内贸易水平最高。

有人运用产业内贸易指数对发达工业国的 T 值进行了测算,发现自 20 世纪 50 年代以来,所有发达国家的 T 值不断上升,特别是在 60 年代后,这些国家一半以上的贸易量都来自产业内贸易。当然,T 值本身也存在明显的不足。如果对产业或产品组的范围大小的界定不一致,就会得出完全不同的 T 值。很明显,产业的范围定义越广,T 值会越大。

在现实生活中,比较优势和规模经济、产品差异并存,因而世界各国之间也是产业间贸易与产业内贸易并存,一种贸易模式不可能完全取代另一种。世界上没有两个要素禀赋完全一致的国家,所以比较优势还是在不同程度上起着作用,但随着全球经济一体化以及人们对于产品特性的要求越来越高,产业内贸易也越来越重要。

规模经济和不完全竞争在现实贸易中的重要性越来越明显,理解不完全竞争应注意以下四点。

(1) 赫克歇尔—俄林理论运用比较优势分析了国际贸易产生的原因,但是现实生活中有许多贸易现象无法得到解释。因此,出现了以规模经济和不完全竞争为基础的贸易理论。

(2) 规模经济可分为外部规模经济和内部规模经济。外部规模经济是指整个行业规模扩大而使每个厂商的平均生产成本下降。它产生的贸易模式,可能受历史或偶然因素的影响。内部规模经济与经济的竞争力之间的矛盾可以通过国际贸易来解决。国际贸易有利于一些内部规模经济明显的产业的发展。

(3) 规模经济形成不完全竞争的市场。在不完全竞争市场中,国际贸易对于世界福利是有利的。寡头垄断模型分析了国内处于完全垄断的前提下,开放市场给本国带来的福利变化。垄断竞争模型从消费者具有偏好多样性和消费者的偏好具有差异性两个角度分析了国际贸易给本国带来的影响。倾销模型着重讲述了不完全竞争对国际贸易的影响。倾销实际上是价格歧视的一种形式。

(4) 在不完全竞争条件下,出现了新的贸易模式即产业内贸易。产业内贸易是以规模经济和产品的异质性为基础的,有别于以比较优势为基础的产业间贸易,但两者在现实生活中是并存的。

复习思考题

一、关键词语

规模报酬 规模报酬递增 规模报酬不变 规模报酬递减 外部规模经济 动态外部经济 学习曲线 内部规模经济 寡头垄断市场 垄断竞争市场 古诺竞争 偏好多样性 消费者差异性 价格歧视 倾销 产业内贸易 水平异质性 垂直异质性 产业内贸易指数

二、问答题

1. 规模报酬的含义是什么?为什么规模报酬可以成为国际贸易产生的原因?
2. 什么是外部规模经济和内部规模经济?国际贸易对两者有什么影响?
3. 在寡头垄断条件下,厂商之间的竞争方式对于本国社会福利有什么影响?
4. 国际贸易对垄断竞争的市场有什么作用?
5. 用倾销模型说明厂商选择倾销手段的动机。
6. 产业内贸易和产业间贸易产生的基础是什么?分析当前国际贸易的流向问题。

第七章 国际要素流动

传统的国际贸易理论通常假定生产要素在国与国之间是不能流动的,但在现实的世界中,资本、劳动力、技术等生产要素在国际间却是可以流动的,虽然这种流动性经常受到各种各样的限制;而且,随着全球一体化进程的加快,这些生产要素的跨国界流动变得越来越普遍。在对外直接投资的净流出方面,1985—1990年间全球每年对外直接投资的净输出额还只有1 555.78亿美元(平均额),而在1997年,这个数字已达4 000亿美元,1998年更高达4 300亿—4 400亿美元[①],而20世纪80年代以来,全球国民生产总值年平均增长仅为1.5%—2%之间,国际贸易的增长率为4%左右。可见,资本要素的流动远远超过了国际贸易和国内生产总值的增长速度,给各国的经济生活带来了广泛而又深刻的影响,成为国际经济活动的一个重要组成部分。

本章首先简单介绍商品流动和生产要素流动的相互关系,然后分别对国际资本流动和国际劳动力流动的原因及影响进行分析;在国际资本流动部分,将重点介绍直接投资及直接投资的载体——跨国公司对全球贸易的影响。最后,通过产品周期理论与技术转移的模型来探讨技术要素在国际间的流动方式以及它对贸易各国的重要影响。

---

① 《世界投资报告》1998年估计值。

第一节 生产要素流动与商品流动

一、生产要素流动与商品流动的替代

生产要素流动与商品流动的关系中一个重要问题就是它们之间的替代性。如果把要素看作一种特殊的商品,那么要素在国际间流动所遵循的规则,在纯理论意义上与商品流动并没什么两样。

在要素禀赋理论中,国与国之间的贸易基础是两国生产要素的比较优势。在国与国之间生产要素不能流动的情况下,劳动力具有比较优势的国家将出口劳动密集型产品,而资本具有比较优势的国家将出口资本密集型产品。在允许生产要素国际间自由流动的条件下,资本相对丰富的国家,就既可以选择出口资本密集型产品,也可以直接输出资本;同样,这个国家在进口劳动密集型产品和允许国外的劳动力移民进入本国之间也可以进行选择。不同选择的结果都将导致国内外生产要素的报酬趋于一致。从这种意义上来说,生产要素流动是对商品流动的替代。

不管是假定仅有商品的国际间流动,还是假定仅有要素的自由流动,或者是假定商品与要素在国际间都是自由流动的,最后所达到的均衡都是相同的,那就是要素价格与贸易商品的价格的一致。

二、实际情况下的不完全替代

尽管从纯经济意义上来说,要素流动与商品流动似乎是两种完全可替代的战略,但是实际的经济生活中两者不仅同时存在,而且都不可或缺。这就说明,两者之间是非完全替代的,它们之间还存在着其他的关系。

1. 考虑规模经济。假设在经济生活中存在着显著的外部规模经济,那么结果就不会达到那么完美的均衡了。这里所说的外部规模经济是指企业在选择它们的生产均衡点时所忽视的那些外部要素的规模对它的影响。之所以说是外部的,是因为企业并不将这些因

素纳入最优生产决策体系,但它确实为企业的生产带来了规模经济效应。这种外部规模经济既可能是国家范围的,也可以是国际范围内的,这要取决于企业的生产函数是仅被经济体内(如一国范围内)的产量影响,还是受整个世界产量的影响。

在国家外部经济的前提下,因为各国的生产要素的规模是不同的,即使是假定技术水平相同,自由贸易也不会使要素价格趋于一致,这就使得商品贸易与要素流动之间的完全替代不复存在。如果假定资本和商品可以在国际间自由流动,在国家外部经济基础上,资本会从小国流入大国。这是很自然的,因为大国的外部规模经济效应较大,商品的生产成本低于小国,因而在存在统一的国际商品市场的前提下,大国的资本回报率高于小国,资本为追逐高的报酬率就会从小国流入大国。

如果商品流动是被禁止的,就会得出相反的结论。因为商品的价格在国内市场上形成,而小国的生产成本高于大国,故而小国的同种商品价格要高于大国,在自由贸易被禁止的情况下,大国的资本为获取高的回报,将会流入小国。

由此可见,只允许国际商品流动和只允许国际资本流动以及在两者都存在的情况下,所达到的均衡是不一致的。所以说,要素流动与商品流动之间并不是完全的可替代关系。

当然,如果假定存在国际外部经济,得出的结论会更接近于理论的推断。在国际外部经济条件下,自由的商品贸易、要素的国际流动都会导致要素与商品价格的均等。但在实际生活中,一国的生产更多的是受制于国内的经济因素;而且,国际经济环境对于贸易各国的经济影响也是非常不同的,所以国际外部经济的假设是与实际生活不相符合的。

2. 商品流动与要素流动的互补性。要素流动与商品流动并不是截然分离的,它们经常结合在一起,相互促进,因而有一定的互补性。

跨国公司是国际直接投资的重要载体,而跨国公司的国际直接投资可能取代商品贸易,也有可能创造贸易。比如随着跨国公司对外国的投资,它与子公司之间或者子公司之间的交易将因此而增加,这就增加了世界贸易总量。跨国公司在促进国际间资本流动的同时,也促进了世界贸易的发展。

国际劳动力的流动也会带来国际贸易的增长。移民的生活方式与移入国的差异会导致对于进口产品的需求增加,同时,技术熟练程度较高的移民会推动移入国产业的更新换代,从而促进出口,改善贸易条件。所以说,劳动力的流动与贸易之间也有一定的互补关系。

另外,国际间要素流动比商品贸易更容易受到政治因素的影响。各国在资本的输出和输入方面都实施一定的管制,在移民方面的限制更加严格。政治因素,如人权等对于要素流动影响直接而又迅速,这就使得要素流动似乎不像商品贸易那样引起经济学家足够的重视。

第二节 国际资本流动

一、国际直接投资与间接投资

资本在国际间的流动主要采取两种形式:即外国直接投资(Foreign Direct Investment)和外国证券投资(Foreign Portfolio Investment)。外国证券投资一般包括在国际金融领域中,而外国直接投资才是国际贸易领域的主要研究对象。外国直接投资指的是一种涉及所有权和控制权的国际间资本流动,投资者对资本的使用具有处置权。直接投资通常是通过在国外开设分公司的形式或者是通过购买外国企业的股票达到一定的比例从而获取对企业的控制权。国际货币基金组织规定,只要投资者持有国外企业发行股票总量的10%以上,即可认为投资者直接控制了该企业,而美国则规定此比例为25%。日本政府对此没有明确规定,认为只要持有股票的数量使得对该国外企业获取控制地位即可认为是对外直接投资。

对外直接投资通常是通过跨国公司来进行,跨国公司既可以通过在股票市场上购买外国企业在外发行股票的一定比例而使其成为跨国公司的附属企业,也可以直接在国外投资设厂成立分公司。在后者的情况下,它显然对该企业拥有所有权和控制权。

外国证券投资是一种不涉及所有权和控制权的国际间资本流动,又称金融资本。投资者购买外国政府或企业发行的债券和股票,就是把资本借给外国政府或企业,目的在于索取一定的回报。在这里,投资者对外国企业股票的持有并不是为了取得该企业的控制权,而是为了通过股息获取收益。

证券投资一般通过金融机构如银行、投资基金来操作,证券投资的流动可以非常迅速,它的变动会对一国的外汇汇率产生重大的影响。

除了外国直接投资和证券投资以外,国际间私人资本的流动还可以通过商业银行的国际贷款的形式进行,即国际借贷。相对于外国直接投资而言,外国证券投资和国际借贷可以统称为外国间接投资(Foreign Indirect Investment)。不同的资本流动方式具有不同的特点。对发展中国家来说,证券投资和商业银行贷款使用起来比较容易安排,但波动性较大,一旦使用不好,还有可能引发债权危机。而外国直接投资由于直接影响实质经济,其波动性也最小。在1997—1998年亚洲金融危机的影响下,1998年亚洲的证券投资和借贷资本总量大为收缩,而直接投资仍然保持着相对稳定的上升趋势。

二、国际资本流动的规模

随着各国资本市场的日益开放和通讯技术的迅速发展,国际资本流动愈来愈频繁。不论是发达国家还是发展中国家,都既接受资本输入,同时又向外输出资本。特别是发达国家,其资本流入流出的规模都非常庞大。以美国为例,作为世界上最大的资本输入国和输出国,它吸收了世界上大约1/4的直接投资,同时也向外输出大量资本。但总的来说,美国还是一个资本净输出国,而且这种资本项目下的顺差有扩大的趋势。1997年美国的资本净流出约为697亿美元,而到了1998年,这个数目猛增至2 010亿美元。从1992—1998年间,美国在海外的投资企业数以每年大约1 000家左右的速度持续增加。美国在海外的直接投资中,有大约一半的投资流向了欧洲,有不到1/3的投资流向了加拿大和拉美地区,其余的部分主要流向了亚太地区的新兴工业国和部分经济增长较快的发展中国家和地区,如中国等①。

近年来,随着新兴市场经济国家资本市场的建立以及市场机制的逐步完善,大量资本也以直接投资和证券投资等形式涌入这些国家,对这些国家的经济产生了不可估量的影响。表7-1显示了1991—1998年新兴市场经济国家的资本流动概况。

表7-1 1991—1998年新兴市场经济国家的资本流动概况②

单位:10亿美元

	1991	1992	1993	1994	1995	1996	1997	1998
净资本流入	123.8	119.3	181.9	152.6	193.3	212.1	149.1	64.3
其中:								
净直接投资	31.3	35.5	56.8	82.7	97.0	115.9	142.7	131.0
净证券投资	36.9	51.1	113.6	105.6	41.2	80.8	66.8	31.7
其 他	55.6	32.7	11.5	−35.8	55.0	15.4	−60.4	−103.4

由表7-1可见,由于1997年开始的亚洲金融危机的影响,净证券投资在1997年和1998年有较大幅度下降,而与实质性生产联系较紧密的净直接投资却还保持着稳定的态势。但总的来说,新兴市场经济国家作为资本的净输入国,是发达国家私人资本的良好的投资场所。

三、国际资本流动的动机

国际资本流动的基本原因与一国内部地区间资本流动的原因相同,都是为了获取更高的回报率。但是外国直接投资与外国证券投资相比,前者的投资动因更为复杂。

1. 外国证券投资的动因。投资者购买外国企业发行的债券或

---

① 数据来源:《Survey of Current Business》June 1999。
② 数据来源:《IMF年报1999》。

股票,直接原因就是为了在国外获取更高的报酬。因此,如果外国债券的回报率高于本国,则本国居民就会投资购买外国债券。这种国际间的资本流动会使资本回报率在国际间趋于一致。同样,如果一国的投资者认为外国企业的预期利润水平高于本国企业,他们也会倾向于购买外国企业的股票。

但是,追逐高回报率的理论无法解释另外一个事实,那就是明显的资本双向流动。如果一国的证券回报率低于另外一个国家,那么资本从前者流向后者是理所当然的,但是实际情况是,资本也会反向流动。在解释这种双向的国际资本流动的时候必须考虑风险因素。投资者在选择投资对象时,不仅考虑回报率的高低,同时考虑到该投资的潜在风险。公司债券的风险包括公司破产的风险、汇率波动的风险等等,而股票的风险不仅包括公司破产风险、市价的大幅波动风险,还有收益率低于期望值的风险。因此,投资者只能在一定的风险水平下实现收益最大化,通常只有回报率较高时,才会接受较大的风险。

2. 外国直接投资的动机。一般来说,外国直接投资也是为了追求更高的回报,这可能来自于国外更廉价的劳动力成本、更优惠的税收制度、基础设施的优良或者风险分散等等。确实,具有较强国际生产导向的企业,不论是通过出口或者在外国设立子公司的方式,通常比单纯的国内企业有更高的盈利能力。

但是外国直接投资又有其独特之处。比如说,为什么一国不从他国或本国居民借入资本在国内进行投资,相反却接受来自国外的直接投资?况且,本国居民对国内情况更为熟悉,与国外投资者相比应处于相对优势。其中最重要的原因就是,许多大企业(通常是在垄断竞争或寡头垄断市场上)拥有一些独特的生产技术或管理技术,通过在国外进行直接投资,可以对生产进行直接控制。这就涉及水平一体化(Horizontal Integration),即在国外建立与国内母公司生产同类产品的子公司以直接占领当地市场。比如,IBM有了一种独特的计算机技术,它想保持自己的商业机密和专利权以确保产品质量和服务体系的稳定,所以不愿意采取许可证形式转让此项技术,而是选择对国外的直接投资。在发达国家里,制造业领域里的对外直接投资很多是出自此种考虑。

另一种情况是垂直一体化(Vertical Integration),即企业为了获取对生产过程中必须的某种原材料或半成品的控制权,从而确保以最低成本获得连续供应而在国外设立分公司。在发展中国家和矿藏丰富的发达国家里,外国直接投资一般采取此种形式。因此,美国和其他国家企业在加拿大、澳大利亚、中东等国家和地区拥有矿山、矿井等。对于跨国公司而言,垂直一体化还涉及对国外分销网络的所有权,比如大型跨国汽车集团通常都在国外设立子公司以控制当地的本公司汽车销售。

外国直接投资还有许多其他原因:(1)为了逃避东道国的关税壁垒和其他限制。贸易上的限制常常会使一家外国企业的产品无法在东道国市场上销售。作为一种替代战略,外国企业常常选择在东道国进行直接投资以绕过诸多限制,所以东道国的此种类型的企业又被称为"关税工厂"(Tariff Factory)。(2)为了进入一个外国垄断市场以分享利润,或者是为了防止竞争对手对该市场的占领而抢先进入某外国市场。

由于某些产业可能在一国比较发达,而另外一些产业在他国比较发达,因此产生了双向的外国直接投资。像美国对日本的计算机工业的直接投资和日本对美国的汽车工业的直接投资就属于此种情况。

外国直接投资在整个世界的地域分布还有赖于地域上的接近以及已存在的贸易关系。美国在拉美地区有大量的直接投资,而欧洲的直接投资主要流向非洲、印度以及东欧等地,日本的直接投资大量分布在韩国、新加坡、中国台湾以及泰国等地,这种分布地区的差异主要是由于东道国和母国地域上的接近造成的。

四、国际资本流动的福利效应

巨额的国际资本流动对有关国家的产出及整个世界的产出、对资本及其他生产要素的回报率等都会产生巨大的影响。下面对资本流动的产出效应和福利效应进行分析。

在图 7-1 中，纵轴表示Ⅰ国和Ⅱ国的资本的边际产品（MPP_K）、横轴表示资本存量（K）。整个分析建立在下列假定基础上：整个世界只有Ⅰ国和Ⅱ国两个国家；只有两种生产要素：资本和劳动力；两国都生产一种同质产品，它代表了国家所有产品的一个集合。斜线 AB 和斜线 $A'B'$ 分别代表不同资本存量下Ⅰ国和Ⅱ国的资本的边际产品（$MPP_{KⅠ}$、$MPP_{KⅡ}$）。

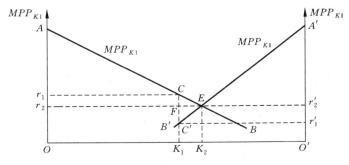

图 7-1　两国情况下的资本市场均衡

假定资本流动前的状况如图 7-1 所示。Ⅰ国的资本存量用 OK_1 表示，Ⅱ国的资本存量用 $O'K_1$ 表示，整个世界的资本存量是既定的，用线段 OO' 表示。在完全竞争的假设前提下，Ⅰ国资本回报率等于它的边际产品（用 Or_1 表示），同样，Ⅱ国的资本回报率在图上等于 $O'r_1'$。总产量等于一定资本存量下 MPP 线与横轴间的梯形面积。Ⅰ国总产量等于区域 $OACK_1$，而Ⅱ国的总产量则表示为区域 $O'A'C'K_1$，整个世界的产量等于两者之和。在Ⅰ国，方形区域 Or_1CK_1 代表资本的报酬，而劳动力得到剩余的三角形 r_1AC 区域。对于Ⅱ国也是相同的。

如果允许资本在国家之间自由流动，情况就会发生改变。如图 7-1 所示，因为Ⅰ国的资本回报率（Or_1）高于Ⅱ国（$O'r_1'$），所以资本会从Ⅱ国流入Ⅰ国直到两国的资本回报率相等。此处的资本回报率是经过风险系数调整的回报率，即考虑了风险因素的回报；另外，这里实际上还假定了劳动力不能自由流动。如图中，将有 K_1K_2 的资本从Ⅱ国流入Ⅰ国，这样两国的资本回报率也即资本的边际产品达到一致,表示为线段 $Or_2(O'r_2')$,从而达到了一种均衡状态。

那么,国际间的资本流动产生了什么效应呢?首先,Ⅰ国的总产出增加,从资本流动前的 $OACK_1$ 区域扩大至流动后的 $OAEK_2$ 区域,增加了 K_1CEK_2 区域,而Ⅱ国的总产出则由流动前的 $O'A'C'K_1$ 降至 $O'A'EK_2$,即下降了 $K_1C'EK_2$ 区域。但是整个世界的产出却增加了,在图中表示为 $C'CE$ 区域。可见,在允许资本在国际间自由流动的情况下,全世界的福利水平增加了,这是因为:(1)总产出增加;(2)资本回报率达到一致,生产要素得到了更合理的配置。

但是,这种总产出的增加对于两国的各生产要素的影响是不同的。对于Ⅰ国而言,在资本流入之前,Ⅰ国资本所有者的总的报酬为 Or_1CK_1 区域,但是资本流入之后却下降至 Or_2FK_1 区域。相反,Ⅱ国资本所有者的回报却由 $O'r_1'C'K_1$ 上升至 $O'r_2'FK_1$ 区域。这就是说,Ⅰ国的资本所有者因为资本流动而受到了损害,而Ⅱ国的资本所有者则获取了利益。同样,对于劳动力要素而言,Ⅰ国的工人总的工资水平提高,从流动前的 r_1AC 区域升至流动后的 r_2AE 区域;对于Ⅱ国,工人由于资本总量的减少,每人平均占有资本数量减少,劳动的边际产品下降,总工资由 $r_1'A'C'$ 区域降至 $r_2'A'E$ 区域,人均工资报酬也相应地减少。由此可见,资本流动给输出国和输入国带来的收入分配效应是不同的。

另外,如果考虑税收因素,则可能会与上述结论有所差异。比如,资本以创立子公司的形式从美国流入加拿大,那么根据国际惯例,公司的利润需在加拿大交税,假定两国的公司税率为40%,如表7-2所示。

表 7-2 考虑税收后的公司利润情况

	美 国	加 拿 大
税前利润率	10.0%	12.0%
税 收 收 入	4.0%	4.8%
投资净收益	6.0%	7.2%

如果一家美国企业在国内投资,它的净回报率只有6%,但是政府获取了4%的税收,因而美国总共获取了10%的收益。如果该企业在加拿大开设子公司,投资净收益为7.2%,但是美国政府得不到任何税收,这样整个国家就损失了2.8%的利润。总产量增加,获益的是加拿大政府和美国的私人企业,而美国政府则损失了4%的投资额,整个美国经济则遭受了2.8%的损失。国际资本流动增加了总的福利水平,可是如果考虑到税收因素,福利分析就必须作相应的调整。

五、资本流动对东道国和本国的其他影响

假定只有两种生产要素:资本和劳动,在资本流动前和流动后都处于充分利用状态。从上面的分析可以看出,Ⅱ国的劳动力要素的回报率降低,而资本的回报率上升,这就是收入的再分配效应。因而,Ⅱ国劳动者是反对资本流向国外的。另一方面,如果考虑到不完全就业的话,对外投资倾向于降低本国的劳动就业水平,而同时有利于东道国的劳动者就业。

国际资本流动还会影响到东道国和本国的国际收支平衡表。如果一国对外投资,这就意味着资本的流出,会引起资本项目的逆差;而对于资本净流入国而言,则意味着顺差。美国在20世纪60年代国际收支的大量逆差就是因为大量的对外投资造成的,所以1965—1974年美国政府就在对外投资方面作出了一定的限制。但是,这种逆差也可以被本国对东道国的商品出口增加以及投资利润的返回缓和。通常认为,这种"回流"阶段在投资的5—10年以后。从长期来看,对外投资会使东道国对于本国的商品需求增加。所以,尽管对于本国而言,国际资本流动的短期效应可能为负,但长期来看却通常会产生正的效应。

外国投资通过影响东道国和本国的产出和贸易量还会影响到两国的贸易条件。特别是随着外国直接投资进入东道国,如果资本主要从事出口产品的生产,东道国成为这种出口产品的生产大国,那么直接投资会增加出口产品数量,使得这种产品价格下降,恶化了东道国的贸易条件。

另外,外国投资还会影响到投资国的技术领先地位以及东道国对于国内经济的控制力和制定经济政策的独立性,而这些通常是由跨国公司的活动引起的,下面重点介绍跨国公司的国际生产活动与国际贸易之间的关系。

六、跨国公司与国际贸易

跨国公司在战后得到迅速发展。自20世纪60年代以后,跨国公司的增长超过了国际贸易的平均增长速度。据《1999年世界投资报告》资料显示,目前世界上大约6万家跨国公司及其50万家国外分支机构占了世界总产量的25%,跨国公司的国外分支机构的销售额高达5万亿美元,其内部贸易占世界贸易量的50%左右。一个国家在21世纪的国际贸易格局中所处的地位将越来越依赖于跨国公司的国际性生产活动。

(1) 国际直接投资与跨国公司。大多数贸易理论假定贸易会自动地达到一种均衡状态,这种情况下,资本流动是对贸易的替代。而国际直接投资既可能是对商品贸易的补充,也可能会创造新的贸易。在传统的贸易理论中资本流动使得各国之间的生产条件更加相似,从而减少贸易量。而在以跨国公司为基础的理论中,国际投资却会促进国家的专业化分工和国际贸易的增长。

实际上,直接投资只是跨国公司用来控制它的国际性生产的一种手段,以确保它的资本转移成为其国际生产的一部分。而跨国公司的增长与直接投资的增长并不会完全一致,因为当国外的子公司处于成熟阶段以后,它会越来越倾向于从当地直接筹资来获取进一步发展的资本。所以,尽管跨国公司是国际直接投资的载体,但是跨国公司的活动却不能等同于直接投资。

(2) 跨国公司的贸易效应。跨国公司的国际性生产可以分为三种类型,即:资源依赖型或者出口导向型;本地市场导向型或者进口替代型;国际一体化生产型。

资源依赖型的国际性生产是指跨国公司为了获取生产所需的

资源而在国外进行直接投资,设立出口导向型的子公司。其主要特点是:第一,跨国公司的国际性生产创造了贸易而不是取代它,特别是促进了东道国资源类产品的出口,同时也可能增加本国的出口,例如向东道国出口机械设备等;第二,由此产生的贸易可能是企业间贸易,也可能是企业内贸易,而企业内贸易是不完全依靠市场价格机制来运作的。这种跨国公司的对外投资产生的贸易流向与 HOS 模型一致,即贸易流向由要素禀赋来决定,发展中国家出口资源密集型或劳动密集型产品,而发达国家则出口资本密集型产品。

当地市场导向型。这是指跨国公司以当地市场为导向,以占据东道国市场或满足东道国市场需求作为其国际性生产分布的依据。这种情况稍微复杂一些。

第一,这种类型的跨国公司的生产可能是贸易替代型的,也可能是贸易创造型的。贸易替代效应可能更加迅速,因为当地子公司生产的产品取代了原来从国外的进口,特别是东道国对于进口产品用关税或其他方法限制进口时,这种投资的替代效应更加明显。如果在东道国的子公司生产的产品销往第三国或者子公司进口来自母公司的半成品或零部件,就会创造出新的贸易。

第二,这种跨国公司的投资方向并不完全由要素禀赋的差异决定,很多对外投资发生在工业化程度相似的国家,这些国家的要素禀赋非常相似。这种投资和贸易主要依赖各国企业的创新能力。在产品周期理论中,弗农阐述了跨国公司的投资与贸易流向的决定。例如美国企业在某种产品生产的技术上处于领先地位,该企业最初是向欧洲出口创新产品,当新产品逐渐趋于成熟后,美国企业就会将产品的生产转向欧洲。当产品达到标准化阶段后,美国主要依赖从国外子公司的进口满足本国市场的需求。因此,当地市场导向型投资与贸易之间存在着较为复杂的动态关系。

一体化生产类型是指跨国公司在全球范围内安排生产和销售,它在国外的子公司是全球一体化生产的一部分。这种类型的跨国公司的对外投资与贸易之间的关系更为复杂,因为它分别为本国和东道国创造了贸易,同时也创造了本国和第三国以及东道国和第三国之间的进出口贸易。

一体化有两种基本形式,即前面所述的垂直一体化和水平一体化。跨国公司的垂直一体化与企业内贸易有密切关系,而当水平一体化的子公司向其他子公司分销产品时,子公司之间也会存在贸易关系。

同时,水平一体化的跨国公司会促进产业内贸易的发展。因为各个子公司对某一特定产品的专业化生产使得它出口此项产品而同时又需进口其他项产品,从而同一产业领域内的产品贸易量增长。

不同种类的跨国公司投资与贸易方式之间的关系如表 7-3 所示。

表 7-3 跨国公司投资与贸易方式的关系

跨国公司的国际投资类型	跨国公司贸易方式
资源依赖型	企业内贸易、产业间贸易
当地市场导向型	企业内贸易、产业内贸易
国际一体化生产型	企业内贸易、产业内贸易

在理解跨国公司投资与国际贸易之间的关系时,要注意以下四点:第一,不同类型的跨国公司的国际生产对于贸易的影响方式也不同;第二,跨国公司的贸易可能是产业内和产业间的,也可能是企业内部的贸易;第三,跨国公司的生产活动既可能是贸易替代型的,也可能是贸易创造型的;第四,跨国公司与国际贸易之间的关系与公司的成熟度和战略有关,因为一个更加成熟的跨国公司和一个高度发达的国家可能会倾向于采取一体化为基础的跨国公司战略,从而对贸易的影响更加多样化。

跨国公司在促进世界贸易总量增长的同时,也带来了另外一个问题。在跨国公司促进贸易增长的过程中,很大一部分是企业内部的中间产品贸易,这就意味着生产同样一个商品在国际间周转的次数增加了,而这并不意味着贸易领域的交换和分配创造了更大的附加价值。跨国公司使得中间产品贸易量相对于最终产品贸易量来说大大增加了。

第三节 国际劳动力流动

虽然国际贸易在全球范围内发展迅速,但是由于种种原因,包括技术水平的差异、不完全竞争、运输成本以及政府政策等等,要素价格并未完全趋向一致。所以,各国的工资水平还是存在很大的差异,因而促使劳动力从一国流向他国。

对于个人来说,跨国迁移的愿望主要取决于迁移的预期成本和预期收入。在迁移时,本国与外国的预期收入的差额、迁移的费用以及外国的社会保障措施、教育机会、语言文化等都会成为考虑的因素,但是在一般的理论模型中,预期收入的差异是最重要的因素。劳动力的流动可以影响流出国和流入国的平均工资水平,对于两国而言,劳动力流动都有着明显的福利效应。

一、劳动力流动的福利效应

如图 7-2 所示,假设两国(Ⅰ国和Ⅱ国)的劳动力是同质的、可流动的,那么劳动力应当从充裕的低工资国家流向劳动力稀缺的高工资国家。这种劳动力的流动会使得流出国的工资水平上升,而流入国的工资水平下降,在不考虑流动成本的情况下,劳动力的流动一直要继续到两国的工资水平相等为止。

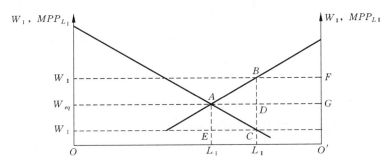

图 7-2 劳动力流动(两国情况下)的福利效应

在图7-2中,横轴代表两国的劳动力数量,L_I线和L_{II}线表示两国各自对劳动力的需求(由劳动的边际产品MPP_L决定)。如果市场是完全竞争的,劳动力可以跨国界自由流动,则两国的工资水平应在A点达到均衡,此时,I国应雇佣OL_I的劳动量,II国应雇佣$O'L_I$的劳动量。假设I国原有的劳动力存量为OL_{II},而II国只有$O'L_{II}$,则I国的劳动力工资水平低于II国,于是L_IL_{II}的劳动力从I国流向II国。随着这种过程的进行,I国的工人工资水平上升,而II国的工资水平下降,直到两国工资水平达到一致。

I国由于劳动力的流失,产出减少,而II国的产出增加。留在I国国内的劳动力工资水平上升,福利增加了W_IW_eAE区域,同时,对于其他要素来说,由于劳动力供给减少,产出数量减少,损失了原有的W_IW_eAC区域的福利。I国L_IL_{II}数量劳动力的流出还使这部分劳动失去了原有的L_IECL_{II}区域的工资。对I国来说,劳动力流出的福利净损失为EAC区域。在II国正好是相反的情况。劳动力的工资水平下降,一方面使II国劳动力减少了$DBFG$区域的福利,另一方面使II国其他要素增加了$ABFG$区域的报酬。新增加的劳动力得到的福利为L_IADL_{II}区域。II国劳动力流入的福利净增加为ABD区域。

那么,劳动力的流动对I国和II国以及全世界的福利水平的影响又是什么呢?假定边际劳动生产率是递减的,其他条件都相同,那么I国的产出总量下降,但下降比例小于劳动力减少的比例,结果单位劳动的产量增加。而II国的产出的增加幅度也低于劳动力的增长速度,结果单位劳动的产出量减少。最后,移民使得整个世界的福利增加,因为I国的产出减少损失的福利为L_IACL_{II}区域,II国产出增加而增加的福利为L_IABL_{II}区域,整个世界增加了区域ABC的福利。

二、过剩劳动力流动的福利影响

如果假设I国的市场不完全使得劳动力的供给过剩,那么移民会给世界的福利水平带来更大的影响。因为I国和II国的工资水平不仅有差异,而且Ⅰ国还存在着失业。最低工资保障法规或制造业中的工会力量引起的工资刚性使Ⅰ国劳动力保持较高的工资水平,同时又存在劳动力的过剩。

如图7-3所示,Ⅰ国可利用的劳动力在图中表现为线段$OL_Ⅱ$,而Ⅱ国可利用的劳动力为$O'L_Ⅱ$。Ⅰ国劳动力在本国达到均衡时工资水平为$OW_Ⅰ$,不仅低于Ⅱ国的工资水平$O'W_Ⅱ$,而且只有$OL_Ⅰ$的劳动力被雇佣,而$L_ⅠL_Ⅱ$的工人在现行的工资水平下处于失业状态。如果失业工人由Ⅰ国迁往Ⅱ国,结果使得Ⅱ国产出增加,而Ⅰ国产出并未下降。

从图7-3中可以看出,$L_ⅠL_Ⅱ$数量的劳动力转移,并未使两国的劳动力市场达到均衡,因为均衡应该在A点,要求$L_{eq}L_Ⅰ$的工人也能从Ⅰ国流向Ⅱ国。如果这种流动发生的话,Ⅰ国的产出将会下降。因此,过剩劳动力的迁移使Ⅰ国边际产出增加,Ⅰ国过剩劳动力的减少并不影响Ⅰ国的总产出。而对于Ⅱ国而言,总产出增加的同时劳动力的边际产出下降,整个世界的产出净增量为区域$L_ⅠFBL_Ⅱ$。

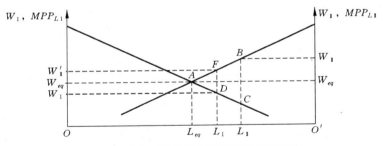

图 7-3 存在过剩劳动力情况下移民的影响

如果两国工资水平的差异导致Ⅰ国劳动力继续向Ⅱ国流动,最后在A点达到均衡,则世界的福利还会增加AFD区域。分析与前一小节相同。

图7-3说明,一国市场不完全程度越大,即国内劳动力市场的扭曲程度越严重,劳动力在国际间的流动带来的潜在福利就越大。

在欧洲各国中,西班牙是最大的劳动力输出国。1964年,西班牙的劳务移民要占到欧洲劳务移民的89%。即使在七八十年代经济不景气的情况下,西班牙的移民仍然占到总量的 3/4 左右。移民的大量"输出"缓解了西班牙国内的失业和半失业状况,移民平均每年汇回国内的外汇约 100 多亿美元,大大改善了西班牙的国际收支状况。

三、劳动力流动对生产结构和贸易结构的影响

劳动力的流动会影响到生产结构和各国的贸易结构。如图7-4所示,劳动力从Ⅰ国流入Ⅱ国的效应近似于Ⅱ国的劳动力的增长。假设两国都达到完全就业,国际市场是完全竞争的市场,Ⅰ国和Ⅱ国都是贸易小国。劳动力流动引起的两国贸易量的变化对国际市场上纺织品和汽车的相对价格 P 没有影响。

同时假设Ⅰ国是劳动力充裕的国家,而Ⅱ国是资本充裕的国家,两国的贸易按照 H—O 定理进行。Ⅱ国劳动力的增加使得劳动密集型的纺织品生产增加,而资本密集型产品的汽车生产相对减少,同时使得Ⅱ国进出口产品的数量下降,因而是一种反向贸易效应。同样,Ⅰ国劳动力的减少使得Ⅰ国劳动密集型产品产量下降,而资本密集型产品产量上升。劳动力流动对两国的生产结构效应是对称的,而且都是与贸易的流向相反的。

在图7-4中,劳动力从Ⅰ国流入Ⅱ国,使得Ⅰ国的生产可能性边

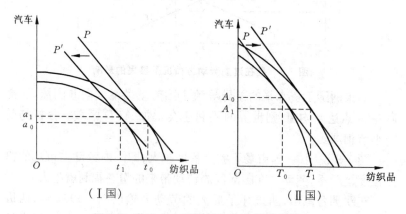

图 7-4 劳动力市场调整和移民的动态效应

界线向内收缩,而Ⅱ国的生产可能性边界向外扩张。假设劳动力流动前Ⅰ国出口劳动密集型的纺织品,进口资本密集型的汽车。劳动力流出以后,Ⅰ国的纺织品生产减少,从原来的 t_0 变为 t_1,而汽车的产量则从原来的 a_0 增加至 a_1。

Ⅱ国在劳动力流动前出口资本密集型的汽车,进口劳动密集型的纺织品,劳动力流入以后,Ⅱ国的纺织品生产从 T_0 增加至 T_1,汽车产量从 A_0 降至 A_1。两国的生产结构调整都是反贸易倾向的,因为劳动力流动实际上替代了商品的流动。

然而,劳动力流动对贸易结构和贸易总量的影响不仅取决于生产效应,还取决于消费效应。消费效应反映了两国的收入变化后,消费者对不同产品的需求数量的变化,这种变化取决于产品本身的收入弹性。

四、劳动力流动的进一步分析

前面主要涉及劳动力国际间流动的一些基本问题。上述分析的必然结果是,Ⅱ国的劳动者希望政府对移民作出限制,因为新来的劳动力降低了他们的工资水平;而资本所有者则愿意接受移民,因为这样可以增加他们的资本回报率。另一方面,Ⅰ国的劳动者赞成移民输出,而资本所有者又不愿劳动力流向国外。下面进一步分析这些问题。

首先,新的移民可能会把部分收入转移至本国,这样,Ⅰ国收入的减少就会得到部分补偿,而Ⅱ国由于劳动力增加带来的总收入增加的部分也会减少。欧洲的一些小国,像西班牙、希腊的移民"输出"占据了本国劳动力的一大部分,在西班牙这个比例高达8%左右。移民的汇款给本国带来的利益大大降低了移民本身给本国带来的输出成本。

第二是移民的类型问题。在前面的分析中,都假定了移民是永久性的,新的移民与接受移民的国家国内工人工资水平相同。这种假设的基础是不允许对永久性移民实行工资歧视,所以在同一个国家里不会出现双重工资标准。

然而,移民输入国对于暂时性移民(Guest Worker)或季节性移民(Seasonal Worker)则没有作出这种规定。

如果移民与国内劳动力的工资不同,那么移民输入国的资本所有者就有可能在不减少国内劳动者收入的前提下获取利益。同时,缓和了国内劳动者反对移民输入的要求。

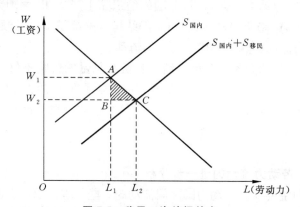

图 7-5 移民工资歧视效应

如图 7-5 所示,移民输入前,国内工人的工资为 OW_1,如果允许资本所有者对移民实行工资歧视,他们就会以低于国内工人的工资 OW_2 雇佣 L_1L_2 数量的短期移民,尽管多支付 W_2W_1AB 面积的工资给国内工人,资本所有者还是获取了面积为 ABC 的额外收益。在这种情况下,II 国显然获益,因为国内劳动者境况并未恶化而同时资本所有者获益。然而,歧视对国际劳动力流动起阻碍作用,因为工资歧视会使得短期移民的预期收入降低。

第三是移民的性质问题。前面的基本分析中假定各国劳动力都是同质的,这样虽然可以简化分析,但与现实不符。如果放弃这一假设,移民的福利效应就会有所变化。

每个国家劳动者的技能水平都有很大差异,从最不熟练到高度熟练,可以把劳动者按技能分为多种。为了简单起见,假定每个国家只有两种劳动者:熟练工人和非熟练工人。移民对输出国的影响因移民的技术水平而不同。

传统的移民一般都是在国内处于失业或者半失业状态的非熟练工人,移民的动机可能不是外国的高工资,而仅仅是为了获取一份工作,这是传统移民的一个关键因素。建立在收入差别基础上的非熟练工人的流动对于移民的输入国和输出国的影响与前面的分析一致,整个世界的产量增加,输出国的非熟练工人的平均收入不管在绝对水平上还是相对水平上都会上升,而输入国的非熟练工人收入变化正好相反。另外,输入国的资本回报将会上升。

熟练劳动力的国际间流动,特别是发展中国家的熟练劳动力向发达国家流动是一个有争议的现象。发展中国家受过高等教育的移民离开本国前往美国、加拿大、西欧等国的数量正在迅速增加。这种劳动力的流动被称为人才流失(Brain Drain)。高工资、高福利、优越的专业环境和实验条件是这种流动的主要动机。

经济学理论的一般分析表明,如果市场机制完善,劳动者按他的边际产出的价值获取报酬,熟练劳动力的流动和非熟练劳动力的流动就没有什么区别。

但是,实际情况经常是输出国的熟练劳动力供给不足,同时这些劳动力的流失使得输出国劳动者收入下降。因为熟练劳动力给输入国带来了巨大的外部效应,促进了这些国家技术水平的总体提高,对于输入国的产业结构和经济发展有着重要作用。

这种情况还使移民输出国的经济增长受到影响,人均收入的增长可能因此而受阻。另外,输出国对于熟练劳动力的教育进行了大量投入,或者说支付了大量的社会成本,移民使得稀缺的人力资本流失,输出国得不到相应的回报。而移民输入国情况正好相反。移民较高的劳动生产技能和较低的社会成本使输入国获取了大量收益。

在这种情况下,移民的压力主要来自移民输出国政府和移民输入国的熟练劳动力。一般情况下,发达国家对于这类移民很少限制,甚至还采取一定积极措施鼓励移民。

发展中国家的处境很不利。熟练劳动力的流出代表了一种巨大的静态和动态成本。所谓静态成本,指的是熟练劳动力从发展中国家向发达国家流动,提高了发达国家的生产效率和产出,而这些收益的成本却是由发展中国家承担的。动态成本是指从长远看,这种人力资源的流失会影响发展中国家的长期发展,不断加大发展中国家和发达国家的工资差距,使发展中国家熟练劳动力的流失越来越严重。

发展中国家由于劳动力市场竞争机制的不完善,不同熟练程度的劳动力工资水平扭曲,人力资本投资的机会成本通常超过熟练劳动力的报酬,所以尽管发展中国家政府常常对熟练劳动力的移民作出限制。但不能从根本上制止熟练劳动力的流失,发展中国家政府通常采取以下几种政策:(a)按边际产出价值支付熟练劳动力报酬;(b)给予专业技术人员补贴使收入反映其真正的社会价值;(c)对移民征税或者要求他们将收入汇回国等等。

五、国际间的劳动力流动

经济全球化加强了国家之间的联系,人们变得越来越容易移居他国了。据世界银行估计,到1998年大约有8 000万的人们生活在国外(不包括苏联和南斯拉夫地区),而且这个数字还在不断地上升,平均每年大约有100万左右的人们永久性地移居国外。

自从20世纪60年代以来,移民在美国的经济生活中正变得越来越重要。移民的比例在美国不断上升,特别是来自发展中国家的移民增加更迅速,其中相当大比例的移民受教育程度很低。这些移民使美国非熟练劳工的供给增加,这对美国劳动者的相对工资水平和就业带来了潜在的威胁。

移民对于美国国内劳动力市场的影响主要取决于移民与国内劳动力之间技术水平的分布状况。如果移民的技术熟练度分布与之相同,那么移民将不会影响整个工资结构。如果移民比国内劳动力技术水平低,移民就会改变收入分配,使收入分配有利于熟练劳动力。表7-4提供了美国20世纪90年代中期移民与美国国内劳动力受教育状况的数据。

表 7-4 移民与美国国内劳动者的受教育状况(1995)

单位:%

受教育时间(年)	本国劳动力	移民	移民在劳动力中的比重
≤9	2.8	22.6	49.6
9—11	9.9	12.3	13.1
12	34.6	24.8	8.0
13—15	30.0	19.0	7.1
16	15.7	13.5	9.4
≥16	7.1	7.8	11.7

资料来源:The Merged Outgoing Rotation Group (MORG) Files from the Census Bureau's Current Population Survey

从表 7-4 中可以看出,移民的受教育程度总体上低于美国国内劳动者的受教育程度。1995 年,接受 9 年以下教育的工人有大约一半来自移民,但同时,受教育时间超过 16 年的群体中,移民占了相当高的比例。移民的受教育程度呈现两极分化的趋势。这是由于在非熟练劳动力流向美国的同时,大量发展中国家的高素质人才也纷纷拥向美国。

表 7-5 的数据反映了美国 90 年代中期移民与国内劳动者的职业分布状况。从表中可以看出,移民更加集中在技术水平较低的行业,从产业分布来看,农业、制造业、批发零售业等产业中,移民所占比例明显高于国内劳动者,而在"白领"工作中,移民的比例较低。与表 7-4 对照,可以看出这同移民的受教育程度有关。

表 7-5 移民与美国国内劳动者的职业分布(1995)

单位:%

职业	移民	国内劳动者	两者之比
管理类	21.2	28.2	0.75
技术类	2.5	3.2	0.78
销售	9.4	12.1	0.76
行政工作	9.7	15.4	0.63
手工艺、修理等	11.7	11.0	1.06
操作员	14.9	10.5	1.42
家庭服务	2.1	0.5	4.20
服务业	17.4	12.5	1.39
农业	5.4	2.5	2.16

资料来源同表 7-4。

总的来说,移民增加了美国国内非熟练劳动力的就业压力,使得熟练劳动力与非熟练劳动力之间的收入水平差距拉大,从而影响了美国国内劳动力的工资结构。

近年来,国际劳动力流动有向短期化方向发展的趋势,即劳动力的短期流动增多;这种暂时性的移民目的大多是为了汇款回国或是个人储蓄。这样,移民对于输出国的不利影响大为减轻了。

第四节 产品周期与技术转移

技术作为一种生产要素,在国际贸易理论中的重要性越来越明显。在要素禀赋等传统的理论中通常假定各国的技术水平相同,而实际上不同国家之间的技术水平存在着很大的差异。技术作为一种独立的生产要素,在理论研究中也越来越受到重视。

大多数情况下,技术是与投资结合在一起进行的,这种与技术转移相结合的对外投资与单纯的资本输出有所不同,下面结合产品周期理论来分析技术是如何从创新国转移到其他国家,以及技术转移给输出国和输入国带来了哪些影响。

一、产品周期

产品周期的第一个阶段如图 7-6 所示。在 t_0 时点上,创新产品开始生产,新的技术被运用到新产品的生产中。最初,新产品仅在创新国生产和销售。然后收入水平相似的其他发达国家对该产品产生需求,创新国出口新产品。在发展中国家,小部分富裕者也产生对该产品的需求。

随着需求的增长,该产品渐渐变为成熟的产品,通过大量生产实现规模经济成为可能。物质资本可以取代人力资本成为最为重要的生产要素。这是产品周期的第二阶段。

投资者对于生产成本的关注高于对竞争对手的关注。如果要素价格差异超过了出口到外国市场的成本,那么将促使企业在国外直

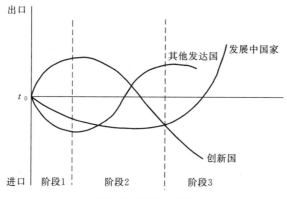

图 7-6　产品的周期

接投资进行低成本的生产；如果生产该产品所需要的要素投入量与创新国相同，那么创新国企业将选择在其他要素价格较低的发达国家进行生产。

如果新技术比较容易模仿，即使在没有外国投资的情况下，国外当地企业也会意识到这种机会。因此，随着生产中使用的物质资本的比例上升，比较优势从创新国转至其他发达国家。在这一阶段，由于国外开始生产这种产品，创新国的出口量下降，最后创新国变成一个新产品的净进口国，这是因为创新国物质资本有较高的价格水平。

最后一个阶段是当新产品的生产技术被完全标准化后，在产品生产过程中，非熟练劳动力的重要性开始上升。随着生产企业的增加，竞争变得更加激烈，成本因素越来越重要。创新国企业可以在低收入的发展中国家设立工厂，如果新技术已经普及的话，发展中国家在没有来自发达国家的投资的情况下也可以自行生产。在这一阶段，发展中国家成为新产品的净出口国。

在新产品周期完成的同时，或者在此之前，创新国很可能又开发出一种更新的产品。一个新的产品周期又出现了。在产品周期中，生产该产品所需要的投入要素不断变化，从最初的技术要素到第二阶段的物质资本再到最后的非熟练劳动力。正是投入要素的变化使得比较优势从最初的创新国转到收入水平较高的发达国家，最后又到发展中国家,在产品的生产转移过程中实现了技术的转移。

二、产品周期的变化

产品周期理论创建于20世纪60年代初。当时,美国与其他欧洲发达国家的要素成本存在着巨大的差异。随着时间的推移,世界经济的环境已有很大改变,使得产品周期的第二阶段似乎已不复存在。

1. 网络的扩展。在像化工产品、电子产品、机器设备和运输设备等产业里,创新的企业不再局限于本国市场。大量实例表明,发达国家的跨国企业发现在全球范围内扩展生产变得越来越容易,因而技术的创新与它最先在国外应用的时间差正在迅速缩小。

2. 经济的发展。20世纪70年代以来,许多发达国家都达到了较高的收入水平,劳动力成本也大幅度增加,因而对于针对一个发达国家市场开发的产品在其他发达国家的需求也会迅速增加。1949年,德国和法国的人均收入不到美国的1/3,而到了70年代后半期,这三个国家的收入水平已几乎相等。同一时期,日本对美国的人均收入比例从6%增长到近70%。这种收入差距的缩小,弱化了产品周期的关键假定。

在美国与其他发达国的贸易和投资关系上,产品周期似乎已失去了说服力,但是在分析发达国家与发展中国家的贸易上仍有其重要意义,下面将通过北方—南方技术转移的简单模型来分析简化的产品周期对于发达国家和发展中国家经济的影响。

三、发达国家与发展中国家的技术转移

假定世界上只有两个国家:发达国家(北方)和发展中国家(南方);只有一种生产要素:劳动;两个国家共生产 n 种产品,所有产品的成本条件相同,这就使得决定贸易的主要因素是技术的变化。

在这个模型中,所有商品都被分为两类:旧产品和新产品。假定北方的工资水平高于南方($W_N > W_S$),这样在其他成本相同的条件下,旧的产品只在南方生产。假定北方是技术的创新国,所以新产

品只在北方生产。n_N 是北方生产的产品数量,也是新产品的数量;n_S 是南方生产的产品数量,同时也是旧产品的数量。

对所有消费者而言,旧产品和新产品的效用函数被定义为

$$U = \Big[\sum_{i=1}^{n} q_i^\alpha\Big]^{\frac{1}{\alpha}} \quad (0 < \alpha < 1) \tag{7-1}$$

q_i 代表商品消费的数量,n 是所有的商品数量($n = n_N + n_S$)。这个效用函数的特点是:在一定的收入水平下,随着消费总数量的增加或者商品品种的增加,效用会增加,即消费者喜欢多样化。

假定市场是完全竞争的,并且每一单位的劳动只能生产一个单位的产品,所以北方或南方的任何产品的价格都等于本国的工资($P_N = W_N$,$P_S = W_S$)。北方生产的所有产品价格都相同,南方生产的所有产品价格也都相同。效用函数还暗示了价格相同的产品其消费效用也相同。因此可以用北方和南方的代表性产品来分析。

对于新旧商品的需求数量之比由他们的相对价格来决定,也即相对工资来决定。其公式为

$$\frac{q_N}{q_S} = \Big(\frac{P_N}{P_S}\Big)^{-(\frac{1}{1-\alpha})} = \Big(\frac{W_N}{W_S}\Big)^{-(\frac{1}{1-\alpha})} \tag{7-2}$$

q_N 和 q_S 代表北方和南方各自生产的产品的消费量。

北方和南方对于劳动力(l)的需求由生产的商品种类和数量决定,即

$$\frac{l_N}{l_S} = \frac{n_N q_N}{n_S q_S} = \Big(\frac{n_N}{n_S}\Big)\Big(\frac{W_N}{W_S}\Big)^{-(\frac{1}{1-\alpha})} \tag{7-3}$$

$$\frac{W_N}{W_S} = \Big(\frac{n_N}{n_S}\Big)^{1-\alpha}\Big(\frac{l_N}{l_S}\Big)^{-(1-\alpha)} \tag{7-4}$$

(7-4)式表明,北方与南方工资之比主要取决于新产品的品种数量和旧产品的品种数量。新产品的品种数量由技术创新决定,而旧产品的品种数量由技术转移决定。

在这个模型中,技术创新带来的结果只是产品数量的增加,而不

会使得现有产品的生产率提高,而技术转移则使得新产品成为旧产品即南方生产的产品,而总产品的数量不会因此而改变。为简单起见,假定创新是稳定进行的,τ表示创新品在总产品中的比例。

$$\Delta n = \tau \cdot n \tag{7-5}$$

技术转移速度t表示模仿速度,即从新产品技术产生到技术转移至南方的平均时滞的倒数。所以北方产品的种类变化为:

$$\Delta n_N = \tau \cdot n - t n_N \tag{7-6}$$

定义$\delta = n_N/n$,在均衡情况下δ是不变的,即$\Delta \delta = 0$,对δ微分

$$\delta' = \frac{n \Delta n_N - n_N \Delta n}{n^2} = \frac{\Delta n_N}{n} - \frac{n_N}{n} \cdot \frac{\Delta n}{n} \tag{7-7}$$

令$\delta' = 0$,则有

$$\frac{\Delta n_N}{n} - \frac{n_N}{n} \cdot \frac{\Delta n}{n} = 0 \tag{7-8}$$

由(7-6)式得

$$\frac{\Delta n_N}{n} = \tau - t \cdot \frac{n_N}{n}$$

代入(7-8)中

$$\tau - t \cdot \frac{n_N}{n} - \frac{n_N}{n} \cdot \frac{\Delta n}{n} = 0 \quad \left(\frac{\Delta n}{n} = \tau\right)$$

得

$$\frac{n_N}{n} = \frac{\tau}{\tau + t} \tag{7-9}$$

$$\frac{n_N}{n_S} = \frac{n_N}{n - n_N} = \frac{\tau}{t} \tag{7-10}$$

由上可见,创新使得生产的产品的种类增加,而技术转移则使得从前在工资水平较高的北方生产的产品转移至工资水平较低的南方,从而节省了劳动力资源,因此技术转移提高了全球的经济效率,使得一定要素资源条件下世界产出总水平上升。

技术转移对全球的商品的种类没有影响,但是降低了新老产品的比例,使得北方的工资水平相对南方来说下降,贸易条件的改善有利于南方而不利于北方。因此当新产品在北方出现时,北方在新产品的生产上具有垄断优势,它可以以较高的工资雇佣劳动力,同时随着技术从北方流向南方,这种垄断优势被打破,北方的相应产业消失,因为南方具有更低的工资水平。从全球效率角度来看,这是有利的,但对北方来说,相对于一定的技术转移速度,必须有不断的创新才能保持较高的生活水平。新技术流向南方会恶化北方工人的收入水平,因此北方和南方对于技术的流动通常持相反的态度。

另一方面,由于技术的流动是有一定成本的,即对于北方来说,它可以获取高额的技术转让费或特许使用费,同时又面临着丧失一定产业的危险。但由于产业的转移是缓慢进行的,即南方从技术输入到控制该项新技术的相关产品的生产还有一段较长的时间,所以技术转让对于北方国家还是有利可图的。

复习思考题

一、关键词语

外国直接投资 外国证券投资 国际资本流动的福利效应 关税工厂 垂直一体化 水平一体化 暂时性移民 永久性移民 剩余劳动力 反向贸易效应 动态成本 静态成本 熟练劳动力与非熟练劳动力 产品周期 技术转移

二、问答题
1. 如何区分外国直接投资与证券投资?
2. 试述国际资本流动的福利效应。
3. 试述跨国公司的组织国际生产的几种形式。
4. 国际劳动力流动给母国和东道国各带来什么影响?
5. 非熟练劳动力和熟练劳动力的移民对于移入国的影响有何

不同？
6. 试述产品周期的三个阶段并阐述目前外部环境的变化对产品周期的影响。
7. 解释北方—南方技术转移模型并结合现实世界分析发展中国家与发达国家之间的技术转移给发展中国家和发达国家各自带来的影响。

第八章 区域经济一体化

经济一体化已成为世界经济发展的一重要趋势。自从二战以来，各种形式的区域一体化组织大量涌现。在欧洲，有欧洲联盟(European Union, EU)、欧洲自由贸易联盟(European Free Trade Association)；在北美洲，有北美自由贸易区(The North America Free Trade Area, NAFTA)；在亚洲，有亚太经济合作组织(Asia-Pacific Economic Cooperation, APEC)、东南亚国家联盟等等。就连经济比较落后的非洲也涌现出不少经济一体化组织。除此之外，还有一些跨洲、跨地区的合作性组织存在。

作为世界经济领域中的一个重要现象，经济一体化对于世界经济产生的影响是非常巨大的。传统理论一向认为，经济一体化有助于世界范围内自由贸易的实现，而自由贸易则可以实现帕累托最优，因此，经济一体化无疑会提高成员国和世界的福利水平。但是，帕累托最优的实现前提是自由贸易和要素的自由流动，而经济一体化组织仅仅是在内部实现或部分实现了这些条件，这些组织与外部国家的贸易中仍存在严重的障碍，在这种情况下，经济一体化对各国福利的影响是确定的吗？

本章主要以经济一体化的典型形式——关税同盟为基础，来分析经济一体化对成员国和世界福利水平的影响。首先介绍经济一体化的内容及各种形式，然后重点介绍关税同盟理论的静态模型和动态模型，最后阐述经济一体化的成本和收益的分配问题。

第一节 经济一体化的内容和形式

　　经济一体化既可以描述一种状态,又可以描述一种过程。作为一种状态,它是指以前各自独立的各国经济最终达到的相互间的融合。而作为一种过程,它是指国家之间经济边界的逐渐消失。这里的"经济边界",是指任何商品、服务以及生产要素流动的界限。从某种意义上来说,经济一体化是一个全球性的现象,它随着国际贸易和国际直接投资的网络的拓展,在各国政府机构的支持下以及跨国公司的推动下发展起来的。但在本章中,经济一体化被局限于由政府主导,在特定的一体化方案下,通过消除国家之间的经济边界而实现两个或多个国家经济的合作。

　　目前,世界上存在着各种各样的经济一体化组织,如欧洲联盟、北美自由贸易区等等,这些组织设立的共同目的就是促进各成员国生活水平的提高。同时,它们的设立也有一定的政治目的,那就是在成员国之间形成和平友好的互助关系,通过一体化组织的整体力量来加强各成员国在世界范围内的实力和地位,这一点是不容忽视的,有的时候它甚至是首位的因素。

　　根据经济一体化程度的差异,一体化又可以分为不同的形式。一般来说,可以分为以下四种。

　　1. 自由贸易区(Free Trade Area)。在自由贸易区中,成员国彼此之间达成协议,取消成员国之间的贸易壁垒,但是各国仍拥有对非成员国贸易政策的自主权,即可以对外制定不同的关税税率以及采取其他限制措施。对外关税税率的不同,必然会导致贸易的偏转(Trade Deflection),即非成员国将商品出口至低税率的成员国,然后再转出口至高税率的成员国,从而使那些实行高税率的成员国的关税政策失效。因此,成员国政府一般采用原产地规定(Rules of Origin)来阻止非成员国为了逃避高税率而进行的区内转运活动。这一规定使得只有自由贸易区内的成员国生产的商品才能享受到关税豁免的待遇。影响较大的自由贸易区有欧洲自由贸易联盟、北美自由贸易区等。

2. 关税同盟(Custom Union)。关税同盟是经济一体化的较高层次。在这种形式中,各成员国不仅对同盟内部的贸易取消了关税和配额等限制,而且对成员国与非成员国之间的贸易实行了统一的关税制度。这样一来,非成员国在同盟内部进行转运的活动就会失去经济意义。因此,关税同盟在与非成员国就关税问题进行谈判时,是以一个整体的地位出现的。关税同盟最有代表性的例子就是欧洲联盟,它是1957年由联邦德国、法国、意大利等6国发起成立的。当时称为欧洲经济共同体。

3. 共同市场(Common Market)。这是经济一体化发展的更高层次,它包含了关税同盟的一切特征:成员国之间取消关税,整个组织实行统一的对外关税政策。此外,它还允许生产要素如资本、劳动等在组织内部自由流动,并为此制定统一的规定。劳动力和资本在成员国之间的自由流动代表经济一体化已经进入一个较高的阶段,同时也意味着各成员国对自身经济的控制力的进一步下降。欧盟在1992年末由关税同盟过渡到共同市场,使各成员国经济一体化的程度进一步提高。

4. 经济联盟(Economic Union)。经济联盟是一个更为高级的经济一体化的形式。它不仅具有共同市场的所有特征,而且实现了成员国之间货币、财政等经济政策的统一协调。

5. 完全经济联盟(Complete Economic Union)。在该组织下,所有成员国实行单一的货币和统一的经济政策,存在超国家的机构来管理组织内的经济事务,任何阻碍商品、服务和生产要素流动的壁垒都不再存在。因此,各成员国的商品价格在扣除运费之后应完全一致。接近达到这一形式的一体化组织有欧洲经济和货币联盟(European Economic And Monetary Union)。该组织于1998年6月1日建立欧洲中央银行(European Central Bank),并于1999年1月1日开始正式实施单一货币——欧元(Euro)。但在联盟的运行过程中,各成员国发现按照经济一体化的要求放弃国家经济主权是极为困难的,因此欧洲经济和货币联盟能否取得成功,尚存在许多不确定因素。

表 8-1 概括反映了经济一体化的各种形式理论上的区别。当然,并不是每一个一体化组织都要经历所有的阶段,经济一体化组织采用何种形式完全取决于成员国的意愿,而这种意愿除了经济因素起主要作用外,政治因素往往也扮演着重要的角色。

表 8-1　经济一体化组织分类

政策取向	形　　式				
	自由贸易区	关税同盟	共同市场	经济联盟	完全经济联盟
取消关税和配额	√	√	√	√	√
对外共同关税	×	√	√	√	√
要素流动	×	×	√	√	√
经济政策协调	×	×	×	√	√
经济政策完全统一	×	×	×	×	√

第二节　关税同盟理论的静态模型

关税同盟理论的静态模型主要是考虑关税同盟的形成对于贸易流向以及成员国福利的影响。经典的理论认为关税同盟消除了成员国之间的关税壁垒,会促进成员国福利水平的提高。然而在存在其他扭曲的情况下,关税同盟在增进福利水平的效应方向是有争议的。一般均衡分析运用多商品模型指出,成立关税同盟只不过是以一种次优选择取代另一种次优选择,这就意味着关税同盟的福利效应并不那么确定。下面首先分析关税同盟带来的两种效应。

一、贸易创造和贸易转移

关税同盟成立以后,区域内商品的流动不再受到限制,这将促进关税同盟内部的贸易；另一方面，关税同盟对外实行统一关税，成员国与非成员国之间的贸易仍是被扭曲的。因此，成立关税同盟是否一定会增进成员国和世界的福利水平，必须进行具体分析。

关税同盟的成立带来了两种主要效应，即贸易创造和贸易转移，这两种效应的综合决定了关税同盟的福利效应。

1. 贸易创造(Trade Creation)。贸易创造是指同盟内部关税取消后，国内生产的较昂贵的产品被成员国生产的较低廉的进口品取代，它是关税同盟成立给各国经济带来的有利的影响。

在关税同盟成立之前，由于各国关税的存在，外国低廉的产品在本国市场价格较高，因此本国依靠国内生产，并不进口同样的产品，虽然本国生产的效率较低。在关税同盟成立以后，成员国之间关税的消除使得同盟内生产成本较低的成员国的产品可以进入他国市场。这样，低效率的生产被高效率的生产所取代，资源在整个同盟内部得到了更合理的配置，这有助于各成员国整体福利水平的提高；而且，由于关税同盟成立之前，本国是依靠国内生产，与其他非成员国之间并无贸易来往，因而非成员国的福利不会受到影响。因此，从世界范围内看来，福利也是提高的。

2. 贸易转移(Trade Diversion)。贸易转移是指同盟内部关税消除后，最初来自于同盟外其他国家的廉价进口品被成员国相对昂贵的进口品所取代，它是关税同盟给成员国带来的不利的影响。在关税同盟成立之前，本国从生产效率最高的非成员国进口产品；关税同盟成立以后，同盟内其他成员国借助内部关税减免而比非成员国具有价格优势，因此本国放弃从成本最低、效率最高的非成员国进口产品，转向从其他成员国进口，这样就改变了以前的贸易流向。这种关税同盟的歧视性的税率安排使得生产效率最高的国家失去了部分出口，高效生产被低效生产取代，这对整个世界的福利来说是一种损失。

表 8-2 和表 8-3 给出了一个具体例子，从中可以看出这两种效应的差别所在，其中表 8-2 反映的是贸易创造效应，表 8-3 反映的是贸易转移效应。

表8-2 法国自行车市场

单位:美元

	法国	德国	美国
制造商价格	80	70	60
关税	0	30	30
法国的批发价	80	100	90

表8-3 法国自行车市场

单位:美元

	法国	德国	美国
制造商价格	90	70	50
关税	0	30	30
法国的批发价	90	100	80

从表8-2中可以看出,虽然德国的自行车生产成本较低,但法国消费者仍会购买本国生产的自行车,因为德国的自行车进入法国市场需要支付关税,这样在法国境内德国的自行车不占优势,也就是说,德国和生产成本更低的美国的自行车都没有市场。如果法国和德国组成一个关税同盟,那么德国的自行车可以自由地进入法国市场而无需支付关税,那么法国的消费者就会选购德国的自行车,因为德国的自行车成本低于法国。这样本国生产被成员国之间的贸易取代,即贸易被创造了出来,生产效率得到了提高。同时,由于同盟成立之前美法之间和美德之间并无贸易来往,因此也就不存在贸易转移。

表8-3反映的情况就完全不同了。在关税同盟成立之前,即使考虑到关税,法国的消费者也会选择美国的自行车,因为美国自行车加上关税后仍低于法国国内的生产成本。如果法国的关税政策是非歧视性的,那么由于德国的生产成本高于美国,所以法国会一直从美国进口自行车。但是,当德国和法国组成关税同盟以后,由于德国的自行车免征关税,其价格要低于征收关税后的美国自行车,因而美国的自行车在法国就失去了市场。这就是说,成立关税同盟以后,低成本的美国产品被高成本的德国产品取而代之,整个世界的生产效率

降低。

假设世界上有 A、B、C 三个国家，A 国和 B 国结成关税同盟，那么 A 国、B 国、C 国之间的贸易流向可以有如下四种方式。

(1) 如果关税同盟中只有 A 国生产某种商品，但是效率非常低，那么 A 国究竟是自己生产该商品，还是从 C 国进口，则完全取决于关税同盟对外关税水平的高低；

(2) 如果关税同盟中 A、B 两国均生产该种商品，但是效率均低于 C 国，那么 A、B 中效率较高的国家会在共同对外关税的保护下生产该种商品以满足整个关税同盟的需求；

(3) 如果关税同盟中 A、B 两国均不生产该种商品，那么就不存在贸易转移，关税同盟内对该商品的需求就会由世界上生产效率最高的 C 国满足；

(4) 如果关税同盟中某个国家能以全世界最高的效率生产某种商品，那么该国即使在没有共同对外关税保护的情况下也能向市场提供产品满足需求。

下面两个例子显示了国际经济一体化对于贸易流向的影响。英国在 1973 年加入欧洲经济共同体后，它从其他成员国的进口比重在 10 年之内提高了许多。北美自由贸易区成立后，墨西哥和美国之间的贸易量比自由贸易区建立前翻了 1 番。

图 8-1 显示了 A 国与 B 国结成关税同盟前后，A 国商品进口来源的变化。

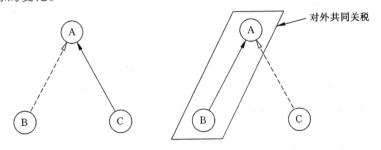

图 8-1　关税同盟对进口来源的影响

资料来源：*International Economic Integration Limits and Prospects*

二、局部均衡模型

虽然局部均衡分析有一定的局限性,因为它是以单个商品模型为基础来进行分析的,只能分析一种关税的变动,而关税同盟的形成可能涉及许多种关税的重大变化。这样,局部均衡的分析方法就忽略掉了各个部门之间的相互作用。但它毕竟为分析关税同盟带来的一些重要影响提供了一个基本的框架。而且,绝大多数关税同盟理论都是以局部均衡分析或者两商品的一般均衡分析为基础的。

假设世界上只有A、B、C三个国家。相对于B国和C国,A国较小,并且将与B国结成关税同盟。C国代表了关税同盟外所有的国家。关税从价计量,制成品和原料的关税税率相同,因而名义保护率就等于有效保护率。关税是贸易保护的惟一工具,不存在非关税壁垒。国家干预只存在于边界上,各国之间的贸易相互平衡。商品、服务和要素市场都是完全竞争的。单位产品的生产成本不随产量变化而变化,生产成本决定了商品的销售价格。生产要素的总量不变并且被充分利用,不存在特定的人力资本和实物资本等生产要素。在动态模型中,这些特定要素在中期或长期内可以转化,但需要一定的调整成本,而在静态模型中则忽略掉调整成本。在本国内,要素具有完全流动性,在关税同盟内部商品具有完全的流动性。但是,成员国的生产要素不能在同盟内流动,不存在运输成本。

另外,这里还假设所有的国家(A、B、C)都具有相同的技术,差异只在于要素禀赋方面;经济是静态的,即经济增长率、技术、消费者偏好、储蓄、投资等都是给定的,也不存在新产品、创新和资本折旧问题;所有的商品和服务都是同质的,并且具有单位收入弹性(即收入每增加或减少一个单位,对所有商品和服务的需求会产生同方向的相同比例的变化);不存在非贸易品,也不存在产业内贸易和相互倾销;没有存货,所有的市场同时出清;信息是完全的而且是及时的;不考虑财政及货币政策;最后,非关税同盟国(C国)不会对关税同盟成员国进行报复。

上述这些假设是非常苛刻的,但它却高度简化了分析,使得模型的基本特征更为突出。首先考虑一个单商品模型,图 8-2 显示了关税效应及关税同盟对 A 国的生产和消费的影响。其中 SS 线代表 A 国的国内供给曲线,DD 线代表 A 国的国内需求曲线。在封闭经济中,A 国在 E 点达到供需均衡。OA 是非常高的国内价格,BB 线和 CC 线分别是 B 国和 C 国的供给曲线,BB 线和 CC 线都是水平的,表示 B 国和 C 国能以固定不变的价格向 A 国无限量提供该商品,即供给曲线具有完全弹性。这是基于前面的假设而来,因为 A 国是一个贸易小国,对贸易条件不构成影响。A 国实行自由贸易政策时,该商品的国内价格为 OC,需求量为 OQ_6,在 OC 的价格水平下,国内厂商只能供给 OQ_1 的产量,差额 Q_1Q_6 完全从成本较低的 C 国进口。

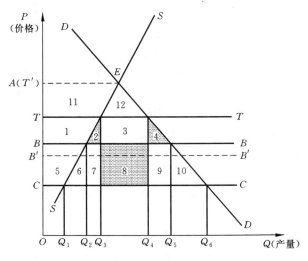

图 8-2 关税同盟的局部均衡分析

假设 A 国对进口商品征收关税 CT,该商品的国内价格由 OC 变为 OT($OC+CT$),相应地,国内的生产也扩张至 OQ_3,消费者的需求量也由 OQ_6 下降至 OQ_4,从 C 国的进口量减少到 Q_3Q_4。此时政府的税收收入为 $CT \times Q_3Q_4$。

假设 A 国和 B 国组成关税同盟,B 国产品进入 A 国免税,那么在 A 国市场上,C 国产品征收关税后的价格(OT)要高于 B 国产品的价格(OB),因此 A 国就转由 B 国进口该产品。此时国内该产品的产量增加为 OQ_2,而消费者需求则减少至 OQ_5,其缺口 Q_2Q_5 由来自关税同盟成员国——B 国的进口来补足。其国内该商品价格由形成同盟前的 OT 降至 OB。而在 A 国增加的进口量($Q_2Q_3+Q_4Q_5$)中,Q_2Q_3 原来是由本国生产厂商提供的。Q_4Q_5 是国内消费者在价格下降后增加的需求。这些增加的进口量就是关税同盟形成带来的贸易创造效应,而本来由 C 国提供的 Q_3Q_4 的产品被成本较高的 B 国进口品取代则是贸易转移效应的结果。

那么,A 国的福利有什么变化呢?组成关税同盟以后,A 国所有该商品的进口都来自成员国 B 国,政府将失去关税收入面积为(3+8)。但商品价格由 OT 降至 OB,消费者剩余增加,增加量面积为(1+2+3+4),而生产者剩余由于价格下跌而减少,减少量为面积 1。因此,假设将 A 国福利定义为消费者剩余+生产者剩余+税收收入的话,那么关税同盟对于 A 国福利的影响总和为面积(2+4−8)。其中,面积(2+4)是由贸易创造带来的利益,(2)代表同盟内部 A 国高成本的生产被 B 国相对低成本的生产所取代之后节约的生产成本,(4)代表关税同盟内部取消关税后价格下降所引起的消费扩张。(8)是由于贸易转移而给 A 国带来的福利损失,它反映了 A 国进口从生产成本最低的 C 国转向成本较高的 B 国而引起的贸易条件的恶化。由此可见,关税同盟对于 A 国福利的影响完全取决于贸易创造和贸易转移之间的效应强弱。

上面对于关税同盟的福利影响的分析是以 A 国的初始关税 CT 作为基础的。假设在关税同盟成立前,A 国对进口征收关税 CT',这是一种禁止性关税。在 CT' 的关税下,A 国仅靠国内生产,不从外部进口该商品。这样,在 A 国和 B 国形成关税同盟以后,只会引起贸易创造而没有贸易转移,A 国的福利会增加12+2+3+4。类似地,如果 C 国的供给价格高于 B 国,那么也只存在贸易创造,因为在关税同盟成立前,A 国和 C 国之间无贸易存在。

如果将动态分析简单地引入这个模型,考虑到规模经济,那么由于 B 国为整个关税同盟提供该商品,需求增加导致 B 国生产规模扩大,因而B国的生产成本会下降,假设价格由 OB 下降至 OB'(如图 8-2),就会进一步增加贸易创造,从而减少贸易转移的不利影响。

从上面传统的分析中可知,小国加入关税同盟可能会获得贸易创造带来的福利增加。但是,是否存在非歧视性的关税政策使该国可以获得贸易创造带来的利益而避免贸易转移带来的损失呢?

如图 8-2,分析的关键在于将非歧视性关税定在 CB 的水平上,使得 A 国国内该商品的价格为 OB,这与 A 国和 B 国组成关税同盟之后的国内价格相等。这个价格保证了 A 国国内生产量在形成关税同盟前后不发生变化,因此对于本国生产者和消费者来说,实行非歧视性的关税政策(CB)和与 B 国形成关税同盟带来的影响是一样的,但对于 A 国政府来说情况就不同了。形成关税同盟之前,政府拥有税收收入的面积为($7+8+9$),而形成关税同盟之后,政府会失去关税收入。因此,在单个商品的模型中,非歧视性的关税政策要优于关税同盟。这样,似乎可以得出结论:如果不是因为关税同盟的形成完全出于非经济原因,那就是传统分析的假设前提不太合理。

关税同盟成立的一大动机是潜在的出口优势,而在传统的分析中却没有提及。这里对传统分析的假设作一点修改:假设非同盟成员国也实行关税。在传统分析中,假设本国以外的国家是大国,本国与大国之间的贸易变化对于大国没有影响,因而大国不实行关税。但是,需要指出两点:第一,即使本国以外的国家都是大国,但大国并不是对所有的商品都能保持优势,具体到某种商品是否征收关税还有待考虑;第二,传统分析假设本国以外的其他国家是大国,这是为了省略贸易条件的变化,但是这样的假设其实是不合理的,尤其是在同盟对外实行统一关税的情况下,假设其他国家关税为零是不切合实际的。

假设非同盟的其他国家也实行关税政策,后果就是存在两个世界价格:世界出口价格 P_x,这是出口商出口商品到其他国家去的价格,世界进口价格 P_m,这是进口商购买进口商品的价格。P_x 低于 P_m 的价差就是其他国家的关税,运输成本的存在也会扩大 P_m 与 P_x 之间的价差。关税同盟的成员往往是邻国,其他国家对关税同盟成员国出口的运输成本会更高些。

在其他国家实行关税的情况下,A 国和 B 国成立关税同盟又会如何呢?假设 B 国和 A 国相比并非大国,A、B 两国均实行非歧视性关税政策,因而 B 国相对其他国家来说,对 A 国的出口没有充分的比较优势。A、B 两国成立关税同盟以后,A 国市场对 B 国开放,可以使 B 国对 A 国的比较优势充分发挥出来。如图 8-3,非同盟国和 B 国均以 P_m 的价格为 A 国提供产品,(a)和(b)各反映了 B 国和 A 国的情况。B 国从其扩大的出口 $q_5 q_6$ 中获得的净收益是增加的生产者剩余($i+j$)减去损失的消费者剩余 j,其净值为 i。在非歧视关税政策的情况下,不可能确定 B 国获取收益,因为 A 国也可以从其他国家进口商品,但是 A 国的进口价格 P_m 是确定的,不管 A 国从 B 国还是从其他国家进口。A 从贸易创造中获得的净利差 l 也是确定的。

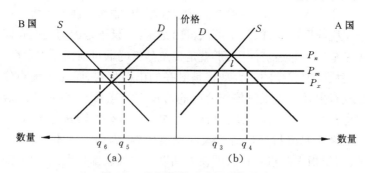

图 8-3 关税同盟对成员国的影响

关税同盟为 A 国和 B 国彼此进入对方市场创造了条件。因此,A 国也可以通过出口获得类似 B 国的利益。同样,B 国也可以从进口中获得 A 国类似的利益。

由此可见,关税同盟内部关税的消除可能给成员国带来的收益是评价关税同盟成立的潜在收益的一个重要组成部分,它可能比传统分析中的贸易创造和贸易转移更重要。

由于关税同盟的成立,同盟内商品可以自由流动,扩大的市场会使同盟内成员国厂商充分发挥出规模效应。由于生产规模扩大,使得生产成本下降,产生规模经济。假设 A 国和 B 国各有一个生产厂商,它们都具有下降的平均成本曲线。如图 8-4,非同盟国家实行关税 P_1P_2,在关税同盟形成之前,A 国和 B 国在关税 P_2P_4 的保护下,国内都能够维持生产。下面讨论两种情况。

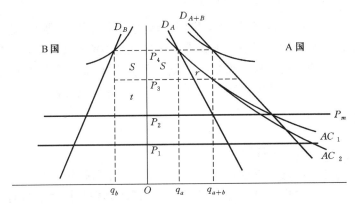

图 8-4　存在规模经济的关税同盟福利分析

(1) 关税同盟形成之前,在关税 P_2P_4 的保护下,A 国生产 Oq_a 的数量,此时,A 国国内需求曲线 D_A 与国内厂商平均成本曲线 AC_1 相交,价格为 P_4。生产厂商没有生产者剩余。B 国的情况相同,国内生产数量为 Oq_b,价格也是 P_4。关税同盟建立之后,内部统一的市场使得竞争加剧,最后只有一个厂商存在。假设是 A 国厂商供应整个同盟内对该产品的需求,则 A 国厂商的平均成本下降。如果关税 P_2P_4 保持不变,内部市场价格将仍为 P_4,同盟内部的需求 q_{a+b} 全部在 A 国生产。这时 A 国厂商的平均成本为 P_3,产生了超额利润($r+S$),全部超额利润被 A 国生产厂商获得,而 A 国消费者和政府的利益则不受影响。因而 A 国的净收益为面积($r+S$)。B 国从该产业退出,但由于关税同盟建立前生产者剩余为零,因而生产者剩余未受损失,而政府和消费者也未受到影响。因此,关税同盟的建立对于 B 国的福利的影响为零。整个关税同盟将从 A 国生产成本下降中获益。

(2) 如果在关税同盟建立前只有 A 国生产该种商品,而 B 国从其他国家进口 Oq_b 的该商品满足需求,并对之征收关税 P_2P_4,关税同盟建立以后,A国所受的影响与(1)相同,即净收益为($r+S$)。但是B国从其他国家进口转向从A国进口,因而损失了关税收入($S+t$)。这样,整个关税同盟的福利影响将为面积($r-t$),结果就具有不确定性。

所以,利用规模经济是关税同盟形成的动机之一,但是,是否会使整体福利增加则要取决于成本降低的收益和贸易转移带来的损失两者之间的比较结果。如果生产成本明显下降,最终影响可能是有利的;而且,如果成本下降非常明显的话,可能就不再需共同对外关税的保护。

三、一般均衡模型

局部均衡模型仅仅是考虑一种产品,它假设除了这种商品之外,其他商品的价格都是固定不变的。而一般均衡模型则考虑所有的商品市场,其中所有的商品价格都是可变的,各个商品市场由于可替代性、要素流动等因素而保持一定的联系。

对一般均衡的分析从 3×2 模型开始。在这个模型中,分析 A 国进口 X 商品的情况。模型包含有三个国家:A 国、B 国、C 国和两种商品:X 商品、Y 商品。每个国家只生产一种商品。A 国是小国,从 C 国进口 X 商品,C 国的厂商生产 X 商品的成本最低。

如图 8-5,图中用凸向原点的无差异曲线来表示 X、Y 两种商品之间的替代关系。A、B、C 三国均消费 X、Y 商品。在自由贸易情况下,A 国从 C 国进口 X 商品,在 E 点,达到无差异曲线 $l_0 l_0$ 的福利水平。现在假设 A 国实行非歧视性的关税政策,那么在 A 国国内 X 商品和 Y 商品的相对价格由 AC 线变为 AT 线。假设在关税保护下本国厂商仍无法与 C 国产品进行竞争,即 A 国厂商不生产 X 商品,那么 A 国只能达到无差异曲线 $l_1 l_1$ 的水平,均衡点为 G。

如果政府将关税收入用某种方式返还给消费者,或者用与消费者同样的方式花费了所有的关税收入,那么 A 国的福利将在 AC 线上达到均衡,均衡点为 K,它是与 AT 平行的直线 T_2 与反映贸易条件的 AC 线的交点。AT 线向右移动的幅度取决于在 X 商品被征收关税后的相对价格水平下消费者愿意购买的进口商品数量,而这又取决于政府得到的关税收入的数量。图中 K 点和 L 点位于同一条无差异曲线上,这是模型简化的设定,并不是必然的结果。从图中可以看到,由于关税的存在,改变了 A 国的生产结构和相对价格,国内 Y 产品的生产和消费增加,而 X 商品的进口量减少。

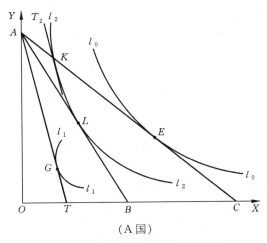

图 8-5 关税同盟的一般均衡分析

假设 A 国和 B 国建立起一个贸易转移型的关税同盟。AB 线表示 A 国和 B 国的贸易条件。如上所述,假设 K 与 L 位于同一条无差异曲线上,那么关税同盟的建立就不改变 A 国的福利水平,但消费结构有了变化。因为在自由贸易条件下的最优均衡点为 E 点,关税同盟的建立对于 A 国来说,从均衡点 K 移到均衡点 L 同在一条无差异曲线上,只是从一种次优状态变为另一种次优状态。在建立关税同盟后,如果 A 国的贸易条件低于 AB 的水平,即 AB 线左移,那么 L 点所在的无差异曲线低于 $l_2 l_2$。A 国的福利状况就不如实行非歧视性关税政策下的福利状况。但如果 A 国的贸易条件高于 AB 的水平,即 AB 线右移,L 点所在的无差异曲线高于 $l_2 l_2$,那么 A 国的福利状况就得到改善。这样,即使是贸易转移型的关税同盟,也可能会增进 A 国的福利,所以,从上述一般均衡的分析可以看出,建立关税同盟后 A 国的福利取决于图中 K 点和 L 点的位置。

对上面 3×2 模型进一步拓展,分析一国生产两种商品的情况,这样可以与现实更接近,因为在现实中存在着生产的替代性。

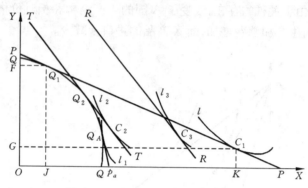

图 8-6　3×2 模型的一般均衡分析

如图 8-6,QQ 是 A 国的生产可能性边界。在封闭经济的情况下,A 国的生产均衡点为 Q_A,消费均衡点为 C_A(即图中 Q_A 位置),两点相切于相对价格线 P_a,是相切的生产可能性边界 QQ 和无差异曲线 l_1 的共同切点。假设 A 国开放国内市场,由于 A 国是一个小国,它必须接受国际市场上的 X 商品和 Y 商品的相对价格 PP,那么 A 国会选择在 Q_1 点生产和在 C_1 点消费。此时 A 国出口数量为 FG 的 Y 商品,同时从 C 国进口数量为 JK 的 X 商品。

假设 A 国对进口 X 商品征收非歧视性关税,那么相对价格曲线变为 TT。此时 A 国选择在 Q_2 点生产,而在 C_2 点消费,Q_2 点和 C_2 点均向封闭经济下各自的位置靠近。如果政府将所有关税收入返还给消费者,那么进口将增加,在图中表现为与 TT 平行的相对价格线 RR(TT 与 RR 之间的距离表示返还的关税收入),这时 Q_2 的位置不变,消费者均衡点从 C_2 移到 C_3。假设 A 国与 B 国建成贸易转移型的关税同盟,B 国的生产成本高于 C 国,在关税同盟建立之后,如果 A 国达到消费均衡的无差异曲线低于 l_3 的位置,A 国的福利水平下降,关税同盟的建立就不如非歧视性关税政策;反之,A 国的福利状况就得到改善,建立关税同盟对于 A 国就会提高福利水平。

上面介绍了一般均衡的 3×2 模型,从中可以看到,建立贸易转移型的关税同盟,只要贸易转移没有恶化本国的贸易条件,则福利状况就会得到改善。但是,在上述分析中假定只有两种商品:一种国内商品和一种进口商品,因而只存在一个最优化条件,即 X 商品与 Y 商品的价格比率等于两者效用的边际替代率(不管是在国内或国际市场,只要两者有替代关系)。但对关税同盟的全面分析,至少也应该建立在一个包括三种类型商品的模型基础上,即 A 国的国内产品、从同盟内其他成员 B 国的进口的商品以及从外部国家 C 进口商品。作出这样的修改以后,上述关税同盟的福利分析就会发生变化了。这里将修改后的模型称作 3×3 模型。表 8-4 显示了三组商品的国内价格和国际价格之间在最优化条件下的相互关系。

表 8-4 3×3 模型的最优化条件

自由贸易	非歧视性关税政策	A 与 B 组成关税同盟
$\frac{P_{Ad}}{P_{Bd}}=\frac{P_{Ai}}{P_{Bi}}$	$\frac{P_{Ad}}{P_{Bd}}<\frac{P_{Ai}}{P_{Bi}}$	$\frac{P_{Ad}}{P_{Bd}}=\frac{P_{Ai}}{P_{Bi}}$
$\frac{P_{Ad}}{P_{Cd}}=\frac{P_{Ai}}{P_{Ci}}$	$\frac{P_{Ad}}{P_{Cd}}<\frac{P_{Ai}}{P_{Ci}}$	$\frac{P_{Ad}}{P_{Cd}}<\frac{P_{Ai}}{P_{Ci}}$
$\frac{P_{Bd}}{P_{Cd}}=\frac{P_{Bi}}{P_{Ci}}$	$\frac{P_{Bd}}{P_{Cd}}=\frac{P_{Bi}}{P_{Ci}}$	$\frac{P_{Bd}}{P_{Cd}}<\frac{P_{Bi}}{P_{Ci}}$

注:A、B、C 分别指商品的生产国,d 指 A 国国内市场价格,i 指国际市场价格。P_{Ad} 是指 A 国生产的商品在 A 国国内市场的价格,P_{Bd} 是指 B 国生产的商品在 A 国国内市场的价格,P_{Ai} 是 A 国生产的商品在国际市场上的价格,以此类推。

从表 8-4 中可以看出,在自由贸易情况下,三个最优化条件同时实现。在实行非歧视性关税政策下,B 和 C 两个国家生产的商品在 A 国国内市场的价格要高于国际市场的价格,因而 $\frac{P_{Ad}}{P_{Bd}}<\frac{P_{Ai}}{P_{Bi}}$,$\frac{P_{Ad}}{P_{Cd}}<\frac{P_{Ai}}{P_{Ci}}$。但由于 A 国对 B 国和 C 国的商品征收同样的关税,因而 $\frac{P_{Bd}}{P_{Cd}}=\frac{P_{Bi}}{P_{Ci}}$。A 国和 B 国形成关税同盟后,A、B 两国之间关税取

消,因而第一个最优化条件实现,但是A国对C国产品仍征收关税,所以第二、三个最优化条件不能满足。可以看出,关税同盟使A国由一种非最优化状态变为另一种非最优状态,所以不能说A国的福利是增加还是减少了。根据次优化理论:如果不能同时满足所有的最优化条件,那么仅仅从一种次优状态变为另一种次优状态,福利的增加或减少是不确定的。

一般均衡分析是以多种商品模型作为基础,因而可以较好地区别关税同盟的生产效应和消费效应。在局部均衡的分析中,把单一商品的生产地点从C国转换到B国看作是关税同盟内福利变化的原因,实际上仅仅分析了消费的替代问题,而没有考虑到消费效应本身可以引起生产的变化。在多种商品模型中引进了生产可能性边界,这就在局部均衡的国家替代基础上引入了商品替代问题。国家之间的替代是分析贸易创造和贸易转移问题,而商品之间的替代则是分析相对价格水平的变化带来的生产效应。

多种商品模型的缺陷在于假定所有的商品是制成品,而实际上,原料、半成品的自由贸易,对进口国的影响是不同于制成品贸易壁垒取消带来的影响。所以说,一般均衡分析只是部分地解决了局部均衡分析忽略的问题,现实生活中的贸易现象则比模型复杂得多。

四、关税同盟改善福利的条件

在国际贸易中存在着大量的扭曲现象,任何关税同盟方案都只是一种次优的解决办法。上面的分析表明,关税同盟的建立不一定改善成员国的福利状况。同盟外国家的厂商觉得在一体化区域内竞争很困难,这并不是因为一体化后的共同贸易壁垒高于一体化之前各成员国的个别贸易壁垒,而是因为一体化之后,区域内竞争更加激烈,外国厂商的加入更加困难。

如果以下条件能够全部或者部分得到满足,那么关税同盟内部的贸易创造将占据优势,同盟内成员国的福利可以得到改善。

(1)对来自非同盟成员国的商品需求量越少,对来自同盟成员国的商品需求量越大,则贸易创造就越有可能占优势。

(2) 对非同盟成员国的贸易壁垒越高,贸易创造效应也越大。

(3) 关税水平(或其他贸易限制)的高低体现了一个国家竞争力的强弱。在一种极端的情况下,假设 A 国实行一种禁止性的关税,完全排斥了国外的商品。同时,A 国又不可能在国内生产这种商品,那么 A 国的消费者就无法消费这种产品。在这种情况下,任何程度的关税水平的降低都会对 A 国消费者的福利的提高产生潜在的影响。

图 8-2 表明,A 国与 B 国组成关税同盟之前,A 国的关税水平越高,贸易创造就越有可能占据优势。当然,这里关税同盟的共同对外关税必须低于 A 国本来实行的关税。同盟的对外关税越低,同盟外低成本的产品被成员国高成本的产品取代的可能性就越小。较低的对外关税水平可以允许同盟外的其他国家参与同盟内成员国之间的竞争。因此,关税的局部降低带来的福利的增加也可能会强于关税同盟,因为它阻止了贸易转移的产生。相应地,关税同盟成立前成员国的关税越低,关税同盟的潜在福利效应就越小。

(4) 供给曲线和需求曲线的价格弹性越大(如图 8-2,即两条曲线越"平坦"),代表贸易创造的区域(2+4)的面积就越大。

(5) 关税同盟的成员国越多,贸易转移的可能性越小。当全世界所有的国家都加入一个关税同盟后,也就是各国之间实行自由贸易之后,关税同盟将只有贸易创造效应存在了。

(6) 如果一体化发生在彼此相近的国家之间,那么较低的运输成本会使得一体化的收益更大。这可能就是美国和以色列在 1985 年以及加拿大和以色列在 1997 年实行自由贸易未能取得满意效果的原因。

(7) 如果非同盟成员国的供给曲线弹性越小,则这些国家的损失就越大,而关税同盟的成员国则可以得到收益。

(8) 如果成员国对同种商品有着相似的生产成本,那么他们的商品之间的竞争性较强,在这种经济结构下进行一体化带来的收益最大。如果成员国同种商品的生产成本相差较大,即他们的经济结构具有互补性,这种情况下实行一体化也可能带来收益,但很可能不如前者那么多。

（9）同一产业中厂商的数目越多，一体化所面对的阻力和一体化后产业调整的成本相对都较小。

（10）一体化之前经济越不发达的成员国越有可能从一体化带来的专业化分工中获益。

在关税同盟内部，经济结构具有互补性的国家之间的竞争将保证效率最高的生产者为整个关税同盟内市场提供商品。在多国多商品情况下，A国厂商生产X商品的效率最高，B国厂商生产Y商品的效率最高，A、B两国组成关税同盟之后，将单独生产X商品和Y商品，从而整体福利水平提高。

如果关税同盟成员国在一体化之前是竞争性的经济结构，一体化之后相互之间实现了互补，那么结果可能就是各个成员国福利的改善。

第三节 关税同盟理论的动态模型

关税同盟理论的静态模型不讨论资源的重新配置过程中发生的变化。但是，如果将关税同盟理论用于现实分析的话，就必须考虑它的动态效应。所谓动态效应，它是指由于经济一体化后市场的扩大和生产资源的重新组合带来的增长率的变化。它可以有以下五个方面。

（1）市场规模扩大，使得一体化前不能以最优规模进行生产的厂商可以实现规模经济；

（2）外部规模经济使得整个产业面临的成本曲线下降；

（3）两极分化效应，这意味着由于贸易创造效应或其他因素使得同盟内部的某一区域的福利增加较快，从而使同盟内部的成员国之间出现福利调整现象；

（4）对直接投资的地理位置和总量的影响；

（5）由于竞争性加强和经济中不确定性的削弱而对贸易活动的

效率产生的影响。

一、动态的规模效应

在上述各种影响,除了规模经济效应之外,其他各种影响在本质上都是一种长期效应,无法用传统的经济理论加以分析。这里首先对规模经济效应加以分析。

如图 8-7,它显示了关税同盟的形成而给生产厂商带来的内部规模经济。假设有 H 国、P 国两个国家,两国都消费某种商品,且需求曲线相同,在图中用 $D_{H,P}$ 来表示,D_{H+P} 表示它们的总需求曲线。S_W 代表世界的供给曲线,AC_H 和 AC_P 分别表示该种商品在 H 国和 P 国各自的平均生产成本。注意到 S_W 低于 AC_H 和 AC_P,即 H 国和 P 国的平均生产成本高于世界市场价格。因此,自由贸易应是最佳的政策,它使得国内消费者能以 OA 的价格消费到 Oq_4 的商品,即两国各进口 Oq_4 的商品之和为 Oq_6。

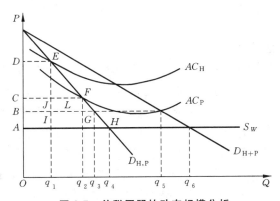

图 8-7 关税同盟的动态规模分析

如果 H 国和 P 国征收关税,最优的关税税率应是使国内生产恰好等于国内消费而不会使厂商获取垄断利润的水平,即图 8-7 中两国平均成本 AC_H 和 AC_P 曲线与两国的需求曲线 $D_{H,P}$ 的交点 E 和 F。因此,两国分别征收 AD 和 AC 的关税,这使得两国的国内生产分别为 Oq_1 和 Oq_2。

如果 H 国和 P 国组成一个关税同盟,与同盟外进口商品价格 OA 征税后的价格 OC 或 OD 相比 P 国由于较低的生产成本而为整个关税同盟提供该商品。该商品的价格为 OB,P 国的产量为 Oq_5。按照非歧视原则,同盟的共同对外关税可以调整到 AB,低于关税同盟成立之前的水平。可以看到,H 国和 P 国的国内消费都增至 Oq_3,使得两国的福利分别增加了 $BDEG$ 和 $BCFG$ 部分。这些收益中,H 国的 $BDEI$ 和 P 国的 $BCFL$ 部分来自于生产规模扩大带来的成本下降。当然,除此之外 P 国还存在生产者的收益,而 H 国由于放弃本国生产而带来了一定的损失。

规模经济是否可以作为关税同盟成立的原因取决于净效应是正还是负。在上例中,P 国获得了净收益,而 H 国的生产者遭受了损失。如果 H 国放弃本国生产带来的损失超过消费者消费增加获得的收益,那么 H 国仍会选择关税作为首要的贸易政策。如果总体效应为正,那么如何在成员国之间进行收益的分配就成为关税同盟必须考虑的问题。

二、其他动态效应

关税同盟带来的另一个重要的动态效应就是竞争性加强。由于竞争的加强,生产厂商可以提高利用生产要素的效率。在不建立关税同盟的情况下,国内市场依靠关税的保护容易形成垄断的局面,而垄断会使得发展缓慢。形成关税同盟之后,成员国之间取消了贸易壁垒,各国的厂商均面临着来自其他成员国厂商的竞争。这样经过重新整合,低效的生产厂商会退出市场。竞争的加剧还会促进厂商的技术创新,而创新可以使产品的生产成本下降、扩大消费者的选择范围、提高产品的质量,最终提高同盟内成员国的福利水平。需要指出的是,关税同盟成立之后,以前在各个成员国国内的垄断行为,例如合谋等有可能发展到整个关税同盟内部。所以,同盟内仍需一定的反垄断的法律来保证同盟内市场的竞争性。

关税同盟的成立还会带来贸易条件的变化。在静态模型中,一直假定关税同盟的形成对于贸易条件无影响,这意味着同盟内成员国非常小而不足以影响世界经济。但这个假设与现实生活是不相符合的,因为现今世界上有些关税同盟或一体化组织是以经济占据世界重要地位的一些大国为核心的。因此,关税同盟成立以后,贸易条件必然会改变。如前面的模型所述,成立关税同盟,由于贸易转移效应,非同盟成员C国会失去对A国的出口。假设A国并不是一个对世界经济毫无影响的小国,那么C国必然会设法削弱这种不利影响。如果C国要想保持对同盟的出口,它可能接受关税同盟内部的价格并承担同盟的对外关税,这可能会低于它以前的出口价格,从而使非同盟成员国的贸易条件恶化,而同盟内成员国的贸易条件得到改善。

关税同盟成立之后,还会带来出口收入的增加。A国和B国组成关税同盟之后,B国从A国进口X商品。由于A、B两国之间的内部贸易不再征收关税,因此A国的出口商将从关税同盟成员国处获得更多的出口收入。相同的假设下,B国的出口商也可以获得更多的收入。这里还有一个假设前提就是调整成本为零。这种出口收入的短期增长能否在长期维持,则要取决于两个国家的消费模式的转变,同时也要依赖于替代品的生产以及对外共同关税的水平。

直到现在为止,模型讨论的都是关税同盟的成立对于最终私人产品的影响,而实际上它对于公共产品也有较大的影响。在没有政府的完全自由市场中,像公路、桥梁这样的公共产品是不可能被生产出来的,因为这些产品通常是以低于成本的价格甚至是免费向私人消费者提供的,但这些公共产品的开支构成国家财政支出的一个重要部分;如果关税同盟的成员国对于这些公共产品有着类似的需求,那么关税同盟成立之后,就可以在整个同盟内部联合提供某些公共产品,因而使公共产品的单位成本下降。这样,关税同盟就可以建立在一种公共产品的基础上而得到发展。而且,在某些情况下,加入关税同盟比实行非歧视性关税保护更能满足人们对于某些公共产品的消费需求。

静态模型将注意力放在关税同盟给消费及生产带来的增长方面,忽略了经济结构的变化需要一定的调整期,这样使得模型的解释力减弱了。而实际上,这种调整成本是确实存在的,如果考虑到这种成本,则关税同盟成立带来的收益就会减少。而且,一国的比较优势也是一个动态的概念,它会随着时间而改变。在关税同盟形成之前,成员国也无法预料到关税同盟成立之后它的这种比较优势是否依然存在,因此这种不确定性也必然会被成员国纳入考虑的范畴。

第四节　关税同盟的成本和收益在成员国之间的分配

关税同盟成立之后,成员国的福利可能发生变化,但市场力量不一定能将一体化引起的成本和收益在成员国之间进行合理分配,某些成员国可能获取较多的收益。同盟内生产效率最高的国家为整个同盟供应商品,因而生产规模扩大,所使用的生产要素增加,大规模的生产又增加了政府收入。相比之下,生产效率较低的其他成员国只能从该国大量进口,这样它们有可能丧失大量的关税收入,而且要为这些产品支付高于非同盟国产品的价格,因而这些国家注定会在关税同盟中遭受损失。如果它们得不到补偿,它们是不会加入的。但是,如果同盟内的受益方能够给受损失方以合理的补偿,那么关税同盟仍然可能使每个成员国的福利状况都得到改善。一个一体化组织如果想要成功地运行,必须考虑到成本和收益在各个成员国之间的分配问题。

一、收益分配的初始情况

从理论上来说,一体化的成本和收益的初始分配有三种不同的情况:

(1) 关税同盟中所有成员从一体化中得到的收益是相同的;

(2) 所有成员国都从关税同盟中获益,但利益的大小是不平均的;

(3) 某些成员国获益,而另外一些成员国受损。

如果关税同盟中利益分配的标准是人均收入相同,那么就存在如下的可能性。第一种情况下,由于各国同比例地增加收入,因而不需进一步的调整。第二种情况比较复杂。需要进行补偿吗?成员国们在关税同盟成立之前就会考虑哪些方面会出现利益分配的不平均现象。而在第三种情况下,如果收益高于损失,为了说服受损失一方加入关税同盟,补偿就成为必要的了。需要注意的是,关税同盟内部一国从一体化中获取的收益并不意味着其他国家会遭受同等的损失。那么,对受损国进行的补偿应该达到什么程度?是仅仅对损失作出补偿,还是把额外的收益也分一部分给受损国呢?

如果一种方案能够增加福利,那么受益方就会采纳并弥补受损方的损失。这就是补偿测试。如果受益方被允许采取某方案,那么该方案就会被实施,除非潜在的受损方能够说服潜在的受益方放弃此方案。任何能通过补偿测试的方案都会使总的福利增加。如果这种方案不断被修改,那么总的福利就会不断地增长。而一旦有了补偿,一国的福利就不可能下降。另一方面,那些不能通过补偿测试的改变会降低社会总的福利,这样,从长期来看,关税同盟的每个成员国的状况都会恶化。

二、收益分配的调整方式

对于受损国的补偿可以是事先的,也可以是事后的。事先补偿是由于经济一体化引起的不均衡分配能够事先预测到;而事后补偿则是对事先未预测到的损失进行足够的弥补。一体化可能会带来连续性的损失:受损国会不断地抱怨一体化带来的损失而寻求补偿,而受益国成功的经营者则会被要求不断纳税以弥补受损者的损失遭受打击,最终放弃继续经营。

对于受损国的补偿可以采取不同的形式来进行。最简单的就是资金的转移。如果这种转移是无条件的,那么它就会降低受损国进行自我调整的动力。补偿也可以通过发展基础设施、对劳动力进行教育和培训、进行市场研究以帮助受损国发展具有本国特色的企业经营等方式进行。

在发展中国家的一体化安排中,经常会使用财政补偿的标准,即用关税收入的损失数量作为补偿的尺度。这种损失是由于关税同盟形成之后,一国不断地从成员国进口而导致的,因此这个问题可以通过将供应商的资金直接转移给进口国政府来加以解决。一个国家的关税收入的损失如果能够得到全部补偿,那么该国的政府收入就等于一体化之前的收入,它就可以将这些资源转移到成员国所需的其他商品的生产上去,获取生产收益。然而,在一体化的任何一种形式中,都没有将完全的财政补偿作为给潜在受损国补偿的惟一方式。

共同对外关税所带来的收益是属于整个关税同盟的。收益的大小不仅取决于对外关税的相对大小,贸易商品的种类、数量和价值,而且还取决于关税同盟与外部国家签订的各种优惠性的贸易协定。对于这些收益进行分配是一个比较复杂的问题。一个成员国与非成员国进行贸易而获得的大量关税收入可能是通过转出口至同盟其他成员国获得的。因此,在关税同盟的框架下一个成员国无权随意处置这些关税收入。在发展中国家,关税收入是公共积累的一个重要组成部分,如果一体化使得这部分收入大量减少,那么同盟内就存在共同提高对外关税的压力。在任何一种情况下,这些共同收入的处置都有几种共同的方法:或者用在关税同盟的共同活动上,或者分配给成员国,或者给第三国作为贸易转移的补偿,或者作为一种共同储备保存。

共同对外关税的水平如何确定?可以采用关税同盟成立以前成员国各自关税的平均值来确定。如果关税同盟意在消除某些内部垄断现象,它也可能制定较低的对外关税以便允许一定程度的外部竞争的存在。如果对外关税的水平不会减少整个同盟与外部国家的贸易,那么也就没有贸易转移了。

第五节　区域经济一体化的其他形式

上面几节的介绍都是以关税同盟为对象的,关税同盟具有区域经济一体化的许多基本特征,其他几种区域一体化的形式既有关税同盟分析中的一些相同之处,也有它们各自的特点。

一、自由贸易区

自由贸易区与关税同盟对于一体化组织中的各个国家以及世界经济的影响比较接近,它们的区别仅仅是程度上的。相对来说,自由贸易区的贸易创造效应要大于关税同盟,而贸易转移效应却小于关税同盟。这是因为,关税同盟一般采用各成员国的对外关税的平均水平作为整体对外关税,建立的关税同盟,对那些一体化之前关税水平较低的国家的保护程度增加,就可能产生贸易转移。而在自由贸易区内部,成员国的对外关税政策是相互独立的,低关税的成员仍然可以采用原来的低关税政策,因而产生贸易转移的可能性要小得多。

如果假设一体化之后关税同盟采用成员国的最低关税作为整体对外关税,那么从理论上来讲,关税同盟和自由贸易区就没有什么差别,两种一体化形式产生的效应就是相同的。当然,自由贸易区的各成员国仍然可能自主地进行对外协商和决定关税水平,而关税同盟则是以一个整体的身份与同盟外各国进行协商的。

原产地规则是一个自由贸易区有效运作的基础,它防止了贸易偏差(Trade Deflection)的发生。贸易偏差是指自由贸易区内关税水平较低的成员国从第三国进口的商品又转出口至另一关税水平较高的成员国。如果没有原产地规则,一个自由贸易区内关税最低的成员国就会成为非成员国出口的选择对象,而这种出口往往是非成员国避免高关税而采取的迂回的方式,实际进口国可能是自由贸易区里其他成员国。

二、共同市场和经济联盟

共同市场和经济联盟是比关税同盟更高一级的一体化形式,因而对它们的分析需要作进一步的拓展。共同市场允许生产要素在成员国之间自由流动,可以使资源在共同市场范围内进行更合理的再分配,从而提高经济效率;但同时它也可能导致某些地区的发展受到阻碍，从而产生或扩大地区经济发展的不平衡。对于经济联盟来说，由于进行财政政策协调，可以采用一致的有效税率，减少非关税壁垒，提高经济效率；而货币政策合作又可以减轻经济中不必要的严重失衡，从而促进成员国经济稳定增长。

在共同市场内部，由于生产要素可以自由流动，因而理论上讲，劳动力将流向那些可以获取最高报酬的地方，但实际上并非完全如此，因为社会和政治因素通常使得人们更乐意留在出生地附近，即社会环境的近似度是劳动力流动的一个重要的考虑因素。相对来说，资本流动性就较强，在共同市场内部，资本的流动将使得资本在各成员国的边际收益趋于相等。

关于生产要素流动的分析，在第七章中有详细的阐述，共同市场内部资本流动的收益分析基本相同。但需要指出的是，这种收益并非全部是由共同市场的建立带来的。因为在共同市场建立之前，跨国公司可以通过直接投资的方式输出资本，即要素也具有一定的流动性，因而形成共同市场只是进一步增加了这种收益。

如果在共同市场内部，资本的流动居于主导地位，那么要素的流动就可能是单向的，这样在一体化组织内部就会有某些国家的发展受到阻碍。这种一体化带来的社会成本需要加以考虑，所以实际上，共同市场的各成员国之间也不仅仅是关税统一、要素流动等贸易领域的合作，而常常会进行财政政策和货币政策的协调。当这种协调成为一种经常性的或者说是制度性的规定后，共同市场也就发展成为经济联盟。

经济联盟区别于共同市场的重要特点就是成员国之间经常性的货币领域的合作，包括三个要素：(1)货币政策一致性的明确规定；(2)共同的外汇储备；(3)共同的中央银行。这三个要素是缺一不可的。

假设经济联盟的成员国决定采用它们其中的某国货币或者建立一种新的篮子货币作为参照货币，同时假设每个成员国拥有自己的外汇储备，独立实施货币政策和财政政策。如果一个成员国发现自己储备短缺，它将不得不求助于紧缩的货币政策和财政政策以恢复储备,这会使得各国财政部长或央行行长频繁会谈,来考虑是否要改变参照货币的平价。如果他们决定要进行变动,那么所有成员国的货币都要跟着变动,这种情形就类似布雷顿森林体系下的特里芬两难。由此,为了避免这种情形发生,就必须对上述三种要素都加以考虑。中央银行在市场上进行操作,以保持各成员国汇率平价的稳定,同时,它也应允许参照汇率小幅波动。但是,如果没有明确的政策协调规定,经济联盟的货币合作就可能无效。

如果一国单独进行国内经济政策的决策,比如采用高赤字,那么经济联盟的汇率就会贬值,这又会使得其他成员国出现财政盈余,发生不均衡现象。因而,财政政策的协调是货币政策协调的必要补充。这种政策协调也显示了单一货币的优越性,如果形成单一货币机制,则政策合作的复杂性就会降低许多。这样,经济联盟就会进一步发展为一体化的高级形式:完全经济联盟。欧盟是目前世界上一体化程度最高的经济联盟。

三、区域经济一体化和全球经济一体化

20世纪后半期以来,全球经济一体化(Global Economic Integration)成为经济领域中最引人注目的现象之一。国内经济的自由化、国际贸易和国际金融的合作加强、公司结构的国际化等都成为全球经济一体化的显著特征。与此同时,各种形式的区域经济合作也在不断地发展,与全球经济一体化一起成为经济领域里的两个重要现象。

但是,区域经济一体化与全球经济一体化的关系却是相当模糊的。一方面,区域一体化组织的建立,对内消除关税壁垒、允许生产要素自由流动以及财政和货币政策的协调等使得区域内的经济更加趋于自由化,而自由化正是全球经济一体化的核心内容,因此可以说,区域经济一体化是全球经济一体化进程的一个必要的初始阶段,区域一体化组织的建立将有助于推动全球统一的大市场的形成。

另一方面,区域一体化组织虽然对内实行了种种自由化的措施,但作为一个整体,仍对外部经济存在着较大的限制,这种限制使得对内的自由化可能造成对非成员国的过度保护,从而使得经济效率下降,所以区域经济一体化有可能带来一种新的保护主义,不利于全球经济向一体化方向发展。

尽管两者之间的关系有不明确和相悖之处,但经验数据分析表明,总体上来说,区域经济一体化对于全球经济一体化的效应为正。一般来说,这种作用要取决于以下三种相互关联的因素:(1)区域一体化的具体规定;(2)区域一体化组织演化的方式;(3)区域一体化组织对非成员国采取的贸易政策。

另外,需要指出的是,区域经济一体化确实是构成全球经济一体化的一个重要因素,但绝不是惟一的因素。事实证明,在国际贸易量、国际直接投资等全球经济一体化的重要指标的增长中,区域经济一体化的贡献只占据很小的部分。

经济一体化的典型是关税同盟,在理解当前经济一体化趋势时,以下五点是十分重要的。

(1) 经济一体化是指由政府出面,在特定的一体化框架内,消除经济边界而实现两个或多个国家经济的联合。经济一体化可分为五个层次:自由贸易区、关税同盟、共同市场、经济联盟和完全经济联盟。

(2) 关税同盟的建立会带来两种效应:贸易创造和贸易转移。关税同盟的建立是否会增进同盟内成员国的福利取决于贸易创造和贸易转移两者的相对强弱。

(3) 关税同盟理论的局部均衡模型研究了单商品的情况下关税同盟的福利效应。而一般均衡分析则从更接近现实的多维模型着手,分析了商品之间的替代效应。一般均衡分析得出的结论是:关税同盟的成立只是使贸易环境由一种次优状态变为另一种次优状态,它并不必然带来福利改善。

(4) 关税同盟理论的动态模型研究了关税同盟给成员国经济带来的动态效应,如规模经济、加剧竞争、改变贸易条件、增加出口收入等等。

(5) 关税同盟对各成员带来的影响是不同的,如何使关税同盟的成本和收益在成员国之间进行合理分配,是关税同盟能否成功运作的关键问题。

复习思考题

一、关键词语

经济一体化　自由贸易区　关税同盟　贸易创造　贸易转移
次优化理论　关税同盟的静态效应　关税同盟的动态效应

二、问答题

1. 试述经济一体化的含义及主要形式。
2. 贸易创造和贸易转移各是什么含义？它们对关税同盟成员国的福利有何影响？
3. 关税同盟的次优化理论的含义是什么？为什么说关税同盟是次优理论的最好例证？
4. 在什么条件下贸易创造在关税同盟中占主导地位？
5. 关税同盟的动态效应及产生原因各是什么？
6. 如何在成员国之间分配关税同盟的成本和收益？

第九章　国际贸易和经济增长

　　国际贸易的产生是由于各国之间存在着生产、消费以及商品价格的差异。随着经济增长、社会分工的进一步完善,国际贸易在世界范围内迅速发展,其结果又反过来影响各国的商品价格及其商品的生产和消费,动态地间接作用于经济增长。

　　本章讨论国际贸易和经济增长的相互影响关系,重点阐述经济增长对国际贸易的影响。

第一节　国际贸易对经济增长的影响

　　国际贸易对经济增长的影响是多方面的,主要分为需求效应、结构效应、规模效应与收入乘数效应。需求效应指外贸发展带来国内所没有的新商品,从而产生新的需求。这种需求成为国内新产业建立和发展的刺激因素,从而推动经济增长。结构效应是指通过对外贸易导致国内生产转移,从而使旧产业衰退,新产业兴起,形成新的生产结构。规模效应是通过对外贸易,扩大市场范围,使生产摆脱国内市场的局限,在资源配置最佳的情况下,生产扩大的产业可以获得规模经济效应。收入乘数效应是指净出口贸易额的增长引起国民收入成倍增长的效应。下面重点阐述国际贸易对经济增长的收入乘数效应。

　　在一个相对短的时期,如果一国自然资源、资本、劳动技术水平等影响本国生产能力的因素均保持不变,这个国家的潜在生产能力就不会发生改变。当存在两种生产要素时,潜在产出水平不变,一国生产可能性曲线在短期内也保持不变。但现实经济中由于受到各种因素影响,一国实际产出水平又往往不等同于潜在产出水平,使得总需求和总产出相等的均衡产出偏离潜在产出水平。实际产出水平可能会低于潜在产出水平,见图9-1中的A点,就不在生产可能性曲线上,而是在生产可能性曲线的内部。

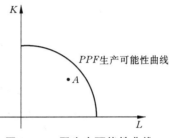

图 9-1　一国生产可能性曲线

一国实际产出水平(GDP)是总需求(AD)等于总供给(Y)时的均衡产出,即 $AD = Y = GDP$。根据凯恩斯的需求决定理论,均衡产出水平由总需求决定:总需求下降,均衡产出水平也下降;总需求上升,均衡产出也随之增加。

开放经济中,总需求是既定价格水平上,本国和外国居民对国内商品和服务的需求总量。需求由消费、投资、政府支出和净出口组成,写成国民收入恒等式为 $Y = C + I + G + NX$。其中 C、I、G、NX 分别代表消费、投资、政府支出和净出口。消费和净出口均可以表示为总收入的函数。

消费函数为 $\qquad C = a + (1-t)bY \qquad$ (9-1)

式中,a 是自发性消费;

t 是边际税率;

b 是边际消费倾向。

净出口函数为 $\qquad NX = g - nY \qquad$ (9-2)

式中,g 是自发性出口;

n 是边际进口倾向。

对外贸易主要通过净出口量的变化影响总需求。从图9-2中可以看出 ΔY 明显大于 ΔNX,这种净出口贸易额变动一单位,总收入

(总产出)额成倍单位变动的效应称之为乘数效应,乘数为 K。$K = \Delta Y / \Delta NX$,ΔY 指总收入的变动额,ΔNX 指净出口的变动额。

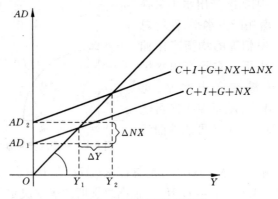

图 9-2 贸易对产出的影响

乘数效应最初由英国经济学家卡恩(R. F. Kahn)提出,并由R·F·哈罗德应用在对外贸易中。将上述(9-1)式、(9-2)式代入收入恒等式 $Y = C + I + G + NX$ 中,则

$$Y = a + (1-t)bY + I + G + g - nY \tag{9-3}$$

从该式可以得出均衡国民收入 Y^*

$$Y^* = \frac{a + I + G + g}{1 - (1-t)b + n} \tag{9-4}$$

从(9-4)式可以得出

$$\Delta Y = \frac{\Delta a + \Delta I + \Delta G + \Delta g}{1 - (1-t)b + n} \tag{9-5}$$

所以

$$\frac{\Delta g}{\Delta Y} = 1 - (1-t)b + n \tag{9-6}$$

从(9-2)式可以得出

$$\Delta NX = \Delta g - n\Delta Y \tag{9-7}$$

可以推出

$$\frac{\Delta NX}{\Delta Y} = \frac{\Delta g}{\Delta Y} - n = 1 - (1-t)b + n - n = 1 - (1-t)b \tag{9-8}$$

对外贸易乘数 K 为

$$\frac{\Delta Y}{\Delta NX} = \frac{1}{1-(1-t)b}$$

因为边际税率 $0 < t < 1$，边际消费倾向 $0 < b < 1$，所以 $1-(1-t)b < 1$。很显然对外贸易乘数大于1，说明净出口贸易额变动一个较小的数额，国民总产出就相应变动一个较大的数额。当净出口为负值时，国民生产总值相应减少较大的数额。经济学家主张在一国实际产出低于潜在产出时，可以通过增加净出口额来拉动实际产出水平。因此对外贸易有时被经济学家成为"经济增长的发动机"。

贸易要发挥上述对经济拉动的乘数效应还需要满足两个条件：其一，必须有一个完整的市场体系，超额需求可以通过价格信号传递给生产者；其二，国内存在未被充分利用的生产要素，当需求扩张时，一国有足够的生产潜力可以挖掘。

第二节 经济增长对国际贸易的影响

资源增加、技术进步或收入的提高都能导致经济增长。经济增长会产生生产和消费两种效应，分别影响生产者和消费者的行为。生产者将根据资源和技术水平的变化调整原有的生产，消费者因收入增加也会改变其对商品的需求量，所以研究经济增长对国际贸易的影响也应从生产和消费两方面考虑。

一、生产增长的效应

假设一个小国模型,该国在世界价格水平既定、机会成本递增条件下,处于均衡状态,两种商品为电视机和葡萄酒,见图9-3(a)所示。

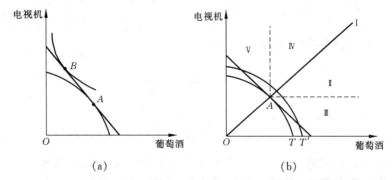

图9-3(a) 生产和消费能力的不一致　　图9-3(b) 生产增长的影响

该国生产能力在 A 水平上,消费水平处于 B 水平上,B 水平高于 A 水平,生产和消费之间的差距可以由出口葡萄酒进口电视机带来的贸易利益弥补。经济增长时该国生产可能性曲线向外扩展。这时生产增长有三种可能:(1)两种产品等比例增长;(2)两种产品都增长,但增长比例不同;(3)一种产品增加,另外一种产品减少。在图9-3(b)中,以原生产可能性曲线上的 A 点为新原点作平行于原来纵横轴的虚线轴与生产可能性曲线相交,把新的生产可能性曲线 T' 分成三部分。新生产可能性曲线与 OA 延长线交点为第一类增长;夹在横纵虚线轴之间的部分为第二类增长;虚线轴外面的部分为第三类可能的增长。

生产增长对贸易的影响有五种情况:(1)进口品和出口品同比例增长,新的生产均衡位置落在 OA 延长线上,这种经济增长的效果称为中性贸易生产效应(Neutral Trade Production Effect);(2)经济增长中出口增加幅度大于进口增加的幅度,生产均衡位置落在Ⅱ区域,这种增长效应被称为顺贸易生产效应(Protrade Production Effect);(3)经济增长的结果是进口数量下降出口量增加,生产均衡位置在Ⅲ

区域内,这种效应被称为超顺贸易生产效应(Ultra-production Effect);(4)如果经济增长结果是进口增幅大于出口增幅,那么新生产均衡位置在Ⅳ区域内,这种效应称为逆贸易生产效应(Antitrade Production Effect);(5)最后一种情况,进口量增加出口量下降,新生产均衡位置在Ⅴ区域内,这种效应称为超逆贸易生产效应(Ultra-antitrade Production Effect)。这五种效应归纳成表9-1。

表9-1 不同类型的生产增长对贸易的影响表

生产增长的均衡位置	生产增长对贸易的影响	贸易增长对经济的影响	名　　称
Ⅰ	进出口同步增长	贸易和经济同步增长	中性贸易生产效应
Ⅱ	出口增长＞进口增长	贸易增长＞经济增长	顺贸易生产效应
Ⅲ	出口增长,进口下降	贸易增长≫经济增长	超顺贸易生产效应
Ⅳ	出口增长＜进口增长	贸易增长＜经济增长	逆贸易生产效应
Ⅴ	出口下降,进口增加	贸易增长≪经济增长	超逆贸易生产效应

二、消费增长的效应

同分析生产效果相同,消费增长对贸易的影响也可以分成五种情况。如图9-4消费增长后,预算约束线向外从 M 扩展到 M',消费的增加也由五种不同的情况:(1)消费增长中进口和出口消费同比例增长,新消费均衡位置落在 OB 线段的延长线上,这种消费对国际贸易的影响称为中性贸易消费效果(Neutral Trade Consumption

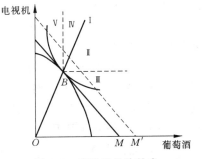

图9-4 消费增长的效应

Effect);(2)出口品消费增长大于进口的消费增长,消费均衡落在Ⅱ区域内,这种消费效应称为逆贸易消费效应(Antitrade Consumption Effect);(3)出口品消费增加而进口品消费减少,消费均衡落在Ⅲ区域内,这种消费效应称为超逆贸易消费效应(Ultra-antitrade

Consumption Effect);(4)进口品消费增幅大于出口品消费增长,消费均衡落在Ⅳ区域内,这种消费效应称为顺贸易消费效应(Protrade Consumption Effect);(5)进口消费增加而出口消费下降,消费均衡落在Ⅴ区域内,这种消费效应称为超顺贸易消费效应(Ultra-protrade Consumption Effect)。这五种消费效应归纳成表 9-2。

表 9-2 不同类型的消费增长对贸易的影响表

消费增长的均衡位置	消费增长对贸易的影响	贸易增长对经济的影响	名　称
Ⅰ	进出口同步增长	贸易和经济同步增长	中性贸易消费效应
Ⅱ	出口消费增加＞进口消费增加	贸易增长＜经济增长	逆贸易消费效应
Ⅲ	出口消费增加进口消费减少	贸易增长≪经济增长	超逆贸易消费效应
Ⅳ	出口消费增长＜进口消费增加	贸易增长＞经济增长	顺贸易消费效应
Ⅴ	进口消费增长出口消费减少	贸易增长≫经济增长	超顺贸易消费效应

三、生产和消费增长的综合效应

经济增长对国际贸易的最终影响取决于生产和消费的综合效应。当生产效应和消费效应都处于顺贸易或超顺贸易的情况下,国际贸易就会增加。

经济增长对贸易的影响有三种情况:(1)见图 9-5(a),生产和消费都是超逆贸易类型,生产均衡由 A 点变为 A' 点,消费均衡由 B 点变为 B' 点。在价格既定的小国模型中,增长的净效应为贸易量下降,从 ARB 下降为 $A'R'B'$。(2)见图 9-5(b),生产效应为顺贸易效应,消费效应为中性,生产均衡由 A 点向右上升到 A' 点,消费均衡由 B 点沿 OB 上升到 B' 点,两种效应的综合是贸易的净增长,贸易额增加为 $A'R'B'$。(3)见图 9-5(c),生产效应和消费效应都超顺贸易增长的情况,生产均衡和消费均衡分别由 A、B 增加到 A'、B' 点,增长对贸易的净影响为贸易大幅增长,贸易额增加为 $A'R'B'$。从图 9-5(a)—(c),贸易增长额依次增加,一般而言贸易随着经济增长而增加,但在图(a)中,超逆贸易的生产和消费效应使贸易量下降。

综合效应对贸易的净效果也可用进口需求的收入弹性(Income Elasticity of Demand for Import)表示。进口需求的收入弹性(YEM)为进口变化的百分比和收入变化的百分比的比例:$YEM = (\Delta 进口 / 进口) / (\Delta 国民收入 / 国民收入)$。如果 $YEM = 1$,贸易和收入同步增加,净效果为中性的;$0 < YEM < 1$ 时,贸易增长速度低于国民收入增长速度,净效果为逆效应;$YEM < 0$ 时,贸易随着国民收入的增长而下降,净效果为超逆效应;$YEM > 1$ 时,贸易增长速度要快于国民收入增长,这时候为顺效应或超顺效应。

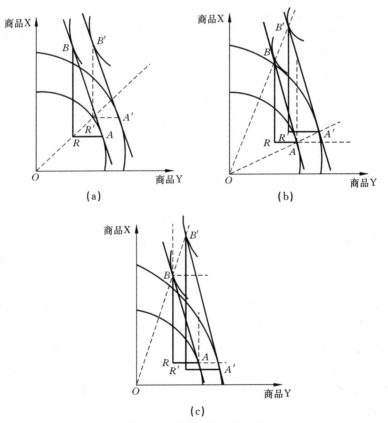

图 9-5 贸易和收入的关系

第三节 经济增长、国际贸易和社会福利

一、影响经济增长的两大要素

技术进步和要素增长为引起经济增长的两大要素,根据两者对生产可能性曲线的影响不同,分别进行讨论。

1. 技术进步的效应。技术进步通过改变要素投入方式使得在投入水平不变情况下,产出数量增加。假定只有两种投入要素资本和劳动的情况下,新技术的采用使得每生产一单位产出,资本和劳动的消耗同比例减少,如图9-6(a)这种技术进步称为中性技术进步;如果生产一单位产出,劳动耗费比资本消耗减少比例更大,如图9-6(b)就称为劳动节约型技术进步;如果生产一单位产出,资本消耗比劳动耗费减少比例更大,如图9-6(c)就称为资本节约型技术进步。要素节约型技术进步相当于增加了要素的供给量。

本节重点讨论中性技术进步,要素中性技术进步对生产可能性曲线的影响有两种可能情况:第一,在生产可能性曲线上,中性技术进步只影响一种商品生产,则在另外一种商品的既定产出水平上,该种商品生产数量增加,两种商品的变化幅度不同,这种技术进步成为商品偏性技术进步(Commodity Specific Change in Technology)。生产可能性曲线绕着未受影响商品一端向外扩展(见图9-7(a)),技术进步发生在汽车生产中,生产可能性曲线与汽车数量轴的交点向上扩展;或者,技术进步只发生在食品生产上,生产可能性曲线与食品轴交点向右扩展。第二,技术进步以同等程度影响两种商品生产可能性曲线同比例向外扩展(见图9-7(b)),技术进步以同等程度影响汽车和食品的生产,生产可能性曲线就等比例的向外扩张,这种技术进步称为商品中性技术进步(Commodity-neutral Technological Change)。

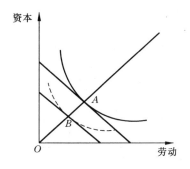

图 9-6(a)　中性技术进步

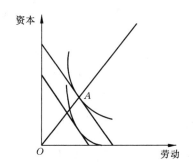

图 9-6(b)　劳动节约型技术进步

图 9-6(c)　资本节约型技术进步

在传统经济增长理论中,技术进步被当作外生变量处理,通常假设增长速度既定而且不变。但是,在 20 世纪 80 年代后期,出现了一系列长期增长模型,这些模型假定技术进步由经济系统内生决定而非由外界强加给定。影响技术进步的因素有人力资本的增加、物质资本的积累、新投资增加或生产中的发明创造等。发明创造又进一步促进技术变革,在"干中学"过程中新资本引发技术进步。与此类似,人力资本积累和在研究和开发方面的投资具有"溢出效应"。这些模型的基本信念在于技术进步是人类行为的必然结果,而不是经济增长模型外的不变因素。任何技术进步都会引发生产可能性曲线的进一步向外扩展。

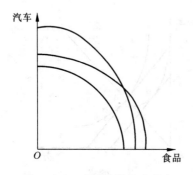

图 9-7(a)　商品偏性技术进步　　图 9-7(b)　商品中性技术进步

2. 要素增长的效应。要素投入包括自然资源、土地、劳动、资本等。简便起见,假设只有两种要素投入:资本和劳动。要素增加

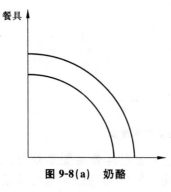

图 9-8(a)　奶酪

有三种可能:资本存量增加,劳动增加,或两者都增加。资本存量是随着国内外对该国投资而增加的。劳动增加是由一国人口增长,参与劳动的人口增加,或两者都增加引起的。如果资本和劳动同比例上升,生产可能性曲线也会等比例向外扩展,就像在技术中性进步一样。图9-8(a)表示的是要素中性增长效应,

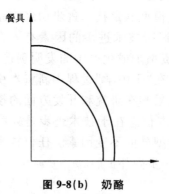

图 9-8(b)　奶酪

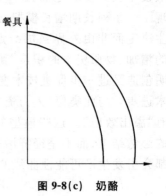

图 9-8(c)　奶酪

假定餐具生产为资本密集型商品,奶酪生产为劳动密集型商品,资本和劳动的投入同比例增加后,餐具和奶酪的产量也同比例增加。

较复杂的情况是一种要素增加而另一种要素不变。①先考虑资本存量增加,劳动保持不变的情况。如图9-8(b),资本存量增加,对资本密集型商品生产相对作用更大。如果该国所有资源用来生产餐具,由于资本存量增加,餐具产量增加,等产量曲线的产出水平也更高;又由于资本和劳动在一定程度上可以相互替代,资本存量增加使得在餐具生产水平既定条件下,奶酪生产增加,但是奶酪属于劳动密集型商品,资本存量扩张对其潜在影响要小于对资本密集型商品的影响,所以生产可能性曲线向外扩张时偏向于资本密集型商品,图9-8(b)反映了这种单一资本增长的情况。②当资本存量不变劳动供给增加时,对劳动密集型商品的生产影响程度更大。如果一国所有的资源都用来生产奶酪,劳动存量增加,使得奶酪产量上升;又由于资本和劳动在一定程度上可以相互替代,等产量曲线的增加使得在奶酪产量既定条件下,餐具生产增加,但餐具属于资本密集型商品,劳动增加对其影响要远小于对劳动密集型商品的影响。所以生产可能性曲线向外扩张时,偏向于劳动密集型商品生产,这种效应可见图9-8(c)。

二、要素偏性增长的小国模型

要素的偏性增长使得生产可能性曲线偏向一方向外移动,要素相对比例也相应改变,一国经济对这种变化的反应则取决于相对价格。

由于小国不能改变世界价格,面对既定价格,一种要素变化,如劳动增加,资本不变,生产将如何变化?这时生产可能性曲线向外移动,沿劳动密集型商品轴方向增幅更大一些,产量由新的生产可能性曲线和价格比例线的切点决定。如果该国出口劳动密集型商品,这种要素增长对贸易的影响称顺贸易生产效应。如果进口劳动密集型商品,劳动增加就引起超逆贸易生产效应。一种要素增加,导致密集使用该要素的产品的产出量绝对增加,密集使用另外一种要素的产品的生产量减少,此结论就是雷布津斯基定理。当小国商品的相对价格和技术水平保持不变时,要素相对价格也固定不变。如果劳动数量增加,资本密集型商品的生产数量也增加,产业必须释放出部分资本供劳动密集部门的新增劳动使用。所以,资本密集产业产品的产出下降,劳动密集产业的产品的产出增加。通过埃奇沃思箱形图可以更直观地表现这个调整过程(见图9-9)。

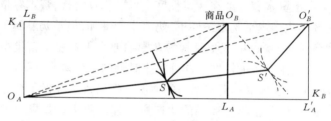

图9-9 埃奇沃思箱形图

要素产业偏性增长对小国贸易的影响取决于增长的要素是充裕要素还是稀缺要素。如果充裕要素增加,就出现超顺贸易生产效应。假设该国出口充裕要素密集型商品,根据要素禀赋理论,在其他方面不变的情况下,充裕要素增加对贸易的扩张效应大于稀缺要素增加的效应。然而,对贸易的最终影响取决于生产效应和消费效应的总和。通常情况下,如果消费效应是顺贸易的,充裕要素增加时,一国参与贸易的程度就扩大,稀缺要素增加时,一国参与贸易的程度会降低。综合考虑供给和需求因素才能得出要素增加对一国贸易参与程度的影响。现以小国模型讨论劳动要素增长带来的生产与福利效应。

1. 要素增长的生产效应。如图 9-9 埃奇沃思箱形图描述了一个小国资本存量固定,劳动增加时产出的调整过程。埃奇沃思箱形图中,两种要素为劳动、资本,生产两种商品 A、B。生产商品 A 所消耗的资本量可从左下角的原点 O_A 开始的纵轴上的距离表示,生产商品 A 所消耗的劳动量可从左下角的原点 O_A 开始的横轴上的距离表示,生产商品 B 所消耗的资本量可从右上角的原点 O_B 开始的纵轴上的距离表示,生产商品 B 所消耗的劳动量可从右上角的原点

O_B 开始的横轴上的距离表示。增长前 A、B 两种商品产量的均衡点在 S，A、B 两种商品的均衡资本劳动比率分别以 O_AS、O_BS 的斜率表示。均衡要素价格是两条等产量曲线在 S 点的切线斜率。劳动供给增加，资本存量不变，相当于拉长埃奇沃思盒状图为长方形 $K_AO_AL_A'O_B'$，箱形图高度也不变。由于小国模型中，价格不变，市场均衡变化后，要素价格比率维持不变，在新的产出水平上，资本和劳动比率也不发生变化。新的均衡点 S' 处于 O_AS 的延长线上，资本密集型产品产量下降，因为 $O_B'S'$ 比 O_BS 短。所以只有劳动要素增加的情况下，劳动密集型产品的产出增加，资本密集型商品的产出下降；反之，如果资本要素增加，劳动要素不变，资本密集型商品产出上升，则劳动密集型商品产出下降。

2. 要素增长的福利效应。资本存量增加或技术发生进步时，社会福利也会增加。因为这两种变化都会增加实际人均收入，使消费水平达到更高的社会无差异曲线上。值得注意的是，假如在产出增加带来福利的同时，劳动人口亦增加，因为新增人口的偏好同原来不一样，经济增长的福利效应就不那么明显，社会无差异曲线将发生变化，两条不同的社会无差异曲线无法进行福利比较。

经济学通常使用人均收入水平来衡量一国福利的变化。尽管这一标准有一定缺陷，不能明确表现收入分配的情况，但它和其他衡量福利水平的指标往往相关程度很高。

如图 9-10，假设规模报酬不变，劳动增加 10％，要使某特定商品的产量增加 10％，必须其他要素也增加 10％。这样各种投入按同一比例增长，生产可能性曲线 MN 向外扩展到 $M'N'$，如果单纯劳动要素增长，生产可能性曲线的扩张就会偏向劳动密集商品一端，如图中虚线 $M''N''$。由于只有劳动增长，生产可能性曲线的扩张幅度要低于两种要素同比例增长的情况。其他条件不变时，$M''N''$ 所代表的收入增长水平要低于 $M'N'$ 增长水平。劳动增长 10％，产量和收入增加却小于 10％，因此人均收入水平下降。

图 9-10 表示劳动增加导致人均收入下降，福利也随之下降。

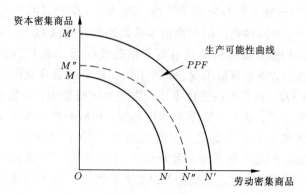

图 9-10 劳动增长与人均收入关系

三、要素偏性增长的大国模型

以上分析经济增长对国际贸易和社会福利的重要假定是：小国不能改变国际贸易条件。但如果一个国家足够大的话，它就可能改变国际商品贸易的价格，下面我们分析经济增长对贸易条件的影响。

1. 经济增长和生产曲线。一国经济增长时，提供曲线会发生变动，但变化方向和幅度取决于经济增长的类型。

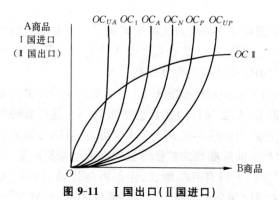

图 9-11 Ⅰ国出口（Ⅱ国进口）

在图 9-11 中，一国经济增长对提供曲线有五种不同的影响：①Ⅰ国经济增长前，提供曲线为 OC_I，如果Ⅰ国生产和消费的净效应为超顺贸易增长，提供曲线向右移到 OC_{UP}，贸易量会随之增长，但同贸易伙伴Ⅱ国的贸易条件恶化;②如果净效应为顺贸易增长,提供曲线右移到OC_P,贸易量增长和贸易条件恶化均小于情况①;③即使在中性增长的情况下,Ⅰ国提供曲线仍旧向右移动到OC_N,因为在进口需求的收入弹性等于1的情况下,两国愿意进行的贸易仍然大大增加;④甚至在逆贸易增长时,虽然贸易在国民收入中的比重下降,贸易的绝对额也会增加;⑤超逆贸易增长情况下,Ⅰ国提供曲线向左移到OC_{UA},只有在这种情况下,贸易量下降,贸易条件改善。

2. 大国模型中充裕要素增长的效应。假设一个可以影响国际商品价格水平的大国Ⅰ,其充裕的生产要素(资本)增长的情况下,引起超顺贸易生产效应和中性消费效应。按现行国际贸易价格,对贸易的净影响是进口和出口均增加。

Ⅰ国经济增长(图9-12(a)中)引起超顺贸易生产效应和中性消费贸易效应。在初始国际价格P_0下,Ⅰ国愿意增加贸易量(虚线贸易三角形),实际情况是Ⅰ国的B商品出口数量的增加使世界商品比价降为P_1(见图9-12(b)),Ⅰ国出口单位商品所换回的A商品数量下降,贸易条件对Ⅰ国不利。

因此,Ⅰ国在经济增长后按照国际市场价格P_1调整其产出水平,对商品A进口需求和对商品B出口供给同时增加,将会恶化本国的贸易条件。

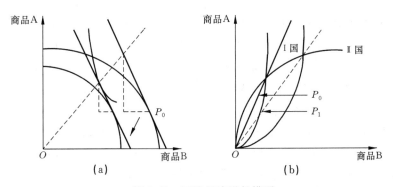

图9-12 国民经济增长模型

贸易条件的恶化,会降低经济增长和对外贸易可能带来的福利收益。从图 9-13 中看,贸易条件 P_1 较增长前 P_0 更平缓,与更低的社会无差异曲线(C_2)相切,这样增长带来的收益被贸易条件恶化所抵消。只有当经济增长带来的正效应超过贸易条件恶化的负效应,经济增长对贸易大国才是有利的。

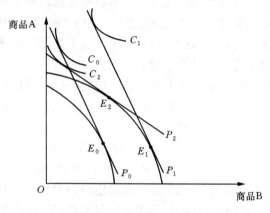

图 9-13　贸易条件恶化

大国贸易在两种情况下,经济增长都会导致福利下降:第一,劳动相对充裕,劳动增长造成人均收入下降,从而福利下降,并且大国由于贸易条件恶化福利损失也更大。第二,资本相对充裕,资本增加时贸易条件恶化更为迅速,新的贸易条件线 P_1 与更低的社会无差异曲线相切,贸易条件恶化的负效应超过了增长带来的正效应。这两种情况都会引起福利下降,称为"恶性增长"。

3. 大国模型中稀缺资源增长的效应。根据雷布津斯基定理,稀缺要素增长导致本国进口替代型商品的产量上升,出口商品产量下降。不考虑消费效应的情况下,这种超逆贸易倾向的经济增长将导致贸易条件改善。由于出口供给下降,出口商品价格趋于上升,而进口需求下降,使进口商品价格下降,贸易条件改善强化了经济增长的正效应,使该国消费达到一个更高的社会无差异曲线水平上,这种效应用图 9-14(a)表示。Ⅰ国劳动稀缺,稀缺要素的增加使得国内生产均衡点从 E_0 转到 E_1,并使得进口商品 A 的产量增加、出口商品 B

的产量减少。如果这种超逆生产贸易效应不能为更强的超顺消费贸易所弥补,在初始价格 P_0 的条件下,Ⅰ国愿意贸易的数量将下降。在这种情况下,Ⅰ国的国内生产均衡点将会在生产可能性曲线上下移,贸易条件也会改善,由 P_0 变为 P_1,生产从 E_1 点转移到 E_2 点,消费从 C_1 增加到 C_2 点,表明整个国家的福利水平提高。

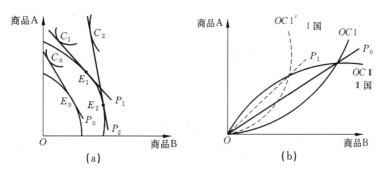

图 9-14　内部经济中的生产要素分析

图 9-14(a)中的 C_0 是劳动增长前满足消费者消费效用极大化的均衡点,代表整个国家的福利水平,是经济增长形成的新消费者均衡点,C_2 是考虑到贸易条件改善后所形成的消费者均衡点,$C_0 < C_1 < C_2$,表示Ⅰ国的总体福利水平在贸易条件改善后进一步提高。

图 9-14(b)用两个国家、两种商品的模型分析,其结果是相同的。Ⅰ国稀缺要素增长前,国际市场上 A、B 两种商品的相对价格为 P_0,即Ⅰ国提供曲线 OC Ⅰ和Ⅱ国提供曲线 OC Ⅱ的交点与原点的连线。Ⅰ国稀缺要素增长后,提供曲线从 OC Ⅰ改变为 OC Ⅰ′。贸易条件相应的从 P_0 改变为 P_1,Ⅰ国的对外贸易数量虽然减少了,但是贸易条件得到改善。

四、偏好变化和国际贸易

上述讨论是假设偏好不变的基础上着重分析生产方面的变化。而实际情况是,各国的需求偏好也会发生变化,这一影响表现为各国的提供曲线会发生变化。

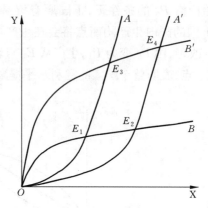

图 9-15　偏好变化引起提供曲线变动

例如有两个国家 A 国和 B 国,均生产 X 商品和 Y 商品(如图 9-15)。A 国对来自 B 国的进口商品 Y 商品的需求偏好增加,则 A 国将会愿意用更多的 X 商品换取每一单位 Y 商品进口。换句话说,在给定 A 国 X 商品出口数量的情况下,A 国愿意接受较少的 Y 商品。这会导致 A 国提供曲线往下移动,从 OA 变动到 OA',使得 A 国贸易量增加,但贸易条件恶化。

另一方面,如 B 国对 X 商品的需求偏好增加,该国的提供曲线将会向上移动,例如从 OB 到 OB',在增加 B 国贸易量的同时,也恶化了 B 国的贸易条件。如果偏好的变化与上述情况相反,则提供曲线的变化也应相反。而当两个国家的偏好均发生变动时,贸易量与贸易条件的最终变化将取决于这两国偏好发生变动的方向与程度。

总之,当经济增长导致偏好变化时,如不考虑生产方面的因素,当一国提供曲线向着表示其出口产品的轴变动,在价格不变的情况下,该国贸易量增加,但将恶化其贸易条件;提供曲线向着表示其进口产品的轴变动,则价格不变时,减少该国的贸易量,但贸易条件将改善。最后,如果提供曲线的变动量给定,对方国家的提供曲线弹性越大,本国的贸易条件变化幅度也越大。

第四节 经济增长和贸易条件：
发展中国家的战略

以上关于经济增长、国际贸易和社会福利的讨论为研究一个国家的经济发展提供了一个有力的理论基础。技术变革和资本积累对提高一国福利水平的重要性不言而喻，影响发展中国家经济增长或福利的因素还有人口增长率、贸易条件的变化、进出口商品的相对需求强度等。发展中国家应该采取何种贸易策略来保持本国经济增长呢？

首先，发展中国家人口增长率往往比较高，如果要使人均收入持续增长的话，产出也必须保持较高的增长。因此，如果发展中国家能够控制人口增长率，就可以在产出的增长的情况下，保持较高的人均收入增长，从而较快地提高整个国家的福利水平。

其次，经济增长对发展中国家贸易条件的影响非常重要。虽然发展中国家的整体经济规模并不大，但它们生产的某些商品足以影响世界价格水平。这类商品产量增加而带动的经济增长，会引起贸易条件的不利变化，虽然恶性增长在现实世界并不多见，但贸易条件的恶化降低了发展中国家经济增长和国际贸易的收益。发展中国家应采取多元化的发展战略，不能仅仅依赖某些特定商品的出口，以避免增长带来贸易条件恶化。例如一些国家过于依赖于咖啡、可可等商品出口来换取外汇，一旦这类商品丰收使价格下降，该国就会陷入经济和财政困境中。

第三，经济增长会使最终商品的相对需求发生变化，不同类型的商品需求收入弹性不同；收入增加时，需求变化也不同。例如：一些满足人类基本需求的商品如矿石、食品的收入弹性均小于 1，但大部分制成品的收入弹性却大于 1，如果一个发展中国家出口劳动密集型或资源密集型基本商品而进口制成品，出口产业的扩张会引起顺贸易或超顺贸易消费效应。这样，在固定汇率体制下，会导致经常项目逆差;在浮动汇率体制下,本币将贬值。因此,发展中国家应采取生产并出口收入弹性较高的商品的发展战略。

　　第四,发展中国家应积极利用国际贸易条约来防止贸易条件恶化。从长远利益看,出口基本商品换取外汇的国家,其出口商品的国际价格上涨速度远没有制成品的价格上涨速度快。由于两类商品的收入弹性不同,贸易条件的恶化不仅在短期内降低了发展中国家从贸易中获得的利益,使这些国家进口制成品的能力下降,而且会降低未来经济增长的速度。发展中国家贸易条件恶化的另一因素为技术进步的价格效应,技术进步会导致发展中国家生产商品价格下降,而发达国家技术进步导致生产要素的收入增加(而非产成品价格下降)。尽管从长远来看,发达国家的贸易条件是否会恶化仍不得而知,在短期内,贸易条件恶化或改善,则通常由未预见的供给冲击引起。由于发展中国家基本商品的收入弹性和价格弹性都较低,所以对发展中国家而言价格相对不稳定问题更加严重,发展中国家应当采用缓冲库存商品协议和出口商品协定来应付贸易条件恶化的问题。

　　综上所述,本章介绍了国际贸易和经济增长的关系,重点阐述了经济增长对国际贸易的影响。产出增长从生产和消费两方面影响一国贸易,两方面的作用有所不同。本章还着重分析经济增长的两个基础:技术进步和要素增长,并解释了两者对生产可能性曲线的不同作用。单一要素增长使得密集使用该要素的商品产量上升,而另外一种商品产量下降。小国模型中,要素增长和技术进步的福利效应为正,但人口增长例外,人口增长引起人均收入下降。大国模型中,产量变化会改变贸易条件,出口品产量增加引起贸易条件恶化,抵消产量增加带来的收益。在比较极端的例子中,如果贸易条件变化的负效应大于产出增加带来的收益,一国福利水平下降。进口替代产品的产量增加会优化一国国际贸易条件,从而增长的福利效应更大。经济增长带来偏好的变化,也会对国际贸易产生影响。最后简要讨论经济发展中国家增长的贸易效应和发展战略。

复习思考题

一、关键词语

顺贸易生产(消费)效应　　　超顺贸易生产(消费)效应

逆贸易生产(消费)效应　　　超逆贸易生产(消费)效应

劳动(资本)节约性技术进步　　要素中性技术进步

恶性增长　　　　　　　　　　雷布津斯基定理

二、问答题

1. 为什么小国单一要素增长会引起顺贸易或超顺贸易生产效应？
2. 如果在小国中，雷布津斯基定理成立，充裕要素增长能否引起贸易三角形增加？
3. 如果出口商品为劣质商品，会有什么样的消费效应？
4. 大国模型中，稀缺要素增长有无可能引起贸易增加，为什么？
5. 为什么发展中国家再出口农产品丰产之年反而比平常收入下降？
6. 为什么劳动增加带来的增长一般会使福利下降，如果规模报酬递增，是否还存在这种情况？
7. 新技术通常为劳动节约性，用生产可能性曲线表示并说明如何改变生产可能性曲线，如果世界价格水平不变，出口产成品的情况下，将会出现什么样的生产效应？
8. 假设小国 I 只生产两种商品 X、Y，生产情况见下表：

	1995	2000
X 的产量	100	120
Y 的产量	60	66
X 的消费量	80	92
Y 的消费量	70	80

(1) 1995年和2000年Ⅰ国的贸易量和贸易格局。

(2) 解释从1995—2000年,Ⅰ国发生何种生产效应和消费效应。

(3) 解释从1995—2000年,Ⅰ国经济增长对贸易的净影响。

第十章 环境与国际贸易

第一节 环境与环境意识

一、世界环境保护意识的加强

随着对环境的了解不断增加,人们开始认识到环境与人、与社会、与经济发展之间千丝万缕的联系。基于这些认识,现代环境运动和许多环境保护组织也应运而生。以美国为例,20世纪60年代以来就成立了"地球之友"、绿色和平组织、自然环境保护理事会党等环境保护组织。这些运动和组织不仅宣传环境保护思想,唤起民众的环境保护意识,而且还促使政府认识环境保护的重要性,制定环境保护法规。

另外,环境保护运动也逐渐走上国际化的道路。比如,1970年指定的地球日和1972年召开的联合国人类环境大会(又称斯德哥尔摩大会),对于全球的环境保护发展来讲都起着举足轻重的作用。进入20世纪90年代以后,环境保护意识更是深入人心,在美国每十个人中就有八个自称是环境保护主义者。

二、环境与贸易的关系

目前,环境保护和全球商业都与人们的日常生活息息相关。国际贸易中25%的贸易量都是与自然资源有关的。环境保护近年来已同时成为国内和国际政策的中心议题。当前所有的分析指标都显示未来的贸易和环境将对人们的生活产生更大的影响。

那么,环境和贸易之间究竟又存在什么关系呢?传统的价值观念认为社会福利的提高就是指整个社会物质产品和服务的增加,一个国家国民经济的增长或衰退主要是用 GDP 或 GNP 等统计数据来衡量的。这使得环境保护主义者开始将环境的恶化与贸易的自由化联系在一起,从而怀疑贸易自由化是否真的对人类有益。

  国际贸易增加了物品的产出,改变了各国生产和消费的模式。不可避免,某些物品的生产和消费会对环境造成破坏,如果这种破坏未能完全反映在生产成本中时,那么贸易对环境质量造成的损害就会越来越大。因此,一些环境保护主义者极力要求政府实行更加严厉的贸易限制措施以保护本国的环境。然而从另一方面看,贸易会提高人们的生活水平和对环境质量的要求,这又会有利于环境的改善。简而言之,无论贸易对环境有益还是无益,贸易的变化肯定会产生某些环境后果。

  反过来,环境政策也会影响贸易。所以,某些国家可能为了提高本国产品在国内或海外市场上的竞争力,故意地将其环境保护标准降低到社会最优水平以下。如果各国政府都采用这种"生态倾销"的政策来恶性竞争,则必将导致全球环境的急剧恶化。

  每个国家都会采取一定的环境保护政策,但是,什么样的环境政策是最优的呢?经济学家们用来定义最优环境政策的标准是:要使得治理最后一单位污染所花费的成本——边际减污成本(Marginal Abatement Cost,MAC)等于最后一单位污染对环境造成的损害——边际污染成本(Marginal Damage Cost,MDC)。前者是为环境保护支付的成本,后者是环境改善获得的收益,该标准的实质就是使环境保护的边际收益等于其边际成本。这一最优环境政策的定义意味着,最优的污染水平不会是零污染。

  另外,由于各国环境资源禀赋和公民对环境偏好的不同会同时影响污染的损害成本和防治污染的成本,因而各国环境保护的标准也会各不相同。这里的环境资源禀赋是指对污染的物理吸收能力,也就是土地、空气和水对污染和废物的实际吸收能力。在本章的以下篇幅里,我们将详细讨论贸易和环境之间的关系。

第二节 环境与贸易自由化

一、环境对贸易所得的影响

传统贸易理论认为,开放的贸易对进口国和出口国都是有利的。然而,一些环境保护主义者认为,增加贸易所带来的收益将会被环境污染方面的成本所抵消。本节我们将从考虑环境影响的贸易所得出发,分析污染性商品实行自由贸易在理论上是否有利可得。这里的污染可能是生产时产生的生产污染,也可能是消费中产生的消费污染或者是在生产和消费中都会产生的混合污染。

在分析之前,我们先介绍两个概念——边际私人成本(Marginal Private Costs,MPC)和边际社会成本(Marginal Social Costs,MSC)。边际私人成本是指厂商生产每单位产品时实际支付的成本。而边际社会成本则是指厂商生产每单位产品时,包括厂商在内的整个社会实际支付的成本。在研究环境问题时常常要用到这两个概念。

假定我们考虑的是小国情况(其贸易量不会影响世界价格),同时该类产品的贸易不会对其他产业产生影响,这样我们可以单独讨论某一产品的情况而忽略其他因素的影响。在这一前提下我们将分成进口和出口两种情况来讨论环境对贸易自由化所得的影响。

首先,考虑一种污染发生于生产过程的生产污染类产品,例如布,它在染色的过程中产生的废水会污染当地的河流。在考虑环境影响后,福利应等于生产者剩余和消费者剩余之和再减去环境破坏的成本。当国内生产减少从而环境污染下降时,自由贸易所产生的收益将会比不考虑环境影响时有所增加,反之则反是。

图 10-1 分析的是生产污染类产品的进口国从关税保护转向自由贸易时的福利变化。生产过程中的污染使生产该产品的边际私人成本与边际社会成本出现偏离,代表边际私人成本的国内供给曲线 MPC 在代表边际社会成本的国内供给曲线 MSC 的下方,它们的差

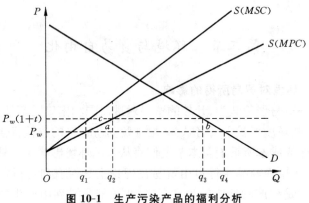

图 10-1 生产污染产品的福利分析

异就是边际污染成本。关税情况下,该进口国的国内生产为 q_2,产生的污染总量为 MPC、MSC 和 q_2 线所围成的区域面积。自由贸易情况下,由于去掉了关税 t,价格降为世界价格 P_w,这时,按照私人生产成本进行决策的生产者会降低产量,使国内生产减少到 q_1,此时的污染总量为 MPC、MSC 和 q_1 线所围成的区域面积。传统的理论分析表明,自由贸易所得为图中的两个三角形区域 a 和 b。考虑环境因素后,四边形区域面积 c 原为社会付出的污染成本的一部分,现在由于国内生产下降,这部分成本不再存在了。这种污染成本的下降也是净福利的增加。因此在考虑环境因素后,自由贸易所得不仅仍然存在,而且还有所增加。

然而,进口国的这种自由贸易产生的福利增加在该国已采用了最优环境政策的情况下会有所下降。图 10-2 分析了最优环境政策对进口国贸易所得的影响。最优环境政策会对生产者征收一个环境税,这个税收使得由商品价格所反映的边际社会收益(Marginal Social Benefit,MSB)等于边际社会成本。对这一最优环境政策的另一种表述方法就是,使边际减污成本与边际污染成本相等。最优环境政策使生产者的边际私人成本上升到与边际社会成本完全相等。

从存在进口关税 t 的情况出发,这时的环境税为 t_1,它使均衡产

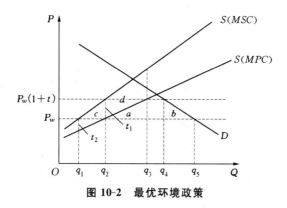

图 10-2 最优环境政策

出由 q_3 下降为 q_2。产出的下降使环境污染减少,这正是环境政策所取得的效果。图 10-2 中用四边形区域 d 表示了这种最优环境政策导致环境改善的收益。当贸易自由化后,产出由 q_2 进一步下降为 q_1,环境税变为 t_2。此时,产出下降产生的环境收益(图中的四边形区域 c)被政府环境税的减少抵消了。这样,贸易自由化产生的福利增加就不再包括污染减少所带来的福利增加。所以,这种情况下的贸易自由化所得比没有采用最优环境政策时的贸易自由化所得小,但传统的贸易所得仍然得到了保障。

接下来在图 10-3 和图 10-4 中考虑一个国家出口污染产品的情况,污染同样产生于该产品的生产过程。如图 10-3,先考虑没有采用环境政策的情况。这时,自由贸易使生产者和消费者面临的价格由原来的国内价格 P_1 移动到世界价格 P_2。导致国内需求减少和出口增加,同时福利也将会增加,这是传统的贸易所得,在图中用两个三角形区域 a 和 b 表示。此外,产量的提高增加了对环境的污染,从而又使得社会的福利有所下降。图中用 c(MPC、MSC 和 q_3、q_4 所围成的面积)表示。此时,环境恶化的福利损失甚至可能超过自由贸易带来的福利增加,因而最终有可能出现净福利下降的情况。

如果一个出口国已采用了最优环境政策来对付污染,那么自由贸易就肯定会提高福利。图 10-4 中,在处于自由贸易状态之前,市

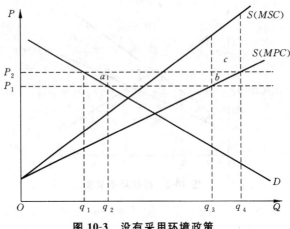

图 10-3 没有采用环境政策

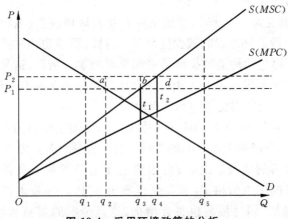

图 10-4 采用环境政策的分析

场价格是 P_1,最优环境政策是征收环境税收 t_1。这项税收保证了边际私人成本等于边际社会成本,从而将外部不经济完全内部化。即生产过程中产生的污染从由社会承担改为厂商承担。生产者的边际生产成本提高后,面对他无法改变的市场价格只能将产量从 q_5 减少到 q_3,这同时也减少了污染。在图中用 d(MPC、MSC 和 q_3、q_5 所围成的面积)表示减少的这部分污染成本,这也正是最优环境政策的效果。

自由贸易使国内生产者面对的市场价格从 P_1 变为 P_2，这使生产者的产量提高到 q_4，国内消费量减少到 q_1，对外出口增加。根据传统贸易理论，自由贸易的所得应为图中两个三角形区域 a 和 b。产出的增加同时也增加了污染，然而这对于福利并不会产生负面影响，因为该国所使用的最优环境政策保证了增加的每单位产出的社会收益与它的社会成本相等。当产出增加时，环境税的数量也增加了，污染产生的福利下降由环境税的增加抵消了，因此国家的总体福利不会下降。在自由贸易均衡状态下的最优环境税收为 t_2。这样当采用了最优环境政策时，自由贸易将肯定会提高出口国的福利水平。

总结以上的分析可以看出，在生产污染类产品的自由贸易中，进口国的福利将肯定上升，出口国的福利变化则难以确定。而在采用了最优环境政策后，无论是进口国还是出口国，其自由贸易所得都可以得到保障。

上述分析考虑的是污染产生于生产过程的情况。如果污染是产生于消费过程的，比如在食用点心时产生垃圾，那么贸易自由化将如何影响进、出口国的福利呢？

根据消费者偏好理论，消费者消费一种商品所获得的边际效用随消费的商品数量增加而减少，这种消费者偏好在市场上是由价格来表现的。消费者需求曲线的向下倾斜同时也表示，随着消费数量的增加消费者所获得的边际收益是下降的。而当一种产品的污染产生于消费过程中时，消费者消费时产生的污染使社会整体收益下降，这时消费的私人收益与社会收益之间就产生了差异。在这里我们需要引入两个概念——边际私人收益（Marginal Private Benefits，MPB）和边际社会收益（Marginal Social Benefits，MSB）。边际私人收益是指消费者消费每单位商品时所获得的实际收益。而边际社会收益则是指消费者在消费每单位商品时包括消费者在内的整个社会所获得的实际收益。所以在消费过程中存在污染的情况下，消费的边际私人收益会大于边际社会收益，而其差异就是消费时所产生污染的边际损害成本。在引入边际社会收益的概念后,我们将会发现在这种情况下环境因素也会影响贸易自由化所得。以下我们同样分成进口国和出口国来讨论自由贸易的福利影响。

图 10-5 分析的是消费污染情况下进口国的福利。关税情况下,产出为 q_2,国内消费量为 q_3。自由贸易后,价格降为世界价格 P_w,消费量增加为 q_4。传统自由贸易所得为图中的两个三角形区域 a 和 b,它们是自由贸易所带来的福利上升。然而,由于自由贸易后消费量的增加使污染上升,社会福利又有所下降。图 10-5 中用 q_3、q_4 和 MPB、MSB 所围成四边形区域 c 来表示。此时,区域 c 有可能超过 a、b 之和,所以当消费过程中存在污染时,自由贸易可能会使污染产品进口国的净福利下降。

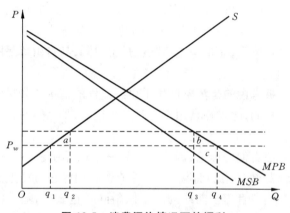

图 10-5 消费污染情况下的福利

如果该进口国已经使用了最优环境政策,比如对消费征收消费税以使消费的边际私人收益与边际社会收益相等,情况又如何呢?如图 10-6,在关税情况下,最优环境政策对消费者征收了 t_1 的消费税,此时消费量为 q_3,低于不采用环境政策时的消费量 q_5。自由贸易后,国内价格下降为世界价格 P_w,消费量由 q_3 上升到 q_4。传统的贸易所得仍是两个三角形区域 a 和 b。由于使用了最优环境政策,增加消费量的边际私人收益都等于边际社会收益,消费产生的污染已经从消费税中得到了补偿,消费增加产生的污染不会降低进口国

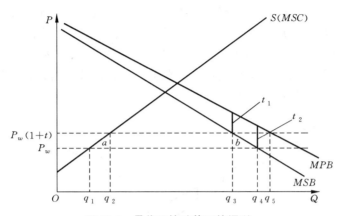

图 10-6　最优环境政策下的福利

的福利,从而使进口国因自由贸易而产生的净福利增加得到了保障。因此,在采用最优环境政策的情况下,自由贸易将肯定使消费污染产品进口国的福利增加。

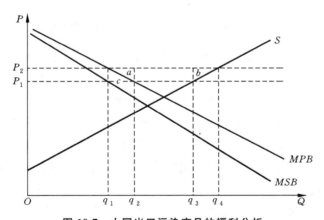

图 10-7　小国出口污染产品的福利分析

同样,图 10-7、图 10-8 分析了一个小国出口消费污染产品的情况。在图 10-7 中先考虑不采用最优环境政策时,自由贸易产生的福利效应。此时,自由贸易使出口国国内价格由原来的 P_1 上升到世界价格 P_2。传统的自由贸易所得是两个三角形区域 a 和 b。由于消

费量由 q_2 下降为 q_1，消费所产生的污染也出现下降，图中用 q_1、q_2 和 MPB、MSB 所围成的四边形区域 c 表示。这部分污染下降而产生的福利上升也构成了自由贸易带来的福利增加，所以出口国在这种情况下将肯定能从自由贸易中获益。而且，此时的自由贸易所得比不考虑环境因素时的所得更大。

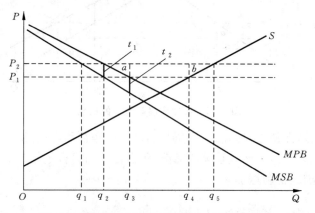

图 10-8　关税下小国出口污染产品的福利分析

而当采用了最优环境政策以后，如图 10-8，在关税情况下消费量就不再是由边际私人收益所确定的 q_3，而是下降为由边际社会收益所确定的 q_2，这时的消费税为 t_1。自由贸易情况下，消费量进一步下降为 q_1，消费税变为 t_2。由于有了最优环境政策，消费减少导致的污染下降，已由消费税的减少所抵消，因此不能再构成自由贸易所得的一部分。所以，此时自由贸易也将肯定提高出口国的福利，但福利增加的幅度要小于没有采用最优环境政策时的自由贸易所得。

至此，我们可以总结出当污染存在于消费过程时的自由贸易所得情况。在消费污染的情况下，出口国将肯定能从自由贸易中获益，而进口国的自由贸易所得则难以确定，可能为正也可能为负。但是如果采用了最优环境政策后，与生产污染情况相同，无论进口国还是出口国都将肯定能从自由贸易中获益。

综合本小节的论述我们会发现，在所分析的所有八种情况中，只在两种情况下自由贸易可能会使社会的整体福利下降,而其他情况的自由贸易都肯定能使整体社会福利上升。由此可以看出,即使考虑了环境因素的影响,自由贸易在绝大部分情况下还是能给贸易国带来福利的增加。那些认为应该出于对环境的保护而限制贸易的观点,从理论上是很难找到根据的。

二、环境政策与贸易政策的替代性

这一小节将讨论贸易政策是否可以用来达到环境目标。从分析的结果来看,贸易政策不如其他一些直接针对污染的政策有效。图 10-9 回到了一个生产污染类产品的小国情况。在世界价格 P_2 下,最优环境政策对该产品生产征收税率为 t 的环境税,致使产出从不征环境税时的 q_4 减少到 q_3,进而减少了污染同时也增加了福利。下降的产量(q_4-q_3)的社会成本超过其售价的部分就是产出下降所增加的社会福利,图中用阴影区域 a 表示。同样,环境改善也可以通过征收出口税来实现。对出口产品征收出口税可以使国内价格下降到 p_1,进而产出也减少到了 q_3,达到了同样的环境改善效果。与上一小节中生产污染类产品出口国的情况相反,此时贸易政策的福利效应为图中阴影区域 a 再减去三角形区域 b 的值。很明显,要使环境有一定量的改善,使用贸易政策增加的福利将低于使

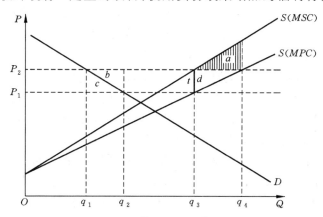

图 10-9 贸易政策和环境政策的福利比较

用环境政策所增加的福利。事实上,在使用贸易政策来达到环境目标时,区域 b 甚至有可能超过区域 a,从而使净福利下降。

实际中,生产者并不都如假设一样是相同的,他们有的产生的污染大,有的产生的污染小。这种情况下,环境政策统一对产出征税(对所有生产者都一样)是不会很有效的,因为高污染的厂家将和低污染的厂家以相同的比例削减产出。而如果用贸易政策来解决这些外部不经济问题则更加无效,此时最优的政策应当是分别对每一等量的污染征税。

当一国无法采用最优环境政策来解决环境问题时,即在一个次优的经济里,上述的政策分析就不再适用了,此时贸易政策就有可能提高该国的福利。尽管理论上如此,但大量的实证分析却证明了另一种看法:即使是在次优的状况下,贸易政策也不应该被用来解决环境问题。其中许多研究发现,贸易政策在减少污染方面的作用很小,却会干扰国际贸易而产生大规模的资源不合理分配。实际上,用贸易政策来纠正环境问题大多数情况下反而会恶化环境状况。

上述的所有分析仅限于小国开放经济情况。如果一国能影响它的贸易条件,那么适当限制贸易数量的贸易政策将会提高本国的福利。我们仍然假设污染产生于生产过程,如果可以采用最优环境政策,最优的策略就要求同时使用两个政策工具:用进口关税(对出口国来说就是出口税)来改善贸易条件,用环境税来减少环境污染。如果不能使用环境政策而只能使用贸易政策,就必须要考虑贸易限制政策对环境的影响问题。以前能通过改善贸易条件来获取最大收益的进口关税或出口税此时就不再是最优的了。如果该国是一个进口国,那么使福利最大化的进口税将低于能从外国获取最大租金(Rents)的进口税。因为征收进口税而使得国内企业产出扩大,进口国就必须考虑随之而产生的污染上升问题。相反,出口国使福利最大化的出口税将高于正常情况下从外国获取最大租金的出口税。因为对于出口国来说,限制贸易导致国内产出下降,从而能使环境得以改善。所以,为了实现环境目标,必须提高出口税以加强对出口的限制。

进口税和出口税很少被用于改善贸易条件,而且 WTO 也限制了关税使用,所以一个更现实的情况是无法使用贸易政策,只有环境政策可以使用。对一个出口国来说,此时的最优环境税将会高于完全反映私人成本和社会成本之间差异的正常最优环境税水平;而进口国此时的最优环境税将会低于正常的最优环境税水平。这是因为贸易产品的供需将会对贸易条件产生影响。对出口国来说,限制出口数量以抬高产品价格是有益的,而在出口税不可行的情况下,环境政策可以用来完成这一目标。此时应增加环境税以限制产出和出口,这样,环境政策除了可以改善环境外,还可以带来贸易条件的改善从而使福利上升。对于进口国,情况则相反。放松环境政策才能通过国内生产的增加来获益,而且这会减少对进口的需求从而迫使出口国降价。

以上的分析表明,有些国家可能会出于贸易问题的考虑而改变他们的环境政策。一些经济学家把贸易理论扩展到考虑环境问题,这种理论将环境当成另外一种资源。他们认为,不同国家的环境资源和人们对环境状况的偏好都是各不相同的。环境资源丰富的国家会倾向于分工生产污染密集型产品。这些国家将会采用比外部不经济完全内部化更严格的环境政策。因为这样做会限制国内的生产以改善贸易条件。然而,这就引起了对另一种观点的怀疑。这种观点认为:环境资源丰富的国家往往是贫穷的发展中国家,低收入限制了他们对环境的关心,因而会愿意成为污染型工业的天堂。这些问题涉及环境与比较优势的关系,因此我们将在下一节详细讨论。

第三节 环境与比较优势

一、环境政策对比较优势的影响

一般情况下,只要对环境的损害成本没有被适当地内部化入生产成本中,资源的非最优配置就会存在。在一个开放的经济中,这表明贸易的模式也可能是非最优的。那么,该怎样调整贸易模式以反映环境损害的机会成本呢？

作为对传统的2—2—2模型的补充,环境大部分情况下被当作是一种新的独立的生产要素。如果一国有相对较大的污染吸收能力,它就会被认为是环境资源丰富的国家,即环境丰裕国。而所谓污染吸收能力是指一种对污染的吸收和忍耐的能力。污染吸收能力不仅取决于水、空气和土地等吸收污染的物理能力,还取决于社会各群体对环境恶化所愿意容忍的程度。

假设每个国家对同一种特定商品都有不同的生产、污染和减污函数,那么在自由贸易状况下,可以预计拥有相对较大吸收能力的国家会分工生产污染密集型产品。也就是说,假设在封闭经济下,吸收能力较强的国家在污染密集型产品上会具有价格优势。然而,只要污染的成本没有被内部化,这种比较优势就是被高估了的,从而在这种产品上的分工也就过分专业化了。

如果环境丰裕国单方面实行环境控制政策,政府对国内生产者征收相当于环境控制成本(Environmental Control Cost, ECC)的环境税。这使得国内厂商生产成本上升,从而削弱了其相对于外国厂商的比较优势,同时也就减少了环境贫乏国家的比较劣势。这样,在生产分工上就会出现一定的转移,环境资源贫乏的国家会增加污染密集型产品的生产。单方面环境控制不仅改变了贸易模式,还增加了其他国家的污染(即使这种污染是不跨国界的)。这种情况被称为"用贸易污染邻国"。

假如两国都采用最优环境控制政策,那么生产成本就是包括了污染成本在内的真实成本,由于成本的上升,污染密集型产品的世界产出会下降。然而,环境丰裕国却可以在污染密集型产品的生产上保留比较优势。

由于环境资源被当作一种生产要素,采用较严格的环境控制政策的国家就会在相关产业中损失比较优势。这就产生了三个相关的问题:第一,贸易模式受国家间环境控制标准差异的影响程度;第二,整个污染产业向环境控制较宽松国家转移的程度,以及发展中国家成为"污染天堂"的问题;第三,针对这种比较优势转移的政策反映。

第一，比较优势的损失。环境控制成本对产品价格、产出数量以及贸易模式的影响很难准确估计。但是，仍然有许多实证研究结果表明，按行业估计的环境控制成本总值很低——环境控制成本占行业平均成本的比例很小。而且，尽管环境对个别部门的影响显著，环境控制成本导致的平均产出的下降也是不显著的。没有证据能说明环境控制成本对贸易模式有显著的影响。

第二，工业向"污染天堂"转移。发展中国家的环境标准比工业化国家低会导致"污染"型工业向这些发展中国家转移。另外，不发达国家可能会因此故意降低环境标准以吸引新的投资。这两种现象都会导致发展中国家非最优(过度污染)状况的出现。

正如上面所讨论的，污染密集型产品生产的部分转移是合理的和最优化的，因为每个国家都有不同的污染吸收能力(即不同的环境禀赋)。然而，不能认为，环境丰裕国的产出增加是从许多其他国家的厂商那里夺来的。同样也不能得出这样的结论：不发达国家比发达国家的环境丰裕度更高。因此，把发展中国家当作"污染天堂"的观点是不正确的。

第三，针对比较优势损失的政策反应。1972年，经合组织国家针对环境控制成本的支付方法达成一项"污染者支付原则"(Polluter Pays Principle, PPP)。所谓"污染者支付原则"就是指由污染的制造者来支付污染成本的原则，这是通过将外部不经济内部化来使资源的配置更加有效。"污染者支付原则"使污染性产品的生产成本提高，这从理论上说明了，对环境控制成本相对较高的国家来说，其污染密集型企业将承受比较优势的损失。实证上，至少有一些部门会出现竞争力的显著下降。

解决这一问题的一种政策建议是，对环境控制成本进行补贴。这样，实行"高环境标准"国家的产业就不会承受比较优势上的损失。尽管有污染者支付原则，经合组织国家实际上已经为弥补环境控制成本实行了大量的补贴。这种补贴要求WTO区分为了环境目标而进行的补贴和其他旨在给予本国厂商在贸易上的优势而进行的补贴。然而，这两种补贴事实上很难区分，所以，WTO原则上反对采用补贴的方式。

  针对这一问题的另一种政策建议是,允许进口国对来自"低环境标准"国家的产品征收一定数量的关税。佩尔森(1987)认为至少有两个原因会使这种关税无效。首先,每个国家的最优环境标准是不同的,而只有当一国故意地扭曲环境标准以使该国企业获得比较优势时,这种关税才是合理的。因为,这时扭曲的环境政策可以被看作是一种对本国企业的补贴。其次,现有的对环境控制成本的估计显示,这种成本非常小,它们对贸易模式的影响也极不显著。因此,为调整这种环境控制成本的差异而征收进口关税是不必要的。此时,WTO的作用就是要辨认一个国家的环境控制政策是否低于其最优水平。如果是,那么对来自该国的进口征收补偿性关税就是合理的。

  第三种政策建议是,将各国针对环境污染的控制标准统一起来。这一建议显然否认了各国在环境控制成本上的不同,而各国环境控制成本的不同反映了它们在污染吸收能力上的不同。统一环境标准或试图统一各国的减污成本必然使污染密集型产业向环境丰裕国的正常转移难以进行,最终导致资源的不合理配置。

二、生态倾销

  由于减少国内污染水平的政策可能会影响国内生产厂商的生产成本。因此,针对政府环境政策的选择方面,出现了许多针锋相对的观点。一方面,实业家们认为,国内相对其他国家更严格的环境政策削弱了他们的竞争力。另一方面,环境主义者则担心,过分考虑国内高污染行业的厂商竞争力问题会导致放松对环境的保护。当贸易政策无法使用时,有人认为政府可以通过改变其环境政策来保护国内厂商。有人则建议在环境保护政策方面,国际上应协调一致。而如果不能一致,那么对从环境标准较低国家的进口应当可以征收一定的补偿性关税。

  另一种不同的观点认为一个实行了比其他国家更严格的环境政策的国家,从长期来看会帮助其国内厂商获得比较优势。原因是,严格的环境政策将促使国内厂商比其他国家的厂商更早地发展出低污染的生产技术,从而会提高国内厂商长期的获利能力。这样在严格的环境政策和长期的经济表现之间就不存在矛盾了。

虽然对环境政策影响企业生产成本的方式难有统一的认识,但是有一点是肯定的,即环境政策肯定会影响企业的生产成本。既然如此,那么,究竟一国政府是否有必要利用环境政策来达到其贸易方面的目标呢?一国是否会有"生态倾销"的倾向呢?

所谓"生态倾销"(Ecological Dumping)是指一国通过降低环境标准来降低本国产品的生产成本,扩大产量,增强本国产品的价格竞争力,达到阻止正常的商品进口或扩大对其他国家的出口的目的。

第一,如果市场是竞争性的,那么政府就不会有动力把环境标准降低到最优标准之下。这里的最优环境标准就是指能使边际减污成本与边际污染成本相等的标准。经济学家还发现,如果政府有影响市场的能力(比如它可以影响贸易条件),却不能使用贸易政策,那么出口污染密集型产品的国家将倾向于制定更加严格的环境政策(这样可以降低国内产出以改善贸易条件,同时改善国内环境)。显然,这种情况下不会出现"生态倾销"。

基于环境禀赋和对环境偏好的不同,各国在环境政策方面也是各不相同的。由于贫穷国家的收入水平较低,因此这些国家的居民对环境的要求比发达国家的居民低是很正常的。贫穷国家之所以倾向于出口污染密集度较高的产品,是由于这些国家已经在这些产品上建立起了比较优势。这种情况明显不属于生态倾销。因此,如果发达国家采取贸易政策对来自贫穷国家的污染密集型产品征收进口关税,将不会产生什么有效的结果,而只会降低这些贫穷国家的收入水平。

格罗斯曼和克鲁格(Grossman & Krueger, 1992)的研究表明,在污染排放和人均收入之间存在一个倒 U 型的关系。当收入由低水平开始上升时污染会增加,并会在一个较高的人均收入水平上达到污染的最大值。而人均收入的进一步提高就会开始降低污染水平。自由贸易使生产趋向于专业化,在低收入水平上,这种生产专业化将使资源向污染密集型产业转移,从而使污染增加。然而,自由贸易也同样会促使效率更高的生产技术的出现,而这些技术几乎都是典型的低污染技术。另外,随着收入的上升,人们也会要求实行更加严格的环境标准。从长期来看,不同国家的环境标准预计会趋向于一致。

第二,如果市场是非竞争性的,理论上政府会倾向于降低他们的环境标准。例如,在寡头垄断的情况下,一家国内厂商在第三国与一家外国厂商竞争。假定该产品的生产过程中会产生污染,而这种污染是不跨国界的。两国政府都只能采用环境政策,而且政府的环境政策是给定的。厂商往往会作出生产决策使利润最大化。在政府采用战略贸易政策的情况下,如果厂商们采用数量竞争,政府可以通过把环境税降到最优水平以下来鼓励国内厂商扩大出口。这样,国内企业将在竞争中占据优势,从而使本国福利上升。

虽然理论上是如此,但是,实际中政府往往可以采用国内产业政策来对国内生产实行补贴以鼓励厂商扩大产出,成为行业的领导者。这种情况下,利润也会出现转移,但却不会造成国内的环境破坏。

由此可以看出,扭曲的环境政策总是不如产业政策有效。这说明政府在决定采用扭曲的环境政策方面会面临很大的阻力。所以,实际中政府并不会明显倾向于使用非最优的环境政策。

第三,以上讨论了只有政府能作出战略决策以影响最终结果的情况。但是要研究"生态倾销"的可能性以及政府是否会采用较严格的环境标准等情况,必须假设生产者也可以作出战略性的决策。首先,要区分企业在生产工艺方面的研究开发和环境保护方面的研究开发。生产工艺研究开发是旨在降低生产成本,而环境研究开发则是旨在降低生产过程中产生的污染。假定国际贸易协定禁止政府对企业进行研究开发方面的补贴,厂商之间的战略竞争(选择适当的研究开发方案)是否会影响政府在环境政策标准方面的决策?

假定竞争对手在研究开发方面的投入不变,本国厂商选择总的研究开发投入水平以使利润最大化。而研究开发费用在工艺和环境研究开发之间分配的原则是使包括污染税在内的生产成本最小化。

首先假定生产者只能进行工艺研究开发投入。如果政府放松环境政策并将污染税定在低于最优环境政策的水平上,将会产生两种影响。第一种是直接影响,宽松的环境税直接降低了企业的生产成本,这种直接影响使政府倾向于放松环境标准。但同时还存在着一种间接影响,企业利润的增加使其在工艺研究开发方面的投入增加了,企业的成本会进一步降低。考虑到这种影响,政府放松环境标准的必要性就会降低。因此,与只有政府可作出战略决策的情况相比,企业行为使政府的"生态倾销"的倾向变得不确定,最终取决于直接影响和间接影响的相对强度。但总体来说,这种情况下政府降低环境标准的倾向还是存在的。

其次,假定厂商只能进行环境研究开发。此时,政府是否倾向于实行非最优的环境政策也是不能确定的。政府降低污染税将降低厂商的生产成本,这是直接影响。但是政府降低环境税的政策对企业环境研究开发的投入也会产生影响。一方面,较低的环境税增加了厂商的收益,从而促使厂商增加在环境研究开发方面的投入。另一方面,环境税的下降使厂商没有必要保持原定数量的环境研究开发投入,因此,又可能使厂商减少研究开发投入。而厂商环境研究开发方面的投入变化又会影响政府的环境政策。由于政府降低环境标准的各种影响相互矛盾、错综复杂,使政府难以形成明确的"生态倾销"倾向。

最后,假定厂商可以同时进行工艺研究开发和环境研究开发。政府是否实行非最优环境政策也没有明确的倾向。环境政策对企业研发投入方面的影响是模糊的。即使严格的环境政策提高了企业研发投入,这种作用也会被在成本方面的直接影响所抵消。所以当政府和生产商都可以作出战略性决策时,将会由此而出现一定的实行非最优环境政策的倾向,但是,是采用过紧还是过松的环境政策则不能确定。

从以上讨论的三种情况我们可以看出,虽然有些情况有例外,但整体来说,一国政府不会出现明显的"生态倾销"倾向。因此,各国针对其他国家的"生态倾销"而采取制裁措施时,应当格外谨慎。特别是一些发达国家不应动辄以"生态倾销"为借口,对来自发展中国家的污染密集型产品征收进口税。

第四节 跨国界污染

一、理论分析

前面的讨论限于一国国内的污染,而更复杂的是污染跨越一国边界的情况。这些情况包括地区性污染(如酸雨)和全球性污染(如温室气体的排放)。把跨国污染与国际贸易联系在一起有两个主要问题。第一,贸易壁垒是不是一种限制跨国污染的恰当方法?第二,跨国污染的国内控制措施会不会影响贸易模式?

鲍莫尔和奥特斯(Baumol & Oates, 1988)论述了关于跨国污染的最优政策的理论问题。他们认为需要一个针对污染的国际最优税率:按这种税率征收的税应该等于所有受污染国家的边际损害之和。然而,在国家主权存在的情况下,这一政策是不可能实行的。

另一种设想的政策是:假定有 A、B、C 三国,A 国是污染者,B 和 C 国是跨国污染的受害者。A 国可能根据其国内边际社会成本等于边际社会收益的原则来制定一个污染税税率。B 和 C 国则可能对 A 国的产品征收一定的关税,这一关税等于他们各自所受跨国污染的边际损害。最终的价格和资源分配结果将偏离最优结果。A 国国内的价格不会直接受 B、C 两国关税的影响。这样,A 国的价格将不能完全反映此产品的社会成本,因为污染是跨国界的。类似的,B 和 C 所设的关税也不能完全反映他们国内消费的社会成本。在所有三国内,产品价格都低于国际最优税率情况下产生的价格。鲍莫尔和奥特斯因此得出结论,没有一套各国税收的组合安排能达到由最优税率所产生的帕累托最优状态。

然后,他们又进一步研究了将关税作为次优政策的问题,是否存在一种针对污染国的适当的单边关税政策呢?鲍莫尔和奥特斯认为假如进口国是污染的受害国而且是一个国际市场上的大国,那么就存在一个"次优"的关税。这一关税将受害国所受的损害成本纳入了受害国的国内价格,因为受害国是大国,关税减少了该国对污染产品的需求就可以降低污染产品的世界价格,从而减少生产国的产出和污染。这将能把各国的总福利推向一个"次优"的水平。然而,能使进口大国福利最大化的关税往往会超过针对污染的"次优"关税。因此,如果片面考虑受害国的利益可能导致与"次优"政策相比过高的关税。

鲍莫尔和奥特斯得出结论:尽管关税不是最优的,但它仍能起到将全球经济推向"次优"水平的作用,至少也可以被用作一种为达成一个国际协定的威慑手段。

另外,像一个国家内的产出税或减污设备标准这样的单边政策对跨国污染水平、贸易条件和要素报酬等方面也有影响。单边的政策可以降低本国污染的排放水平,但商品和资本的自由流动会使此类产品的生产转向国外,导致国外污染排放的增加。由于外国生产该类产品的效率往往低于原生产国,从而使净的污染水平上升。

二、政策分析

跨国界污染的理论研究表明一国基于本国利益而选择的最优政策对地区和全球都不一定是最优的。然而,即使如此,各国也应当采用直接针对环境污染的政策而不应通过贸易政策来解决污染问题。

针对跨国界污染的最有效政策方法应当是通过国际合作。国际合作允许我们把一个地区或整个世界当作一个单独国家来设计相应的政策。经济学家们曾经强烈呼吁通过国际合作以解决全球变暖问题。而旨在降低氟利昂排放的蒙特利尔协定说明了可以在全球水平上实现政策协调。

国际协定存在的问题是,虽然它们从整个世界的角度来说是最优的,但是它们往往忽略了协定对个别国家福利的影响。这样,一些国家在全球最优政策下的福利会比在其他干预方式下的福利更低。换句话说,不是所有国家都有相同的意愿去加入国际协定的,有些国家甚至会采取抵制的态度。这就导致有人建议通过威胁进行贸易制裁来避免出现国际协定中常有的"搭便车"的情况。上述的蒙特利尔协定就包括了针对违反协定条款国家的贸易制裁措施。当然,鼓励所有国家加入国际协定的另外一种机制就是给它们以补偿。补偿机制和制裁机制对各国在协定生效后的福利有不同的影响。

假设发达国家试图鼓励贫穷的发展中国家加入减少跨国污染的协定。如果发展中国家是在补偿的基础上加入国际协定的,它们会获得比在制裁基础上加入更高的福利。贸易制裁意味着发展中国家如果不加入国际协定,就会出现更加不利的结果,这就削弱了贫穷国家在谈判中的地位。因此,容许发达国家单边地使用贸易制裁措施来促进国际环境协定的达成会产生一个重要结果。这就是,制裁威胁会导致福利更大幅度地向发达国家转移。

在一国国内,"污染者支付原则"是环境政策的一种合理的选择。如果一家工厂向河流中排放废水,那么恰当的反应就是对这家工厂的产出征税。这样就能使"边际私人成本"等于"边际社会成本"。这会使工厂主动去寻找减少污染的生产方法。相反的是"受害者支付原则"(Victim Pays Principle, VPP),即污染厂商为减少污染而增加的成本能得到补偿。"污染者支付原则"的使用实际上意味着环境是国家公民的财富。而"受害者支付原则"则意味着将公民的财富分配给了污染者。

在国际方面,环境政策的选择和协调则更加困难。容许发达国家使用贸易制裁来促使发展中国家加入国际环境协定,其实是要求发展中国家支付污染成本,这暗示了发展中国家是污染的源泉。例如,虽然印度是目前全球温室气体排放的主要来源国之一。但是,全球变暖的环境问题是由发达国家长期的污染积累造成的,因此,发达国家应对此负主要的责任,应当以补偿流向发展中国家来作为发达国家支付的污染成本。换句话说,在这种补偿是与"污染者支付原则"联系在一起的。

然而,贸易制裁也有两种起作用的情况。第一,对付真正的"搭便车"者,那就是指个别国家刻意不加入国际环境协定以便从全球环境的改善中获益而不承担为减少污染所花费的成本。第二,贸易制裁作为一种惩罚措施为国际协议一经达成能得到切实地执行提供了一定的保障。而在这两种情况下，重要的是要能认识到贸易制裁威胁必须在多边的基础上实施，单边使用制裁是不恰当的。另外，尽管贸易制裁可能是最容易使用的方法，它却不可能是达到这一目标的最有效方法。

第五节 产品环境标准与非关税贸易壁垒

产品的环境标准是为了阻止环境恶化或为了保护消费者不受直接环境污染而应用在产品上的一种特殊规定。产品环境标准一般包括：机动车排气量标准，食用商品标准，产品辐射标准，有毒物质控制标准，产品噪音和包装要求等。产品环境标准存在的主要问题是国家间的标准不同。前面讨论过，在生产污染的情况下，采用较严格环境标准的国家，相关行业的比较优势会下降。另一方面，如果进口产品无法达到进口国严格的标准而被禁止进入，那么采用较严格环境标准的国家在高标准产品方面的比较优势将得到加强。

这样就产生两个问题。第一，WTO如何制止产品环境标准被用作一种阻止贸易的非关税贸易壁垒？第二，是否存在一个国际统一的产品环境标准？针对这两个问题存在很多不同的意见。

一、作为非关税贸易壁垒的产品环境标准

佩尔森(Pearson，1982)从对鱼和贝类产品标准的研究开始，提出了产品环境标准充当非关税贸易壁垒的三种情况。

第一，制定一种产品环境标准的目的就是为了阻碍贸易。比如，对进口产品采用不同于国内产品的标准或者标准的实施与改善环境状况并不相干，这些贸易壁垒的影响与普通贸易壁垒并没有什么本质上的区别。

第二，当国家间的标准差异不是因为内在真实因素造成的时候，这种标准差异就构成了一种非关税贸易壁垒。它会导致外国生产者承受比国内厂商更高的成本。外国生产者出口会发生许多额外的成

本。例如：为获取有关不同标准的信息而支付的成本；为满足不同标准而调整产品生产的直接成本；为满足不同出口市场的不同标准而丧失的规模经济。这些成本对发展中国家的出口者来说尤其高昂。

第三，假设上述产品标准的差异来源于不同的社会偏好。所谓社会偏好，就是各国公众对提高环境标准带来的福利增加的评价。要评估这种国家间的标准差异是否合理，应当将实施较严格标准的边际成本与其边际收益相比较，而成本应包括上一段所提到过的那些额外的出口成本。如果高标准的边际成本超过其边际收益，那么这种严格的产品环境标准就是不合理的，可以被看作是一种非关税的贸易壁垒。

对非关税贸易壁垒的传统评估方法是将它们转换为等价的关税。根据这些理论，佩尔森提出了两种方法：第一，可以测量出口商品为遵守不同的环境标准而增加的成本；第二，也可以测量因达不到这些标准而被拒绝进入的产品数量和价值。佩尔森测度了在鱼、贝、水果和蔬菜贸易中被扣留在海关的产品总值，他发现，总体来说食品环境标准对贸易的影响很轻微，但对某些个别商品却可以有很大影响。

二、对产品环境标准的政策反应

在确定某一产品环境标准是否是一种贸易保护主义的伪装时，首先要确定是否对进口商品使用了与国内商品相同的标准。第二，该产品环境标准是否是针对环境目标的。特别是，它是否是以最经济的方式去实现这一环境目标的。第三，确定这种产品环境标准的运用是否是武断的，即它的应用是否满足边际收益大于边际成本的要求。这是一个特别困难的问题，因为它要求所有国家，在诸如辐射的安全泄漏水平，汽车对空气污染水平等方面达成一致。而在这些问题上甚至科学界都未能达成一致（如食品标准的争论）。然而，无论如何都不能不先考虑政策的成本就实行更严格的产品环境标准。

针对是否应该统一产品环境标准以避免贸易保护主义和降低因此而带来的成本方面存在着很激烈的争论。能在经济上合理的不同产品环境标准的惟一条件应该是实行较严格标准的边际收益大于其边际成本的情况。与生产污染的情况不同,如果较严格的环境标准不是由于内在的原因而存在,或其边际成本超过其边际收益的话,消除各国的环境标准差异使标准统一就应该是最有效的方法了。

三、有害物品的贸易

有害物品(Hazardous Substances)的贸易也是和产品标准问题联系在一起的。在这一情况下,问题是出口国的国内环境标准是否应该自动加到进口国身上。比如,如果杀虫剂的使用在 A 国是禁止的,那么是否容许 A 国将杀虫剂出口到 B 国呢?

有关一国国内禁止使用或者严格限制的出口产品,对进口国造成潜在或现实危害的事例非常多,大部分都是有关杀虫剂、化学药剂以及有害废料的。美国有关有害物品贸易的主要条款包括:此类产品的出口声明,进口国的事先认可,毒品贸易的明确禁令以及出口有害物品时对进口国的警告、提醒程序等。

目前的主要问题是,WTO 是否应当对此类贸易引进自己的限制措施,如果是,该怎样限制? 特别是,是否出口国只有在得到进口国事先作出的官方认可后才允许出口。GATT 曾于 1989 年设立了一个关于国内禁用产品和其他有害物品出口问题的工作组。这个工作组随后起草了一份旨在增加有害物品贸易透明度的决定。按照这一决定,进口国应在物品入境之前获得有关该进口物品的全部资料,并有权拒绝该物品的进口。

第六节 环 境 与 WTO

一、WTO 环境问题的背景

关于贸易和环境关系问题的讨论最早可追溯到 20 世纪 70 年代早期,其中一部分是 1972 年在斯德哥尔摩举行的第一届联合国人类环境大会的成果。尽管现在讨论的许多问题并不是全新的,但是,这些问题的发生背景已经出现了很大的变化。而 GATT 自从 1991 年成立环境措施与国际贸易工作组以来,就开始了对有关多边贸易体系规则和环境保护政策之间关系的详细讨论。由于环境问题在GATT乌拉圭回合谈判之前还未显得特别突出,所以贸易政策和环境措施之间的关系问题并没有被当作一个单独的主题纳入谈判之中。然而,在乌拉圭回合谈判的结果中还是明确提出了对环境问题的关注。

如今,在WTO所达成的许多协议中都包括了与环境有关的条款。首先,WTO的导言中第一次包含了对环境保护必要性和可持续发展的直接关注。其次,有关贸易技术壁垒和卫生措施的协定明确表示一国政府可以采取一定的措施以保护环境以及人类、动物和植物的生命和健康。在WTO的农业协定中各成员国承诺减少对国内农业生产的补贴,但是协定同时还规定,在某些特殊情况下,出于环境目标而进行的直接支付可以排除在该承诺之外。WTO的知识产权贸易协定(TRIP)和服务贸易总协定(GATS)也包括许多与环境有关的条款。WTO的所有这些与环境有关的条款反映了环境问题在乌拉圭回合谈判中所受到的重视程度。

1994年WTO在马拉喀什(Marrakesh)贸易部长会议上决定成立世界贸易组织的贸易和环境委员会(WTO Committee on Trade and Environment, CTE),负责研究分析、解释贸易和环境措施之间的关系问题以促进可持续发展,并针对是否就环境问题而对WTO的多边贸易体系条款进行修改提出建议。在一份1996年提交给新加坡部长会议的全面工作报告中,该委员会已经将环境和可持续发展问题也纳入到WTO的主流工作中去了。

二、环境问题的多边协调

贸易和环境委员会利用两个重要的原则来指导其工作。第一,贸易和环境委员会的工作将只针对与贸易有关的国际环境问题。第二,贸易和环境委员会必须在支持和保护多边贸易体系基本原则的前提下处理有关环境和可持续发展的问题。

贸易与环境委员会首先是要研究WTO条款和在多边环境协定

(Multilateral Environmental Agreements，MEAs)基础上使用的贸易政策之间的关系。针对这一问题，WTO 成员国之间的争论非常多。而通过在 WTO 内的讨论，各国也达成了某些较为一致的认识。WTO 支持各成员方在多边环境协定的基础上通过合作和多边行动来解决全球或跨国界的环境问题，但同时要求避免采取单边行动。

贸易与环境委员会关注的第二个问题是如何提供一种适当的机制来解决因采用与环境相关的贸易措施而产生的争端。该委员会认为此类争端可以在 WTO 的争端解决机制下寻求解决方案，最好能在多边环境协定提供的协调机制下进行。

第三个问题是国内禁用物品的出口问题。贸易与环境委员会要求出口国必须及时通知进口国有关这类产品的出口情况，而且进口国有权拒绝这类产品入境。在该委员会的工作报告中还提到，应当鼓励 WTO 的成员国向其他成员国(特别是发展中国家和最不发达国家)提供技术支持以使他们有能力监控这类产品的进口。

第四个问题是有关贸易的环境政策的透明度问题，这是贸易与环境委员会的一项非常重要的工作。该委员会在其工作报告中指出，WTO 现有的透明度条款完全可以应用在与贸易相关的环境政策问题上，所以没有必要为此而修改 WTO 的规定。与透明度问题相关的还有生态标识计划(Eco-Labelling Programmes)，设计良好的生态标识计划将成为环境政策的有效工具。

第五个问题是生产污染问题。由于实证分析的结果说明了真正的国际竞争力问题并不是由不同的环境标准决定的，WTO 成员国之间环境标准的不同不能成为引入新的贸易限制的理由。

第六个问题是贸易自由化和可持续发展之间的关系问题。贸易和环境委员会认为，消除贸易限制和贸易扭曲，特别是取消高关税、出口限制、补贴和非关税贸易壁垒，将同时给多边贸易体系和环境带来好处。

贸易与环境委员会关注的另一个重要问题就是服务贸易、知识产权贸易和环境之间的关系。由于以前的多边贸易体系没有服务和知识产权贸易方面的规则，对这些贸易如何影响环境政策缺乏了解，所以委员会在这方面开创了一个新的认知领域。

复习思考题

一、关键词语

　　边际污染成本　边际减污成本　污染者支付原则　受害者支付原则　生态倾销　产品环境标准　有害物品的贸易

二、问答题

　　1. 环境对贸易所得有哪些影响？
　　2. 分析环境政策与贸易政策的替代性。
　　3. 提高环境保护标准是否会损害原有的比较优势？
　　4. WTO 的 MEAs 在多边协调中有哪些进展？

第十一章 服 务 贸 易

　　传统国际贸易理论对服务贸易研究缺乏足够重视。很多国际贸易教材没有提到服务贸易,即使有些教材提到服务贸易,也不过寥寥数笔轻轻带过,或者仅从实务角度来阐述服务贸易。

　　与理论探讨形成鲜明对比的是:服务贸易在当今国际经贸领域的蓬勃发展,其地位日益重要,服务贸易在世界贸易所占份额逐步上升,以知识、技术密集为特征的新型服务行业正在成为推动世界经济发展的增长点。特别是在 1993 年 12 月 15 日,乌拉圭回合谈判正式签署了规范服务贸易的多边国际贸易规则——《服务贸易总协定》(General Agreement on Trade in Service,简称 GATS),推动国际服务贸易向自由化方向发展。国际服务贸易理论再也不能够也不应该回避服务贸易正在国际经济交往中越来越重要这一基本事实。本章主要介绍有关国际服务贸易的理论,发展现状及未来趋势等内容。

第一节　服务贸易概述

　　本节将就服务、服务贸易、国际服务贸易的概念和相互联系作简要介绍,并将对比服务贸易和货物贸易的异同点,最后分析一下国际服务贸易和国际货物贸易的关系。

一、服务和经济服务化

　　人类对于服务的认识是一个逐步深入的过程。古典经济学认为服务不能创造价值或至少服务形成的价值不同于生产性劳动。亚当·斯密在其名著《国富论》中就曾写到,产业工人的劳动能够创造价值,而家仆的服务工作不能创造价值。现代西方经济学则认识到,服务虽然是一种无形的活动,但就创造效用这一点来看,它们同其他生产劳动并无实质区别。从经济学角度分析,服务相对于有形商品而言是一种特殊形式的劳动产品,服务劳动是以活劳动的形式提供使用价值。

所以,服务是一种以无形的提供活劳动的方式创造使用价值(效用)来满足他人需求的活动。在现代宏观经济统计中,抽象服务劳动所创造的市场价值和具体商品生产形成的市场价值完全一样,两者共同构成一国国内生产总值(GDP)。

早在17世纪,威廉·配第就发现:随着经济的不断发展,产业重心将逐渐由有形商品生产转移向无形服务生产。克拉克1940年对产业进行分类时指出,就业结构的中心将由第一产业向第二产业再到第三产业依次转移,这就是著名的"威廉—克拉克定律"。世界各国经济发展的历史经验证明,确实存在由第一产业向第二产业再到第三产业发展的产业升级规律。最近三十年来,世界各国,尤其是发达国家,出现了经济服务化的趋势。所谓经济服务化,就是在一国经济发展过程中,服务行业(第三产业)迅速增长,在国民经济中所占地位日益重要。

一国经济服务化程度可用如下公式衡量:经济服务化程度=服务行业所创造的国民生产总值/一国国内生产总值。美国斯坦福大学莫克尔斯教授提出现代化国家的十条标准中,其中一条就是经济服务化程度超过45%,在现代经济发达国家中,服务行业占国内生产总值的60%以上,尤其在美国,经济服务化程度已高达70%左右。新兴工业化国家中,经济服务化程度也已较高,1992年,"亚洲四小龙"新加坡、中国香港、韩国、中国台湾的经济服务化程度已分别达64.8%、77.2%、48%和56.2%。发展中国家服务行业发展水平比较低,在国民经济中所起作用也较弱,但其经济服务化趋势却非常明显。

二、服务、服务贸易、国际服务贸易

服务本身并不一定就是经济行为,它包括非经济型服务和经济型服务两类。前者一般指无偿提供的非商业性服务,比如义务教育、慈善活动、为别人服务等。服务贸易则是以经济利益为目的,追求利润最大化的商业性服务活动。国际标准化组织①于1991年发布的ISO 8402:1994《质量管理和质量保证术语》中对商业性服务的定义是,为满足顾客需要,供方和顾客之间接触的活动以及供方内部活动所产生的结果。当服务贸易随经贸活动的发展跨越一国边界时,或虽处同一国境内,服务贸易行为发生在不同国籍的人之间,这种服务贸易行为就称之为国际服务贸易。鉴于服务贸易难以定义,《服务贸易总协定》按服务贸易方式分类,将服务贸易定义为:

(1) 从一成员方境内向任何其他成员方境内提供服务。

(2) 在一成员方境内向任何其他成员方的消费者提供服务。

(3) 一成员方的服务提供者通过在任何其他成员方境内的商业存在提供服务。

(4) 一成员方的服务提供者在任何其他成员方境内以自然人的存在提供服务。

下面用一个简单的例子来说明服务、服务贸易、国际服务贸易三者之间的关系:某国男子雇佣一名女佣做家政工作,这是一个非常典型的服务贸易行为,该服务贸易创造的价值被计入国内生产总值中;假如该男子娶了这名女佣,她的身份成为家庭主妇,仍然从事和从前一样的家政工作,所不同的是服务贸易活动变成非经济型服务行为,并且这种非经济服务活动所创造的价值不计入国内生产总值 GDP 中,所以国内生产总值 GDP 下降;最后假定是一名香港男子雇佣菲律宾女佣做家政工作,则这种服务贸易活动就属于国际服务贸易的范畴,在国际收支统计中,菲律宾在其国际收支平衡表的经常项目中无

---

① 国际标准化组织 ISO 是由各国标准团体(ISO 成员团体)所组成的世界性的联合会。

形贸易的贷方计入本国公民对外服务所获劳动报酬;而香港特别行政区则在自己国际收支平衡表的经常项目中无形贸易的借方计入本地居民支付外国服务的费用。国际服务贸易顺差是指一定时期内一国(地区)国际收支平衡表和服务贸易相关的账户中贷方发生额大于借方发生额。国际服务贸易逆差正与之相反,是借方发生额大于贷方发生额。

三、服务贸易的特性

同有形货物贸易相比,服务贸易有以下特性。

1. 无形性。在这里无形有两方面的含义:第一,在消费之前服务没有一种直观的具体的物理存在形态;第二,服务贸易在各国海关进出口统计中没有记载,只在国际收支统计中才以非贸易收入形态出现。由于服务的无形性,消费者在购买前无法了解其质量,只能在消费中体验甚至消费后也难以了解服务质量(如律师服务)而供给方对服务质量相对了解较多,所以在供方和需求方之间出现了信息不对称现象。服务贸易中存在严重信息不对称,容易引起供给方偷懒的道德风险,需求方会产生减少服务购买、自我服务等逆向选择现象。

2. 非存储性。货物商品在生产出以后,进入消费领域之前,或长或短均有一个存储的过程。而绝大部分服务生产和消费是同时进行的,服务商品一旦被生产出来就同时是一个消费的过程。中间无存储环节。比如理发师的服务是和顾客的消费理发服务同步进行的,理发师无法在顾客稀少的时候,先将他的理发服务生产出来加以贮存,留待顾客多的时候加以出售。

3. 异质性。同一种服务的质量因人(生产者或消费者)而异。造成异质性的原因一是服务提供者技术水平往往不一样;二是同一供给者不同条件下服务水平会发生变化;三是消费者在服务消费过程中偏好感受也不尽相同,以一场音乐表演为例,中央交响乐团和学校交响乐队的演奏水平明显不同,但有时学生会觉得本校乐队的表演更亲切,同一乐队表演因观众对象不同,甚至相同观众的不同表现服务效果都会不同,热情的观众往往能激发演奏者的潜能,演奏效果会更加优美、和谐。由于服务水平灵活多变,对服务质量制定同一标准更加复杂、困难。

4. 高垄断和高保护性。服务贸易市场垄断性较强,很多服务部门如电信、交通运输、金融等都属于自然垄断部门。服务贸易中的道德风险和逆向选择使市场发生失灵,政府的干预(制定法定标准、执业资格等措施)不可避免;同时服务贸易在国际间发展极不均衡,广大发展中国家处于严重的比较劣势,再加之许多服务领域的开放,像市政设施、电信、金融涉及国家的主权或其他敏感问题,所以服务贸易保护程度很高,各国政府往往采取市场限入等非关税壁垒保护本国服务市场。据世贸组织前身关贸总协定(GATT)统计,全球服务贸易壁垒多达200多种。

四、服务贸易与货物贸易的关系

服务贸易和货物贸易作为国际贸易的两大组成部分,两者既互为补充、相互促进,又存在一定的替代关系。

1. 服务贸易和货物贸易的互补性。

(1) 货物贸易的发展推动相关的服务贸易的发展。国际货物贸易的增长带动了与之相关的金融、保险、运输、通讯等服务行业的国际化。特别是随着货物商品服务密集程度的提高,以及世界竞争逐步由有形的单纯的物质实体竞争转向物质实体竞争和无形的各种附加服务的复合商品的竞争,使服务贸易跟随货物贸易的发展同步地快速发展。

(2) 传统服务贸易的发展和新型服务贸易的出现也促进了货物贸易的发展。运输的增长增加了对汽车、轮船、飞机等交通工具的需求。数据处理和通讯服务贸易的增长促进了对微机、大型计算机网络、程控电话设备、通讯卫星等商品的需求;文化娱乐服务的消费增长推动了卡拉OK、游戏机、电视机、影碟机等货物商品的发展。

(3) 服务生产和商品生产的相互渗透也大大增强了两者互补性。伴随着科学技术的进步,服务生产出现了"服务硬化"趋势。比如无形的程序可以固化到有形光盘中,同时商品生产出现了"商品软化"的现象,指货物商品贸易越来越密集使用科学技术、管理、营销等服务要素,服务和货物相互渗透形成复合产品,从而两者互补性增强。

2. 服务贸易和货物贸易的替代性。

(1) 服务贸易对货物贸易有负面影响。知识技术等服务产品的出口会降低国外对相关货物商品的需求;汽车、电器等货物商品的修理服务业的发展,会延长汽车、电器等使用寿命,从而相应减少对汽车、电器等的需求。

(2) 货物商品的质量提高,其耐用性、可靠性、自动化程度提高会相应减少有关的修理等人力服务。

五、服务贸易的分类

服务贸易的多样性使得对其进行分类有各种不同的方法。

1. 据服务交易的地点及供给、需求的关系的不同进行分类。

	需求方	
	不移动	移动
供给方 不移动	1	2
供给方 移动	3	4

第一类服务的特征是服务的供给、需求方均不移动。这类服务主要包括运输、电讯、电子商务专利、许可证等。

第二类服务需求方移动而供给方不移动,主要有旅游、教育和各种基础设施的服务等。

第三类服务是需求方不移动但供给方移动。这种服务的形式主要有外国直接投资(FDI)、国际劳务输出,以及服务部门的国际拓展(如金融部门设立国外分支机构)等。

第四类服务供给和需求方都移动。这类服务贸易往往发生在第三国,比如:离岸金融业务和各种随机性服务。例如,法国游客在中国旅游时住在美资希尔顿酒店。

2.《服务贸易总协定》对国际服务贸易的分类。根据1995年7月世界贸易组织统计和信息局公布的分类,考虑到跨国境因素,将服务贸易分如下12大类共142个服务项目：

①商业服务。②通信服务。③建筑及有关工程服务。④销售服务。⑤教育服务。⑥环境服务。⑦金融服务。⑧健康与社会服务。⑨与旅游有关的服务。⑩娱乐、文化与体育服务。⑪运输服务。⑫其他。

3. 国际收支统计对服务贸易的分类。国际货币基金组织(IMF)在国际收支平衡表(BOP)中，涉及服务贸易的不同分类有：

① 投资收入
② 其他政府服务和收入
③ 单方面转移
④ 商业(民间)服务

- 货运服务
- 客运服务
- 旅游服务
- 劳务
- 所有权服务
- 其他民间服务

4. 国际标准化组织对服务贸易的分类。

国际标准化组织在ISO 9004—2《质量管理和质量体系要素第2部分：服务指南》中将服务行业分成10个方面：

①文化娱乐服务业；②交通运输与通讯服务业；③保健服务业；④维修服务业；⑤公用服务业；⑥商贸服务业；⑦金融保险服务业；⑧科教咨询服务业；⑨技术服务业；⑩行政服务业。

值得注意的是，有一些服务行业在其他分类方法中不属于服务贸易的范畴，如⑤公用服务业⑩行政服务业。

第二节　服务贸易发展趋势

二战以来的大半个世纪中，随着科学技术的进步，生产力水平的提高,国际产业结构的调整和国际分工的横向纵深发展,国际间经贸往来的日益频繁,国际服务贸易得到长足的发展。

一、国际服务贸易发展概况

根据国际服务贸易的发展情况不同可将其发展过程分成三个时期。

1. 作为货物贸易附属的服务贸易(20世纪70年代之前的时期—1970年)。世界各国还未意识到服务贸易作为一个独立实体的存在。实际经贸活动中,服务贸易基本上是以货物贸易附加的形式进行。如:仓储,运输,保险等服务。这一时期,尽管事实上存在着服务贸易,但却独立于人们的意识之外,所以对服务贸易缺乏具体的数量统计。

2. 服务贸易快速增长时期(1970—1994年)。服务贸易从货物贸易附属地位逐渐开始独立出来,并得到快速发展,对服务贸易的确认始于20世纪70年代,1972年10月,经合组织(OECD)最先在一份报告中正式使用服务贸易这一概念。1974年美国贸易法第301条款中第一次提出世界服务贸易的概念。服务贸易在这一阶段随人们的重视程度的提高而快速发展。根据国际货币基金组织统计,1970—1980年间,国际服务贸易年均增长率为17.8%,与同期货物贸易的增长速度大体持平;服务贸易在70年代中后期开始超过货物贸易的增长速度。1980—1990年间,国际服务贸易年平均增长率为5.02%,而同期货物贸易年平均增长率为3.69%,这种势头一直持续到1993年。

3. 服务贸易在规范中向自由化方向发展阶段(1994年以来)。1994年4月,规范服务贸易的多边框架体系《服务贸易总协定》(GATS)签署后,服务贸易的发展掀起了一个新的篇章。服务贸易在高速发展的同时又有一些反复。1994—1995年,服务贸易的增长速度分别为8.03%、13.76%,比同期货物贸易的增长速度分别低4.85、5.88个百分点,从1996年以来,服务贸易和货物贸易几乎处于同步增长状态并略高于货物贸易的增长速度。看起来《服务贸易总协定》不仅规范了服务贸易的发展还大大促进了货物贸易的发展。随着科学技术的进步,经济服务化程度的提高和全球一体化的进一步发展,服务贸易的发展前景非常广阔。

表 11-1 1993 年以来服务贸易和货物贸易发展比较

单位:10 亿美元

年份		1993	1994	1995	1996	1997	1998	1999	2000	2001	2002
服务贸易	数额	1 896	2 077	2 385	2 540	2 632	2 673	2 758	2 938	2 919	3 061
	增长率		9.59%	14.81%	6.50%	3.65%	1.55%	3.16%	6.52%	−0.63%	4.85%
货物贸易	数额	7 654	8 753	10 440	10 927	11 302	11 162	11 616	13 142	12 642	13 109
	增长率		14.36%	19.27%	4.66%	3.43%	−1.24%	4.07%	13.14%	−3.80%	3.69%

数据来源:www.imf.org World Economic Outlook Database April 2003

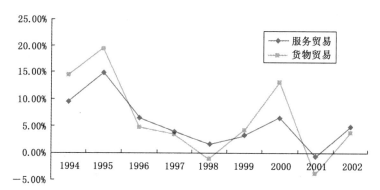

图 11-1 1994 年以来服务贸易和货物贸易增长率的比较

数据来源:www.imf.org World Economic Outlook Database April 2003

二、服务贸易发展的特点

综合服务贸易在三个时期的发展,可以看出服务贸易的发展有以下特点。

1. 服务贸易增长速度较快,占世界贸易的份额也逐渐上升。服务贸易从货物贸易的附属逐渐独立出来并经历了一个快速发展的过程。从20世纪70年代末,服务贸易增长速度就超过了全球贸易的平均增长速度,服务贸易在全球贸易的比重也逐渐提高,1970年、1980年、1990年分别为728亿美元、2 268亿美元、8 750亿美元,分别占同期世界贸易总额的20.6%、18.5%、21.9%。2000年服务贸易额达到29 376亿美元,占同期世界贸易总额的1/4左右。

2. 服务贸易发展的不平衡。这种不平衡表现在两个方面。

(1) 国别上的不平衡。少数发达国家在国际服务贸易市场中占据主要地位。服务交易活动主要在发达国家(美、日、欧盟国家)之间进行,并占全球服务贸易的70%强。20世纪70年代以来全球服务贸易进出口额排前5名的一直是发达国家(地区)。1998年服务贸易进口值前5名的国家分别为美国、德国、日本、法国、意大利;服务贸易出口额前5名的国家(地区)依次是美国、法国、英国、意大利、日本①。相比较之下,发展中国家在服务贸易领域尤其是服务出口增长速度较快,其地位有上升趋势。但发展中国家国际服务贸易收支一直处于逆差状态。

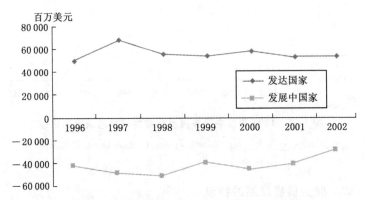

图11-2 发展中国家和发达国家服务收支差额

数据来源:www.imf.org World Economic Outlook Database April 2003

---

① 数据来源:IMF, *International Capital Market* 1999

表 11-2　1991—1997 年发达国家和发展中国家服务贸易比较

单位：百万美元

		1991	1992	1993	1994	1995	1996	1997
发达国家	数额	690 925	762 818	750 953	796 481	892 609	942 994	956 963
	增长率		10.41%	−1.56%	6.06%	12.07%	5.64%	1.48%
发展中国家	数额	198 790	218 991	248 548	287 788	343 671	372 505	397 242
	增长率		10.16%	13.50%	15.79%	19.42%	8.39%	6.64%

数据来源：同图 11-2

(2) 服务行业内部结构发展的不平衡。服务部门在迅速发展的同时，内部结构也得到拓展，除了旅游、运输等传统型服务外，又发展出如通讯、广告、设计、咨询、金融、技术信息等新型服务贸易。新型服务贸易的发展速度远远超过传统型服务贸易。1996 年全球运输服务业增长率为 2%，旅游业为 6%，而金融、电信、专利等新型服务的增长率为 7%，以信息技术、生物工程等新兴产业的开拓，将会大大促进新型服务贸易的发展。

三、服务贸易增长的原因

服务贸易快速增长的背后有着多方面的因素。

1. 经济服务化和全球一体化的发展。各国经济在发展过程中，产业结构逐渐由农业、制造业向服务业升级，经济服务化的程度提高必然大大增加了服务的供给能力。国际间经济交往的日趋密切，以及各国政府对服务行业管制的放松、服务贸易壁垒的逐渐减少，使得服务贸易在国际间流动性大为增强；国际货物贸易的发展也促进了服务贸易的增长；在国际经济一体化中起到重要作用的跨国公司，其对外直接投资(FDI)是国际服务贸易的重要组成部分，跨国公司的对外投资活动直接促进了服务贸易的增长。

2. 科学技术的推动。科学技术对服务贸易的促进作用表现在四个方面。

(1) 科学技术自身也是服务贸易的主要内容之一。科学技术在经济发展中的作用日益明显,在国际贸易格局中成为主导因素。各国为了增强自己的国际竞争力纷纷增加研究和开发(R&D)投入,并积极从国外购买先进技术,国际间的技术贸易已成为服务贸易的重要内容之一。如:专利、咨询、技术、金融工程等服务。

(2) 科学技术的发展产生了众多的新型服务部门。国际互联网络(INTERNET)和电子数据交换技术(EDI)的发展创造了电子商务(Electronic Commerce)这一崭新的服务部门。美国的亚马逊(Amazon)网上书店,通过互联网提供图书购销服务,虽然没有一家门市部,但其1997年的营业额已超过1亿美元。

(3) 科学技术的发展改变了原有的服务的性质。使得越来越多的以前"不可贸易"的服务变成"可贸易"的服务。如原来不可贸易的知识、教育服务现在可以储存在光盘中以服务产品的形式交易。

(4) 科学技术的发展促进了劳动要素在国际间的流动。科学技术的进步大大缩短了时空距离,加速了劳务和科技人员的国际流动。比如:美国硅谷信息技术的发展吸引世界各国信息人才的加盟。

3. 需求方面的原因。

(1) 生活水平的提高及服务细分化的趋势使得人们对服务需求快速增长。根据马斯洛的需求层次理论,人的最浅层次的需求是和物质产品有关的生理需要,在满足了低层次的需要后,人开始产生其他和服务有关的安全、社会尊重和自我实现需要。

(2) 人们对环境和可持续发展的关注。服务行业基本属于绿色行业,污染小、能源消耗少,各国政府开始把服务行业作为发展战略之一。

(3) 解决失业和平衡国际收支的需要。传统服务行业如餐饮业等属于劳动密集型产业可以解决大量的就业问题,新型服务行业的发展进一步拓宽了社会就业渠道;服务还是许多国家出口创汇的重要行业,美国在货物贸易领域出现了巨额贸易逆差,要通过电讯、金融保险等方面的服务贸易顺差来弥补。

四、服务贸易的发展趋势

展望国际服务贸易的发展,可以预见未来可能会呈现以下趋势。

1. 服务贸易在规范中沿自由化道路高速前进。根据《服务贸易总协定》第十九条规定"为实现本协定的目标,自 WTO 协议生效之日起不迟于 5 年,为逐步实现更高水平的自由化,各成员国应进行连续回合的谈判……这种谈判的方向是减少或取消各项对服务贸易产生不利影响的措施"。世界服务市场将在服务壁垒消除或减少的过程中进一步开放。到 21 世纪初期,世界服务贸易额接近 2 万亿美元,占全球贸易总额的 1/4。

2. 国际服务贸易行业在发达国家和发展中国家的纵向分工程度将会加强。发达国家和发展中国家将按各自比较优势不同,发展适合自身特点的服务部门,发达国家将出口信息、知识密集的新型服务,而发展中国家在劳动密集为特点的传统服务上享有优势,将主要出口传统型服务进口新型服务。

第三节 服务贸易理论

国际贸易理论对传统货物贸易格局的解释可分为两部分。第一,在完全竞争和规模报酬不变条件下,不同国家在要素禀赋、技术和偏好方面存在差异,这种差异造成了各国的比较优势不同,进而决定贸易格局的形成。第二,即使不存在比较优势,只要在规模报酬递增(也就是存在不完全竞争)条件下,只要存在商品的异质性,这种异质性可能是特性差异也可能是观念差别,就必然存在国际"产业内"贸易。从上面章节中,我们知道服务贸易和传统货物贸易有着迥然不同的特征,所以出现了一个疑问:决定传统货物贸易格局的比较优势论是否可以用来解释服务贸易格局的决定呢?

一、国际服务贸易的决定因素

我们可以从事例上简单判断一下比较优势在服务贸易的适用性,比如医生无论在医疗服务还是在护理服务上都比护士更有效率,但护士并未因此而被淘汰,医院还是需要有相对效率低的护士专门从事护理,使医生全力投入医疗工作中。但仅仅个别例子并不能完全证明比较优势在整个服务贸易的重要性,因此有必要从理论上论证比较优势对传统货物贸易格局的解释可否延伸到服务领域。

迪尔多夫模型(Deardorff Model):一种商品和一种服务。

1. 货物贸易和商品贸易互补。现实经济中,服务贸易和货物贸易常常存在互补关系。比如:运输、保险等服务贸易都是为了方便国际货物贸易而发展起来的。国际贸易会存在三种可能的状态:

(1) 市场完全封闭状态 A,其中无任何国际间货物贸易和服务贸易发生;

(2) 市场半封闭状态 S,只存在国际间货物贸易,不存在国际服务贸易;

(3) 自由贸易状态 F,货物贸易和服务贸易都可实现国际间自由贸易。

在市场完全封闭状态下,市场均衡为 $(P^a, Q^a, X^a, 0)$。P^a 是货物的国内均衡价格,Q^a 是服务的国内均衡价格,X^a 为货物的均衡产量。由于服务不可贮藏,在无服务贸易发生的情况下国际服务的均衡产量(S^a)等于零,$S^a = 0$。$P^a X^a$ 为均衡价格和均衡产量的乘积即均衡产值,该产值大于任何非均衡时货物生产的价值和货物互补品服务的价值之和。所以对任意可能的商品和服务组合 (X, S) 都有

$$P^a X^a \geqslant P^a X + Q^a S \tag{11-1}$$

自由贸易状态下,市场均衡向量为 (P^d, Q^w, X^f, S^f)。P^d 为货物商品的国内价格;Q^w 是国际服务市场价格;X^f,S^f 分别代表均衡时货物和服务的均衡产量。货物商品的国际价格 $P^w = P^d + Q^w$;T,V,U 分别是货物净出口量、服务净出口量、本国服务消费量;T^f,V^f,U^f 分别是均衡时的货物净出口量、服务净出口量、本国服

务消费量。那么在自由贸易状态下，均衡的两个条件是：

第一，对任意可能的货物和服务组合(X, S)存在：

$$P^d X^f + Q^w S^f \geqslant P^d X + Q^w S \tag{11-2}$$

(11-2)表示均衡状态下，收入最大化。

第二，对任意可能的货物净出口和消费的本国服务量组合(T, U)存在：

$$(P^w - P^d) T^f - Q^w U^f \geqslant (P^w - P^d) T - Q^w U \tag{11-3}$$

(11-3)表示服务出口利润最大化。

$$P^w T^f + Q^w V^f = 0 \tag{11-4}$$

(11-4)为贸易平衡方程。

比较完全封闭状态和自由贸易两种不同的均衡，在弱显示性偏好定理①成立条件下，可以推出：

$$P^a T^f + Q^a V^f \leqslant P^w T^f + Q^w V^f = 0 \tag{11-5}$$

所以

$$P^a T^f + Q^a V^f \leqslant 0 \tag{11-6}$$

一般情况下，封闭状态的总效用不如在自由贸易状态下一国出口货物和服务同时从国外进口货物和服务的总效用大。即传统比较优势理论成立。

半封闭状态下，(11-6)式仍旧适用，只不过形式发生了改变，把T^f换成T^s，只存在货物贸易不存在服务贸易的情况下，服务净出口$V=0$，同理可以推出：

$$P^a T^s \leqslant 0 \tag{11-7}$$

---

① 弱显示性偏好：消费者对消费束(x_1, x_2)弱偏好于消费束(y_1, y_2)，则$(x_1, x_2) \geqslant (y_1, y_2)$。弱显示性偏好定理：如果$(x_1, x_2)$是$(y_1, y_2)$的直接显示性偏好且不同，那么$(y_1, y_2)$就不可能是$(x_1, x_2)$直接显示性偏好。如果$p_1 x_1 + p_2 x_2 \geqslant p_1 y_1 + p_2 y_2$ 那么 $q_1 y_1 + q_2 y_2 \geqslant q_1 x_1 + q_2 x_2$ 不成立。

2. 流动型服务要素贸易。很多服务在传统意义上是不能参与国际贸易的,比如:"钱之旅"(La Tour d' Argent)特有的三星级服务只能在巴黎享受到。但是服务(劳动)要素一般可以在国际间自由流动,假设生产这种"钱之旅"餐饮服务需要两种要素投入:技术性劳动(厨师)和非技术性服务(服务生)。再假设存在比较优势,法国技术性劳动比较充裕;而美国非技术性服务比较充裕,三星级服务属于非技术性劳动密集性部门。封闭状态下,法国的三星级餐饮服务价格较高,如果允许技术性劳动跨国界流动,法国厨师就会到纽约和当地非技术性劳动相结合,可以较低的价格提供星级服务,本例中参与国际贸易的不是最终三星级餐饮服务而是服务要素法国厨师,这种服务要素的流向是由相对比较优势决定的。

3. 非流动型服务要素贸易。有时在要素实体不流动的情况下,也能够进行国际间的贸易。一个经理完全可以通过电话、传真等通讯工具管理千里之外的生产活动。假设 A,B 两个国家,均生产两种产品:一种是可贸易品 X,另一种是不可贸易品 S。且两国对两种产品需求一致。进一步假定生产两种产品需要两种投入:劳动 L 和管理 M。并且在不移动的情况下,也能促成国际贸易活动。

封闭状态下,如果 A 国服务要素价格比 B 国低,这可能由以下三种情况引起:①要素禀赋不同,A 国管理要素丰富,且 S 属于管理密集型产品;②要素禀赋差异,A 国劳动充裕,且 S 属于劳动密集型产品;③技术差别,A 国在 S 的生产上具有希克斯中性技术优势。

由封闭状态转向自由贸易后,A 国在第一种情况下,将"出口"(非实体流动)管理要素 M 进口可贸易品 X。在第二种情况下,出口 X,进口(非实体流动)M;此时考虑的只是可贸易品 X 和非流动管理要素 M 的价格,所以在要素禀赋不同情况下比较优势原则能够成立。第三种情况下,尽管管理要素 M 价格比 B 国高,但 A 国享有中性技术优势,两国间技术差异更大,抵消了要素价格差别,A 国将向 B 国提供使管理要素 M 的"非实体"服务,这样要素价格较高的 A 国,反而成了该要素的"出口"方,似乎同比较优势相矛盾。其实决定管理要素 M 是否参与国际贸易的因素不仅有要素 M 价格,还有非贸易品 S 的价格。只要 A 国劳动密集型产品 S 的价格低于 B 国,在第三种情况下,A 国就"出口"管理要素 M,在这个意义上,比较优势同样成立。

二、伯格斯模型

通过简单修正标准 H—O—S 模型,伯格斯得出关于服务贸易的一般模型。该模型说明了服务提供者的服务技术差别如何形成比较优势从而决定服务贸易格局。假定一个完全竞争和规模报酬不变的经济中,生产两种产品和一种服务,且只使用资本和劳动两种生产要素。那么有以下三个单位成本等于价格的方程

$$\Phi^1(w, r, p_s) = p_1 \tag{11-8}$$

$$\Phi^2(w, r, p_s) = p_2 \tag{11-9}$$

$$\Phi^3(w, r, p_s) = p_s \tag{11-10}$$

w, r, p_s 分别代表工资、租金和价格。(11-8)式表示商品 1 的单位成本等于价格 p_1,(11-9)式表示商品 2 的单位成本等于价格 p_2,(11-10)式表示服务的单位成本等于价格 p_s[①]。将(11-10)代入(11-8)式、(11-9)式可得出使用两种要素投入生产两种商品的模型

$$\Phi^1[w, r, \Phi^3(w, r, p_s)] = p_1 \tag{11-11}$$

$$\Phi^2[w, r, \Phi^3(w, r, p_s)] = p_2 \tag{11-12}$$

利用谢泼德定理[②]得出两种要素投入的市场供求均衡条件

$$y_1 \Phi_w^1(w, r, p_s) + y_2 \Phi_w^2(w, r, p_s) + y_3 \Phi_w^3(w, r, p_s)$$
$$= l_1 + l_2 + l_s = l \tag{11-13}$$

$$y_1 \Phi_r^1(w, r, p_s) + y_2 \Phi_r^2(w, r, p_s) + y_3 \Phi_r^3(w, r, p_s)$$
$$= k_1 + k_2 + k_s = k \tag{11-14}$$

---

① 单位成本等于价格是完全竞争市场的特性之一。
② 产品的单位成本函数对要素价格进行一阶偏导等于要素的需求函数。$\partial E(p, u)/\partial p = X(P, u)$ 或 $E_P(p, u) = X(P, u)$。

在存在技术、政策贸易壁垒情况下,国际服务贸易不能自由贸易,服务的供给就等于各部门对服务需求的总和。

$$y_1\Phi^1_{p_s}(w, r, p_s) + y_2\Phi^2_{p_s}(w, r, p_s) = y_3 \qquad (11-15)$$

如果一国并未集中生产一种产品,因为商品价格决定要素价格,并且决定各部门对各种要素和服务在单位成本下的最低需求,那么有(11-8)、(11-9)、(11-10)三式可以单独决定在国际贸易商品任何组合下的要素竞争价格和国内服务品价格。联立(11-13)、(11-14)、(11-15)三式构成一个含有三个未知数的线性方程组从中可解出惟一的一组解,这就是要素配置函数的部门产出。

在经济多元化的条件下,要素存量的变化会影响部门产出的变化,而不会影响要素和国内服务的价格变化。并且贸易两国在技术条件相同,商品可以自由贸易的条件下,即使要素在国际间不能自由流动,服务不可贸易的情况下,两国间要素和服务的价格差异也会缩小。不考虑运输成本等严格假设条件下,这种价格差异会缩小为零。所以当服务存在于消费者效用函数而非存在于厂商生产函数的情况下,随着贸易壁垒的减少,厂商参与服务贸易的欲望也降低。

根据伯格斯模型,厂商是选择按合约经营还是自我服务经营,取决于服务和要素的市场价格比较。服务价格超过工资和租金的程度越高,厂商依赖服务部门的程度就会越低,自我服务经营程度就越高。由于要素间存在替代关系,服务的成本就会相应降低。如果存在技术、政策贸易壁垒阻碍服务贸易,各国在服务供给上的技术差别就成为商品生产比较优势的重要决定因素。对此进行全面的分析有一定困难,但是考虑到各部门对作为中间投入的服务的需求,如果服务品生产部门和两类商品的要素密集程度相反,且如果只在服务技术上存在差别,则具有服务优势的部门支付要素报酬也越高,并且这种要素报酬的较高支出可能会抵消技术优势带来的收益,所以技术优势国家的服务相对昂贵。

即使技术优势国家服务相对低廉,但密集使用服务的部门可能也不会存在比较优势。事实上,服务较低廉会使密集使用服务的部门规模相对于其他部门将扩大,密集使用那些服务部门同时也密集使用要素的部门也将扩大规模,当然这两部分的扩张程度不尽相同。若服务部门只使用劳动这种生产要素,并且技术满足列昂惕夫条件(投入产出系数不受价格影响),那么服务部门的中性技术进步将导致劳动密集型产品的增加和资本密集型产品的减少。如果技术满足柯布—道格拉斯函数(各部门要素分配与价格无关)那么相对于其他部门产品,密集使用服务部门的产品的产量将增加,所以,即使服务不可贸易的情况下,服务技术的扩散也会对收入分配和贸易条件产生影响。

这样会产生一种疑问:一国通过许可证贸易或免费向国外转让优势服务技术是否会损害自身竞争优势?第一种情况,若技术优势是比较优势的惟一来源或是加强这种比较优势的决定因素时(要素存量的相对差别),转让服务技术确实会损害出让国的竞争优势地位。第二种情况,技术优势被其他更重要的决定因素所抵消时,即使一国无偿转让技术,仍可通过改善贸易条件来获得受益。

下面是一个技术转让改善了贸易条件的情况:设想一国服务技术先进同时资本充裕,而且充裕的资本增加该国资本密集产品的比较优势;如果该国的服务部门密集使用劳动要素,且劳动密集型产品的生产密集使用服务作为中间投入。那么该服务技术优势将增加劳动密集型产品的比较优势。

假如国家间要素存量的相对差别决定两国比较优势和服务贸易格局,这时技术先进国家无偿转让技术给外国,那么外国服务技术提高,劳动密集型产品产量增加,资本密集型产品产量下降。在萨缪尔森强要素条件[①]成立的情况下,服务技术出口不损害该出口国比较优势,其贸易条件会改善,技术贸易自由化反而损害了进口国的比较优势。

三、双渠道模型

上面解释了比较优势和服务差别仍可决定国际服务贸易的格

---

① 萨缪尔森强要素条件即不会发生要素密集程度逆转的情况。

局。本模型分析服务贸易政策的福利含义。在本模型中,服务和货物不存在互补关系,服务商品作为一种最终商品和货物商品的区别仅在于它的可贸易性较差。产出需要投入不同要素:劳动要素具有国别差异并可在部门间移动,而所有其他要素具有部门差异但可在国际间流动,各国均使用劳动或部门差别要素来生产制成品和服务商品,并且贸易由技术或要素禀赋差异引起。一国开放服务贸易有两种途径:要么从事服务商品的贸易,要么进行要素服务的贸易。开放不同的服务贸易渠道会产生不同的政策后果。

如图 11-3 说明了服务要素的国内收益 R_S,服务商品价格 P_S,服务供求量 X_S 三者之间关系。

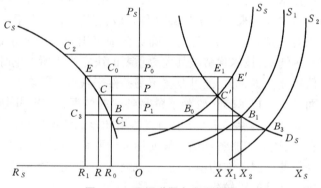

图 11-3 双渠道服务贸易模型

图 11-3 左象限 $R_S O P_S$ 中的 C_S 曲线表示的是国内服务要素收益(工资)R_S 和商品价格 P_S 的关系,C_S 曲线形状是由右下方向左上方倾斜,原因是服务要素价格上涨,那么服务商品价格必然也要上涨。曲线弯曲程度与一国服务比较优势有关,服务要素禀赋充裕 C_S 曲线向上弯曲,服务要素禀赋稀缺,C_S 曲线位置向下弯曲。右象限 $X_S O P_S$ 说明了服务的供求状况。如果世界服务贸易要素收入和服务商品价格组合点在 C_S 曲线上方如 C_0,那么该国在服务上享有比较优势。与此相反,如果世界服务贸易要素收入和服务商品价格组合点在 C_S 曲线下方 C_3 点,为方便起见和 C_0 关于 C_S 曲线对称,那

么一国在服务中处于比较劣势。技术比较优势表明如果一国能按世界价格支付要素价格,它所提供的服务品的成本将低于世界价格,因为考虑到要素可以自由贸易,其国际价格将趋于一致。

一国是否出口服务商品或进口服务要素不仅取决于服务方面享有技术优势,还取决于相对要素禀赋,因为要素禀赋决定国际贸易前一国服务要素收益和服务商品的价格、C_S 曲线以及与国际价格 R_0,P_0 的关系。

在右象限中,供给曲线 S_S 的形状由一国技术和特定服务要素禀赋决定,从左下方向右上方倾斜;服务需求曲线 D_S 受当地偏好和所有国内要素禀赋情况的影响,形状从左上方向右下方倾斜;服务供求曲线形状同一切正常商品的供求曲线一样,举例来说:如果供给曲线和需求曲线相交于 C' 点,并且一国相应的服务商品价格和要素报酬均衡的初始位置在 C 点(左象限 C 曲线的 EB 段内)。这表示:相对世界其他地方而言,一国禀赋地位平衡,既不处于比较优势也不处于比较劣势。如果一国在劳动要素和其他服务要素方面相对充裕,最初均衡位置在 C_1,相对稀缺则在 C_2,这些禀赋位置被称为极点。

1. 要素禀赋在决定本地服务部门的产出调整时十分重要,在禀赋均衡的条件下(最初禀赋初始位置位于 C_S 曲线的 EB 段内),如果一国在服务方面享有技术优势,开放任一贸易渠道都会使服务部门产出明显扩张。尽管开放任意贸易渠道可增加福利,但是不同的开放渠道产生的福利后果不同。

第一种渠道,服务商品自由贸易情况下,最初均衡点分别在 C 和 C',由于一国服务商品价格相对世界市场价格较低,受世界价格 P_0 吸引,一国产出将沿供给曲线 S_S 增加到 E' 点,则增加的收益为 $E_1 C' E'$ 面积,用积分形式表示:

$$\Delta W_1 = \int_X^{X_1} \{P_0 - P\} \partial X_S$$

X, X_1 分别是开放服务品贸易渠道前后,一国服务品总产出量;$X - X_1$ 是一国服务品增加量。

第二种渠道,服务要素自由贸易,初始均衡也从 C 和 C' 开始,由于一国服务要素收益 R 相对世界服务要素收益 R_0 高,外国特定服务要素 K^* 流入,图的右象限供给曲线向右下方移动由 S_s 到 S_1,开放第二种渠道增加的收益 B_0B_1C' 面积,用积分形式表示:

$$\Delta W_2 = \int_{k_1}^{k_2} \{R - R_0\} \partial K$$

k_1,k_2 分别是一国开放要素贸易渠道后,净国内要素提供量和要素总供给量;$k_2 - k_1$ 是外国要素流入量(该增加量在本图中无法显示)。

开放哪一种服务贸易渠道福利更大,取决于 ΔW_1 和 ΔW_2 的大小。

2. 如果一国最初禀赋均衡位置在 EB 段外的极点 C_1,并且一国在服务生产中享有比较优势。则导致服务要素商品的成本相对较低 $\{P_S < P_0\}$ 及服务要素收益相对较高 $\{R_S > R_0\}$(反之,C_2 点表示一国服务要素商品的成本相对较高 $\{P_S > P_0\}$ 及服务要素收益相对较低 $\{R_S < R_0\}$)。那么供给曲线 S_2,需求曲线 D_S 将相交于点 B_3,因为此类情况下,技术优势不会引起较高的要素服务报酬或较低成本的服务商品。在这两种禀赋极点的情况下,开放哪一种服务渠道会导致服务部门的变化方向明显不同。

例如:一国享有技术比较优势,自给自足点为 C_1,开放第二种渠道要素贸易渠道会导致服务要素外流,国内服务商品产出下降,但是服务产出下降会提高服务要素价格,因为服务要素的国外收入高于国内收入,福利效应不够明显;如果开放第一种渠道服务产品贸易会使服务部门扩张,这种情况无疑显著增加了福利,因为该国要素价格低廉,且享有比较优势,服务产品具有国际竞争力。要素禀赋点在 C_2 的情况开放第二种渠道服务要素贸易应该是最优选择。

3. 双渠道模型暗含的假设是一国福利由服务商品产出的大小决定,这在现实世界中未必完全符合事实。有些服务虽然有经济效益却未必有社会效益;引入外国服务要素后,服务商品产出虽然增加,可会带来移民矛盾等负面影响。

第四节 服务贸易总协定

1994年4月在摩洛哥结束的乌拉圭回合的谈判中,首次将服务贸易正式纳入国际贸易范围,服务贸易总协定(General Agreement on Trade in Service,简称 GATS)的制定使得服务贸易走向开放。服务贸易总协定进一步完善发展必将推动服务贸易自由化向更高层次发展,对促进世界经济的发展起着重要作用。

一、服务贸易总协定的基本框架和一般原则

服务贸易总协定的内容可分成三个部分:一、协定自身;二、附录;三、各国的市场准入承诺清单等文件。

服务贸易总协定的一般原则有六个方面:最惠国待遇、国民待遇、透明度、市场准入、发展中国家更多参与和逐步自由化的原则。

1. 最惠国待遇原则。该条款规定,各成员方应立即和无条件地给予他方服务和服务提供者不低于其他国家相似的服务和服务提供者的待遇。除非各国根据各自部门的特殊情况申请对这一原则豁免。

2. 国民待遇原则。本条款规定各成员国以其承诺单所列服务部门和分部门,以及所列条件和限制为准,给予其他成员方的服务和服务提供者的待遇应不低于给予其本国相同服务和服务提供者。

3. 透明度原则。除非在紧急情况下,各成员方应迅速公布(最晚在生效之日时)涉及或影响服务贸易总协定实施的法律、条例、规章制度和所有其他协议规则和措施。若成员国现行法律发生变化或有新的立法,应立即或至少每年向服务贸易理事会提出报告。

4. 市场准入原则。每一成员方给予其他成员方的服务和服务提供者的待遇,应不低于根据其承诺单所同意和规定的期限、限制和条件。该条款列出各成员方不得采取的六项准入限制:①限制服务提供者的数量;②限制服务交易或资产总金额;③限制业务总量或用数量单位表示的服务提供的总产出量;④限制某一服务部门或服务提供者为提供特定服务所需要雇佣自然人总数;⑤限定服务提供者需通过特定的法人实体或合营企业才可提供服务;⑥限定外国资本参加的最高股权或限制个人的或累计的外国资本投资额。

5. 发展中国家更多参与原则。各成员方通过对承担特定义务的磋商,促使发展中国家更多地参与世界服务贸易。主要通过以下方式:①增强发展中国家提供服务的能力,提高其效率和竞争力;②提高发展中国家进入销售渠道的能力,改善其信息网络;③实现服务部门进入的自由化以及有利于发展中国家的服务出口和供应方式自由化来实现。该条款还要求发达国家向发展中国家提供市场进入的商业信息和协助。

6. 逐步自由化原则。为减少或消除对服务贸易各项措施在有效进入市场方面的不利影响,应在互利基础上,本着为促进所有成员方的利益,谋求达到权利和义务的全面均衡。为实现这一目标,在服务贸易生效之日起不迟于 5 年内,所有成员方应就旨在使服务贸易自由化逐步达到较高水平的问题进行多轮谈判,以后并定期举行。

二、服务贸易总协定的意义和作用

《服务贸易总协定》的诞生是服务国际化和全球一体化的必然产物,由于世界科学技术的飞速发展和国际分工的细分化,服务行业自身分工越来越细微,国际服务贸易活动日益频繁。《服务贸易总协定》正是对形形色色的服务贸易进行多边贸易规范,它对促进服务市场从封闭和保护转向开放和自由,加强各成员方的人员交往和信息流通,特别是关于知识产权、技术转让、通讯和数据处理、金融和运输、咨询广告等服务行业自由化,推动世界各国经济发展起到重要作用。

1. 协定的积极作用。

(1) 总协定的制定完善了国际贸易准则和框架体系,为服务贸易的持续发展确定了可供遵循的国际规范。在《服务贸易总协定》制定前,仅存在对货物贸易进行规范的关税贸易总协定(GATT)。尽管服务贸易发展速度已超过货物贸易,在总量上也接近全球贸易总额的25%,但却没有一套为参与服务贸易国家可资共同遵循的国际准则。服务贸易缺乏针对性的国际管理和监督的约束机制,总协定的出现弥补了这一缺憾。

(2) 对一国经济而言,总协定生效后,必然促进国际服务行业或服务产品的进入,改变各国服务行业的自然垄断局面。服务供给的质量将随竞争的增强而提高,价格会下降,各国服务消费者的福利会因此显著提高。

● 对发达国家的影响。服务贸易自由化有利于发达国家服务行业的拓展,为服务行业的跨国经营创造有利条件。另外,发达国家在货物贸易领域竞争力相对下降,货物贸易收支出现赤字(特别是美国),总协定的签署将促使发达国家服务出口大幅增加,改善其贸易收支状况。

● 对发展中国家的积极作用。总协定的产生有利于发展中国家引入先进技术和管理经验;还可以得到总协定规划体系的保护,有利于发展中国家改变单一落后的服务经济结构,促进其经济、产业结构的优化;发展中国家在低技术劳动方面享有比较优势,服务贸易的自由化将有助于出口低技术服务和劳动要素,解决发展中国家普遍存在的就业问题。

2. 协定的消极影响。总协定的制定大大改变了世界服务市场的面貌。对发达国家的冲击是国内低技术的传统服务行业像运输、劳务承包、餐饮等将萎缩。发展中国家受到的不利影响还要更大一些,发展中国家在新型服务贸易上处于比较劣势,开放国内服务市场会使自己幼稚的服务行业被发达国家的服务寡头所控制,在某些敏感的金融、电讯、基础设施服务领域失去控制,会对发展中国家的主权和经济独立造成不利影响。

综上所述,服务是一种以无形的提供活劳动的形式创造使用价值(效用)来满足他人需求的活动。服务同传统商品的区别在于:服务有无形性、非存储性、异质性、垄断和高保护性的特点。服务贸易发展迅速,其增长速度已超过货物贸易,到21世纪初,服务贸易占全球贸易总额的 25% 左右,随着经济的发展,人类社会开始出现了经济服务化的趋势。国际间服务贸易的发展格局仍然服从比较优势原则,一国开放服务的渠道不同所产生的福利效应也有所差别。经过长达八年的谈判,《服务贸易总协定》于 1994 年最终签署,总协定的具体内容会随着世贸组织谈判的深入而进一步发展,但它的出现无疑极大地推动了服务贸易在规范中向着自由化的更高层次发展。

复习思考题

一、关键词语

服务　服务贸易　国际服务贸易　经济服务化　GATS

二、问答题

1. 辨析下列行为是否属于服务、服务贸易、国际服务贸易活动。
   (1) 王先生一家到上海恒山路一家必胜客"PIZZA HUT"吃比萨。
   (2) 在 INTERNET 互联网上冲浪。
   (3) 到新马泰港去旅游。
   (4) 购买太平洋保险公司人寿保单。
   (5) 给迷路外宾做向导。
   (6) 考 TOEFL 或 GRE、GMAT。
   (7) 移民加拿大。
2. 请指出作为商品的服务同传统商品的不同。
3. 某国 1998 年第一产业创造国内生产总值(GDP) 8 000 亿美元,第二产业创造 GDP 16 000 亿美元,第三产业创造 GDP 56 000 亿美元,当年服务贸易出口值 3 300 亿美元,进口额 1 800 亿美元。请计算该国经济服务化程度。
4. 请根据服务和服务贸易的特点,结合《服务贸易总协定》的有关内容谈一下中国应如何发展自身的国际服务贸易。

第十二章　国际贸易的政策工具

国际贸易理论通常假设贸易是完全自由的,商品的进出口没有任何障碍。但是,每个国家,或者更一般地说,每一个单独的经济区域为了获得更大的贸易利益,都制定一系列限制贸易或鼓励贸易的政策。内部不同的利益集团也经常对政策制定者们施加压力,试图在贸易政策的实施过程中获取更大的利益,所以,现实的商品进出口都不得不面对复杂多变的贸易政策的干预。

第一节　关税的基本概念

关税是进出口商品经过关境时,由国家指定的机构征收的税。

关税是历史最悠久的一种国际贸易政策工具,尽管二战以来,世界各国的关税水平都已大幅度降低,但是同国际贸易的其他政策工具相比较,关税仍然是最普遍、也是最有代表性的政策工具。

一、关境

人们一般都认为商品离开或进入一个国家的时候要征收关税,然而事实上,征收关税是以关境(Customs Frontier)为界的。

关境是指实施统一的海关制度的领域。在一般情况下,一个国家实施一种海关制度,关境和国境就是一致的。

但是,关境和国境也有不一致的情况。

1. 一个国家在其国境内实施不同的关税制度。例如中国的香港特区和其他地区实施不同的关税制度,香港特区管辖的领域就是一个单独的关境。

2. 一个国家建立自由港、自由贸易区等特殊的经济区域,为这种自由港、自由贸易区制定了专门的关税税率和规章制度,这个国家就会在其他地区同特殊地区之间设置关境。国内其他地区的商品经过关境就同进出口一样。

3. 几个国家相互之间取消关境,实施相同的海关制度。那么,这几个国家就形成了共同关境。

二、税率表

税率表(Tariff Schedule)是海关对进出口商品征收关税的准则,因此也称海关税则。

税率表主要包括税目、税率和实施的具体规定。

1. 税目(Tariff Item)。虽然涉及征收关税的都是具体商品,但每种商品都是先被归入某一个适当的税目,然后再征税的。税率都是按税目制定的。

把无数种不同的商品按一定的规律分类编排,又要得到海关和进出口商的普遍认可,是一项非常复杂的工作。

目前,世界上使用范围最广泛的国际贸易商品分类目录是《商品名称及编码协调制度》,简称《协调制度》(HS)。

《协调制度》是海关合作理事会的协调制度委员会花了 10 多年时间,在《海关合作理事会商品分类目录》(CCCN)和《国际贸易标准分类目录》(SITC)的基础上协调形成的。参加编制的有联合国统计局、联合国贸发会、关贸总协定、国际标准化组织、国际商会等 20 多个国际组织以及 60 多个国家。1988 年 1 月 1 日起,《协调制度》开始被使用,所有发达国家都先后改用了《协调制度》,发展中国家采用的也越来越多。中国于 1992 年 1 月 1 日起实施以《协调制度》为基础的新的海关税则。

《协调制度》将商品分成 21 类(Section),97 章(Chapter)。税目共 5 019 个,统一用 6 位数字表示,前两位数字表示章,中间两位数字表示目,后面两位数字表示子目。采用《协调制度》的国家可以根据需要增加 7 位数子目或 8 位数子目。

中国采用 8 位数分类。例如《协调制度》中的 852520,85 是第 85 章,电机、电气设备都归入这章。25 表示无线电话、电报及电视发送设备,20 表示装有接收装置的发送设备。中国将此税目进一步细化,用第七位数字将卫星地面站设备、移动通讯设备、广播电视设备等分类。第八位数字是更具体的分类,例如第七位数用 2 表示移动通讯设备,加上第八位数后,85252021 为手持式无线电话机,85252023 为对讲机。税目的细分可以使关税作为政策工具有更大的针对性和政策效果。

2. 税率(Rate of Duty)。税率有两种基本的表示方法。

(1) 从量税(Specific Tariff)。从量税是对每单位商品征收规定的货币金额,计量单位常见的有千克、升、平方米等。例如新西兰对进口的葡萄酒征收每升 1.99 新西兰元的从量税,那么进口 1 000 升葡萄酒应征收的关税额为:

$$1\,000 \text{ 升} \times 1.99 \text{ 新西兰元}/\text{升} = 1\,990 \text{ 新西兰元}$$

从量税的征收比较简便,只要通过计量商品的实际数量,就能够准确地算出应征收的税额。

从量税如果作为一种保护国内产业的政策工具则有一个很大的缺点,假定某种进口商品每千克征收 10 美元的进口税,如果通货膨胀使这种商品价格上涨了 1 倍,进口商品负担的税就减轻了一半。由于二次大战以后,以及 20 世纪 70 年代的通货膨胀十分严重,许多国家都减少了从量税。

(2) 从价税(Ad Valorem Tariff)。从价税是在商品价格基础上按规定比例征收的税。例如日本对进口红茶征收 20% 的从价税,那么进口价值为 500 万日元的红茶应征收的关税额为:

$$500 \text{ 万日元} \times 20\% = 100 \text{ 万日元}$$

从价税不受通货膨胀的影响,不管商品价格如何变化。商品负担的税都能相应地调整,保证既定的比例不变。但是从价税在确定商品的价格方面却比较困难,进出口商人都希望少缴关税,不惜提供商品价格被故意降低的单据,而海关人员为了增加关税收入或提高对国内产业的保护程度,往往会故意高估商品的价格。为了制止这些虚假的和故意的行为,世界贸易组织制定了专门的海关估价协议(《关于执行1994年关贸总协定第七条的协议》)。

税率还有两种把从量税和从价税结合在一起的表示方法。

(1) 复合税(Compound Tariff)。复合税是对一种商品同时征收从量税和从价税。例如加拿大对进口的棉缝纫线征收10%的从价税和每千克11加分的从量税。如果加拿大进口1 000千克价值1万加元的棉缝纫线,应征收的关税额为:

10 000加元×10%＋1 000千克×0.11加元/千克＝1 110加元

(2) 选择税(Alternative Tariff)。选择税是对一种商品同时制定从量税和从价税,但按规定征收其中的一种。例如,加拿大对进口樱桃制定的税率为每千克11.02加分,但不低于12.5%。如果加拿大进口10吨樱桃,价值12万加元,则:

按从量税计:10 000千克×11.02加分/千克＝11 020加元。
按从价税计:120 000加元×12.5%＝15 000加元。
这批樱桃应征收15 000加元。

税率表中每一个税目只有一种税率称为单一税率制度(General Tariff System)。每一个税目有两种税率称为两栏税率制度(Double Tariff System),每一个税目有两种以上税率称为多栏税率制度(Multiple Tariff System)。

发展中国家一般用两栏税率制度,每一个税目列有普通税率和最惠国待遇税率。发达国家一般用多栏税率制度,每一个税目列有普通税率、最惠国待遇税率和普遍优惠制税率。

三、关税的种类

关税的税种很多,但基本上可以分成对进口商品征收的关税和对出口商品征收的关税两大类。

1. 进口税(Import Duty)。进口税是进口国海关在商品进口时,对进口商征收的关税。

进口国同世界各国的政治、经济、外交等关系不尽相同,对同一种进口商品根据不同的生产国或出口国制定了不同的进口税率。

(1) 最惠国税率(MFN)。最惠国税率是指来自同进口国签订了双边或多边最惠国待遇(Most-Favored-Nation Treatment,简称MFN)条款的国家的进口商品适用的税率。

最惠国待遇是一个容易引起误解的概念,事实上最惠国待遇并不是最优惠的,签有最惠国待遇条款的国家只是承诺相互享受不低于第三方的贸易待遇。

在世界上大多数国家都享有最惠国待遇的情况下,特别是关贸总协定以及现在的世界贸易组织把最惠国待遇作为一项基本条款后,最惠国待遇实际上变成了一种非歧视(Nondiscrimination)待遇,表明贸易国之间是一种正常的贸易关系。不能享受最惠国待遇倒是变成了一种歧视,表明贸易国之间一种不正常的贸易关系。

(2) 普惠制税率(GSP)。普遍优惠制(Generalized System of Preferences, GSP)是联合国体制下的一项贸易优惠制度,主管机构是联合国贸易与发展会议下设的优惠问题特别委员会。日常事务由贸发会的秘书处办理。

普惠制是发达国家给予来自发展中国家的产品(主要是制成品和半制成品)普遍的、非歧视的、非互惠的关税优惠制度。目的是使受惠的发展中国家增加出口收益,促进工业化,加速国民经济增长。

享受发达国家普惠制税率的商品必须符合普惠制的原产地规则(Rules of Origin)。

由于发达国家强调国内产业的竞争力不同,普惠制未能达成统一的优惠标准,而是在"相互可以接受"的条件下实施各个发达国家定期制定的"普惠制方案"(Scheme Under GSP)。

普惠制的关税优惠是在最惠国税率基础上降低关税。因此,普惠制税率低于最惠国税率。普惠制于1971年1月1日起实施。1971年6月25日,关贸总协定达成一项缔约方全体通过的声明,同意发达国家根据普惠制对来自发展中国家产品实施的关税待遇不给予其他缔约方,从而避免了其他发达国家引用关贸总协定的最惠国待遇条款享受一个发展中国家的普惠制税率。

(3) 海外组装条款(Offshore Assembly Provisions, OAP)。海外组装条款是美国和其他一些发达国家对进口制成品中本国生产的零部件免税的法律规定。

假如美国对进口无绳电话机征收 15% 的从价税,美国进口商从新加坡进口的每台无绳电话机价格为 80 美元,应缴进口税 12 美元。如果每台无绳电话机中有价值 52 美元的零部件是美国生产的,出口到新加坡再组装成整机卖给美国进口商。根据海外组装条款,每台 80 美元的无绳电话机中 52 美元零部件免税,仅对进口商品价格减去美国零部件价格 52 美元的差额 28 美元征 15% 的进口税。应征税额为每台 4.20 美元。相当于整机价格征收 5.25% 的从价税(4.20 美元/80 美元)。

海外组装条款主要对进口国有利,一方面进口国消费者可以买到比较便宜的商品,另一方面增强了进口国零部件生产的竞争力。因为在其他条件相似的情况下,外国企业会优先采购将来可以免税的零部件。

(4) 特惠税(Preferential Duty)。特惠税是指进口国制定较低的进口税率,只有特定的少数国家可以享受。

历史上最有代表性的特惠税是"帝国特惠"(Imperial Preference)。1932 年,英国和加拿大、澳大利亚、印度等英联邦国家在渥太华会议上通过了一项特惠协定,规定英国和这些国家之间的商品进出口征收低关税。1973 年,英国加入欧洲经济共同体后,这项规定逐步取消。

欧盟继承了欧洲经济共同体的传统,目前仍然保留了众多的特惠税,较有影响的是根据"洛美协定"(Lome Convention),欧盟给予非洲、加勒比地区、太平洋地区共 68 个发展中国家特惠税待遇。这些国家以前都是欧盟各国的殖民地。

欧盟还给地中海国家、东欧国家程度不同的优惠待遇。

欧盟这些复杂的特惠税制度破坏了国际市场上商品的公平竞争,使欧盟同其他贸易国的贸易纠纷不断发生。

(5) 普通税率(General Rate)。进口商品来自与进口国没有签订最惠国待遇条款,也不享受优惠待遇的国家,适用普通税率。

2. 进口附加税(Import Surtax)。进口国对某些商品或来自某些国家的商品征收税率表上规定的关税之外,还要征收额外的进口税。这种额外的税称为进口附加税,进口附加税主要有以下几种。

(1) 反倾销税(Anti-dumping Duty)。进口国对倾销的进口商品征收的一种进口附加税。

倾销商品是指外国商品在进口国市场上低价销售,如果这种行为对进口国生产同类商品的产业造成重大损害。进口国往往决定对这类商品征收反倾销税。

(2) 反补贴税(Counter-vailling Duty)。如果外国商品生产或出口时受到本国政府的补贴,以致这些商品降低了成本,增强了竞争力,并对进口国生产同类商品的产业造成重大损害,进口国往往会决定对这种商品征收反补贴税,用以抵消出口国政府的补贴。

(3) 报复性关税(Retaliatory Duty)。一国的贸易政策如果损害了贸易伙伴国的利益,就有可能遭到报复,如果对方采用大幅度提高进口关税来打击这个国家的出口,这种作为报复工具的进口税就称为报复性关税。

报复性关税容易引起相互报复,并逐步升级形成一场关税战,最后使各方都受到更大的损害。因此,贸易伙伴国之间如果发生纠纷,往往通过协商、调解、国际仲裁等方法解决争端。

在世界贸易组织体制下,一个成员若不执行解决争端机构(DSB)的最终建议或裁决,受损害的成员可得到解决争端机构的授权,终止关税减让或其他义务,通常采取的措施就是报复性关税。这种报复被严格控制在一定范围内。

例如,美国于1999年4月宣布对来自欧盟的价值1.914亿美元的商品征收100%的进口税,以报复欧盟不执行世界贸易组织关于美国和欧盟在香蕉贸易争端中作出的裁决。

(4) 一般进口附加税。附加税有很明确的政策目的,大多数情况下都是针对某些国家的某些进口商品。但是,也有在一段时间里对所有进口商品都征收一定幅度的附加税,称为一般进口附加税。例如美国在 20 世纪 70 年代初,贸易出现逆差,国际收支严重不平衡,美元受到巨大的贬值压力,当时美国的总统尼克松就曾决定对所有进口商品一律征收 10% 的进口附加税。

3. 出口税(Export Tax)。出口税是出口国海关在商品出口时,对出口商征收的税。

由于征税会增加商品成本,因此一般情况下,出口国都不会对出口商品征收出口税,以免削弱本国出口商品在国际市场上的竞争力。

对少数出口商品征收出口税,主要有以下几种原因:

(1) 一些发展中国家把出口税作为财政收入的一个来源;

(2) 对原料出口征收出口税以减少原料出口数量,有利于国内生产;

(3) 对稀有资源出口征收出口税,以免稀有资源过多流失;

(4) 对某些垄断商品征收出口税,以增加总的贸易利益。

四、测量关税的方法

一个国家对进口商品制定数千种高低不同的税率。那么,如何衡量一个国家整体关税的水平呢?

1. 未加权的平均税率(Unweighted-Average Tariff Rate)。假如一个国家只进口三种商品,征收的从价税率分别为:A 商品 10%,B 商品 15%,C 商品 20%,未加权的平均税率就等于:

$$\frac{10\% + 15\% + 20\%}{3} = 15\%$$

从量税的税率可以通过对一定时期的海关统计数据技术处理,折算成从价税。如果 A 商品的从量税是每千克 1 美元,当年 A 商品进口价格为每千克 10 美元,则每千克 1 美元的从量税相当于 10% 的从价税。

由于每个税目的进口商品数量是不同的,未加权的平均税率不能准确地反映一份税率表的实际关税水平。如果这个国家大量进口 A 商品,15%的平均关税就显得太高。如果这个国家大量进口 C 商品,15%的平均关税就显得太低。

2. 加权的平均税率(Weighted-Average Tariff Rate)。同样是上述三种商品,如果这个国家进口 5 万美元 A 商品,2 万美元 B 商品,1 万美元 C 商品,加权的平均税率就等于:

$$\frac{50\,000 \text{ 美元} \times 10\% + 20\,000 \text{ 美元} \times 15\% + 10\,000 \text{ 美元} \times 20\%}{50\,000 \text{ 美元} + 20\,000 \text{ 美元} + 10\,000 \text{ 美元}}$$

$=12.5\%$

加权的平均税率为 12.5%,低于未加权的平均税率 15%就比较符合这个国家的实际情况,因为这个国家低税率的 A 商品进口数量多。

但是,用加权的平均税率衡量一个国家的关税水平也有不利的一面,因为国内市场的消费需求同进口商品价格有关。从价税高,进口商品价格就高,国内消费量减少,进口数量也会减少,在平均税率中的权数就小。

用一个极端的例子来说明这种现象,假如一个国家进口 10 种商品,10 个税目中,5 个税目的进口税为零,另外 5 个税目的税率为100%。由于 100%的税率使进口商品价格提高了 1 倍,以至国内消费者都不愿意购买,进口商品的数量为零,这种情况下加权的平均税率为零,这个国家似乎成了自由贸易的国家,有一半高关税的事实被掩盖了。

有些经济学家建议用每种商品在世界贸易中的份额作为权数,这样计算得出的每份税率表加权的平均税率可以减少上述情况发生,但随之而来的另一个问题是,如果自由贸易,每个国家是否会进口数量相同(或者比例相同)的商品?

衡量一个国家整体关税的水平是一个比较复杂的问题。每一种平均方法都只能从一个侧面反映一个国家的关税水平。

3. 有效保护率(Effective Rate of Protection, ERP)。名义关税率(Nominal Tariff Rate)是各国税率表上列明的税率。

关贸总协定主持的多边减税谈判中,各方越来越关注的不是名义关税率的高低,而是关税对国内与进口商品竞争的产业的保护程度。

经济学家发现,无论征收从量税还是从价税,都会使进口商品存在一个"增加值"(Value Added)。这个增加值仅仅用名义关税率来计量是不能完全反映关税的保护程度的。

假如某国最终产品 F 的价格 P_F 为 1 000 美元,生产中投入 A、B 两种原料或半制成品的价格分别为 P_A 500 美元,P_B 200 美元。两种投入的国内价格等于自由贸易条件下的进口价格。这样,这种最终产品的增加值为

$$1\,000 - 500 - 200 = 300(美元)$$

在进口国的税率表上,最终产品 F 的进口税 t_F 为 10%,两种投入 A 和 B 的进口税分别为:t_A 为 5%,t_B 为 8%。

在有关税的情况下,该国进口最终产品 F 和两种投入 A、B 的纳税后价格分别为

$$P'_F = 1\,000 + 1\,000 \times 10\% = 1\,100(美元)$$

$$P'_A = 500 + 500 \times 5\% = 525(美元)$$

$$P'_B = 200 + 200 \times 8\% = 216(美元)$$

征收关税后最终产品 P'_F 的增加值为

$$1\,100 - 525 - 216 = 359(美元)$$

生产 F 产品的产业投入的生产要素不变,由于征收关税而使增加值从 300 美元提高到 359 美元。提高的幅度为

$$\frac{359 - 300}{300} = 19.7\%$$

用增加值提高的幅度作为一种衡量方法,可以更清楚地反映关

税的保护作用。

有效关税率(Effective Tariff Rate)也称有效保护率,是同自由贸易相比较,一个国家的关税结构使国内与进口竞争的产业增加值提高的百分比。

假设 VA 表示自由贸易时 j 商品的增加值,VA' 是征收关税后的增加值,则 ERP_j 的计算为

$$ERP_j = \frac{VA' - VA}{VA}$$

有效关税率也可以通过另一个公式计算,用 i 表示 j 商品生产中的投入,a_{ij} 表示自由贸易时第 i 种投入在 j 商品总价格中的比例。t_j 是最终产品 j 的进口关税,t_i 是第 i 种投入的进口关税,则

$$ERP_j = \frac{t_j - \sum a_{ij} t_i}{1 - \sum a_{ij}}$$

用前面的一组数据代入此式

$$ERP_F = \frac{10\% - (500/1\,000 \times 5\% + 200/1\,000 \times 8\%)}{1 - (500/1\,000 + 200/1\,000)}$$

$$= \frac{0.1 - 0.041}{0.3} = 19.7\%$$

两种方法计算的结果是一样的,用增加值计算的公式更直观地表示了有效保护的含义,因为国内商品与进口商品的竞争关键是增加值的竞争,增加值的变化越大,国内商品的竞争力就越大。后一个公式可以把商品和税率表的数据代入,计算更直接一些。

只有在最终产品的名义关税率大于各种投入的加权平均名义关税率时,有效关税率才会大于最终产品的名义关税率。

世界上绝大多数国家的税率表中,制成品的名义关税率大于原材料和半制成品的名义关税率。这种现象称为升级的关税结构(Escalated Tariff Structure),意思是制成品的名义关税率比较高,而有效保护程度更高。

发展中国家指责发达国家升级的关税结构阻碍了发展中国家的经济发展,因为发展中国家希望改变传统的出口原料产品,进口制成品的贸易模式,增加制成品的出口。

总之,名义关税率会直接影响消费者购买的进口商品价格,在分析关税政策对社会福利影响时通常用名义关税率,而有效关税率反映了一个国家的关税结构对国内产业的保护程度,在制定经济发展战略或产业发展规划时,有效关税率是一种有用的分析工具。

第二节 关税政策的影响

任何一种政策都有成本和利益,任何一种政策都会使一部分人获利而另一部分人受损,同时增加或减少一个国家的整体利益。关税作为一种国际贸易的政策工具,在现实经济中被广泛使用,理解关税政策的影响可以分三个方面:首先是关税对商品市场价格的影响,然后是关税对本国经济的影响,为了使分析集中在关税影响的主要方面,本国最初被假定为对国际市场没有影响的小国。最后通过一般均衡模型分析关税对整个国际贸易的影响。

一、进口关税的局部均衡分析

进口关税对进口商品最直接的影响是使进口商品的国内市场价格上升,而进口商品的价格上升又会使国内消费者对这些商品的需求减少,国内与进口商品竞争的产业生产增加,最终导致进口商品的贸易量减少。

图 12-1 描述了一个国家一种商品的小国局部均衡模型。图中 OP_w 是自由贸易条件下的世界市场价格,小国模型的特征是该国贸易量的变化不会引起世界市场的价格变化,因此,P_w 在图 12-1 中是平行于横轴的直线。OP_w 代表的世界市场价格是假定的,不一定是均衡价格,因此这个模型是局部均衡分析。

在封闭经济条件下,这个国家这种商品的供给与需求在 E 点达

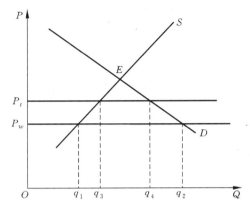

图 12-1 进口关税的局部均衡分析

到均衡。在开放经济条件下,自由贸易使这个国家国内市场价格与国际市场价格一致。在进口商品价格为 OP_w 时,国内生产的商品数量为 Oq_1,国内需求的商品数量为 Oq_2,进口商品数量 q_1q_2 以后,该国的供给和需求平衡。

如果这个国家对进口商品征收 P_wP_t 的进口关税,进口商品在国内市场上的价格上升到 OP_t,国内生产的商品价格也随之上升,使国内生产的数量增加到 Oq_3,国内的需求则由于商品价格上升,需求量减少到 Oq_4,进口商品的数量也相应地减少到 q_3q_4。

进口关税不仅会影响到进口国的商品价格、供给、需求以及贸易,还会影响进口国的福利水平和利益分配。

在进行关税的福利分析之前,先介绍两个基本概念:消费者剩余和生产者剩余。

消费者剩余(Consumer Surplus)是指消费者购买商品愿意支付的价格和实际支付的价格之间的差额。

根据效用价值论,不同消费者消费同样数量的某种商品得到的愉快或满足是不同的。或者说商品的边际效用是不同的。消费者愿意支付的价格等于购买的商品能够给消费者提供的效用。把商品的数量按消费者愿意支付的价格从高到低顺序排列,便构成向下倾斜的需求曲线。

在完全竞争的市场上,商品的市场价格是相同的,愿意支付较高价格而实际上按较低的市场价格支付的消费者就得到了消费者剩余。

在图 12-2(a)中,需求曲线 D 以下,国内市场价格 P_d 以上的一块面积,就表示所有购买商品的消费者得到的消费者剩余。如果商品的市场价格上升,有一部分消费者因为市场价格高于他们愿意支付的价格而不再购买,而所有继续购买的每一个消费者的消费者剩余都会减少。同样,如果商品的市场价格下降,有一部分原来不愿意购买的消费者因为市场价格低于他们愿意支付的价格而决定购买,而每一个原来就购买的消费者由于市场价格下降,实际支付的价格和愿意支付的价格差额扩大,获得的消费者剩余都增加。

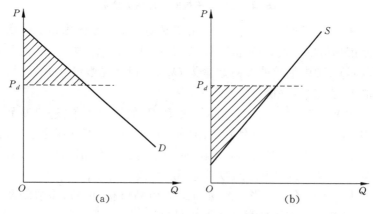

图 12-2　生产者剩余和消费者剩余

生产者剩余(Producer Surplus)是生产者生产每单位商品的边际成本同商品的市场价格之间的差额。图 12-2(b)中商品的市场价格 P_d 和表示商品生产的边际成本的供给曲线 S 之间的面积,表示生产所有商品获得的生产者剩余。同样,商品市场价格的上升,会使商品的生产数量增加,同时,生产的每单位商品的生产者剩余也增加。而商品市场价格下降时,会使商品的生产数量减少,同时,生产的每单位商品的生产者剩余都减少。

图 12-3 描述了进口关税对小国的福利影响,由于进口国征收进

口关税,国内商品市场价格从 OP_w 上升到 OP_t,消费者剩余减少了面积 $a+b+c+d$。根据消费者剩余的概念,征收进口关税前,消费者剩余为价格直线 P_w、需求线 D 与纵轴 OP 围成的面积,而征收进口关税后,消费者剩余只剩下价格直线 P_t、需求线 D 与纵轴 OP 围成的面积。商品价格的上升减少了消费者愿意支付的价格和实际支付的价格之间的差额。消费者剩余减少意味着消费者在政府实施进口税后利益受到损失。

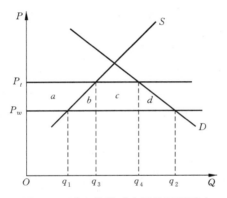

图 12-3 进口关税对小国的福利影响

同样是国内商品的市场价格上升,使国内与进口商品有竞争的产业得到的生产者剩余增加了面积 a。价格上升后的生产者剩余是价格直线 P_t 与供给线 S 之间的面积,国内生产的每一单位商品都会增加生产者剩余。

图 12-3 表明,进口国征收进口关税后,进口商品的数量为 q_3q_4,每一单位进口商品将征收 P_tP_w 的关税,由此构成的面积 c 将是政府增加的关税收入。

由于生产者剩余增加部分 a 和政府关税收入增加部分 c 实际上都是消费者在征收进口关税后,购买商品时多支付的商品价格。因此,进口关税起到了国内不同利益集团之间的再分配作用,生产者和政府得益来自消费者的损失。

然而,生产者和政府得到的只是消费者损失的一部分,从整个国家来看：

　　　消费者：$-(a+b+c+d)$
　　　生产者：$+a$
　　　政　府：$+c$
　　　────────────
　　　净利益：$-(b+d)$

b 和 d 是消费者的损失，没有任何人得到，因此是进口国实施关税政策的成本，也称为净损失（Deadweight Loss）。

其中，b 是生产方面的净损失，因为在自由贸易情况下，进口国的国内生产数量为 Oq_1，生产最后一个单位商品的边际成本等于国际市场价格 OP_w，资源在生产中的配置是合理的。征收进口关税使国内市场的商品价格扭曲，国内生产数量在关税保护下增加了 q_1q_3，这是没有效率的生产。面积 b 的生产资源作为边际成本在生产中被耗费掉了，而按 OP_w 价格进口 q_1q_2 数量的商品，是不需要增加 b 这块面积的资源的。

d 是消费方面的净损失，由于征收进口关税，使消费者减少了 q_4q_2 数量的商品消费。在自由贸易条件下，消费者按 OP_w 的价格消费 q_4q_2 数量的商品，还可以得到面积 d 的消费者剩余。征收进口关税后，消费者减少 q_4q_2 数量商品的消费，虽然不需要再支付这些商品的价格，但面积 d 的消费者剩余也损失了。

如果进口国是一个大国，进口商品数量的多少会影响世界市场上的商品价格，进口关税的影响就会有所不同。

图 12-4 中的供给曲线 S_m 和需求曲线 D_m 代表世界市场对进口国的供给和进口国对进口商品的需求。也就是说，图 12-4 没有反映进口国国内的生产以及对本国产品的需求。如果不考虑实际数量，图 12-4 中 Oq_1 相当于图 12-3 中的 q_1q_2，也就是自由贸易情况下进口国的进口数量。图 12-4 中 Oq_2 相当于图 12-3 中的 q_3q_4，也就是征收进口关税后进口国的进口数量。

图 12-4 中关键的一点是供给曲线 S_m 是向上倾斜的，代表世界市场对进口国的商品供给数量，而图 12-3 中，因为假定进口国是小国，进口商品数量不影响世界市场价格，代表世界市场对进口国的供

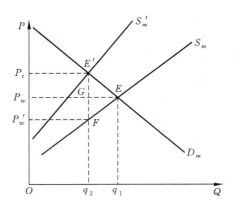

图 12-4　进口关税对大国的福利影响

给曲线 P_w 是平行于横轴的直线,等同于世界市场的商品价格。

S_m 向上倾斜意味着进口国的进口数量会影响世界市场上的商品价格。在自由贸易情况下,进口国对进口商品的需求同世界市场对进口国的供给在 E 点达到均衡,进口数量为 Oq_1,商品价格为 OP_w。

如果进口国征收进口关税。进口商品的数量会减少,由于进口国是大国,进口商品的数量巨大,一旦减少进口,世界市场上这种商品就会出现供给大于需求,以致商品的价格下降。

S'_m 代表进口国征收进口关税后世界市场的供给曲线。对进口国来说,征收进口关税等于在各种世界市场价格基础上增加一个固定的比率,因此 S'_m 在 S_m 的上方。如果进口国征收从量税,S'_m 与 S_m 平行,因为从量税对每一个计量单位征收固定的金额,与价格水平无关。图 12-4 中的 S'_m 比 S_m 更为陡峭,说明进口国征收的是从价税,随着价格水平的上升,以金额表示的税额增加。

当进口国征收 $P_tP'_w$ 的进口关税以后,进口数量减少使世界市场价格下降到 P'_w,进口国国内市场的商品价格实际上升了 P_tP_w。进口国内消费者剩余的减少和生产者剩余的增加都是按照 P_tP_w 的幅度,而不是征收的进口关税 $P_tP'_w$。因此,如果大国和小国征收同样的进口关税,大国的福利变化要比小国的福利变化小。

进口国按 $P_tP'_w$ 向进口商品征税,图 12-4 中 $P_tP'_wFE'$ 的面积表示进口 Oq_2 数量商品的政府关税收入,其中 P_tP_wGE' 是国内消费者多支付商品价格而损失的消费者剩余,$P_wP'_wFG$ 是外国出口降价给进口国带来的净收益。

$E'GE$ 的面积相当于图 12-3 中进口国的净损失 $b+d$,图12-4中 D_m 是对进口商品的需求,因此,征收进口关税后减少的需求数量 q_1q_2 包括了国内生产增加(图 12-3 中 q_1q_3)和国内需求减少(图 12-3 中 q_4q_2)两方面原因造成的进口数量减少。

大国征收进口关税对整个社会的福利影响等于 $P_wP'_wFG$ 减去 $E'GE$,如果结果大于零,说明征收进口关税使整个社会的福利水平提高。反之,则福利水平下降。

大国征收进口关税对整个社会的福利影响取决于世界市场的供给弹性和本国对进口商品的需求弹性。如果供给曲线陡峭,说明供给弹性小,进口国进口的数量略有减少就会引起较大的价格下降。需求弹性大,则需求曲线比较平坦,说明商品价格略有上升,需求数量就会有较大的减少。这两种情况结合起来,则明显对进口国有利。

供给弹性和需求弹性大小的不同组合会给进口国的社会福利造成不同的结果。

二、进口关税的一般均衡分析

进口关税不仅对被征税的进口商品有影响,作为一种调节市场的政策工具,进口关税对其他商品的价格和生产、消费都会产生影响。一般均衡分析首先通过一个国家两种商品的模型分析进口关税与一个小国福利水平的关系,然后通过两个国家两种商品的模型,分析大国的进口关税与世界市场贸易均衡的关系。

图 12-5 表示一个小国生产小麦和黄油两种商品,在自由贸易的情况下,该国出口黄油、进口小麦,生产的均衡点为世界市场相对价格 P_w 和生产可能性边界 TT 的切点 E,消费均衡点在 P_w 和社会无差异曲线 u_1 的切点 C_1。如果该国对小麦征收进口关税,国内市场上的小麦价格将上升,两种商品相对价格的变化用价格比率表示,P_t

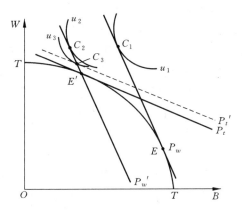

图 12-5　进口关税的一般均衡分析

比 P_w 更为平坦,意味着在国内要用更多数量的黄油才能换到一个单位的小麦。

　　国内生产者面对价格上升的小麦,必然会更多地生产小麦,同时也必然放弃一部分黄油的生产。两种商品生产的数量组合沿着生产可能性边界向上移动,到两种商品的边际成本等于征收进口关税后的相对价格。就是征收小麦的进口关税后,国内市场上两种商品的相对价格 P_t 和生产可能性边界 TT 的切点,在图中用 E' 点表示。P'_w 是过 E' 点的世界相对价格,小国的贸易量不影响世界市场的商品价格 $P'_w \parallel P_w$。社会无差异曲线 u_2 与 P'_w 的切点 C_2 在 C_1 的下方,说明在被关税扭曲的相对价格条件下,国内生产调整造成消费者总的效用水平下降,相当于图 12-3 中面积 b 的净损失。

　　消费者事实上不能够按世界市场上两种商品的相对价格消费两种商品,因为消费者购买的小麦被征收了进口关税,面对价格上涨的小麦,消费者会减少小麦的消费,同时增加黄油的消费,两种商品消费数量的组合将沿着 P'_w 下移。到 P'_w 直线上,国内相对价格 P'_t 和社会无差异曲线 u_3 相切的切点 C_3,消费者满足了既定条件下的消费效用极大化。C_3 点在 C_2 点的下方,说明消费者按照扭曲的相对价格调整消费的数量组织,使总的消费效用减少,如同图 12-3 中面积 d 的净损失。

图 12-5 没有反映政府的关税收入,这里假定政府的关税收入被合理地使用,没有降低整个社会的福利水平。

如果征收进口关税的是一个大国,关税对福利的影响是不确定的,因为大国征收进口关税不仅对本国有影响,而且对世界市场有影响。大国征收进口关税后,贸易条件得到改善,但愿意贸易的商品数量(进口商品和出口商品)都减少了,贸易条件改善带来的福利提高可能被贸易量减少而抵消,至少是部分被抵消了。

关税对福利影响不确定的另一个原因是一国征收进口关税以后,出口国是否会采取报复行动,如果出口国也是一个大国,对世界市场的商品价格也有影响力,那么情况就变得更为复杂。

图 12-6 用 X、Y 两个国家,小麦和黄油两种商品的模型描述了一个大国对进口商品征收关税的一般均衡状况。

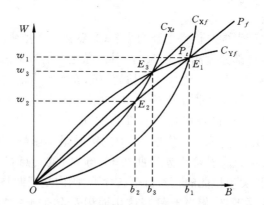

图 12-6 大国征收进口关税的一般均衡分析

图中 OC_{Xf} 是 X 国自由贸易情况下的提供曲线,Y 国的提供曲线为 OC_{Yf},两条提供的交点 E_1 是自由贸易条件下的均衡点。在世界市场上小麦和黄油的相对价格为 P_f 时,X 国愿意出口 Ob_1 数量的黄油,进口 Ow_1 数量的小麦。

X 国对进口小麦征收进口关税后,本国的提供曲线从 C_{Xf} 转移到 C_{Xt},这是因为进口关税改变了 X 国国内市场上小麦和黄油的相对价格,小麦价格的上升使 X 国更多地生产小麦,同时也减少了生产黄油,因此在任何一种贸易条件下,X国愿意进出口的商品数量都减少了,使 OC_{Xt} 比 OC_{Xf} 更靠近纵轴。

如果X国对小麦征收进口关税不影响贸易条件,X国愿意进口的小麦数量减少到 Ow_2,出口黄油的数量减少到 Ob_2。使国际市场上小麦的供给大于需求,黄油的供给小于需求。贸易条件向有利于X国的方向发展,在小麦和黄油的相对价格为 P_t 时,世界市场重新达到均衡,X国的提供曲线 OC_{Xt} 和Y国的提供曲线 OC_{Yf} 在 E_3 点相交,按照 P_t 的相对价格,X国愿意出口的黄油数量 Ob_3 等于Y国愿意进口的数量,X国愿意进口的小麦数量 Ow_3 等于Y国愿意出口的数量。

世界市场上小麦和黄油的相对价格 P_t 比 P_f 更为陡峭,表明在 P_t 条件下用相同的黄油可以换到更多的小麦,贸易条件对X国有利。

X国采用进口关税政策给本国带来的利益主要取决于出口国降低商品价格和两国贸易数量的减少。前者会增加X国的利益,后者会减少X国的利益。能够使X国取得最大利益的进口关税称为最优关税率(Optimum Tariff Rate)。

最优关税率用简单的数学公式表示就是

$$t_X^* = \frac{1}{e_Y - 1}$$

t_X^* 是进口国X的最优关税率,e_Y 是出口国的商品供给弹性。这里定义的 t_X^* 是大于零的正数,也就是 e_Y 始终是大于1的,不考虑进口国征收进口关税导致出口国供给增加这种非常特殊的情况。

当 e_Y 等于1时,表示出口的商品供给数量是固定的,完全没有弹性。无论进口国征收多高的进口关税,出口国愿意供给的商品数量不变,因此进口国征收的进口关税税率从理论上说是无穷大的。在图形中出口国的供给数量是一条垂直的直线。

当 e_Y 等于无穷大时,表示进口国的进口商品价格即使有非常小的降低,也会导致出口国把全部出口商品供给其他国家。进口国征收进口关税后的商品价格上升只能全部由进口国承担。这种情况就是前面分析的小国情况,进口国对进口商品价格完全没有影响力,面对的国外供给是一条平行于横轴的水平直线。这时候进口国的最优关税率为零。

除了上述两种极端情况,最优关税率 S 与出口国的供给弹性成反比意味着供给弹性越低,最优关税率越高。进口国如果按最优关税率征收进口关税可以获得最大的利益。

最优关税率也意味着如果实际征收的进口关税高于最优关税率,进口国的福利水平将会下降,因为这个国家从贸易条件改善中获取的利益将更多地被贸易量减少造成的损失抵消。而实际征收的进口关税低于最优关税率,进口国的福利水平还可进一步提高,因为这个国家从贸易条件改善中可以获取的潜在利益还未被全部发掘出来。

上面的所有分析都以贸易伙伴国被动地接受进口国的关税政策为前提的。而现实经济中,贸易伙伴国往往会采用同样的关税政策作为报复。因此,即使进口国按最优关税率征税,进口国整个社会的福利影响仍然是难以确定的。

另外,上面的所有分析都集中在进口国,从世界贸易的角度分析,进口国征收进口关税后从贸易条件改善得到的利益是从出口国的损失转移而来的。而进口国的净损失以及出口国的其他损失(如图 12-4 中的 GEF)则是世界贸易在商品价格扭曲后造成的净损失。

三、出口关税的影响

出口关税的影响仍然用一个国家、一种商品的模型。

假定征收出口关税的是一个小国,出口关税对出口国的影响如图 12-7。因为小国对世界市场价格没有影响,当世界市场价格为 P_w 时,对出口商品征收出口关税只能使国内商品价格下降,出口税全部由国内生产者承担,在图 12-7 中,对出口商品征收 $P_w P_d$ 出口关税后,国内价格下降到 P_d。国内生产者由此减少了生产者剩余 ($a+b+c+d$) 的面积。生产从 Oq_2 减少到 Oq_4。商品价格下降刺激了

国内需求从 Oq_1 增加到 Oq_3，消费者剩余增加了 a 的面积。政府从 q_3q_4 数量的出口商品征得面积 c 的税收收入。

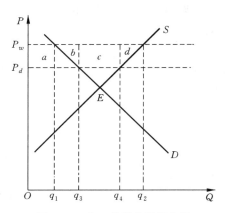

图 12-7　出口关税的福利分析

消费者和政府的利益来自生产者的损失，面积 b 和 d 是生产者的损失，没有其他人得到，因此是政府征收出口关税的成本，也是征收出口关税的净损失。

面积 b 是出口国消费者过度消费的净损失。因为出口国消费者在商品价格从 OP_w 下降到 OP_d 时，增加的 q_1q_3 数量商品消费没有得到 b 面积的消费者剩余。

面积 d 是出口国生产者减少了 q_4q_2 数量商品的生产，失去的生产者剩余，而在自由贸易情况下，按照资源的合理配置，生产者是应该生产 q_4q_2 数量的商品的。

如果出口国是一个大国，出口关税对出口国的影响同样可以用图 12-4 来分析，因为不管是出口税还是进口税，关税的基本原理是一样的。把图 12-4 中进口商品的需求和供给曲线换成出口国的需求和供给曲线，E 点为世界市场价格 P_w 和生产、出口的商品数量的均衡点。出口国征收出口关税使世界市场商品的供给减少，价格上升。$P_tP'_wFE'$ 是出口国政府的关税收入，其中 $P_wP'_wFG$ 是国内生产者承担的，P_tP_wGE' 是进口国支付的，GFE 是净损失，相当于图 12-7 的面积 $(b+d)$。出口国征收出口关税的成本等于 P_tP_wGE'

减去 GFE。

发展中国家征收出口关税要多于发达国家,其原因在于:

(1) 出口关税是发展中国家重要的税收来源。因为征收所得税或财产税比较困难。

(2) 出口关税作为反通货膨胀的政策工具。因为征收出口关税能使国内商品价格上升受到抑制。然而实际情况表明,发展中国家的市场化程度不高,征收出口关税在抑制通货膨胀方面的作用是有限的。

(3) 出口关税作为国内收入再分配的政策工具。假定出口的是农产品,自由贸易条件下的大部分利益都是国内农场主所获,征收出口关税后,农产品国内价格下降,农场主受到损失,但广大低收入的出口国城市居民可以从农产品降价中获益。而且,政府关税收入合理地使用,也可以提高整个社会的福利水平。

最后,出口关税可以改善出口国的贸易条件,如前面对进口关税的分析一样,出口国贸易条件的改善必须以贸易伙伴国不报复为前提。

第三节　其他贸易政策工具

除了关税以外,还有种类繁多的其他贸易政策工具,用以阻碍或促进国际贸易。

非关税壁垒(Nontariff Barriers, NTBs)是指除了进口关税以外,所有阻碍商品进口的政策工具。

二次大战结束以后,世界各国致力于削减关税壁垒,通过将近半个世纪的努力,关税的总体水平已有大幅度的下降,但是非关税壁垒却层出不穷,已成为自由贸易的重要障碍。

同关税政策相比较,各种非关税壁垒透明度不高,对贸易的影响难以计量,实施过程中的监督和检查都很困难。进口配额是最常用的一种非关税壁垒,自愿出口限制是大国采用的一种特殊的进口配额。

鼓励出口的政策中有代表性的政策是出口补贴。由于出口补贴严重违背了公平竞争,受到了越来越多的反对。

一、进口配额

进口配额(Import Quotas)是一国政府对指定商品规定一定时间内(通常是一年)的进口总量。

进口配额一般有两种:进口数量配额和进口关税配额。

1. 进口数量配额,就是政府规定的进口配额按进口商品的数量计量,超过规定的配额数量不准进口。

2. 进口关税配额,是政府对进口商品规定征收进口关税的差别待遇,在进口关税配额内的商品进口享受优惠关税待遇,进口关税配额以外的商品进口不能享受优惠关税待遇,但是按规定征税后,配额外商品仍然可以进口。这种配额经常在发达国家对发展中国家的优惠贸易协定中使用。

进口配额在分配时又可以分成全球配额和国别配额。

1. 全球配额:政府只对指定商品规定配额总量,配额适用于来自任何国家或地区的这种商品。

2. 国别配额:政府不仅对指定商品规定配额总量,而且在配额总量范围内规定具体的国家或地区配额。各个国家或地区的配额不能挪用。被指定商品的进口必须提供来源国或地区的产地证明书。

采用进口配额而不用进口关税一般有以下三个原因。

首先是配额的政策效果比关税更为直接,对国内竞争性产业的保护更有效。在进口关税情况下,外国供应商通过低价销售,可以削弱关税的保护作用,而进口配额不受进口商品价格的影响,直接控制商品的进口数量。

其次是调整进口关税的税率有严格的程序,大多数国家规定税率变动需经立法机构同意,而且有关进口关税的国际监督十分严密。而进口配额政策通常由政府或主管部门作出,实施过程中很多环节透明度不高,比较容易逃避国际监督。

第三是进口配额政策赋予主管行政官员很大的权力,配额的发放有很大的灵活性,政府的对外贸易管理部门往往乐意采用配额政策。进口商品的利益集团也倾向于配额政策,因为通过游说活动取得进口许可虽然要花费一定的成本,但可能比公开情况下缴纳的关税税额要小些。

在分析进口配额对进口国的影响时,为了便于同进口关税比较,先作一个假定:即进口配额下进口商品的数量同进口关税下进口的商品数量相同,这时的每一个配额就有一个等量关税(Equivalent Tariff),意味着这个配额同相应的进口关税税率有同样的市场效应。同样,每一个进口关税税率也有一个等量配额(Equivalent Quota)。

进口国如果是一个小国,用一个国家、一种商品的模型分析就如图 12-8。

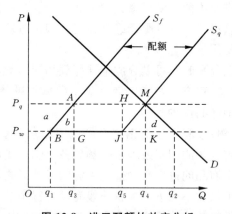

图 12-8 进口配额的效应分析

图 12-8 表示进口国实施进口数量配额政策后,由于配额的数量少于自由贸易条件下的进口数量,引起国内市场上商品供给小于需求,市场价格上涨。进口配额同等量进口关税的影响相同的方面有以下四点(参见图 12-3 所示)。

1. 国内市场的商品价格上涨幅度,即图中从 OP_w 上升到 OP_q, P_qP_w 相当于等量进口关税 t。

2. 国内与进口竞争的产业增加的生产量,即图中从 Oq_1 增加到 Oq_1 加 q_5q_4,q_5q_4 等于进口关税情况下增加的产量 q_1q_3。

3. 国内需求减少的数量,即图中消费者的需求从 Oq_2 减少到 Oq_4,同进口关税情况下减少的数量相同。

4. 进口商品的数量减少,即图中进口商品数量从 q_1q_2 减少到 q_1q_5,q_1q_5 等于进口关税情况下的 q_3q_4。

进口配额同进口关税相比较,在对进口国的福利影响方面也有相同的地方。

1. 由于国内市场的商品价格上升幅度相同,进口国消费者损失的消费者剩余同进口关税情况下相同,即消费者剩余减少了 P_w 和 P_q 以及需求曲线 D 之间的面积。

2. 同样,进口国生产者得到的生产者剩余增加相当于 a 的面积,也同进口关税的情况相同。

3. 由于进口配额的进口数量是固定的,超过进口配额就不准进口,因此,配额下的进口数量等于在国内所有价格条件下的供给数量上加一个固定的增量。在图中,S_q 表示加上进口配额后的国内供给曲线,与自由贸易条件下的国内供给曲线 S_f 平行,而且价格上涨幅度 P_qP_w 等于进口关税 t,国内增加的产量 q_4q_5 等于进口关税情况下的 q_1q_3。所以,进口配额造成进口国生产方面的净损失面积 JKM 等于进口关税情况下的面积 b。

4. 消费方面的净损失面积 d 也是相同的。

进口配额同进口关税的不同影响主要有两方面。

1. 国内市场商品价格的上涨原因不同。在进口关税情况下,进口税率是确定的,进口商品征税后价格上升的幅度也是确定的。价格上升是关税政策的直接效果。进口商品数量减少是间接效果,是国内生产和消费对价格作出反应后取得的效果。

在进口配额情况下,配额内的进口商品在进口时并没有增加成本,不会引起价格上升。国内市场价格上升是因为配额减少了进口商品的数量,国内市场上商品的供需不平衡造成价格上升。

国内市场在进口配额情况下重新达到供需和价格的稳定是通过市场调节的力量,因此进口配额政策的直接效果是进口数量减少,间接效果是价格上升。

2. 进口商品的利益分配不同。征收进口关税使政府得到关税收入,在图 12-3 中用面积 c 表示。因为图 12-8 中 JKM 面积等于 b 的面积,则四边形面积 $ABJM$ 等于 $AGKM$ 的面积,$AGKM$ 面积相当于图 12-3 中的 c。也就是说,在进口配额政策下,进口商品的进口价格和国内市场销售价格之间的差价等于等量进口关税的税率。全部配额进口商品的额外利润等于进口关税中政府的关税收入。

在实施进口关税时,政府的关税收入是确定的,如果政府把关税收入全部用于社会福利,就会提高社会福利的水平。

但是实施进口配额时,进口商得到的额外利润是不确定的,额外利润的分配取决于配额的分配方式。

1. 按"先来先得"的原则分配配额,这种分配方式会使有利可图的进口配额很快分完。但是,得到配额的人并不是最需要配额的人。这种方式不利于有限资源的合理配置。

2. 按现有生产规模或进口的历史资料分配配额,就是先指定一个"参照系",然后按比例分配。但是,任何"参照系"都只能说明过去,新建的企业可能规模不大,也可能没有进口的历史,但却非常需要进口配额。因此,这种分配方式也是不合理的。

3. 制定繁复的审批程序。审批的程序越复杂,越繁琐,对审批本身的核查就越困难,繁复的审批程序实际上赋予分配配额的官员很大的权力,进口商有可能通过直接贿赂官员绕开某些审批程序。

4. 竞争性拍卖。这是分配配额最好的办法,通过公平竞争拍卖配额,愿意出高价的人可以认为是最需要进口这些商品的人,竞争性拍卖通常会使拍卖配额的价格等于进口获得的超额利润,也就是说,政府拍卖配额的收入等于进口关税情况下政府的关税收入,如果政府把拍卖配额的收入用于提高社会福利,结果同征收进口关税一样。

上述四种分配方式中,竞争性拍卖是最好的,其结果与征收进口关税相同。其他三种方式则不如关税政策,因为在第一、第二种分配方式中,面积 $AGKM$ 的一部分被消耗在申请配额的过程中,这种消耗是资源的浪费,不会创造任何价值,剩余部分被进口商所得,而这种利益的分配不是最合理的。最差的方式是第三种,面积 $AGKM$ 将在有权分配配额的官员和得到配额的进口商之间瓜分。这种违法的交易和不合理的利益分配会带来更多的社会问题。

如果进口国与进口商品竞争的产业是垄断的(这里不涉及世界市场的垄断,而是指对国内市场的垄断)。进口配额政策使国外供给成为一个固定的增量,进口国的国内垄断企业有可能按利润极大化的标准确定产量,使国内产量加上配额数量的进口商品后,边际成本等于边际收益、国内市场的商品价格会进一步提高,国内企业从中获取垄断利润,而社会福利的净损失将会增加。

由于国内企业在自由贸易条件下无法控制产量以形成垄断,因此垄断造成的净损失是实施进口配额政策特有的结果。

进口关税政策不可能出现上述情况,因为国内企业限制产量和提高价格将使征税后的进口商品数量增加。

因此,如果国内与进口商品竞争的产业存在垄断,则不管配额按什么方式分配,进口关税政策都好于进口配额。

二、自愿出口限制

自愿出口限制(Voluntary Export Restraints, VERs),是一种变相的进口配额政策。出口国在进口国的压力下,为了避免进口国更严厉的贸易限制或其他方面的不利行动,被迫同意进口国限制进口的要求,经过双方谈判后确定一定时间(通常按一年计算)的贸易商品数量,由出口国政府进行管理,使出口商品数量不超过双方协定的数量。

因此,自愿出口限制实际上是进口国限制,进口国把进口配额交给出口国来实施。自愿出口限制也称被动配额,进口国则更乐意把这种做法称为有秩序营销安排(Orderly Marketing Arrangements, OMA)。

自愿出口限制始于 20 世纪 50 年代的美日贸易。随着关贸总协定(GATT)以及相关的国际多边贸易协定对缔约方的约束不断加强,一些大国为了避免公开和直接违反协定有关的规定,越来越多地采用自愿出口限制这种政策工具。

根据关贸总协定的一项统计，仅1989年一年，总协定范围内就有286项自愿限制出口的安排。其中，作为进口国的现欧盟（EU）15国共涉及173项，美国涉及69项。作为出口国被迫限制出口最多的是日本，其次是东欧国家和韩国。限制商品最多的是纺织品，其次是钢铁和农产品。

由于主动提出限制的进口国一般都是大国，下面用一个国家、一种商品的大国贸易模型分析自愿出口限制对贸易的影响。

图12-9中进口国是大国、出口国是小国，D_m是进口国对外国商品的需求曲线，S_m是外国的供给曲线，在自由贸易条件下，进口国对进口商品的需求和供给在E点均衡。进口商品的数量为Oq_1。进口国规定进口配额数量为Oq_2，国外供给变成垂直的曲线S_v。由于自愿出口限制由出口国政府实施，出口商按OP_v的价格出口商品，面积a成了出口商的利益，面积d是出口国生产方面的损失。

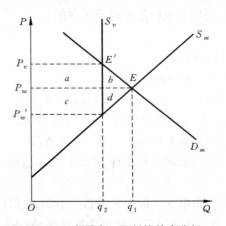

图12-9　自愿出口限制的效应分析

自愿出口限制使进口国承担巨大的净损失，在图中用a和b面积表示，出口国的净损失为面积a减面积d的差额。

根据美国经济学家菲恩斯加（Robert Feenstra，1992）的一项研究报告，估计美国在汽车、糖、纺织品和服装方面进口配额和自愿出口限制安排的净损失为152亿—296亿美元,而美国在这些商品贸易中的伙伴国,相当于面积 d 的损失为43亿—188亿美元。

图12-9同样可以用来分析大国的进口配额政策。由进口国实施进口配额,出口国被迫把出口商品价格降到 OP_w',对进口国来说,图中面积 a 是消费者的损失,面积 c 是净利益,面积 a 和 c 按进口配额分配的方式,在进口国内分配,因此,进口国进口配额政策的福利影响取决于面积 c 和面积 b 的差额。出口国的净损失为面积 c 加面积 d。

上述分析表明,对进口国来说,进口配额好于自愿限制出口,而且,图12-9的分析还不包括模型外的因素,例如进口国与进口商品竞争的产业为了说服政策制定者采取自愿限制出口政策花费的游说成本。出口国为了充分利用配额数量,通过产品升级(Product Upgrading)提高出口商品质量时提高出口价格。这些都会进一步扩大进口国的净损失。

尽管自愿限制出口对进口国造成的损失大于进口配额,但进口国为了维护"大国形象",避免受到贸易保护主义的指责,仍然热衷于作出种种自愿出口限制的安排。

从世界贸易的角度看,自愿出口限制造成面积 b 和面积 d 的净损失,这是自愿出口限制扭曲了商品价格,对进口国和出口国双方的生产和消费都有不利的影响。

三、对进口竞争产业的补贴

对进口商品征收进口关税和规定进口配额对本国的福利影响不同,但是在增加国内与进口商品竞争的产业生产方面的影响是相同的。如果采用进口关税或配额的主要目的是增加本国商品的产量,则采用对进口竞争产业的补贴可以得到同样的政策效果。

图12-10可以用来分析进口国政府对进口竞争产业补贴的影响。

图12-10中的 D 和 S 分别为进口国的需求和供给曲线,进口国给进口竞争产业 $(a+b)$ 面积的政府补贴后,国内生产比自由贸易条

件下的产量增加了 q_1q_3。假定补贴后国内增加的产量与征收进口关税后增加的产量相同,政府给予的补贴称为等量补贴(Equivalent Subsidy)。等量补贴便于分析时同关税比较。

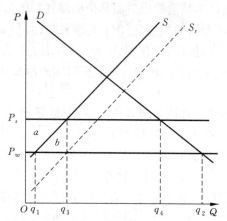

图 12-10　对进口竞争产业补贴的效应分析

政府补贴使国内供给曲线从 S 移到 S_s,按照前面的分析,进口关税使国内市场的商品价格提高。但是,等量补贴并没有使国内市场的商品价格提高到 OP_s,而是国内产业有可能在世界市场的商品价格水平上增加产量。在图中,补贴后国内市场的商品价格保持在 OP_w,国内生产量为 Oq_3,国内消费为 Oq_2,同自由贸易情况相同。进口商品数量为 q_3q_2,虽然比自由贸易减少了 q_1q_3,但比进口关税情况下增加了 q_4q_2。

由于补贴没有使国内商品价格上升,没有使国内消费数量减少,因此,补贴不会产生消费方面的净损失。

政府补贴的 $(a+b)$ 面积来自国内的纳税人,其中面积 a 转化为生产者剩余,面积 b 为生产方面的净损失,因为 q_1q_3 数量的商品由国内生产多消耗了面积 b 的资源,如果从国外用 OP_w 的价格进口 q_1q_3 数量的商品就可以节省 b 面积。

福利分析表明,政府对进口竞争产业的生产补贴比进口配额和进口关税更为有利,既能够保护国内产业,又能减少消费性净损失。

四、其他非关税壁垒

非关税壁垒形式多样,各国通过法律规定或政府的行政措施可以在贸易过程的几乎每一个环节制造进口障碍。"普瓦蒂埃效应"是非关税壁垒的著名案例。

20世纪80年代初期,日本电子消费品大量进入法国市场,1982年10月,法国政府宣布所有进口的录像机只能从普瓦蒂埃进口。普瓦蒂埃是距法国北部港口数百英里的内地小镇,历史上法国人曾成功地在此地击退外族的入侵。镇上海关人员很少,但对进口的录像机检查却非常彻底,大量录像机被搬出箱子仔细校对序号,随箱文件也要被逐一核对。检查一卡车录像机原来只要半天,后来却要2到3个月。这项规定使法国每月进口的录像机数量从64 000多台急剧下降到不足10 000台。

日本向关贸总协定提出审议法国这项政策的请求,随后,在日本公司同意向法国投资,在法国同法国公司一起生产录像机零件后,法国政府取消了这项政策。

把录像机进口限制在普瓦蒂埃,对限制录像机进口起到了明显的作用。"普瓦蒂埃效应"后来被泛指起阻碍进口的非关税壁垒。

非关税壁垒不仅种类繁多,而且层出不穷,下面再列举一些。

1. 歧视性政府采购。也就是优先购买本国货。例如美国的"购买美国货法"("Buy American" Act)规定联邦政府机构的采购必须首先考虑购买美国公司生产的商品,只有在美国公司的产品比外国公司生产的同样商品价格高出6%以上,政府机构才能考虑购买外国商品。国防部门的采购规定差价为12%,有一段时间曾经要求差价达到50%以上。美国有些州政府也作出各种类似的规定。

欧洲共同体在1992年曾宣布,公共用途的产品应优先考虑从共同体内部的供应商购买,并可以得到3%的价格优惠。欧洲共同体的这一规定如同对进口商品额外征收3%的从价税,受到许多国家的反对。

2. 国内成分要求。国内成分要求是政府指定的商品只有达到规定的国内成分比例才能在国内市场上销售。国内成分的比例有些用物理量规定,例如制成品零部件的比例;有些用价值量规定,例如制成品价格的比例。用物理量规定有利于国内零部件的制造商,用价值量规定有利于增加国内的就业。在历史上,美国曾对进口石油作出过国内成分要求的规定。

20世纪60年代以后,有些发展中国家为了推行进口替代的发展战略,对一些重要的工业制成品规定严格的国产化程度要求,政府虽然作出这种规定不需要花费什么成本,但是生产者为了满足国内成分要求,可能被迫放弃购买国际市场上更廉价的零部件,而增加的产品成本最终会转嫁给消费者。

3. 欧洲边境税。边境税(Border Tax)本身是合理的,世界贸易组织允许出口国对出口商品退还在国内征收的间接税,同时也认为进口国在进口关税之外,对进口商品征收相当于进口国国内商品缴纳的间接税的边境税,可以使进口商品和国内商品有一个相等的基础。

但是,长期以来美国等一些国家抱怨欧洲的边境税是一种非关税壁垒,原因在于欧洲的直接税较轻而间接税较重,特别是欧共体以及现在的欧盟要征收增值税(Value-Added Tax, VAT),而美国历来把直接税作为主要税种,征收的间接税较轻,结果使欧洲的商品退了较多的国内间接税后,在进入美国时被征收较少的边境税,而美国的商品在退了较少的国内税后,在进入欧洲时被征收较多的边境税。

这种征税和退税都符合国际公认的规则,但是各国的税收体系不同,使边境税有可能成为一种非关税壁垒。

世界银行的研究人员根据联合国贸发会议和世界银行的资料,对1986年的国际贸易中存在的非关税壁垒作了详细的分析,结果是当年发达国家进口的商品中,来自发达国家的17%的商品受非关税壁垒阻碍,而来自发展中国家的21%的商品受非关税壁垒阻碍,钢材是受阻碍比例最高的商品,其次是纺织品和汽车[①]。

可以归入非关税壁垒的还有很多,例如技术标准,安全标准,卫生、健康标准,复杂多变的行政管理手段,滥用反倾销、反补贴等等。

---

① 研究报告中的非关税壁垒是指可以确定的非关税壁垒,事实上要把"所有非关税壁垒"都包括进去是不可能的。

由于非关税壁垒可以针对贸易过程中的任何一个环节,国际规则不可能详细到每个环节的每个细节,因此,非关税壁垒表面上可能并不违背任何一条具体的国际规则,但实际上违背了国际规则最基本的自由贸易、公平竞争的原则。有些经济学家把非关税壁垒称为"灰色区域",形象地突出了非关税壁垒的特点。

五、出口补贴

出口补贴(Export Subsidy)相当于负的出口税,假如政府为了鼓励出口,通过对出口企业的财政补贴,降低出口商品成本,增强本国出口商品在国际市场上的竞争能力。

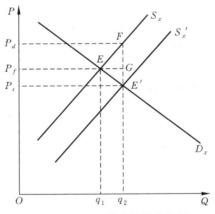

图 12-11 出口补贴的效应分析

图 12-11 描述政府给出口商品的补贴对出口国经济的影响。假定政府对每单位数量出口商品给予固定的金额补贴,使国内生产者更愿意出口商品而不是把商品销售到国内市场,国内出口商品的供给量从原来的 Oq_1 增加到 Oq_2。国内出口供给和国外需求的均衡点从原来的 E 移到 E'。由于生产增加和出口数量增加使出口国国内市场的商品价格从自由贸易情况下的 OP_f 上升到 OP_d,商品的出口价格在补贴的情况下从 OP_f 下降到 OP_s,政府对每单位数量出口商品的补贴金额等于 P_dP_s。

由于政府对每单位出口商品都给予固定金额的补贴,因此,补贴后的对外商品供给线 S_x' 平行于 S_x。补贴总额为 $P_dP_sE'F$。政府的补贴来自税收,所以补贴增加了出口国纳税人的负担,或者说减少了社会福利。其中 P_dP_fEF 是出口补贴使生产者增加的生产者剩余,实际上是政府通过补贴,把相当于这块面积的税收收入转化为生产者的利益。面积 FEG 是出口国的净损失,出口国为了增加出口,在国内增加生产造成的生产方面净损失。

政府补贴中的 $P_fP_sE'G$ 也是出口国的净损失,因为出口商品的价格从 OP_f 下降到 OP_s,政府没有从中得到任何好处,其中 $P_fP_sE'E$ 转化为进口国消费者的利益。

政府的出口补贴扭曲了世界市场的商品价格,直接受损害的是相同商品的其他出口国和补贴商品进口国的生产者。因此,政府的出口补贴被认为是一种不正当的贸易政策。

如果进口国对受到出口国补贴的进口商品征收反补贴税(Counter Vailing Duty)以抵消出口国的补贴影响,其结果就如同出口国政府开出一张现金支票,把本国纳税人的钱无偿地支付给进口国政府。

图 12-12 描述了进口国征收反补贴税的影响,在自由贸易情况下,进口国的均衡点在 E,当世界市场价格为 OP_f 时进口 Oq_1 数量

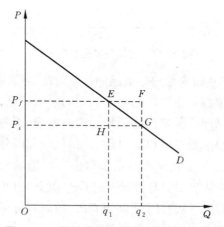

图 12-12 进口国征收反补贴税的效应分析

的商品。出口国的政府补贴使出口商品的价格降低到 OP_s,在两个国家的模型中,出口商品的数量等于进口商品的数量 Oq_2。出口国的补贴额为面积 P_fP_sGF。进口国消费者因此增加的消费者剩余为 P_fP_sGE。EFG 的面积为世界净损失。

如果进口国对进口商品征收相当于出口补贴的反补贴税 P_fP_s,进口商品的数量从 Oq_2 减少到 Oq_1。反补贴税的税额为面积 P_fP_sHE,同出口国政府按出口商品数量 Oq_1 给予的补贴额相同。对进口国来说,征收反补贴税使国内消费者损失了消费者剩余 P_fP_sGE,和征收到的反补贴税相抵,净损失为面积 EHG。对世界贸易来说,征收反补贴税使出口国补贴造成的世界性净损失 EFG 消失。因此,出口国补贴的同时进口国征收反补贴税仅仅发生出口国利益向进口国转移,没有净损失。

上述分析的结果表面看来是不可思议的,出口国政府硬是要通过补贴把钱送给进口国,而进口国又嫌太多,通过征收反补贴税把得到的利益减少些,关于这些问题,将在下一章里分析。

出口国除了采用直接的现金出口补贴外,还采用各种较为隐蔽的办法来补贴出口企业,例如减免出口企业的国内税收、提供政府优惠贷款等等。有些国家还把优惠贷款贷给进口国政府或进口国企业,让进口国用这种优惠贷款进口贷款国的商品。例如,美国进出口银行(U. S. Export-lmport Bank)就是美国的一家政策性银行,这家银行的目的不是赚取利润,而是扩大美国的出口。在20世纪80年代末到90年代初,美国进出口银行优惠贷款的规模相当于美国商品出口的5%。而同期,日本和法国的政策性银行发放的低息贷款分别相当于本国出口的30%—40%。长期以来,出口补贴是美国和其他国家贸易纠纷的焦点之一。

第四节 贸易政策的选择

本章的前面三小节分别介绍了关税以及配额、补贴等国际贸易中常见的政策工具。对这些政策工具的分析表明,任何一种政策工具的实施都会不同程度地影响福利水平和福利的分配。

一般来说,经济学家都同意这样的结论:没有任何政策干预的经济是最好的,在完全竞争的条件下,由市场决定资源的配置,整个社会得到福利水平是最高的,福利分配也是最合理的。但是,也有许多经济学家从各种角度证实了政府干预的必要性。

关于贸易政策的选择历来有不同的观点,几乎从贸易产生开始,就有了自由贸易与保护贸易的争论,而且这种争论还会继续下去。争论者的观点也许都是正确的,问题是他们的出发点不同,有的强调整个世界的贸易利益,有的强调本国的贸易利益,有的特别关注某个产业的利益,有的则特别关注某个利益集团的利益。即使都强调本国的利益,也还会发生争论,因为有的重视本国静态的贸易利益,有的重视本国动态的经济利益。

在这一小节里,主要介绍贸易政策选择中一些传统的观点,关于战略贸易政策和贸易政策的政治经济学将在后面两章里作专门的论述。

一、政策选择的基本原则

一些经济学家指出,自由贸易的理论是建立在成本—收益基础上的,对生产者来说,边际成本等于边际收益时利润达到极大化;对消费者来说,既定的收入购买的商品价格之比等于边际效用之比时,效用达到极大化。这种理论合乎逻辑的结论就是政府不需要任何干预,因为任何政策的实施都会使市场均衡的结果发生扭曲:生产者的收益与成本之间的扭曲,或者消费者购买商品时支付的价格和商品的效用之间的扭曲。

但是,这种理想的市场均衡状态只有在理论模型中才会存在。因为,这种分析有一个重要的前提条件,即单个生产者的边际生产成本等于社会的边际生产成本,单个消费者消费某种商品的边际效用等于社会的边际效用。如果这个前提条件不能满足,那么结论的正确性就是值得商榷的。

这些经济学家认为,现实生活中普遍存在生产者的边际生产成本不等于社会的边际生产成本、消费者消费的边际效用不等于社会消费的边际效用的现象。

例如:生产者多生产一吨纸张的成本小于社会生产的边际成本,因为生产者在造纸过程中的污染可能没有计入成本,但社会必须为减少污染增加支出。生产者的一项技术革新可以提高劳动生产率,节省劳动力的使用,从而增加收益,但是社会的收益也许没有生产者那么多,因为社会必须为保障失业工人的生活而增加支出。

同样,某个消费者愿意为他的整幢住宅保持温暖而支付更多的能源费用,但是,社会福利水平的提高可能会小于这个消费者感到的愉快或者满足,因为社会必须为能源过多的耗费支付额外的费用。某个消费者家庭为每个家庭成员都购买了一辆汽车,对这个家庭来说,汽车的边际效用肯定是正的,然而过多的汽车会造成交通拥挤,因此新增加汽车消费的边际效用对社会来说可能是负的。

经济学家把社会和生产、消费的不一致性,称为生产或消费的"外在性"或"溢出效应"。不考虑溢出效应的条件下,生产和消费达到均衡状况,虽然是最优的状况,但只能存在于特定的理论模型中。考虑溢出效应的条件下,生产者和消费者普遍存在与社会效应不一致的情况。由于生产者和消费者与社会效应之间的不一致完全消除是不可能的,现实生活中就不可能达到均衡状况。如果能把这种不一致减少到最低程度,使现实生活中的不均衡状况与理论模型中的均衡状况非常接近,那么,尽管现实生活中的经济没有达到最优状况,也已经达到了实际可以达到的最好状况,这种状况仅次于最优,因此被称为"次优"(Second Best)状况。

生产者追求的目标是利润极大化,消费者追求的目标是效用极大化。因此,生产者和消费者都不会关心社会效应,要生产者或者消费者消除生产或消费与社会效应的不一致是不可能的。只有政府作为社会的代表,通过政策的调节来减少生产或消费与社会效应的不一致性。

政府对于同一种生产或消费与社会效应的不一致现象,可以通过许多种不同的政策工具来调节,调节的结果也可能有很多种。某种政策的实施可能减少不一致性,另一种政策的实施可能增大了不一致性。那么,如何来评价一种政策的有效性呢?

评价一种政策的有效性,或者说,政府在多种政策工具中如何作出选择,一项基本的原则是:政府选择的政策应该是最接近生产或消费与社会效应不一致的根源的政策。一般来说,这种政策是最有效的政策。

次优理论为政府干预提供了理论依据,次优理论中很有代表性的例子,就是造纸业对环境的污染问题。

由于造纸业在生产过程中对环境造成的污染没有计入生产成本,因此造纸业的产量越大,对环境的污染就越严重,虽然生产企业可以盈利,但社会为清除污染花费的支出却越来越大。

如果政府对纸张的生产或消费征收高于其他商品的税,可以提高纸张的价格,减少纸张的生产和消费,从而在一定程度上减少环境的污染。但是征税也会产生新的问题,如果生产企业通过其他办法降低生产成本或者提高管理效率来抵消征税的效应,那么生产企业可能不会减少产量,污染也就依然严重。征税也可能使纸张消费变得昂贵,以致一些学生买不起必要的书籍。

政府也可以规定造纸企业必须安装统一的污水处理设备,这样,纸张在生产过程中排放的污染就可以减少。但是,如何挑选合适的污水处理设备,不同的造纸生产工序是否适用统一的污水处理设备又是许多新的问题。也许,有些生产企业改造生产工序或生产工艺比安装污水处理设备更经济更有效。

政府还可以根据造纸企业的排污量征税。排污量越大,征税额就越大。这样,既为社会清除污染筹集了资金,也促使生产企业采取经济有效的办法减少排污数量。由于这种政策最接近造纸的生产成本和社会成本不一致的根源,因此,这种政策是政府应该选用的政策。

二、关于关税政策的争论

次优理论为政府的政策干预提供了理论依据,也为政府的政策选择提出了基本原则。但是,围绕贸易政策的争论并未因此而平息下去。

关税政策在贸易政策中的争论历史最长、影响也最广泛。

早在1791年,美国的亚历山大·汉密尔顿(Alexander Hamilton)就在他的《关于制造业的报告》中提出,美国政府应该用关税保护国内工业生产,抵御主要来自英国的进口商品。

以后,德国的弗里德里希·李斯特(Friedrich List)也在他的《政治经济学的国民体系》(1841年)中更为系统地提出用关税保护国内幼稚工业的理论。

但是,美国经济学家亨利·乔治(Henry George)在1886年就对高关税保护国内产业的做法提出质疑,认为国内产业在高关税保护下并没有明显地扩大生产规模或降低生产成本。

争论一直延续到20世纪,日本在五六十年代对钢铁、汽车制造等工业的保护被认为是关税政策成功的典型。但是,杰拉尔德·梅厄(Gerald Meier)汇集了许多经济学家20世纪80年代以来的实证研究成果,在1987年指出,保护幼稚工业的关税政策在大多数发展中国家是失败的,没有证据可以证明,受保护的产业比不受保护的产业成本下降得更快。相反,这些产业如果不受保护,发展可能会更好。

分析一个具体的例子,也许更能够说明关税政策争论的复杂性。

20世纪初,美国有大约150家摩托车制造商,但是,到1978年仅剩下哈雷—戴维特森(Harley-Davidson)一家,其余美国消费者购买的摩托车都来自进口,以及日本在美国的公司制造的。

在20世纪80年代初,哈雷—戴维特森生产了大量的重型摩托车,而轻型摩托车进口的数量不断增加,迅速占领美国的市场。1982年,哈雷—戴维特森公司向美国国际贸易委员会提出申诉。1983年,美国国际贸易委员会的一项调查认定哈雷—戴维特森公司受到实质性损害,于是对进口摩托车在已有的进口配额基础上,征收为期5年的高关税。

美国国际贸易委员会作出上述决定的原因之一,是哈雷—戴维特森公司计划提高生产效率,并建立一条新的生产轻型摩托车的流水线。美国国际贸易委员会希望给哈雷—戴维特森公司一个机会来实现这一计划,并认为这条生产轻型摩托车的流水线具有幼稚工业的特征。

美国的进口关税提高后,进口摩托车占美国市场的份额从20世纪80年代初的60%—70%下降到1984年的31%。在此期间,日本在美国的摩托车厂增加了产量。哈雷—戴维特森公司通过改进管理,降低成本,提高质量也扩大了国内市场的份额。据估计,美国摩托车生产人均节约资本达15 000美元。从1987—1993年,美国国内摩托车的产值增加了75%。而美国消费者购买摩托车的平均价格却从每辆400美元上涨到了600美元。

另外,从美国出口的摩托车在1983—1991年期间平均年增长率达到37%,尽管后来逐渐慢了下来。

这个案例似乎很有说服力,暂时的关税保护对哈雷—戴维特森公司后来取得的成功是至关重要的。但是,关于关税的争论并没有结束。即使对这个案例,也有人提出:摩托车在美国算不算幼稚产业?美国国内摩托车生产的产值增加是否得益于美国消费者对轻型摩托车偏好的增强?美国摩托车出口的扩大与同期美元对日元的汇率下降是否更有关系?

三、关税政策的社会效应

本章第二小节已经分析了关税的福利影响,如图12-13(a)所示,一个国家对进口商品征收 t 的进口关税后,会产生面积 b 的生产性净损失和面积 d 的消费性净损失。同时,由于国内与进口商品竞争的产业在进口关税的保护下能够增加产量,从图中的 Oq_1 增加到 Oq_2。

国内产业的产量增加了 q_1q_2,可能会产生正的社会效应。首先是进口关税提高了进口商品在国内市场的销售价格,使国内的部分消费转向国内生产的商品,而国内产量的增加意味着需要雇佣更多的工人,使社会总的失业率下降,其社会效应就是社会更加安定,

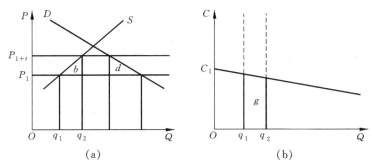

图 12-13 关税政策的社会效应

政府为失业工人支付的救济减少。其次,新就业的工人会比失业时有更多的消费,使社会总的消费水平提高,有利于其他产业的产量增加,这些产业也可能提供新的就业机会,使社会总的消费水平进一步提高,产生连续的乘数效应。

图 12-13(b)中的竖轴表示每单位国内产量增加带来的社会效应。C_1 是一条向下倾斜的曲线,表示边际产量带来的社会效应是递减的,面积 g 表示进口国对进口商品征收 t 关税后,国内产量增加 q_1q_2 带来的社会福利的增加。面积 g 并没有使生产这种商品的生产者或者消费这种商品的消费者增加福利,而是社会福利总水平的提高。

赞成关税政策的人认为,关税政策的福利效应并不像前面分析的那样,只有 $(b+d)$ 的福利净损失。如果 $g-(b+d)$ 的结果是正的,那么关税政策对整个社会来说,会带来净利益。

赞成关税政策的人认为,关税还会带来其他"非经济"的好处,例如提高国防能力和改善国际收支平衡。

有些产业的存在与发展同一个国家的生存有关,因为这些产业生产的产品和技术在国家战争期间或危急时刻是必不可少的。在正常的情况下,国家如果不保护这些产业,使自由贸易条件下进口商品占国内市场极大的份额。一旦发生危机,外国供应商停止供应这些商品,就会使这个国家的生存受到威胁。经常被列举的产业如石油、粮食等等。因此,在正常时期,通过关税保护使国内的产业保持一定的规模,可以增强一个国家的国防能力。

关税有利于改善国际收支是近几年来的热门话题,因为美国多年来积累了大量的贸易赤字。如果采用提高进口关税的政策,就可以减少进口商品的数量,从而减少贸易逆差,改善国际收支平衡。

但是,这些观点并没有得到人们普遍的认同,反对关税政策的人指出,关税政策的社会效应还取决于国内供给曲线的弹性和需求曲线的弹性,面积 $g-(b+d)$ 也可能是负的。而且,即使存在社会效应,关税也不一定是最好的政策工具。如果政府采用国内生产补贴,可以减少消费性净损失,在社会效应既定的情况下,面积 $g-b$ 的结果可以使社会获得更大的利益。从公平的角度出发,生产补贴也比进口关税好,因为社会增加的福利被社会所有成员所获得,政府用于生产补贴的开支也由社会所有纳税人承担。而政府采用关税政策,商品价格提高的负担却只有购买商品的消费者承担,这些消费者不能全部享有关税政策可能带来的社会福利。

关税可以增强国防能力的说法也是难以成立的。首先是哪些产业与国家的防御能力有关?石油和粮食当然没有问题,但是,制鞋业与国防有没有关系?1984年,美国鞋业公会的主席曾在国会军事委员会作证,并严肃地指出:一旦发生战争或其他国家紧急状态时,目前的国内制鞋业无法向全国军民提供足够的鞋,不合适的鞋会造成无谓的伤亡,并且使胜利变为失败。这位主席的话当然是对的,要士兵穿不合适的鞋,甚至没鞋穿确实很难打胜仗。

种大蒜的农场主和做晾衣架的企业主认为他们的产品与国防也有密切的联系。他们指出,有吃大蒜嗜好的士兵一旦吃不到大蒜肯定会影响他们的士气;没有晾衣架,让士兵穿洗过的湿衣服打仗肯定也要打败仗。那么,问题就变成哪些产业与国防没有关系呢?

一些经济学家认为,像石油和粮食这些公认与国防有关的产业,战略储备也比关税限制要好。因为,战略储备是政府在和平时期用正常价格购买储备物资,而关税政策使政府必须用较高的成本购买国内的产品。

至于关税与国际收支的关系,也遭到一些经济学家的反对。对此,还产生了一个新的概念:贸易逆差的宏观经济解释(Macroeconomic Interpretation of A Trade Deficit)。

在一个简单的国民收入模型中,宏观经济的均衡为

$$Y = C + I + G + (X - M)$$

移项后可得

$$Y - (C + I + G) = X - M$$

因为 $C+I+G$ 是国内消费者、企业、政府的支出总和,只有在 $Y<(C+I+G)$ 的情况下才会发生 $X<M$,即贸易逆差。如果贸易逆差是宏观经济出了问题,那么只有增加总收入,或者减少国内消费者、企业或政府的总支出,或者把增加总收入和减少总支出结合起来,才能减少贸易逆差。试图用进口关税来调节贸易平衡,再影响国内的总收入或总支出水平,目的是很难达到的。

如果贸易逆差不是宏观经济的问题,那么一般情况下,政府通过货币政策(如本国货币贬值)刺激出口的政策效果也要比关税更有效。

复习思考题

一、关键词语

关境 协调制度 特惠税 有效保护率 最优关税率 非关税壁垒 进口配额 自愿限制出口 社会边际生产成本 社会消费边际效用 次优理论

二、问答题

1. 根据局部均衡分析,进口关税对国内经济有哪些影响?
2. 对进口关税作一般均衡分析的主要结论是什么?
3. 关税、配额、补贴有哪些不同的效应?

4. 为什么进口国要采用"自愿出口限制"？
5. 名义关税和有效关税的关系是什么？
6. 进口配额有哪些分配方式？
7. 贸易政策的选择原则是什么？

第十三章 战略贸易政策

传统的国际贸易理论是以完全竞争的市场和规模收益不变的假设为前提的,在这种条件下得出了自由贸易政策是一国的最佳选择的结论,任何政府介入都会降低本国和世界的总的福利水平。然而,现实情况却远非如此。在许多产业中,少数几家大的企业垄断着几乎整个国际市场上某些产品的生产,在这些产业中就存在着垄断竞争的情形。由于市场的不完全竞争性,导致了企业可以取得垄断利润,而垄断利润如何在这些企业之间进行分配,则是一个相当复杂的问题。

20世纪80年代初以来,一种新的贸易政策理论——战略贸易政策理论(Strategic Trade Policy)应运而生。所谓战略贸易政策,是指一国政府运用政策干预手段,把国外垄断企业的一部分垄断利润转移给本国内企业或消费者的政策。一般说来,政府常用的手段有关税、配额等进口保护政策和出口补贴、研究与开发补贴等鼓励出口政策。之所以称之为"战略性",是因为这种政府政策是指在改变国内外垄断企业之间的竞争性关系,使得本国内垄断企业在国际市场的竞争中处于优势地位,并且国内经济获得利益。

那么,政府的战略贸易政策是如何实现这种利润转移呢?一个重要条件就是规模经济。由于规模经济存在于相关产业中,政府可以运用贸易政策对这些产业进行扶植,扩大本国企业的生产规模,使本国企业在国际贸易中处于优势地位。本章将介绍在几种不同的前提条件下,政府的战略贸易政策是如何帮助本国企业从国外企业转移利润的。

第一节 用关税获取国外垄断利润

如果国外供应商是垄断企业,在贸易中获取了大量垄断利润,进口国政府可以运用关税政策减少国外企业的垄断利润。

一、模型的前提条件

假设进口国的国内市场面临一个国外的垄断供给企业,该企业是国际市场上某种商品的惟一供给者,国内不生产这种商品。因此,本国完全依赖进口该垄断企业的产品以满足国内市场的需求。

这里并不要求本国是传统意义上能影响贸易条件的大国,如最优关税论中通过关税政策改善本国的贸易条件那样。在此模型中,只要国际市场上存在着垄断供给商,进口国政府就可以利用进口关税来增加本国的福利。虽然这里的假设是简单的,但是它是后面几节分析的基础。

二、模型的一般分析

如图13-1所示,需求曲线 D 表示本国对国外垄断企业的产品的需求。这条需求曲线是向下倾斜的。在完全竞争的条件下,单个国家的需求曲线都是水平的,而在垄断条件下,需求曲线向下倾斜,这使得边际收益始终低于价格($MR < P$),从而边际收益线在需求曲线的下方。为了简单起见,假定边际成本不变,且没有固定成本,没有运输费用。因此,边际成本曲线 MC 水平,且边际成本等于平均成本,即 $MC = AC$。

在自由贸易的条件下,完全竞争使进口数量 Oq_0 和价格 OC_1 在 E 点达到均衡,国外垄断企业为了获取最大利润,将使边际成本等于边际收益,即 $MC = MR$。因此,运往本国的商品数量是 Oq_1,价格由需求曲线决定为 OP_1,显然 $OP_1 > OC_1$,因而国外企业取得的垄断利润为 C_1P_1RF 这一方形区域。又因为该企业是这种产品惟一的供应者,所以它可以维持高于边际成本的价格。

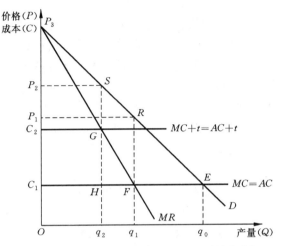

图 13-1　关税获取国外厂商的垄断利润效应分析

现在,假设本国想获取部分国外企业的垄断利润,即减少外国垄断者的利润来增加本国的福利水平。如果在该商品进入本国市场前征收关税 t,那么边际成本曲线上升至 $MC+t$ 位置,t 是每件进口商品必须缴纳的货币数额。对于外国企业而言,关税意味着附加在每件产品上的又一个"成本",因此利润最大化的位置转移到新的边际成本 $MC+t$ 与 MR 的均衡点 G。进口商品数量降至 Oq_2,而单位产品的价格上升至 OP_2,关税带来的直接效应是本国市场上该产品的销量减少 q_1q_2,价格上升了 P_1P_2。

三、本国的福利变化

在征收关税以后,本国的福利水平和国外垄断企业的垄断利润都发生了变化。垄断企业的垄断利润由 C_1P_1RF 区域减至 C_2P_2SG 区域,区域 C_1C_2GH 是本国通过关税获取的部分国外垄断企业的利润。

另外,消费者剩余由区域 P_1RP_3 区域减至 P_2SP_3 区域,即减少了 P_1P_2SR 这一梯形区域,但是,只要区域 C_1C_2GH 的面积大于

P_1P_2SR 的面积,本国的福利水平就可以得到改善。政府在这种情况下征收关税就可以增加本国的福利。

但是,即使是本国从关税收入获取的利润转移大于消费者的净损失,仍然不能简单地认为政府的这种举动是值得提倡的。因为征收进口关税后,整个世界的效率和福利水平都降低了。在垄断条件下,只有采取促使垄断者降低价格、提高产量的措施才能真正提高效率与福利水平,政府通过关税的介入只能起到相反的作用。因为,本国福利水平的提高是以整个世界的福利损失为代价的,这种政策是一种"使邻国变为乞丐"(A Beggar-My-Neighbor Policy)的掠夺性政策。

另外,本国是否能够采取这种举动还要取决于一点,那就是外国政府是否会对本国采取相应的报复。如果外国政府对本国采取报复手段,那么本国通过关税取得的利益将会丧失,本国的福利水平也会因此而下降。因而即使在如此简单的模型中,政府政策的合理性和有效性也值得商榷。

第二节 政府介入的寡头垄断

在实际的经济生活中更加普遍的是寡头垄断的情况。在不少产业中,产品供给不是由一单一的垄断者控制,而是由两个或几个大的垄断企业所控制。于是,垄断利润如何在这些企业之间进行分配成为各个大企业所在国政府之间的一场博弈。

一、模型的前提条件

这个模型讨论的是在一种双寡头垄断的情况下,本国政府如何通过出口补贴等鼓励政策来为本国谋取更多的利益。当然,模型也是经过简化的,但是这个模型能够清楚地揭示战略性贸易政策的关键。

假设在某一产品的国际市场上有 A 企业(国内)和 B 企业(国

外)两家垄断企业,他们生产一种同质产品,而且都只在第三国市场销售。国内都不销售这种产品,因而在考虑 A 国和 B 国的福利变化时,可以忽略国内消费者的福利改变,只需考虑生产者剩余的变化。分析采用的是局部均衡,即假定该产业不会影响生产要素的价格和其他产业的产量。

用古诺模型来解释 A、B 两企业之间的相互关系,即每个企业都依据利润极大化原则来制定自己的产量,并认为对方不会改变产量。在这里,两个企业各自的产量是具有战略性的变量,如果对方提高产量,则本企业的边际收益就会下降。也就是说,如果能够有效说服对方降低产量,则本企业就可以获取更大的利润。

然而,企业本身并没有一种能够说服对方采取这种举动的机制。在达到古诺均衡时,给定对方的产量,则本企业的产量也随之而定;如果没有外部因素作用的话,企业不会改变产量。政府的介入会改变这种游戏规则,受补贴的企业具有扩大产量的倾向,因而对方的最佳反应就是缩小产量,结果一部分利润就从国外竞争对手那里转移到国内受补贴的企业中来。

二、模型的一般分析

假定整个世界市场对该种产品的需求由 A 企业和 B 企业垄断,则价格 P 可表示为产量 q_A 和 q_B 的函数

$$P = P(q_A + q_B)$$

每个公司的利润分别为

$$\pi_A = q_A P(q_A + q_B) - C(q_A) \quad \pi_B = q_B P(q_A + q_B) - C(q_B)$$

由边际收益等于边际成本的利润极大化条件

$$\frac{\partial \pi_A}{\partial q_A} = P + q_A \frac{\partial P}{\partial q_A} - \frac{\partial C}{\partial q_A} = 0$$

$$\frac{\partial \pi_B}{\partial q_B} = P + q_B \frac{\partial P}{\partial q_B} - \frac{\partial C}{\partial q_B} = 0$$

由上面两式,可以得出含 q_A 和 q_B 的方程,即反应函数。它表示在给定对方的产量水平时本企业的利润极大化的产量。如图 13-2 所示,它表示了 A 企业的反应曲线是如何得来的。在 A 企业的反应曲线下面是一系列 A 企业的等利润曲线,每一条都代表一定的利润水平,同一条等利润曲线上任意两点代表的利润水平相等。等利润曲线之所以凹向水平轴,这是由于企业的平均生产成本随着产量的增加先下降后再上升造成的。在图 13-2 中,等利润曲线越低,或者说越靠近水平轴,则代表 A 企业得到的利润越高。当 B 企业的产量为零时,A 企业成为一个完全垄断者,这时它的利润水平最高,等利润曲线退化成水平轴上的一点,也即反应曲线与水平轴的交点。

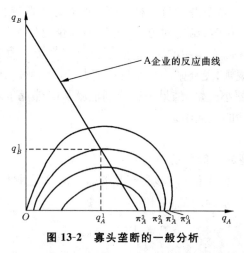

图 13-2　寡头垄断的一般分析

给定 B 企业的产量,比如 q_B^1,通过 q_B^1 的水平线与 π_A^1 线相切,此时 A 企业利润最大化的产量为 q_A^1,在 q_A^1 左边的任何一点,A 企业都可以通过提高产量来增加利润,从而移向较低的等利润曲线,这是因为增加一单位产品的生产对于利润的正的效应超过了由于产量增加引起价格下降所带来的负效应。但是如果 A 企业扩大产量超过了 q_A^1,那么市场价格下降带来的负效应就会大于产量增加带来的正效应,因而推至较高位置的等利润曲线。对于特定的 B 企业的某一产量,A 企业只有相对应的惟一的产量能够满足利润极大化的条件点。反应曲线是所有这些满足利润极大化条件的点的集合。

B 企业的反应曲线可由同样方式得出。如图 13-3 所示,两条反应曲线相交,得出了古诺均衡的位置。曲线具有负的斜率,因为任何产量的增加都将降低对方的边际收益,导致边际收益为负,所以对方的最佳选择就是缩小产量。

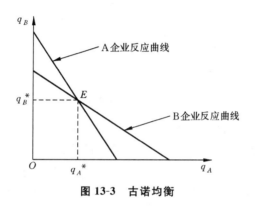

图 13-3 古诺均衡

在古诺均衡的情况下,每个企业都通过增加销售来获取更多的利润,因为价格超过边际成本,即:$P > \frac{\partial C}{\partial q}$,但实际上产量的增加只会减少利润,因为市场价格的下降导致增加的产出的收益无法弥补原有产量由于价格下降造成的收益损失。除非竞争对手降低产量。但是,古诺模型内部并没有一种机制可以自动达到这一点。

政府的干预可以改变游戏规则。假设 A 国政府给予本国企业出口补贴,从而 A 企业的生产成本下降,这意味着对于每一个产量 q_B,A 企业可以生产更多的产品,因而 A 企业的反应曲线(如图 13-4 所示),向右推至 R'_A,在政府补贴前,古诺均衡点为 E_1,表示 A 企业的产量为 Oq^1_A,B 企业的产量为 Oq^1_B。A 企业得到本国政府补贴后,即使 B 企业仍然生产 Oq^1_B 数量的产品,A 企业也可以生产比原来 Oq^1_A 数量更多的产品并且有利可图。B 企业面对这种情况,只能降低本企业的产量。

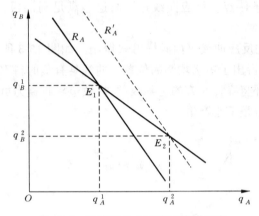

图 13-4　政府的介入改变了古诺均衡

结果,古诺均衡点由 E_1 变为 E_2,A 企业增加了产量 $q_A^1 q_A^2$,只要 A 企业生产者剩余的增加超过政府补贴的成本,A 企业所在国的福利水平就会提高。当然,这种福利的提高是以外国福利水平的下降为代价的,因为 B 企业的生产者剩余相应减少。这种补贴政策是一种掠夺性政策,因为它把利润从外国企业那里转移至本国企业。这就是"战略性效应",即在寡头垄断市场由于政府的战略性干预而带来的利润的重新分配。

当然,外国政府可能会对这种政府出口补贴作出反应,同样给予 B 企业出口补贴,这就使 R_B 线也向右推移,B 企业会重新夺回原有的市场份额。这时,两国政府的出口补贴政策都很难再起作用。

三、双头垄断的利润矩阵

这一小节通过一个更加具体的数字实例来分析政府的战略性贸易政策对寡头垄断的均衡的影响。

仍然假定本国 A 企业和外国 B 企业为世界市场生产一种同质产品,该产品具有规模经济特征。表 13-1 给出了四种可能的情况。矩阵的左上方表示,如果两个企业都生产这种产品,则因为市场容量不够大,无法容纳两家企业运用全部生产能力生产的产品数量,所以每个企业都会损失20万美元,表格的右上方表示,如果A企业生产,B企业不生产,则A企业可以获取200万美元的利润。左下方表示与右上方相反的情况,最后,如果两家企业都不生产,则各自的利润都为零。

表 13-1　补贴前的利润矩阵

		B企业	
		生产	不生产
A公司	生产	−20 \ −20	0 \ 200
	不生产	200 \ 0	0 \ 0

假设A国政府给予A企业以50万美元的出口补贴,这样补贴后利润矩阵就变为表13-2所列的情况:

表 13-2　补贴后的利润矩阵

		B企业	
		生产	不生产
A公司	生产	−20 \ +30	0 \ 250
	不生产	200 \ 0	0 \ 0

在存在补贴的情况下,A企业的盈利得到保证,即无论B企业生产与否,A企业都不会亏损。当A企业生产时,B企业无论如何也无法得到利润,因此B企业应选择不生产,于是A企业就垄断了该产品的市场。同时,从表中可以看到,政府虽然补贴了50万美元,但却使本国生产者取得了250万美元的利润,因而本国的福利水平是净增长的。

这里有两点很重要:(1)上述分析实际上假定了A企业和B企业的生产成本是对称的,如果生产成本不对称时,补贴的结果往往会发生变化,如表13-3和表13-4所示。

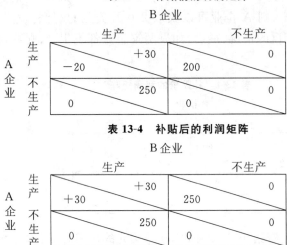

从表 13-3、表 13-4 中可以看到,B 企业在补贴前比 A 企业具有明显的成本优势。即使两家企业同时生产,B 企业仍有利可图,A 企业会亏损,因此结果应是表 13-3 的左下角,B 企业单独生产并获利。表 13-4 表示补贴后的利润矩阵。A 企业获得了 50 万美元的补贴仍无法阻止 B 企业进入,最终结果将是表 13-4 的左上角,两家企业同时生产,但 A 企业得到 50 万美元的补贴却只带来 30 万美元的利润,得不偿失。这里似乎得出了一种与常识相反的结论:有竞争力的企业才应该得到补贴,补贴弱者是得不偿失的。

(2) 即使本国企业与外国企业之间成本是对称的,也仍然不能保证本国可通过补贴获利,因为 B 国政府可能会采取报复措施。

最后,上述所有分析都假设不存在国内消费的情况,如果存在国内消费,则补贴出口会提高产品价格,使国内消费者的福利受到净损失。这样,运用出口补贴提高国内总福利水平的作用就会被削弱。

四、实例分析

政府通过补贴提高本国企业国际竞争力的最显著的例子就是欧洲的飞机制造业。空中客车公司成立于 1970 年,它是由法国(38%

股份)、德国(38％股份)、英国(20％股份)和西班牙(4％股份)共同出资组建的。四国政府为这个合作项目提供资金支持。1993年美国的贸易部估计,空中客车得到的补贴数量大约在260亿美元左右。1996年,空中客车的各国成员一致通过,将原来松散的联合体变为一个更加集中的联合企业,以便更好地控制成本,并从外部投资者那里获取资金支持新的更大的喷气式飞机项目。

空中客车最强有力的竞争对手就是占有世界飞机市场份额10％的美国波音公司。波音公司是美国最大的出口企业,许多年来,民用飞机一直是美国的一大净出口商品,波音和其他美国飞机制造企业抱怨空中客车受到欧洲政府大量补贴,尽管波音和麦道也通过美国政府的军事和空间合同得到高达410亿美元的"间接补贴"。为了控制补贴,美国与欧共体在1992年签订了一项协议,将补贴额限制到飞机改进成本的33％。但是,到了1997年,欧洲方面的不满情绪日益明显,因为他们觉得欧洲政府的补贴是直接的,美国的补贴则是间接的,协议对直接补贴的限制只给欧洲形成约束。另外,欧洲对美国飞机制造业内的波音公司与麦道公司合并一事大为不满,因为他们将面临一个更为强大的竞争对手。

欧洲各国政府的补贴及扶持起了一定的作用是毫无疑问的,在政府的支持下欧洲产生了一个可以与美国飞机制造公司抗衡的大公司。实际上,如果没有政府的大量补贴,空中客车就不会有目前的发展。政府通过外交上的斡旋,同样为空中客车争取了大量发展中国家的订单。但是,补贴的结果是否给欧洲带来净福利呢?

理查德·鲍特温(Richard Baldvin)估计[①],因为对空中客车的补贴,欧洲丧失了大量福利,美国也没有获利。由于价格竞争,使得飞机产业利润下降,飞机的使用者获益。惟一的受益者似乎是其他国家,因为他们的航空公司和乘客可以得到更加低廉的价格。如此看来,战略贸易政策的实施结果反而是对那些未使用这种政策的国家有利。

---

① 引自《世界贸易调查》1990,第20—21页。

第三节 规模经济与寡头垄断市场的均衡

与上一小节政府支持企业出口不同,本节介绍在寡头垄断下政府对进口的保护。

经常可以看到,某些产业由少数几个发达的大国所控制,这些大国的国内市场的作用不可忽略。实际上,国内市场的销售构成了国际竞争力的基础。这一模型介绍政府的进口保护手段是如何使本国垄断企业获取更大的市场份额的。

一、模型的前提条件

假设在某一产业中存在两家垄断企业,一个本国企业,一个外国企业,构成双头垄断。这两家企业不仅在世界市场上竞争,同时也在对方国内的市场上竞争。这个模型是为了表明,国家的进口保护政策是如何来促进被保护企业在国外市场的销售的。本小节的分析有两个重要的假设条件:(1)随着产量的增加,边际成本下降,也就是说,该产业存在规模经济;(2)每个企业在制定价格和决定产量时,都会考虑对方的行动,也就是说,每个企业都意识到本企业的收益与产量正相关,而与对方企业的产量负相关。在完全竞争的模型中则不存在这种相互依赖性。

二、模型的一般分析

如图 13-5 所示。因为两个企业之间是相互影响的,这里仍用反应曲线来表示。横坐标 X_i 表示本国企业在任一市场 i 的销售额,而纵坐标 X_i^* 表示在同一市场 i 中外国企业的销售量。HH 线代表本国企业的反应曲线。HH 线斜率为负,是因为如果国外企业增加在该市场的销售量,本国企业预期到商品价格会下降,本国的利润会减少,因此销售量 X_i 也会因此而降低。同理,FF 线是外国企业的反应曲线。另外,这些反应曲线描述的是边际成本不变条件下的反应,这意味着每个企业的总产量不变,而且在特定市场上的销售量变化。最后,古诺均衡位置在 E 点,这时两个企业都依据利润极大化的原则确定在该市场上的销售量。

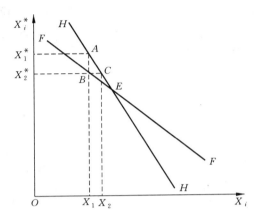

图 13-5 在市场 i 中的垄断均衡

两家企业的产量在 E 点达到均衡是一个协调过程。首先考虑点 A。如果两个企业在 A 点进行生产,那么本国企业对于销量 OX_1 满意,但外国企业对于销量 OX_1^* 并不满意,因为 X_1^* 不在外国企业反应曲线 FF 上,意味着外国企业在这一点销售不能达到利润极大化,它将削减产量至 OX_2^*。因为 OX_2^* 在 FF 线上,外国企业减少 $X_1^* X_2^*$ 数量的销售可以满足本企业的利润极大化原则。经过调整,两国企业的销售量达到 B 点,但 B 点对于本国企业来说并不是利润极大化点,本国企业会扩大在该市场的销售量至 OX_2,结果又达到 C 点。这个过程会一直进行下去,直到达到 E 点的均衡位置。

在图 13-5 中假定了 HH 线比 FF 线更加陡峭,所以会有从 A 点向 E 点的逐渐逼近。如果 FF 线较陡峭的话,这个均衡就会是不稳定的。如果初始位置不在 E 点,则运行结果会渐渐偏离 E 点。在寡头垄断情况下市场份额的经常性波动是不太可能的,所以这样的假设是不合理的。

如果两家企业的总产量水平发生变化,结果就会不一样。前面已经假定了企业随着产量的增加,边际成本会下降,而边际成本的下降又会导致产量增加。如图 13-6(a)所示,给定需求曲线和边际收益曲线,横轴表示本国企业的总产量,纵轴表示本国企业的边际成本。曲线 MM 表示随着产量的增加,边际成本下降;曲线 QQ 表示边际成本的下降而导致产量的增加。均衡点在 T 点,此时企业不再改变产量水平。对于国外企业有类似的图形,如图 13-6(b)。

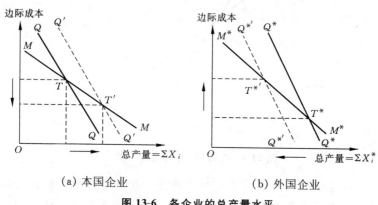

(a) 本国企业　　　　　　(b) 外国企业

图 13-6　各企业的总产量水平

下面来考虑政府的保护的效果。假定本国政府对外国企业的产品征收关税或者实行进口配额,这将对本国企业有利。保护的最初效果是本国企业的产量增加,由 QQ 线推至 $Q'Q'$ 线。因为在给定的边际成本条件下,本国企业的任何一种产量都能相应增加,所以 QQ 线向右移动。均衡位置由 T 点变为 T' 点。本国企业在 T' 生产的边际成本较 T 点时更低。

外国企业的情况正好相反,Q^*Q^* 线将向左移动,新的均衡位置 $T^{*'}$ 点表示外国企业生产的边际成本升高。政府保护的最初结果就是本国企业的产量的增加使得国外企业产量减少,从而导致国外企业的边际成本上升。

因为两个企业的边际成本都发生了变化,所以它们的反应函数也会发生变化,原来的反应曲线是在给定的边际成本条件下作出的。如图 13-7,本国企业边际成本的下降使得本国企业相对于任何一种外国企业的销售量,本国企业的销售量都上升,即 HH 线向右移至 $H'H'$。同理,外国企业边际成本的上升使得 FF 线向左移至 $F'F'$。因此,垄断均衡点由 E 变为 E',本国企业在所有市场上都增加了销售量,而外国企业则受到损失。这种保护理论称为"关税—规模经济促进出口"理论。

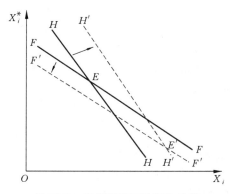

图 13-7　规模经济导致新的均衡

这个模型可以解释日本在汽车、电子产品及家用电器等几种产业中的优势地位。由于国内企业受到日本政府的进口保护,国外垄断企业在进入日本市场时遭受种种限制,从而使日本的这些产业迅速扩张,实现规模经济,因而能够占据目前的出口优势地位。

然而,一国政府在实施保护政策时,也必须考虑到外国可能会采取相应的报复措施。如果外国也实行进口保护,则结果可能是市场份额不变而整个世界的贸易量减少。另外,将资源用于扩张被保护的产业意味着国内其他产业受到损失,这种机会成本是一国政府在制定保护政策时必须加以考虑的。

第四节　研究、开发和企业销售

随着科技的飞速发展,研究与开发在国际竞争中居于越来越重要的地位。一个企业如果能够在研究与开发(Research and Development, R&D)方面领先于其他企业,则无疑会在竞争中居于优势地位。政府通过增加研究与开发费用投入来支持本国企业,促进出口,扩大国际市场份额,其效果类似于关税规模经济促进出口,但这是一条不同的途径。本小节分析政府是如何通过研究与开发来促进出口的。

仍然假定由一个本国企业和一个外国企业垄断的市场结构,两个企业在不同的市场上都进行着竞争。假设对于每个企业而言,产量的增加并不改变边际成本(即边际成本曲线是水平的),但是,对于每一给定的产量,边际成本的大小取决于研究和开发方面的投入。研究与开发费用与边际成本是负相关的,研究与开发投入越高,边际成本越低。边际成本的下降会使产量增加,企业可以获取更大的利润,因而又可以追加更多的研究与开发投入。

如图13-8所示。纵轴表示研究与开发费用,横轴表示本国企业在所有市场上的销售量之和。MM线向上倾斜,表示随着销售量的增加,企业的利润增大,因而可以在研究与开发方面有更多的投入。QQ线向上倾斜,表示随着研究与开发费用的增加,边际成本下降,促使企业的销售量扩大。两条曲线在T点相交,使企业投入的研究与开发费用和企业的销售量在利润极大化的情况下,达到均衡。与此类似,外国企业也有相似的图形,M^*M^*与Q^*Q^*相交于T^*点达到均衡。

与规模经济模型相似,假定本国政府承担一定的研究和开发费用,其效果就像征收一定的进口关税,使本国企业赢得更多的国内市场,在图13-7中保护的效果就是促使QQ线向右推至$Q'Q'$,表示在政府承担一定的研究与开发费用的条件下,本国企业的销售量扩大了。注意到在新的均衡位置T'点,研究与开发费用增大,这又给本国企业带来更低的边际成本,于是本国企业可以在所有市场上从外国企业那里夺取市场份额。当然,这样做是以外国企业的销售量减少为代价的。

另一方面,本国政府也可以采取财政资助手段加大对基础研究

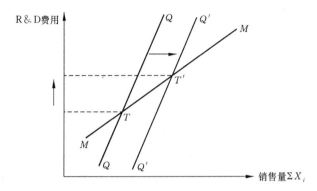

图 13-8　研究和开发与销售量之间的相互关系

的投入,这样就为本国企业的研究与开发创造了良好的外部环境。这实际上是运用产业政策来支持本国出口企业的发展。

同样,这里也要指出外国政府报复的可能性以及保护的机会成本。因为更多的资源流向研究与开发导向型的产业,国内其他传统产业就可能受到损失。另外,模型假定企业的销售量主要由研究与开发费用决定。但是实际上,专利保护、市场发展战略等其他因素也是非常重要的。还有,目前研究与开发有许多主要用于开发新产品而非降低原有产品的边际成本,这与假设也有不少出入。

从上面两小节可以看出,进口保护能够潜在地扩大出口,不管这种机制是通过规模经济还是研究与开发投入的扩张来实现,或是通过其他的途径。注意到作为战略性贸易政策的进口保护与历史上的保护贸易所主张的政府干预有所不同。历史上的保护贸易是把政府对贸易的干预作为外生变量,而战略性贸易政策则是把政府干预的作用内生化并纳入对国际贸易中企业行为的分析,因而更接近当前发达国家的现实。

同时可以看到,政府在模型中扮演了重要的决策者的角色。政府主动地选择目标产业(Targeting Industry)来进行扶植,以达到促进出口的目标。政府在选择产业时通常考虑以下两方面因素:(1)选择具有较明显规模经济的产业;(2)选择研究与开发导向型产业。然而,在寻求这样的产业时,标准往往是模糊的,下面一节具体介绍这种目标产业的选择问题。

第五节 目标产业与政策实施

一、目标产业的选择

战略贸易政策理论认为,政府应该采取出口补贴或进口保护等手段,扶持某些产业的发展,使本国企业在同国外的垄断企业竞争中富有竞争力,占领世界市场的更大份额。但是,政府如何去发现哪些产业是值得扶助的呢?换句话说,决定一种产业是否是目标产业的标准是什么呢?比较流行的观点有以下两种。

1. 高附加值产业。整个国家的GDP实际上等于各个产业所创造的附加值的总和,而GDP的总额越大,表明该国的经济实力就越强。通过扶植理想的目标产业,促进本国该产业的国际竞争力,从而提高整个国民的福利水平。所以政府在选择目标产业时,经常将具有高附加值的产业作为优先考虑。

高附加值产业是指那些人均创造的价值较高的产业。但是研究也发现,具有高附加值的产业往往是资本密集型产业,尽管单个工人创造的附加值很高,但需要投入的资本总量巨大,单个工人使用的资本高于其他产业,因而单位资本创造的价值就不是很高。而资本与劳动力一样,也是一种生产资源,如果将这些产业作为目标产业,其他产业就有可能得不到足够的资本,于是整个GDP可能因为这种目标产业的政策反而降低了。

2. 高科技产业。选择理想的目标产业的另一个标准就是高科技。所谓高科技产业,是指那些依靠产品以及生产过程的快速革新而获取成功的产业。统计上的分类标准一般是以R&D经费占整个销售额的比重或者科学家和工程师在整个劳动人员中的比重来区分高科技产业。目前普遍认为的高科技产业有生物技术、新型材料、远程通信、计算机软件等等。

有一种观点认为,高科技产业具有较强的技术外溢性,即高科技产业领域中创造的新技术对其他产业具有促进作用,它所创造的价值不仅反映在本产业的产值中,还会"外溢"到其他产业中去。这种市场不完全需用政府政策的扶植来加以修复。这种观点与侧重于"利润转移"的狭义战略贸易政策理论有所不同,它所强调的是外部经济,由此又形成了外部经济理论。有些学者将外部经济理论作为战略贸易政策的广义延伸,认为这是政府实施战略性扶持的又一重要依据。

二、战略贸易政策的实施

由于发展中国家市场容量较小,使得战略贸易政策的实用性较小。首先,国内有限的市场阻碍了规模经济在国内市场的发挥,使得通过进口保护来促进出口竞争的战略难以实现。其次,较弱的经济实力降低了发展中国家作出战略决策的能力。小国并不是典型的全球产业的聚集地,从而无法通过战略性决策来获取转移利润。第三,发展中国家也易于遭到外国的报复而蒙受更大的损失。从前面的模型中可以看出,如果外国政府采取报复,则本国企业不仅有可能无法取得国外企业的利润,还会降低本国的产出水平,使本国的福利水平受到损失。

另外,由于发展中国家出口产品一般是资源与劳动密集型产品,而这些产品的生产很少具有规模效益。而且,高技术产品在发展中国家的出口总额所占比重很小,用巨额 R&D 经费投入增加来促进出口似乎也没有太大的现实意义。

战略贸易政策理论最初是在发达国家中提出的,是为了分析发达国家之间的日益增加的贸易纠纷而提出的一种理论。20 世纪 80 年代,发达国家面对居高不下的失业率和国内市场上国外竞争者的挑战,不得不重新考虑贸易政策的理论问题。所以说,战略贸易政策理论是在发达国家的现实基础上产生的,同时又促进了发达国家的贸易的政策实践。日本和欧洲实施战略贸易政策的过程有一定的代表性。

1. 日本对目标产业的扶植。日本的贸易政策在促进出口、支持经济方面是比较成功的范例。从战后的经济困境中走出来以后,日本持续了几十年快速的经济增长,直至今日成为拥有巨大贸易顺差的出口大国,一个重要的原因是日本实施了战略贸易政策。

在 20 世纪 50 年代和 60 年代,日本政府开始将资金投入从纺织业等劳动密集型的产业转向具有高附加值的重工业。钢铁产业是其中重要的目标产业。钢铁产业得到了出口补贴、特别税收优惠以及低于市场利率的优惠贷款。钢铁产业被政府指定为接受资金扶持的优先发展的产业之一。汽车的进口被严格限制,日本政府规定本国的汽车制造业中必须使用一定比例的国产元件。1953 年的进出口贸易法允许国内企业组成价格垄断组织,因而到 70 年代为止,日本已经有了 200 多个价格垄断组织。

70 年代以来,日本政府又转而对技术密集型产业如集成电路和计算机工业进行扶持。同时,贸易政策的工具也有所改变,开始采取 R&D 补贴、政府工业研究计划等等,旨在促进有前途、有竞争力的新兴工业。

日本的这些贸易政策显著地促进了出口,在不少产业领域(如电子产品、汽车、钢铁等)获得了成功。然而,是否应将这些成功都归功于政府的战略贸易政策却有不少争议。美国经济学家克鲁格曼认为,日本的工业发展之所以很成功,根源不在战略贸易政策,而是有别的因素,如日本有世界上最高的储蓄率、行之有效的教育体系、良好的劳资关系以及传统的商业文化背景等等。即使在 50—60 年代,日本政府没有将钢铁工业作为目标产业加以扶持,日本依然在这个产业领域具有比较优势。市场选择的结果会自动地使资源流向钢铁产业。克鲁格曼指出,由于对钢铁产业的扶持,致使过多的资本流向钢铁产业,而这个产业又是低回报率的产业,因而资本没有得到最优利用。

2. 欧洲的战略贸易政策。欧洲各国政府运用战略贸易政策来扶植规模经济产业也由来已久,特别是在飞机制造业和汽车工业方面,政府干预在其中扮演了重要的角色。

由于美国的飞机制造业一直以其技术的卓越独占鳌头,欧洲各国政府为了发展飞机制造业同美国企业争夺国际市场份额,从20世纪50年代就采取政府干预。最初这种努力是以国家为单位进行的,收效甚微。从60年代开始,法德等国联合起来,共同推动欧洲飞机制造业的发展。

空中客车就是欧洲各国政府合作的产物,它诞生的直接原因就是为了对抗美国。空中客车的资本和其他一些费用由各成员国政府承担。毫无疑问,空中客车是战略贸易政策运用到最大限度的例子,也确实获得了成功。尽管空中客车公司没有像波音747那样的巨型客机,但在中小型客机方面完全可以同波音媲美,其运行成本及性能都令人满意,空中客车因而获取了大量的市场份额。

至于盈利能力,就不是那么确定了。空中客车并没有获取到超额利润回报。实际上,它的回报率低于平均市场回报率,同时也很难说它提供了技术外溢,因为飞机制造业的技术是相当专门的,在其他领域中并无实用性。但是,对于整个欧洲经济,空中客车增加了净福利。这是由于,第一,它的存在加强了飞机制造业的竞争度,打破了波音的垄断局面;第二,飞机制造业的工人获取了较高的收入,缩小了国内的收入差距。

至于汽车工业,自20世纪70年代初以来,欧洲的汽车市场就面临着来自日本的进口汽车的威胁。这使得欧洲各国政府不得不动用关税手段限制进口,同时运用自愿限制出口和配额等为进口日本汽车设置种种障碍。这样做的结果使得欧洲几大汽车生产企业占据了整个欧洲市场75%的份额,战略贸易政策又一次使本国企业取得了国外企业的垄断利润。

复习思考题

一、关键词语

战略性贸易政策　战略性　关税获取外国垄断利润　反应函数　关税通过规模经济促进出口　研究与开发　利润矩阵　目标产

业　高附加值产业　高科技产业

二、问答题

1. 为什么说战略贸易政策是"战略性"的？
2. 分析关税是如何获取国外的垄断利润的。
3. 分析政府的干预手段是如何通过规模经济来实现促进出口的目的的。
4. 结合日本的贸易发展状况，分析研究与开发补贴对于本国企业出口的影响。
5. 为什么说战略贸易政策是关于发达国家贸易实践的理论？
6. 结合目前的世界经济状况，谈谈如何寻求目标产业的问题。

第十四章 贸易政策的政治经济学

1999年7月8日,美国总统克林顿宣布在今后3年里,对澳大利亚的羊肉实行每年3.5万吨的进口限额,并对澳大利亚羊肉实施高达9%的进口关税。澳大利亚政府随即采取紧急措施,决定为本国农产品生产者提供500万澳元的补贴。

按照经济学的成本—收益分析,这两个国家所采取的政策显然给本国造成了福利的损失。但为什么两国政府要运用这些贸易政策呢?这就涉及贸易政策的政治因素,即贸易政策受到政治背景的影响。

如果从单纯的经济理论角度进行分析,自由贸易才是使社会总的福利达到最优的选择,然而在现实世界中,各国政府无不动用各种贸易保护政策。这是因为,在现实世界中并不存在像国民福利这样的东西,更多的是各种各样的利益集团,收入如何在这些不同的利益集团之间分配是贸易政策要解决的一个重要问题。

本章首先介绍政治因素对贸易政策的影响,这里介绍了两种学说,即贸易政策的自身利益说和社会目标说,从中可以看出在政治背景下贸易政策的决定因素。接着对企业的寻租行为进行分析,因为企业的寻租行为对政府的贸易政策的制定和具体实施有着重要的影响。最后,本章介绍了有关国际谈判和国际贸易协定的一些内容,这是战后国际经济一体化发展的结果,也是政治因素作用于贸易政策的一个重要方面。

第一节 贸易政策的政治因素

一、政治与经济利益

国际贸易是建立在比较优势的基础上发展起来的,按照比较优势的理论,各国应生产本国具有比较优势的产品,而不应采取保护主义来干扰经济的运行。然而,现实中各种各样对商品、服务和要素在国家之间流动的限制层出不穷,各国也在不断采取新的手段来限制经济活动的自由运行。于是就有了这样的问题:既然自由贸易对一国是有利可图的,那么为什么人们还在企图干预它呢?

本章介绍的"贸易政策的政治经济学"就是试图回答这个问题。它认为贸易政策是在一定的政治社会背景下提出的,因而受到许多个人和集团的影响,贸易政策的实施可能会以恶化一国总福利水平的代价使得部分个人和集团的状况得到改善。如果没有这些贸易政策设置的壁垒,整个国家可能会受益,但随之而来的就是一部分人福利水平得到改善,而另外一部分人的状况却会恶化。政治家们面对着许多企图影响贸易政策的群体,这些群体所施加的影响使得政治家往往忽视经济学家对贸易政策的建议,而更多地考虑政治因素的影响。下面将具体分析在政治背景下贸易政策的决策。

二、贸易政策的自身利益论

这种学说讨论的是政治参与者的自身的经济利益问题,其主要框架已被纳入公共选择经济学(Public Choice Economics)中。公共选择经济学运用经济模型来分析政府的决策行为。

在这种学说中,假定政府的决策者追求效用最大化,他们的满意程度根据他们是否能够重新当选而定,他们的行为规则是努力使当选的可能性最大化。决策者为了使他们当选的可能性最大化,在制定法令和政策时必定要考虑和满足大多数公众的要求。这就是中点投票人模型(Median Voter Model)的特点。该模型认为,决策者通过制定满足中点投票人的政策以使重新执政的可能性最大。

如图14-1所示。将每个投票人按照各自对某个政策的预期收益(或成本)进行排列,形成一条向上倾斜的线。中点投票人就是位于此排列中心的投票人。如果大多数人预期从某一政策受益,那么中点投票人就会赞同此政策,从而支持政策的制定者。如果大多数人觉得因此而受到损害,那么中点投票人也会反对这项政策,因而支持其他候选人。这是在研究国际贸易政策时经常采用的一个模型。如前面所述,一种贸易政策不可避免地会导致社会各个集团不同的福利效应。

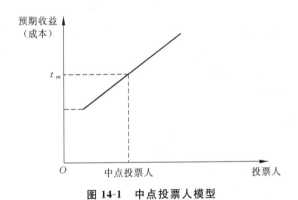

图 14-1 中点投票人模型

在中点投票人模型中,如果大多数投票人预期从某一种贸易政策得到的收益大于它所带来的损失,那么中点投票人就会支持这个政策的制定,政策制定者就会考虑采取此项政策。但如果政策制定者不采取此项政策,那么中点投票人在下一轮竞选中就会投反对票。这种方法似乎保证了大多数人的愿望得到满足。然而,有许多实际问题会改变中点投票人的倾向,最终导致政策违背多数人的利益。

中点投票人模型所依赖的假设前提有两个:(1)投票人对某一政策带来的得失有完全的信息;(2)投票人确实是按照个人的偏好来投票。由于这两条假设在现实世界中经常无法满足,因而中点投票人的倾向并不总是能决定最后的政策。比如说,关税经常只对一少部分人有益,但却常常被大多数投票人支持。

当存在信息收集成本和投票的机会成本时,一些潜在的投票者可能会简单地选择不参与,特别是当预期收益很小,与成本相比,最后的净收益甚至为负时更是如此。另外,如果投票人觉得他的一张选票不会对结果有太大影响,就可能选择不参与投票过程而接受投票结果。

在这种情况下,投票人就扮演了"搭便车者"的角色。就是说,不付出任何成本而接受结果。如果每个投票人不参与投票的概率相等的话就不会影响投票的结果,然而事实上,投票人预期收益和成本的差异使得不同投票人参与投票的动机有很大程度上的不同。利益集团一般不会放弃这个机会。所谓利益集团(Interest Group),是指拥有某种共同利益的群体,相对于消费者群体来说,生产者群体的成员个数较少。某种特定的政策可能对社会中一个大的群体中单个人的影响微不足道,但对少数成员的群体中单个成员的影响却相当巨大。

生产者的利益集团可以通过多种方式影响政策的决策过程。因为政策的成本(或收益)对这些集团来说相当大,所以他们有更强烈的影响政治决策的动机;由于集团的成员个数较少,所以更有可能克服搭便车的问题,因而利益集团有较强的凝聚力。他们参与政治过程,投票选举代表他们利益或者能够保护他们利益的候选人。另一方面,拥有众多分散的消费者的大群体却会失去影响力,他们中单个消费者的收益很微小;相比之下,他们获取信息的成本却相当大,因而他们很可能选择不参与。结果,政策就会为少数人组成的利益集团服务。这种现象往往会导致与贸易自由化背道而驰的现状维持倾向(Status Quo Bias)。

由此看来,群体的规模十分重要。利益集团既不宜太小,否则集团的利益就不能引起社会的重视,也不能太大,否则无法控制集团成员的搭便车问题。满足这两点的利益集团会非常有政治影响力,一方面他们有一个明确的共同利益,另一方面单个成员信息收集成本也大为降低。

除了投票选举之外,利益集团影响政策结果的另一种途径就是寻租行为(Rent Seeking Activity)。任何企图获得经济利益的非生产性活动都可称为是寻租。赞助政党选举以获取对本集团利益的保护就是企业典型的寻租行为。这种赞助方式不仅对候选人有利，同时也使得利益集团以较低的成本获取政治信息，参与影响政治决策。当然利益集团花费的赞助不会超过预期的利益。

除此之外，寻租行为还包括向政治决策者行贿等等。由于在这些活动中运用的资源并没有生产出任何商品或提供服务，而只是影响收入的分配，所以这些活动常被看作是直接非生产性活动(Directly Unproductive Activity)。

如果利益集团之间互相联合，则寻租行为就更加复杂。比如说，纺织业可能会支持对钢铁业的保护以换取钢铁业对纺织业保护的支持。在这种情况下，纺织业的利益集团会因为购买的钢铁价格上升而遭受损失，但与获得的对本产业的纺织品保护而得到的利益相比还是合算的。这种现象称作"互相捧场"(Logrolling)，即双方互投赞成票以通过对彼此有利的提案。通过这种手段，某个或某几个集团得益，而整个社会的福利遭受损失。因为大多数人的搭便车行动和有凝聚力的利益集团的活动，使中点投票人的作用又一次被取代了。

三、贸易政策的社会目标论

这种观点认为，贸易政策的制定需考虑多种因素，不仅要考虑到社会总目标，还要考虑到社会中不同利益集团的福利问题。在这种背景下，贸易政策大多是按更广泛的社会目标诸如收入分配、增加生产率、国家安全、全球竞争力和领导力以及兼顾国际和平等等。关于收入分配问题，贸易政策常表现得较为保守。因为政府常常更加注意避免国内某一部分人的实际收入的损失，而较少注意增加某些集团的真实收入。另外一些社会目标涉及消费者损失的最小化、最低收入群体的真实收入的提高、特定产业的结构调整成本的最小化以及保障特殊社会经济集团的收入水平等等。

但是，这种学说也带来不少问题。如果一个国家主张的是自由贸易，但因为上述的种种理由，具体实施的却不是自由贸易的政策，而是对某些进口竞争性产业实施保护，它很快就会失去投票人的信任。利益集团知道一旦政府更关注收入分配问题,那么政府对自由贸易和产业结构调整的承诺就会难以兑现。资本和劳动力市场对产业结构调整的作用就会被削弱,利益集团把生产要素从衰退产业转出的速度会减缓,该产业的经济状况会继续恶化。政府在越来越大的压力下不得不继续干预,保持衰退产业一定的收入水平,结果使整个社会的经济效率进一步降低。

由于政府在制定贸易政策时太多考虑收入分配的影响,实际上就会放弃自由贸易的政策主张。通常认为,这类分析在解释纺织品和成衣的高度保护方面比较有效。

另外,收入分配的考虑也有助于解释为什么政府采取贸易保护政策而不是直接对国内进口竞争型企业实行补贴。关税、配额或者自愿限制出口等贸易政策的实施,会使消费者购买进口商品时付较高的价格。消费者可以选择购买国内产品,即使仍然购买进口商品,价格的上涨并不会使消费者的境况有太大恶化。但如果政府实行的是生产补贴政策来支持国内某个产业,那么税收负担就会落在所有纳税人的身上,使不消费该产品的消费者收入也减少了,这就有悖于政府的调节收入分配的目标。

最后,贸易政策常常被看作是整个对外政策的一个组成部分。如前面所说的,贸易政策既可以用来增加保护程度,也可以用来支持贸易的自由化。从二战以来,美国一直是世界上实力最强大的国家。在大多数时间里,美国的对外政策是遏制共产主义的扩张,加速非共产主义世界的经济发展。相应的,美国的贸易政策也受到这种因素的影响。

除了强权政治之外,还有不少国家将世界其他地区的收入分配纳入制定贸易政策时考虑的范围。这方面的例子包括欧盟给予发展中国家的经济援助和双边、多边的贸易优惠制度,例如洛美协定等等。

四、发达国家的保护领域

当前,发展中国家对本国工业的保护涉及制造业的大部分领域,而在发达国家中,保护主要集中在农业和服装制造业。

发达国家的农业劳动者数量很少,比如美国,农业劳动者仅占整个劳动力人口的2%。根据贸易政策的自身利益说,农场主通常是一个有高度组织和效率的利益集团,因而常能获得政府有效的保护。如本章开始所述,美国为了保护本国羊肉生产者的利益,不惜摒弃一贯标榜的自由贸易的原则,对澳大利亚的羊肉进口实施高额关税和进口配额。在日本,政府对大米的进口一直实施禁令,直到近几年才有所放开。这种禁令使得其国内主要食品价格相当于国际市场价格的5倍左右。

服装制造业包括两部分:纺织品和成衣。纺织业和成衣制造业中,特别是成衣制造业历来是发达国家用关税和进口配额保护的重点。服装制造业有两个关键特征:(1)它是劳动密集型的;(2)生产技术相对简单。正因为如此,服装制造业在低工资国家中具有较强的比较优势,发达国家处于不利的境地。但是,一方面由于服装业在发达国家也是一个很有组织的利益集团,另一方面是发达国家对本国工人就业问题的重视,因而使服装业成为一个传统上受到高度保护的领域。

第二节 寻租行为和贸易政策

寻租行为在贸易领域中非常普遍。企业常常通过游说活动寻求政府的政策保护,这是寻租行为在贸易领域的最主要的表现。

游说活动要消耗真实的资源。假设有两家企业竞争一项生产的特许权,而获胜机会取决于它们各自的寻租成本。如果获胜,企业将会有价值100万美元的利润。那么这两家企业将会在游说上面花费多少呢?如果他们不互相勾结,并且都是风险中性型的,那么在均衡时,两个企业都将花费100万美元。这就意味着,由经济特权而带来的利益被浪费在追求特权的竞争中。在存在寻租行为的情况下,由保护而带来的社会福利损失会超出传统模型中的估计。

在一个小国内,在局部均衡时由保护带来的损失是如图 14-2 所示的 b 和 d 两个小三角形之和。而寻租理论则认为这低估了损失。从最极端的结果来测算,所有生产者的剩余都将被浪费掉,因而需把 a 这一块面积加进去才得到真正的净损失。

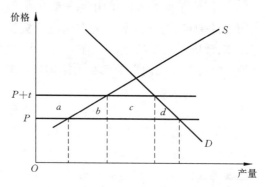

图 14-2 关税效应的局部均衡——寻租增加损失

再从局部均衡转向一般均衡分析。由于寻租行为,使得国内的部分生产要素转向非生产性的活动,这就使得该国的生产可能性曲线向内收缩。同时,由于寻租生产者的预期,使得资源可能滞留在衰退产业或者低效率产业中,而无法得到最合理的利用。

由此又引出一个问题。如果关税政策是外生的,比如说,是由政府的硬性规定实施的,那么它给整个社会带来的福利损失似乎会小于竞争性寻租行为下的损失,因为区域 a 的损失被避免了。但是在外生保护的情况下,关税的税率是给定的,而内生保护就不同了。生产者通过各种方式影响政府,使决策者制定出对自己最有利的关税税率。因为内生性保护程度更多地取决于寻租成本的多少,因而保护的成本提高了。

假设从关税中受益的企业组成一个紧密的利益集团,那么这个利益集团会付出多大的成本呢?如果(a)它选择最低成本组合以实现寻租目的。(b)游说直到预期边际收益正好等于边际成本,则利益集团的寻租行为达到均衡。这里还有一些附加条件,即利益集团从游说中获益一定不能小于付出的成本。图 14-3(a)和图 14-3(b)都满足了上述所有条件。

图 14-3(a)的情况是,游说的成本小于收益;图 14-3(b)图中游说的成本和收益两者是相等的。而在 14-3(c)图中,最优点在 E 点,游说的收益小于成本,因而这样的游说无利可图,利益集团最好放弃游说,采取自由贸易。

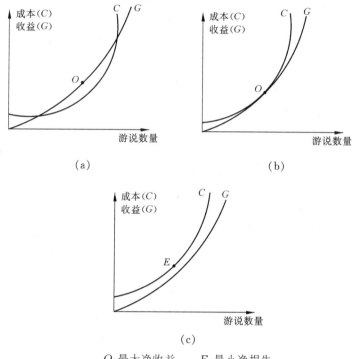

O:最大净收益　　E:最小净损失

图 14-3　游说的成本—收益分析

三种情况下的福利水平显而易见。运用最简单的社会福利函数,即不考虑居民的收入分配问题,(c)情况下是最好的,因为关税为零,没有游说造成的资源浪费。其次是(a),(a)优于(b)是因为(a)的情况表明,企业有净收益存在,而(b)情况下游说的收益完全浪费在寻租过程中了。事实上,如果其他条件相同,小的内生性关税比高额关税的破坏性小得多,因为:(1)寻租成本较低;(2)消费和生产的扭曲度较低。

另外,从图 14-3 中可以看出,只有在均衡情况下,企业花在游说上的成本才等于它的收益,而大多数情况下,企业的收益会超过它的游说成本,在图 14-3(a)情况下,生产可能性边界还是会向内收缩,但是比(b)所示的情况,在数量上要小。而且,在局部均衡条件下,生产者剩余不会全部花在寻租过程中,因而社会净损失要小于 $(a+b+d)$ 的区域。但无论如何,寻租还是造成了社会福利的损失。

认识到寻租行为的存在会改变对贸易结构和贸易政策效应的许多推论。总的来说,企业的寻租不仅直接影响贸易政策的制定和具体实施,同时对社会福利、个人收入分配、产业结构调整等众多方面产生了具体而又深刻的影响。

第三节 国际谈判与贸易政策

以上两节讨论的关于贸易政策的政治因素似乎都不那么令人乐观,因为很难说贸易政策对国民福利带来净的正面影响;同时,由于企业的寻租行为以及利益集团追求自身经济利益,使得集团政治几乎操纵了国际贸易政策。

但是,实际上自从 20 世纪 30 年代以来,发达国家一直在不断地降低总体关税水平;随着国际经济一体化进程的加快,各国都在大幅下调关税,放松各种贸易限制,实施一种总体上更为宽松的贸易政策,逐步向完全的贸易自由化靠拢。这个过程不仅是经济发展的必然趋势,同时也是政治因素综合作用的结果,那么政治因素是如何作用于国际贸易政策呢?这主要是通过国际谈判来进行的。通过国际间的谈判,以国际协定的形式实现关税减免,降低保护程度。

一、国际谈判的优点

目前,世界上国家之间的贸易争端大多是通过谈判、协商解决的。双边或多边的国际谈判之所以优于单方的政策行为,原因在于:

(1)通过谈判签订互惠协定有利于实施更加自由化的贸易;(2)贸易谈判协定使得各国政府避免了贸易战给各自带来的巨大损失。

国际谈判有助于实现贸易自由化这一点相当明显。由于相互竞争的生产者通常比消费者更有组织,也能获取更多的信息。国际谈判的最初目的往往是给国内的生产者创造机会,结果却是有利于各国的消费者。比如美日之间可能达成协定,美国取消对日本进口商品的配额限制,同时日本也取消对美国农产品和其他商品的进口壁垒。美国消费者可能在反对外国进口商品的配额方面不那么有效,即使配额意味着进口商品的价格上升。但是美国出口商为了想打入日本市场,会通过游说寻求美国政府取消进口配额以换取日本政府开放市场。如果游说成功,美国政府取消了日本进口商品的配额限制,导致对美国消费者有利的结果。同样的情况,也会在日本出现。

国际谈判可以避免贸易战的发生,下面通过一组数据来解释贸易战的概念。假设世界上只有两个国家:A国和B国,只有两种可供选择的政策:自由贸易或者保护贸易,如表14-1所示。

表14-1 两国两种贸易政策的选择

A国 \ B国	自由贸易		保护	
自由贸易		10		20
	10		−10	
保护		−10		−5
	20		−5	

首先,假设两国政府都在假定对方政策既定情况下选择采取保护贸易政策。这样,不管B国采取什么政策,A国政府都会选择保护,认为这样会使本国的贸易状况得到改善。当然,这个假设是不现实的,因为多数情况下最好的政策是自由贸易而不是保护。但从本章第一节的介绍中可知,政府在制定贸易政策时有多种社会目标要考虑,所以很难避免对本国某些产业实施保护措施。其次是对方采取的自由贸易政策,就单个国家来说,这种情况下保护会很大程度上

改善本国福利。如果双方都选择自由贸易,他们的福利也会同时得到改善,就是说,如果B国开放市场,则A国的获益超过它向B国开放市场的损失;同样,对于B国也是如此。这是经典的自由贸易理论最基本的结论。

上述情况有些像博弈论中的"囚犯困境"。两国政府都为本国作最优决策,选择了保护。结果就是移向表中的右下角,两国都遭受了损失。但如果两国都不采取保护,即表中的左上角情况,两国的福利总水平就会最高。因此,两国政府通过单方面实施似乎对本国最有利的政策,结果却无法实现最优。两国都选择保护贸易政策,就会导致贸易战,这就会出现最坏的情况。

因此,A国和B国都会认为有必要进行谈判,通过协商签订协议来避免贸易战。两国的协议限制了各方的行动自由,但福利水平都获得改善。与"囚犯困境"不同的是,囚犯不能串谋,但两国政府可以协商,双方理智的选择应该是相互自由贸易。

当然,现实世界远比这个高度抽象的模型来得复杂。模型假定了只有两种极端的贸易政策;而实际上,各国之间的谈判协定达成的政策通常都是介于自由和保护两者之间的折中结果。但这个模型至少说明,国际间贸易政策的协调是必要的,即通过政治谈判可以改善贸易政策的效果,这同国与国之间单方面的决策结果是有所区别的。实际上,现行的国际贸易体系就是建立在一系列国际协定的基础上的。

二、优惠贸易协定

通常所说的国际贸易协定都是非歧视性的,比如最惠国待遇,它保证协定范围内所有出口商支付的关税税率是相同的。但是,国与国之间还可以通过别的方式签订优惠贸易协定,即协定内成员享受比未参加协定的成员更优惠的待遇。这主要有以下两种情况,即建立自由贸易区或者关税同盟。这两种类型各有利弊,自由贸易区在具体操作、管理上相当困难,但不易起政治上的争端,而关税同盟正好相反。

关税减免使得经济效率提高,所以优惠贸易协定可能有利于参加国福利水平的提高。但是一国加入关税同盟后,也有可能使境况恶化。具体分析参见第八章第五节。

复习思考题

一、关键词语

贸易政策的政治经济学　自身利益说　社会目标说　中点投票人　利益集团　搭便车者　寻租行为　互相捧场　外生性关税　内生性保护　囚犯困境

二、问答题
1. 阐述中点投票人模型的基本机理。
2. 为什么贸易政策经常偏离中点投票人的意愿而使某些利益集团获益?
3. 简述贸易政策中的寻租行为给一国福利带来的影响。
4. 国际谈判为什么可以避免贸易战?试用博弈论的知识进行分析。
5. 阐述自由贸易区和关税同盟各自的优缺点并用实例佐证。

第十五章　国际贸易组织和协定

15世纪以后一度盛行的重商主义,推行的贸易政策都是对本国有利,对他国不利的,因此经常引起国家之间的冲突,以致发生战争。

1930年,美国国会通过了"斯莫特—霍利关税法"(Smoot-Hawley Tariff Act of 1930),到1932年,美国平均进口关税高达前所未有的59%。外国政府纷纷作出反应,有的迅速提高本国关税,有的直接对美国的出口商品征收报复性高关税。先后向美国提出抗议的国家有24个。结果是世界贸易量迅速下降,美国是贸易量下降最多的国家。

1934年,美国国会批准了"互惠贸易协定方案"(Reciprocal Trade Agreements Program),授权总统在与外国议定贸易条约时,有权在50%的范围内降低或提高美国的现行关税税率。随后,美国的关税大幅度下降,一度使平均进口关税降到12%。

"斯莫特—霍利关税法"实施的时间很短,但给美国和其他国家造成重大的经济损害,成为美国立法史上引起外国普遍反对的著名法案,也是近代国际贸易史上一国的贸易行为遭受多国报复的典型案例。

本章介绍对当前国际贸易有影响的主要国际贸易组织和重要国际贸易协定。了解现行国际贸易必须遵循的一些基本规则,对于加深理解国际贸易理论和政策或者从事具体的国际商务活动都是十分必要的。

第一节　关税与贸易总协定

二战临近结束时,世界上大部分国家都处于物资短缺、经济混乱、人民生活水平低下的困难境地。20世纪30年代大萧条时期各国保护贸易政策的危害更是记忆犹新。美国和其他许多国家都希望战争一旦结束,能够尽快转向恢复经济。因此,建立一个稳定有秩序的国际经济环境是大多数国家的共同愿望。

1944年7月,44个国家在美国的布雷顿森林举行会议,并通过了《国际货币基金协定》和《国际复兴开发银行协定》。不久,两个国际组织先后成立。

1946年2月,联合国经济与社会理事会举行第一次会议,决定筹备联合国贸易与就业问题的会议,并成立了筹备委员会,起草国际贸易组织宪章,准备进行各国广泛削减关税的谈判。

一、关税与贸易总协定的由来

1946年10月,筹备委员会第一次会议在伦敦召开,决定成立《国际贸易组织宪章》(International Trade Organization Charter)的起草专家组。考虑到宪章在签订后要提交各国立法机构审议批准,批准的国家数达到规定的数目方能生效。因此,会议还决定把宪章中有关国际贸易政策的部分整理成一个单独的文件,试图简化批准程序,尽快让各国政府暂时使用。

1947年4月—10月,筹委会在日内瓦召开全体会议,进行多边关税减让的谈判,并审议《国际贸易组织宪章》草案。经过激烈的争论和各方妥协,会议就《国际贸易组织宪章》草案达成一致意见,各国代表还在会议期间达成一百多项双边和多边的关税减让协定。

这些减税协定和部分宪章内容构成的单独文件合称为"关税与贸易总协定"(General Agreement on Tariffs and Trade, GATT)。参加筹委会会议的23国政府代表在总协定上签字。但是有些代表提出这个总协定也需要国内立法机构批准才能生效。为了彻底避开各国立法机构的审批,会上又起草了一个《关税与贸易总协定的临时适用议定书》(Protocol of Provisional Application of the General Agreement on Tarriffs and Trade),议定书规定只要澳大利亚、比利时、加拿大、法国、卢森堡、荷兰、英国和美国政府不迟于1947年11

月 15 日在本议定书上签字,关税与贸易总协定就于 1948 年 1 月 1 日起临时适用。

于是,上述 8 国政府按时签署了临时适用议定书,关税与贸易总协定正式于 1948 年 1 月 1 日起临时适用。1948 年 6 月 30 日之前,另外 15 个参加日内瓦会议的政府也在临时适用议定书上签字,这些政府自签字之日起 30 天后也临时适用关税与贸易总协定。这就是通常所说的 23 个国家是关税与贸易总协定的"创始国"。

1947 年 12 月,联合国贸易与就业会议在哈瓦那召开,56 个国家的代表团参加。《国际贸易组织宪章》草案再次修改后,经表决通过,通过的宪章也称《哈瓦那宪章》(Havana Charter)。在宪章最后文本上签字的共有 53 个国家的代表。

由于宪章在一些国家未被国内立法机构批准,美国政府在国会强烈反对的气氛中,甚至未敢提交国会讨论。国际贸易组织的筹建因此半途夭折,关税与贸易总协定也就事实上长期适用了。

二、关税与贸易总协定的基本规则

在关税与贸易总协定的前言中,明确表示了各国政府签订总协定的目的是:在处理各国贸易与经济关系中,应致力于提高生活水平,保证充分就业,以及实际收入和有效需求有巨大持续的增长,充分利用世界资源,扩大商品的生产和交换。

为了促使上述目的实现,总协定作了许多具体的规定,其中基本的规则有以下四条。

1. 普遍的最惠国待遇。普遍的最惠国待遇(General Most Favoured Nation Treatment)是总协定第一部分的第一条,也是总协定最重要的条款。许多专家把这一条款称为总协定的"基石"。

在起草协定时,各国代表对最惠国待遇的具体含义有很大的争议。最后,作为强调这一条款的广泛适用性,前面加了普遍的一词,而对一些特殊情况则作了例外的规定。

普遍的最惠国待遇条款规定:缔约方给予来自或运往任何其他国家的任何产品的任何优惠,应当立即无条件地给予来自或运往所有其他缔约方境内的相同产品。

条款中的优惠主要是指一个缔约方对进出口商品给予的关税优惠。同时,也包括海关收取的费用,税费征收的方法,与进出口有关的规则和手续,进出口商品的国内税费及其有关法规等方面的优惠。

"任何其他国家"、"任何产品"和"任何优惠"充分体现了这一条款的普遍意义,使这一条款覆盖了总协定规定的"例外"之外所涉及的所有情况。

即使在总协定适用的初期,这一条款的作用也是十分显著的,23个缔约方相互进出口商品的待遇明显改善。特别是进口关税方面,每个缔约方都能适用对方最低的税率,而且无须再进行双边或多边的谈判。

根据这一条款的规定,总协定适用以后,一个缔约方对任何其他国家在进出口商品方面作出的新的优惠承诺,就会"立即无条件"地成为对所有其他缔约方的承诺。

成为最惠国待遇例外的主要有以下四种情况。

(1) 历史上形成的"特惠制"(Preference System)。特惠制是殖民时代的产物,宗主国与殖民地之间的特惠待遇要比最惠国待遇更优惠,欧洲一些大国既要保留这种特惠制,又不愿意所有缔约方都能享受,最后使特惠制成了最惠国待遇的例外。

1974年,最大的特惠制:英联邦帝国特惠制随着英国加入欧共体后消失了。但是,欧共体以至于现在的欧盟却利用总协定最初的规定,使欧洲这些国家与非洲、加勒比地区、太平洋地区的一些发展中国家之间的特惠待遇仍然保留下来。

(2) 关税同盟和自由贸易区。关税同盟或自由贸易区的成员相互之间一般实行自由贸易。总协定起草时,世界上只有卢、比、荷等少数国家存在这种情况,因此,协定允许关税同盟和自由贸易区成员之间的优惠作为最惠国待遇的例外,同时也规定,这些关税同盟或自由贸易区对其缔约方进行的贸易不得提高其壁垒。

但是,现在的世界经济情况同20世纪40年代末相比,发生了巨大的变化,区域经济一体化成了一股世界潮流,越来越多的国家组成各种形式的经济组织,相互之间的贸易优惠都成了最惠国待遇的例外。

当初允许关税同盟和自由贸易区内的贸易优惠作为最惠国待遇的例外,在几十年后竟然使最惠国待遇条款出现这么大的缺口,实在是总协定的设计者们始料未及的。

(3) 发达国家对发展中国家的单方面优惠。1964年,总协定的全体缔约方同意在总协定条款中增加第四部分,题为"贸易与发展"。并依此建立了一个新的长设机构:贸易与发展委员会。1979年,在东京回合结束时,总协定的全体缔约方又通过了一项决定,题为"差别和更加优惠的待遇、互惠和发展中国家进一步参与"。

决定进一步明确规定:"缔约方可以不考虑总协定第一条各款,对发展中国家实施差别和更加优惠的待遇,而不将这种待遇给予其他的缔约方。"这一规定后来也被称为"授权条款",即发达国家有权对发展中国家实行更优惠的差别待遇。

在实践中,较有影响的结果就是发达国家对发展中国家实施的普遍优惠制。普遍优惠制对来自发展中国家的产品征收比最惠国待遇更优惠的税率,其他发达国家不能引用总协定的最惠国待遇条款适用这种优惠待遇。

(4) 农产品和纺织品等"灰色地区"。农产品始终是发达国家高度保护的特殊产品,各种农产品在各缔约方之间的贸易存在五花八门的差别待遇,进口配额、出口补贴、自愿限制出口等等非关税壁垒在农产品贸易中各尽所能,虽然乌拉圭回合上达成了一项农产品贸易协定。但是,最惠国待遇对农产品贸易来说还是十分遥远的事情。

纺织品是另一类国际贸易中的特殊产品,总协定安排下的纺织品谈判,产生了于1974年起生效的《多种纤维协定》(Multi-Fibre Agreement, MFA),这个协定一方面遏制了出口国的纺织品快速增长,同时也阻止了进口国对纺织品的过分限制,因此是一个避免进出口国激烈对抗的折中安排。这种安排的结果是使纺织品偏离了总协定的基本规则,比农产品稍为乐观的是,乌拉圭回合达成的《纺织品与服装协议》规定从1995年起,经过10年过渡期后,纺织品和服装的贸易纳入总协定的规则。

2. 国民待遇。如果说最惠国待遇是指不同缔约方的相同产品在进入一个缔约方境内时应享受同等（最优惠）待遇的话，那么国民待遇是指来自缔约方的产品进入一个缔约方的境内后，应享受与该缔约方境内的相同产品的同等（不低于）的待遇。

总协定的国民待遇（National Treatment）条款规定：任何缔约方境内的产品进入了另一缔约方境内，不得直接或间接征收超过直接或间接对国内相同的产品征收的国内税或其他国内费用，并在影响国内销售、推销、购买、运输、分配或使用的全部法规和细则方面，这些产品享受不低于国内相同产品的待遇。任何缔约方都不得对产品的混合、加工或使用设置或维持国内含量的规定。

国民待遇条款还规定：不同缔约方的产品进入了一个缔约方境内，仍应享受该缔约方的最惠国待遇。

举一个简单的例子：A、B、C三国都是总协定的缔约方，C国对国产铅笔征收20％的销售税，对来自A国和B国的相同的铅笔分别征收18％和15％的销售税，这样做不违反国民待遇条款，但对B国来说，C国违反了最惠国待遇条款，B国的铅笔应该享受15％销售税的待遇。

3. 取消数量限制。总协定对取消数量限制的规定十分严格，因为数量限制不仅直接影响商品的进出口数量，而且对数量限制的监督和核查十分困难。

一般取消数量限制（General Elimination of Quantitative Restrictions）条款规定：任何缔约方都不得对任何其他缔约方境内的任何产品进口，或者对出口到任何其他缔约方境内的任何产品的出口或销售，设置或维持除关税、国内税或其他费用以外的禁止或限制，不论采取的是配额、进出口许可证，还是其他措施。

由于在审议总协定条款时一些政府代表的坚持，这一条款也规定了许多例外，主要有：

（1）缔约方为防止或减轻国内食品或其他必需品的严重短缺采取的暂时性禁止或限制出口。

（2）为实施稳定国内农产品及渔产品市场的政府措施，对相同的农、渔产品进口的数量限制。

(3) 为保障国际收支对进口商品的数量或金额限制。

(4) 发展中国家为了保护国内市场,加速某些特定工业的建立而实施的进口数量限制。这种数量限制是作为政府援助的一种形式。

4. 削减关税。总协定把关税看作是进行贸易的严重障碍,因此,在互惠的基础上进行谈判,以大幅度降低关税和其他费用的一般水平,对发展国际贸易是非常重要的。

在关贸总协定的主持下,至今共进行了八轮多边贸易谈判,全体缔约方的平均进口关税,从20世纪40年代末的40%左右,下降到90年代末发达国家的4%和发展中国家的15%左右。

每轮关税谈判结束,缔约方都要把承诺减让后的每种商品关税税率编制成减让表(Schedules of Concessions)。

总协定的条款规定:一缔约方对其他缔约方所给予的待遇,不得低于本协定所附这一缔约方的有关减让表中所列的有关待遇。

总协定的条款还规定:本协定所附的各减让表,应视为本协定的组成部分。

一个缔约方要修改或撤销其有关减让表内所列的某项减让,必须与原先的谈判缔约方以及有主要供应利益(Principal Supplying Interest)的缔约方达成协议,并与所有其他有实质性利益(Substantial Interest)的缔约方协商。修改或撤销某项减让后的缔约方应保持互惠减让的一般水平,使这缔约方对其他缔约方的优惠不低于这项谈判前所规定的水平。

因此,缔约方列入减让表的关税税率也称为约束税率(Bound Rate)。乌拉圭回合以后,各缔约方被约束的税率占所有税率数目的百分比大幅度提高,发达国家从78%提高到99%,发展中国家从21%提高到73%,向市场经济过渡的国家从73%提高到98%。

以上介绍了关税与贸易总协定的几个基本的规则,在国际贸易领域中,政府对国内市场或国内产业的保护一般通过五个环节:关税、海关手续、数量限制、补贴和国家垄断经营。

在起草总协定的过程中,专家们一致认为,关税的透明度高,容易进行核查;制定关税的程序规范,税率比较稳定;对贸易商和生产商来说,关税作为一项成本有可预见性。所以,总协定的条款体现了一种基本思想,就是把关税作为总协定允许各国政府采用的惟一的一种保护方式。其他的非关税保护方式都应该折算成关税。通过最惠国待遇和国民待遇使国外商品之间,以及国外商品和国内商品之间享受同等待遇,在同一水平上竞争。通过关税减让使惟一允许的保护程度不断降低。最终,达到市场竞争基础上的自由贸易。

各项规则的许多例外,反映了缔约方,特别是贸易大国的利益,同时,也说明自由贸易是一个长期的渐进的过程。

从总体上说,总协定的签订,大大削减了各种保护贸易的措施,在推动自由贸易方面起到了重要的作用。

第二节 联合国贸易与发展会议

在联合国成立初期,有关国际经济、社会、文化、教育和卫生等方面的问题都归入联合国经济及社会理事会的职能范围。

进入 20 世纪 60 年代以后,一大批新独立的发展中国家强烈要求摆脱原宗主国在经济和贸易方面的垄断和控制,呼吁联合国成立专门的机构研究和解决发展中国家的贸易和经济发展问题。发展中国家认为,保护国内资源,改善贸易条件,扩大对外贸易对维护国家主权,巩固国家独立和民族解放的成果是至关重要的。

一、联合国贸易与发展会议的历程

1964 年 3 月,第一届联合国贸易与发展会议在瑞士的日内瓦召开。同年,第十九届联合国代表大会通过决议,确定成立联合国贸易与发展会议,简称贸发会议(United Nations Conference on Trade and Development, UNCTAD),并作为联合国的正式常设机构。

贸发会议基本上每四年召开一次,第十届大会于 2000 年 2 月在泰国的曼谷召开。会议的主题是经济全球化问题,190个成员国和许多国际经济组织、非政府组织都派代表参加了这次会议。

贸发会议的主要目标是促进国际贸易,加速经济发展,特别是发展中国家的经济和贸易发展,推动发展中国家和发达国家就国际经济、贸易领域里的谈判帮助发展中国家面对全球化的挑战,并在公正的基础上融入世界经济。

30多年来,贸发会议主持达成了多方面的政府间协定。

贸易方面:1971年达成普遍优惠制,使发展中国家每年700亿美元以上的出口商品,受到发达国家按普遍优惠制给予的优惠待遇。1980年,通过了《多方同意的一套控制限制性商业惯例的公平原则和规则》,主要是限制企业在国际贸易中的垄断和不正当竞争行为。1989年,达成了《发展中国家之间贸易优惠的全球体系协定》。1994年,在联合国召开的贸易效率专题会议之后,贸发会议实施了"全球贸易网点"计划,在提高政府对贸易的服务效率、贸易企业的经营效率和贸易信息的处理效率方面取得了成功经验,并陆续推广到更多的国家。至今有114个国家参加。

在商品方面,签订了可可、糖、天然橡胶、黄麻及其制品、热带木材、锡、植物油和小麦等商品协定。这些商品都是发展中国家有特别利益的原料和初级产品,协定的目的是稳定市场价格、增加发展中国家的出口收益。1989年,建立了商品共同基金,为发展中国家的商品储存、研究和开发项目提供资金,金额约60亿美元。商品协定和商品共同基金合称商品综合方案。

贸发会议在减免发展中国家债务,有利于发展中国家经济发展的国际技术转让、国际货物运输等方面作了大量努力,形成了相关的协定和规则。

发展中国家为了进一步加强联系和协商,在贸发会议和其他国际场合采取一致的行动,建立了"77国集团"。

1964年,第一届贸发会议期间,一部分发展中国家发表了关于国际经济新秩序的《联合宣言》,在宣言上签字的共有77个发展中国家,"77国集团"因此得名,现有132个成员国。

"77国集团"是发展中国家的国际组织,在联合国大会和贸发会议举行之前,召开部长级成员国会议,讨论和协调各成员国在有关问题上的立场。

二、普遍优惠制

普遍优惠制(Generalized System of Preferences, GSP)是发达国家给予来自发展中国家的产品(主要是制成品和半制成品)的关税优惠制度,简称普惠制。

从20世纪50—60年代初,发展中国家的出口贸易增长低于发达国家,在世界出口贸易中的比重迅速下降。同时,发展中国家为了发展本国经济,增加了进口生产设备和其他工业制成品,以致产生巨大贸易逆差,债务问题日益严重,贫富差距扩大。

1964年,发展中国家在第一届贸发会议上提出关税优惠问题,要求发达国家对发展中国家出口的产品减免关税,增强发展中国家产品的竞争力,有更多的机会进入发达国家市场。发达国家强调各国经济的特殊性,不同意制定一项统一的优惠方案,在给惠范围、给惠期限、给惠幅度等方面同发展中国家的要求有很大距离。

1968年,贸发会议在第二届会议上通过了关于普惠制的第21(Ⅱ)号决议。决议协调了发展中国家和发达国家的不同意见,就普惠制的基本内容达成了相互可以接受的安排。

根据决议,普惠制的目的是:

(1) 增加发展中国家的出口收入;

(2) 促进发展中国家的工业化;

(3) 加快发展中国家的经济增长速度。

普惠制的原则是:

(1) 普遍的,即发达国家给予发展中国家出口的产品(主要是制成品和半制成品)普遍的关税优惠;

(2) 非歧视的,即应使所有发展中国家都不受歧视地享受普惠制待遇;

(3) 非互惠的,即发达国家给予发展中国家的关税优惠是单方面的,不应要求发展中国家给予发达国家相应的优惠待遇。

贸发会议专门设立了优惠问题特别委员会管理普惠制。从1971年起,发达国家先后通过各自制定的普惠制方案(Scheme Under GSP)开始实施普惠制。

目前,普惠制有28个给惠国的14个给惠方案,欧盟15国采用一个给惠方案,美国、加拿大、日本、澳大利亚、新西兰、挪威、瑞士、捷克、斯洛伐克、保加利亚、匈牙利、波兰和独联体都单独制定和公布给惠方案。受惠国和受惠地区共170多个。

普惠制给惠方案一般包括给惠产品范围、关税优惠幅度、受惠国家、原产地规则和保护措施。

虽然普惠制的原则是普遍的优惠,但给惠国往往考虑到本国有关产业的利益,把部分产品排除在给惠产品范围之外,或者规定产品的给惠限额,超过限额就不能享受优惠。农产品、纺织品、鞋类、皮革制品等常常被列入不给惠或限额给惠产品。

给惠方案中不给惠或限额给惠的产品都按HS的顺序列成清单,给惠国根据本国经济的发展和受惠国的要求可以在新公布的给惠方案中调整清单的内容。

优惠幅度是指关税在最惠国待遇的税率基础上减免关税的幅度。或者说优惠幅度就是最惠国税率和普惠制税率的差额。给惠国在新公布的给惠方案中可以调整优惠幅度。

按照非歧视的原则,所有发展中国家都能享受各个给惠方案规定的优惠待遇,但是许多给惠国都从政治或外交方面考虑,取消一些发展中国家享受本国给惠方案的权利。后来,有些给惠国还从经济方面考虑,把一些发展较快的发展中国家排除在外。给惠国在每个给惠方案中都列出受惠国名单,未列入名单内的发展中国家就不能享受这个给惠方案。

原产地规则(Rules of Origin)是普惠制的重要内容,由于普惠制的优惠只给予来自发展中国家的产品,也就是说,来自发达国家的相同产品不能享受。为了明确地划分产品的原产地,普惠制规定了详细的原产地规则,以确保优惠给予发展中国家的产品。

普惠制的原产地规则一般包括三个部分:原产地标准、直接运输规则和书面证明。

(1) 原产地标准。只有符合原产地标准的受惠国产品才能享受普惠制的优惠。符合原产地标准的产品分两类:一类是完全原产品(Wholly Obtained Products),即完全用受惠国的原料、零部件生产的产品;另一类是含有进口成分的产品,如果进口成分在受惠国经过充分加工(Sufficient Processing),使其得到实质性改造(Substantial Transformation),这种产品也可以享受普惠制的待遇。

进口成分是否被充分加工,有没有被实质性改造是用加工标准和百分比标准来衡量的。同时还制定了一般规则。

① 加工标准。加工标准(Processing Criterion)是借用HS分类目录,规定进口成分和加工后的制成品在HS分类目录中归属的税目前4位数不同,就被认为进口成分经过了充分加工,得到了实质性改造。换句话说,如果进口成分加工成制成品后在HS分类中税目的前4位数不变,那么这种加工就被认为是不充分的,进口成分没有被实质性改造,这种制成品就不能享受普惠制的优惠待遇。

举例来说,如果一个受惠国进口大豆,在国内加工成大豆粉后出口,因为在HS里大豆归入120 100,大豆粉归入120 810,这种加工就是充分的,大豆在受惠国得到了实质性改造。

如果一个受惠国进口大豆粗粉后,在国内加工成大豆细粉后出口,或者将未脱脂的大豆粉加工成脱脂的大豆粉出口就不是充分加工,因为在HS里大豆粉不论粗细或是否脱脂都归入120 810,进口成分的税目没有改变。

HS对国际贸易商品的分类主要用于海关征税和贸易统计,并不完全是按商品的加工程度分类的。因此,加工标准在借用HS时,还制订了两份清单。

清单A,又称否定清单。列入清单A的进口成分不仅要改变税目,还要完成规定的加工工序才能符合加工标准。例如:面料和成衣分别归入不同的税目。但是,用进口面料在受惠国剪裁、缝制成的成衣出口,不符合加工标准。只有用进口纱线在受惠国织成面料后制成的服装才符合加工标准。

清单 B,又称肯定清单。列入清单 B 的进口成分完成规定的加工工序后,没有改变税目也符合加工标准。例如未漂白的人造纤维织物归入 551 611,印花的人造纤维织物归入 551 614,如果一个受惠国进口未漂白的人造纤维织物,在国内加工成印花织物,虽然税目前 4 位数未改变,也符合了加工标准。

欧盟 15 国采用统一的给惠方案,把成员国未能统一原产地标准的少数几种商品列入清单 C。清单 C 内的进口成分必须符合有关国家的加工标准。

采用加工标准的给惠国有欧盟、芬兰、瑞士、挪威和日本。

② 百分比标准。百分比标准(Percentage Criterion)是给惠国规定进口成分占加工成的制成品价值的百分比。有些给惠国规定对进口成分加工后制成品中受惠国提供的原料和劳务的比例,因此也称增值标准(Value-added Criterion)。

澳大利亚、新西兰、加拿大、美国等采用百分比标准。例如,美国规定受惠产品进入美国时,海关估定的产品出厂价中,受惠国成分的价值不得低于 35%。加拿大规定受惠产品离开受惠国运往加拿大前的价值中,进口成分所占比例不得超过 40%。

③ 一般规则。给惠国在规定原产地标准的同时,还规定一些一般规则,其中主要的是给惠国成分和原产地累计。

给惠国成分(Donor Content)是指受惠国的产品出口到一个给惠国去,产品生产中使用的来自该给惠国的原料、零配件等进口成分可以算作受惠国的原产地成分。

原产地累计(Cumulative Origin)是指计算受惠产品的成分时,把几个受惠国或所有受惠国当作同一个生产区域,在这个区域里生产、加工构成的产品价值都可以作为出口该产品的受惠国的原产地成分。

(2) 直接运输规则。直接运输(Direct Consignment)是指受惠产品必须从受惠国直接运至给惠国。这是为了避免运输过程中对受惠产品再加工或改变受惠产品的原产地。受惠产品必须具备直运提单或其他足以证明直运的书面证明才能享受优惠待遇。

但是,有些受惠国的产品由于地理的原因,或者运输条件的限制不可能直接运输,例如有些受惠国是内陆国家,有些受惠国和给惠国之间没有直达航线。直接运输规则规定,必须经过第三国运输的受惠产品应在第三国海关的监管下,并由第三国海关签发过境证明书。

(3) 原产地证明书。普惠制的原产地证明书是一种专用的证明书,全称为《普遍优惠制原产地证明书(申报与证明联合)格式A》,简称"格式A"(Form A)。

"格式A"的样式是贸发会优惠问题特别委员会通过后统一使用的。"格式A"是官方证明书,由受惠国的出口商填制,经受惠国政府的授权机构审核后签发。签发"格式A"的机构应由受惠国政府在贸发会秘书处备案。

给惠国海关有权对受惠国签发的"格式A"复查。受惠国的签证机构应在6个月内作出复查结果的答复。

普惠制从1971年实施以来,每10年延长一次,至今仍然有效。普惠制给予发展中国家出口商品的关税优惠一定程度上提高了发展中国家的出口竞争能力,但其效果是有限的,特别是把所谓敏感商品排除在给惠产品范围之外,对许多商品设置关税配额,进一步削弱了普惠制的作用。美国还制定了"竞争必要的限制"和"毕业条款"取消发展中国家有些产品享受普惠制的权利,甚至把一些发展较快的国家从受惠国行列中"毕业"出去。

进入20世纪90年代以后,发展中国家和发达国家的经济差距进一步加大,贫富更为悬殊的事实证明,仅仅依靠普惠制来加快发展中国家的经济增长速度是远远不够的。

第三节 世界贸易组织

世界贸易组织(World Trade Organization, WTO)成立于1995年1月1日。世界贸易组织是在关税与贸易总协定的乌拉圭回合的谈判中创建的,但是,世界贸易组织并不是简单地取代关税与贸易总协定,两者之间既有联系又有许多重大的区别。

世界贸易组织的职能是:

实施世界贸易组织的贸易协定;

举行成员间的贸易谈判;

处理贸易争端;

监督和检查成员的贸易政策;

为发展中国家提供技术援助和培训;

同其他国际组织的合作。

这些职能中最基本的职能是第一条。世界贸易组织有庞大的贸易协定框架,每一个贸易协定都有复杂而又具体的规定。有选择地简要介绍若干协定内容,可以更实际地了解世界贸易组织在世界贸易中的作用。

一、从 GATT 到 WTO

从1948年关贸总协定临时适用到1994年,总协定发动和主持了八轮缔约方的多边贸易谈判,为繁荣国际贸易和促进国际贸易的自由化进行了不懈的努力,缔约方从23个增加到123个。

1. 乌拉圭回合和建立世界贸易组织。1986年9月,总协定在乌拉圭的埃斯特角城(Punta del Este, Uruguay)召开缔约方的部长会议,宣告第八轮回合正式启动。这是历史上最大的一次多边贸易谈判。谈判的议题除了传统的关税减让、削减非关税壁垒以外,还包括服务贸易、与贸易有关的知识产权、与贸易有关的投资等新的领域,农业、纺织品等敏感的产业,以及对总协定条款和总协定框架内其他协定条款的修订。

在多边谈判过程中,关税与贸易总协定作为一个临时适用的政府间协定,与关税与贸易总协定作为一个国际组织实际所起的作用之间的矛盾日益突现。迅速发展的国际贸易和贸易涉及的领域不断扩大,迫切要求建立一个与此相适应的国际贸易组织。

从1990年7月,欧共体12国率先提出建立多边贸易组织的倡议,以后,加拿大、美国、瑞士等国也先后提出类似的建议。

经过两年多的谈判,关税与贸易总协定在恢复《哈瓦那宪章》和新建国际贸易组织方面达成了一致意见,在新成立的组织各项职责方面也取得了共识。1993年12月,各缔约方同意了各项协定的最后文本,乌拉圭回合谈判结束。1994年4月,125个缔约方代表在摩洛哥的马拉喀什(Marrakesh,Morocco)签署了"乌拉圭回合多边谈判成果最后文本"和"关于建立世界贸易组织的协定",这个协定也被称为马拉喀什协定。发表了《马拉喀什宣言》。

到1994年底,共104个缔约方经过立法程序批准了"关于建立世界贸易组织的协定",世界贸易组织于1995年1月1日在日内瓦正式创立。所有协定正式生效。

世界贸易组织有庞大的协定框架,所有协定都作为"关于建立世界贸易组织的协定"的附录。"关于建立世界贸易组织的协定"条款规定,包括在附录1、2、3里的各项多边贸易协定(Multilateral Trade Agreements)是本协定不可分割的组成部分,对所有成员有约束力。附录4里的各项单项贸易协定(Plurilateral Trade Agreements)也是本协定的组成部分,对承认单项协定的成员有约束力,对未承认的成员不产生权利和义务。

附录1A 货物贸易的多边协定:
  关税与贸易总协定1994
  农产品协定
  实施卫生和植物检疫措施协定
  纺织品与服装协定
  贸易的技术壁垒协定
  与贸易有关的投资措施协定
  执行关税与贸易总协定1994第六条的协定
  执行关税与贸易总协定1994第七条的协定
  装运前检验协定
  原产地规则协定
  进口许可证程序协定

　　　　补贴与反补贴措施协定
　　　　保障协定
　　附录1B　服务贸易总协定和附录
　　附录1C　与贸易有关的知识产权协定
　　附录2　解决争端的规则和程序谅解
　　附录3　贸易政策评审机制
　　附录4　单边贸易协定
　　　　民用航空器贸易协定
　　　　政府采购协定
　　　　国际奶制品协定
　　　　国际牛肉协定

2. WTO与GATT的关系。世界贸易组织成立后取代了作为组织的关税与贸易总协定。但是,作为协定的关税与贸易总协定依然存在,而且将继续在国际贸易领域里起到重要的作用。

继续有效的关税与贸易总协定简称GATT1994,包括的主要内容有:

(1) 修改后的GATT1947(即原来协定意义上的GATT);

(2) 作为组织的GATT主持下制定的各种正式文件,包括关税减让表、加入议定书等;

(3) 关于GATT1994的六项谅解;

(4) GATT1994的马拉喀什议定书。

GATT1994是世界贸易组织协定框架中的重要组成部分,因此,世界贸易组织实际上是全面继承了关贸总协定。"关贸总协定临时适用议定书"是一个例外,世界贸易组织的成立终于结束了长达47年的临时适用。

世界贸易组织与关税与贸易总协定相比,有很多重大的区别。

(1) 世界贸易组织是一个正式的国际组织,而关贸总协定作为组织是一个事实上存在的(De Facto)组织。

(2) 世界贸易组织的协定条款是法律,每个成员都要保证使其法律、规章和管理办法符合这些条款规定的义务。而关贸总协定作为协定的条款是政府的承诺,各缔约方在最大限度地与现有立法不相抵触的条件下适用这些条款。

(3) 参加世界贸易组织的是成员(Members),而参加关贸总协定的是缔约方(Contracting Parties),因为总协定实际上是一个政府间协定。

(4) 世界贸易组织的协定包括货物、服务、与贸易有关的投资与知识产权,而关贸总协定只涉及货物。

(5) 世界贸易组织的解决争端体系比关贸总协定更快、更自动运转,体系的规则不能阻拦。

(6) 世界贸易组织加强了对成员的贸易政策的监督和评审。

世界贸易组织庞大的协定框架体现了以下基本原则。

(1) 非歧视,最主要的是通过最惠国待遇使一个成员在所有其他成员的产品、服务、投资、知识产权等方面不能歧视,通过国民待遇使一个成员境内本国与外国的产品、服务、投资、知识产权等方面不能歧视。

(2) 更自由,通过多边谈判使贸易壁垒不断减少。

(3) 可预料,外国的企业、投资者和政府应相信贸易壁垒(包括关税、非关税壁垒和其他措施)将不会被随意地提高,越来越多的关税税率和市场开放的承诺将受到约束。

(4) 更有竞争性,通过阻止不公正的贸易行为,如出口补贴和倾销产品以低于成本的价格争取市场份额。

(5) 给予欠发达国家更多的优惠,例如给这些成员更多的调整时间,更大的弹性和特殊的待遇。

二、世界贸易组织的协定

世界贸易组织的众多协定构成了国际贸易的基本规则,这一节介绍几个协定的主要内容。

1. 反倾销协定。国际贸易应该在公正的条件下进行,商品倾销是一种公认的不公正贸易,关于倾销的动机和倾销的影响已经在前面的章节里作了分析,但是在实际的贸易过程中,如何在数量巨大、品种繁杂的贸易商品中,区分什么是倾销商品,什么是正常贸易就需要有一个明确的标准。在确定倾销商品后,进口国可以采取什么行动?如何防止进口国政府的行动造成新的不公正贸易?

关税与贸易总协定的第6条允许缔约方对倾销采取行动,规定缔约方对倾销采取的行动不受关税约束和非歧视原则的限制,即缔约方可以对倾销商品征收额外的关税,并只对倾销商品征收。

随着国际贸易中倾销和反倾销的矛盾加剧,第6条的规定暴露出过于简单,界定不够清楚的缺陷。"肯尼迪回合"中形成了第一部"国际反倾销法",并在"东京回合"中作了修订。"乌拉圭回合"再次把反倾销问题作为谈判的议题,最后各谈判方达成了新的"反倾销协定",全称为"关于执行GATT1994第6条的协定"。于1995年1月1日生效。

作为世界贸易组织协定框架的组成部分,"反倾销协定"对所有成员有约束力。

(1) 倾销(Dumping)。通过正常的贸易程序进入另一国贸易的产品,如果出口价格(Export Price)低于它的正常价值(Normal Value)就是倾销。

计量倾销的方法有几种,最主要的是对出口价格和正常价值进行公平比较,通常是在产品的出厂价的水平上比较。

如果一种产品的出口价格低于出口国内用于消费的相同产品的可比价格,就被认为是低于它的正常价值。

如果出口国内不销售这种相同产品,就用出口到适当的第三国的相同产品有代表性的可比价格进行比较;或者用出口产品在原产国的生产成本加上合理的管理费用、销售费用、一般的成本和利润后进行比较。

相同产品(Like Product)是指同一种(Identical)产品,就是所有方面都相同的产品,或者是虽然不是所有方面都相同,但是具有非常相似的(Closely Resembling)性质的其他产品。

合理的各项费用和利润应以相同产品在原产国按正常的贸易程序生产和销售的实际数据为基础。

正常的贸易程序(Ordinary Course of Trade)是指出口商和进口商以及第三方之间没有关联或者出口价格以外别的补偿安排。

例如：1台日本产的电视机在美国市场上卖2千美元，减去各项费用后的出厂价为10万日元，同样的电视机在日本市场上卖18万日元，减去各项费用后的出厂价为12万日元。12万日元一台作为正常价值的可比价格，10万日元一台作为出口价格的可比价格，结果是出口价格低于正常价值，日本对美国的电视机出口被确认为倾销。

又如：上述电视机在日本市场不销售，同样的电视机在英国有很大的销售量，如果在英国市场销售的代表性价格为1 500英镑，减去各项费用的出厂价为11万日元。11万日元一台作为正常价值的可比价格。日本对美国出口的电视机的可比价格每台10万日元低于11万日元，日本对美国的电视机出口构成倾销。

如果日本出口到美国的电视机在日本生产的成本为8万日元，各项合理的管理费用、销售费用、一般成本和利润加在一起为14万日元，这台电视机的正常价值为22万日元。假定合同签订日或发票缮制日的汇率为1美元兑换100日元，由于实际在美国市场销售的电视机为2千美元，相当于20万日元，就被认为是低于正常价值。日本的电视机在美国市场上构成倾销。

(2) 损害(Injury)。损害是指对进口国国内产业的实质性损害(Material Injury)、实质性损害的威胁(Threat of Material Injury)或者实质性阻碍这一产业的建立(Material Retardation of the Establishment)。

损害的确定主要考察倾销的进口产品数量和倾销的进口产品对国内市场相同产品的影响两方面。即倾销的进口产品数量是否明显增加，进口国国内市场相同产品的价格是否明显的下降。

国内产业(Domestic Industry)是指国内相同产品的全部生产商，或者是产量加在一起占国内相同产品总量大多数的那些生产商，但是不包括与出口商或进口商有关系的生产商。如果一国分成几个竞争性市场，各自形成独立的供给和需求，那么每一个市场的生产者可看作一个独立的产业。如果几个国家具有统一市场的特征,国内产业就是指整个区域内的生产商。

进口产品对国内产业的影响应包括所有有关的经济数据:如销售量、利润、产量、市场份额、生产率,以及库存、就业、工资等等。

(3) 反倾销(Anti-dumping)。一国的反倾销应有确凿的证据,包括倾销存在的证据、损害存在的证据,以及证明倾销和损害之间有因果关系的证据。

进口国对倾销产品征收的反倾销税不能超过倾销的幅度,倾销幅度(Margins of Dumping)一般根据加权平均的正常价值与加权平均的出口价格在可比基础上的差价确定。

如果出口商主动作出价格承诺(Price Undertakings),即提高出口价格或停止以倾销价格出口,进口国可以接受或不接受价格承诺,一旦接受价格承诺,进口国应停止反倾销调查,不再征收反倾销税。

WTO的"反倾销协定"进一步明确了一项反倾销税实施的期限一般为5年。如果确定的倾销幅度小于产品出口价格的2%,进口国应停止反倾销调查。如果一国出口的产品数量不到进口国这种产品进口总量的3%,或者从几个国家进口,每个国家的进口数量都不到总的进口数量的3%,加总的进口数量不到进口总量的7%,进口国也应停止反倾销调查。

"反倾销协定"在上述基本规则之外,还规定了反倾销调查的程序,对反倾销实践中出现的许多复杂的具体情况作了更明确、更详细的界定。同以前的几个反倾销协定相比,WTO的"反倾销协定"在透明度和可操作性方面有了很大的改进,但是,在防止进口国滥用反倾销、防止进口国把反倾销作为一种保护贸易的工具方面还有待改进。日本等国已提出在新一轮多边贸易谈判中应把反倾销问题作为谈判的议题之一。

WTO的"反倾销协定"被认为是建立在市场经济基础上的,特别是出口价格和正常价值的计算是以市场竞争的价格为前提条件。因此,许多发达国家对所谓非市场经济国家的反倾销采用的是另一套规则。

有些发达国家提出"公平价格"(Fair Price)的概念,对来自非市场经济国家的产品,不是用"反倾销协定"中的正常价值来比较,而是由进口国选定一个与该非市场经济国家的经济发展水平相似的市场经济第三国作为替代国,用替代国国内市场上相同产品的价格作为确定公平价格的基础,再与非市场经济国家产品的出口价格进行比较。

这种公平价格实际上对非市场经济国家是不公平的,进口国在选择第三国作为替代国时有很大的主观性和随意性。"经济发展水平相似"不是一个严格的概念,可能有几个国家都与某个非市场经济国家的经济发展水平相似,而它们的相同产品的价格很可能是不相同的。如果选定一个国内市场的相同产品价格较高的第三国为替代国,比较的结果可能是非市场经济国家的出口产品构成倾销,如果选定一个国内市场的相同产品的价格较低的第三国为替代国,结果就可能相反。

20世纪90年代初以来,许多原计划经济国家开始向市场经济转变,对什么是"非市场经济国家"也提出了疑问,如果对国内市场在竞争条件下形成的价格弃之不用,仍然要用替代国的公平价格来确定倾销,那么就显得更加不公平了。

2. 反补贴协定。国际贸易领域中的不公正贸易现象很多,除了倾销以外,补贴也是主要的一种。

受补贴的产品与不受补贴的产品在同一个市场上竞争是不公正的,但是,进口国对不受补贴的产品征收反补贴税,或者征收的反补贴税超过产品受补贴的幅度也是不公正的。

关贸总协定第6条对反补贴税作了原则规定,"东京回合"上制定了"补贴与反补贴协定",乌拉圭回合中讨论修改后将"补贴与反补贴协定"纳入世界贸易组织的协定框架,全称为"补贴与反补贴措施协定"。协定于1995年1月1日起生效,对世界贸易组织的全部成员有约束力。

反补贴税(Countervailing Duties)和反倾销税有许多相似的地方,专家们往往把两者统称为"AD-CVD"。许多国家用一个法律、一个机构处理这两种问题。世界贸易组织的委员会也经常在同一个会议上讨论这些问题。

但是,补贴和倾销有一个重要的不同:倾销往往是企业行为,而补贴是政府行为。因此,反倾销协定不能规定企业不准倾销,只能规定成员的政府的反倾销行动,而反补贴协定要规定两个方面:政府的补贴和政府之间的反补贴行动。

(1) 补贴(Subsidies)。协定定义的补贴是指政府在境内提供的财政资助。

"政府"包括各级政府和其他公共机构以及政府干预下的私人行为。

财政资助(Financial Contribution)是指政府通过财政方面的直接资金转移(如贷款、入股、拨款等)、减免税收、债务豁免等优惠,使受补贴者得到利益。

因此,根据补贴的定义,单纯的私人行为、政府对境外的资助、政府对境内非财政性的资助、政府对境内财政性资助,但受补贴方未得到利益都不算补贴。

协定定义的补贴分成专向性和非专向性两种。

专向性(Specificity)补贴是指政府明确规定补贴仅限于特定企业。特定企业(Certain Enterprises)可以是某个企业、产业、企业集团或多个产业。如果政府对补贴的资格和数额规定了客观的标准,符合标准者都能自动得到补贴,这种补贴就不是专向性补贴,税收部门制定的普遍适用的税率也不具有专向性。但是,如果政府的补贴计划尽管有客观标准,但只有少数企业可能得到补贴,这种补贴被认为具有事实上的专向性。

(2) 补贴的类型。协定按各种补贴对国际贸易的影响将补贴分成以下三类。

● 禁止的补贴(Prohibited Subsidies)。属于禁止的补贴主要有两种,一种是按出口实绩给予的补贴,另一种是按进口替代给予的补贴。协定的附录里列举了 12 种常见的出口补贴。

协定规定世界贸易组织的成员不得实施禁止的补贴。

● 可申诉补贴(Actionable Subsidies)。任何成员实施了协定定义的补贴并对其他成员的利益产生不利的影响,受害方可以提出申诉。这种补贴就是可申诉补贴。如果结果证明这种补贴并未对其他成员的利益产生不利影响,则这种补贴就是被允许的。

不利影响(Adverse Effect)是指:A. 损害另一成员的国内产业。"损害"是指实质性损害、实质性损害的威胁或实质性阻碍这一产业的建立,同反倾销协定的损害含义相同。B. 妨碍其他成员直接或间接享受的 GATT1994 的利益,特别是关税减让的利益。C. 严重侵害了另一成员的利益。

用便于理解,但不很严谨的话来说,不利影响是指三种情况:一个成员的补贴可能损害进口方的国内产业;一个成员的国内补贴可能损害本来有竞争力的出口方的利益,特别是国内补贴抵消了进口关税下降对出口方可能带来的利益;还有一种情况就是一个成员的补贴同另外没有补贴的成员在第三方市场上竞争,来自没有补贴的成员的出口受到严重侵害。

严重侵害(Serious Prejudice)也可理解为严重损害,但为了区别于严重损害(Serious Injury)这个专用名词,这里译成严重侵害,协定对构成严重侵害作了详细的规定。

● 不可申诉补贴(Non-actionable Subsidies)。不可申诉补贴就是指进口方成员不能就这类补贴向世界贸易组织的解决争端机构提出申诉,也不能对受这类补贴的产品征收反补贴税。

属于不可申诉的补贴有以下几种。

A. 不具有专向性的补贴。

B. 虽然具有专向性,但补贴是对企业、高等教育或科研机构的资助、而且补贴不超过基础研究费用的 75%,应用研究的 50%。

C. 对落后地区的非专向资助。落后地区必须是明确的可界定的地理区域,并经客观的标准认定。

D. 为适应新的环境保护要求,对现有设施改造的资助、补贴是一次性的,不超过改造成本的 20%。

如果上述不可申诉补贴 B 和 C 对另一成员国内产业造成严重

的不利影响(Serious Adverse Effects),其损害难以弥补(Difficult to Repair),该成员可提出与补贴方成员磋商,寻求共同接受的解决办法。

反补贴税的征收与反倾销税有相似的规定。

所有补贴和反补贴的规定都不包括农产品。

(3) 发展中国家的差别待遇。由于补贴在发展中国家的经济发展规划中起着重要的作用,因此协定中的禁止性补贴不适用成员中联合国认定的最不发达国家和按世界银行统计的人均国民生产总值不到 1 000 美元的发展中国家。其他发展中国家应在 8 年内逐步取消禁止性补贴。

发展中国家成员的出口补贴对其他成员的利益产生不利的影响,则按可申诉补贴的规定处理。

如果一个发展中国家成员的某种出口产品连续两年在世界贸易中占有 3.25% 的份额,这种产品就被认为是有竞争力的。这种产品的出口补贴应在两年后取消。

对原产于发展中国家成员的反补贴调查中,如果确认总的补贴未超过产品单位价值的 2%,单个发展中国家成员的产品占进口方成员进口这种产品总量 4% 以下,或者多个发展中国家成员的产品占进口方成员这种产品总量总共不超过 9%,单个都不超过 4%,反补贴调查应立即停止。

3. 海关估价协定。海关估价(Customs Valuation)是指海关对进出口商品征收从价税时使用的该商品的价格。从一般意义上说,海关估价是为了计算进出口商品应缴纳的税款。但是一方面商人为了少付税款,可能采取不正当的手段低报进出口商品的价格,另一方面海关也可能采取高估进出口商品的价格以增加贸易成本,达到阻碍贸易的目的。因此,海关估价成了国际货物贸易的重要一环。

关贸总协定为了使各缔约方海关提供一个公正、统一、中性的货物估价制度,在第七条规定了估价的一般原则;在"东京回合"通过了《关于实施关税与贸易总协定第七条的协定》(即《海关估价守则》),在"乌拉圭回合"修改补充了该协定并列入《关于建立世界贸易组织的协定》的附录,成为世界贸易组织众多协定之一,简称《海关估价协定》。

《海关估价协定》规定海关对货物估价的依据是该货物的成交价格。

成交价格(Transaction Value)是指买方对该货物的卖方实际支付或应该支付的价格总额。

成交价格应加上未包括在实际支付或应该支付的价格内的各项费用：

(1) 由买方承担的各项费用,如卖方佣金、集装箱费用、包装费用等;

(2) 与该货物出口的生产和销售有关的各种价值或分摊,如材料、零部件,生产过程中使用的工具、模具、消耗性材料、工艺设计等;

(3) 买方必须支付的专利费和许可证费;

(4) 卖方在以后的转售或使用中获取的收益。

《海关估价协定》还规定,如果海关不能按成交价格确定进口货物的海关估价,则依次按以下价格确定进口货物的海关估价。

(1) 相同货物的成交价格。相同货物(Identical Goods)是指在所有方面都一样的货物,包括相同的性质、质量和信誉。相同货物应与被估价的货物同时或大约同时向同一进口国出口,且按同一商品条件成交,数量大体相同。如果相同货物有一个以上成交价格,应采用最低的成交价格。

(2) 相似货物的成交价格。相似货物(Similar Goods)是指虽然不是在所有方面都与被估价的货物相同,但具有相似的特征,使用同样的材料制造,具有同样的效用,在商业上可以互换的货物。相似货物应与被估价的货物同时或大约同时向同一进口国出口,且按同一商业条件成交,数量大体相同。如果相似货物有一个以上成交价格,应采用最低的成交价格。

(3) 进口货物或相同货物或相似货物按进口时的原样在进口国出售给无关系人的最大量的价格,但应扣除佣金和通常支付的额外费用、进口国内的运输、保险等有关费用、进口关税。

(4) 估计价值。估计价值(Computed Value)是由生产进口货物使用的原料和加工费用,相当于进口货物的同级或同类货物的利润和一般费用,以及应该包括在成交价格中的一切费用构成。

同级或同类货物是指属于同一产业生产的一组或一系列货物中的货物,包括相同货物和相似货物。

(5)按照与本协定的原则和一般规定相一致的方法,根据进口国现有的资料确定进口货物的海关估价。

《海关估价协定》明确了海关估价的主要依据是成交价格,并对成交价格的构成作了详细的规定。为制止商人低报进口货物价格或海关高估进口货物价格,保证海关估价的一致性和确定性提供了公正的标准。

如果海关当局不能按成交价格确定进口货物的海关估价,则可按协定规定的另外五种估价方法顺序采用其中的一种进行估价。进口商可以要求将基于进口国出售价格的估价和估计价值的适用次序倒过来。

《海关估价协定》还明确规定了不得采用的估价方法:
(1)进口国生产的该种货物的售价;
(2)两种可供选择的估价中较高的一种;
(3)出口国国内市场该种货物的价格;
(4)估算价值规定以外的生产成本;
(5)向进口国之外其他国家进口的货物价格;
(6)最低海关估价;
(7)武断的或虚构的价格。

当海关当局有理由怀疑申报价格的真实性和准确性时,可要求进口商作进一步的解释。在作出最终估价决定前,海关应说明怀疑的理由并听取进口商的答复。最终决定应书面通知进口商。

"海关估价委员会"是保证《海关估价协定》有效实施的专门机构,该委员会负责审理成员间的海关估价争端。

4. 原产地规则协定。原产地规则(Rules of Origin)是指用以确定货物原产地的特别规定。

货物的原产地就是货物的"国籍",确定货物的原产地是实施国际贸易政策的必要条件。非歧视的最惠国待遇和国民待遇、优惠差别待遇的区域经济一体化组织内部贸易和关税配额,以及数量限制、反倾销、反补贴等贸易政策的实施,都必须先确定有关货物的原产地,货物原产地也是国际贸易统计的基础。

1948年的关税与贸易总协定对原产地标记(Marks Origin)在第九条中作出了规定:"缔约方在有关标记规定方面对其他缔约方领土产品给予的待遇,应不低于给予第三国相同产品的待遇","这些措施对出口国的贸易和产业可能造成的困难和不便应减少到最低限度",并要求"各缔约方相互合作,制止假冒产品的原产地滥用商品名称"的行为。1958年关贸协定再次强调进口国对原产地标记的要求不应阻碍货物的进口。

随着国际经济的发展变化,区域性和全球经济一体化的程度不断提高,跨国公司在世界范围内寻找最合适的投资场所,国际间合作生产和中间产品的贸易越来越普遍,各国采用差别性贸易政策也越来越多,由原产地引起的贸易争端也不断增加。因此,确定贸易原产地的问题变得更为复杂也更为重要。

关税与贸易总协定以及国际商会、海关合作理事会等国际经济组织为规范原产地规则作了长期的努力,在"乌拉圭回合"的多边谈判中,各缔约方通过了《原产地规则协定》,并成为世界贸易组织的协定之一。

《原产地规则协定》的主要内容包括:

(1) 协定的基本原则是以一种公正、透明、稳定和无歧视的方式制定明确的、可预知的原产地规则。

(2) 原产地规则包括原产地标准、直接运输规则和书面证明,适用所有成员方为确定货物原产地而实施的法律、法规及行政决定。

(3) 各成员方实施和协调原产地规则必须遵循以下规则:

● 原产地规则应按最惠国待遇和无歧视原则实施。

● 原产地规则应规定:某一特定产品的原产国应是完成该产品所有生产过程的国家,当该产品的生产过程是在数个国家完成的,则对产品最后实施实质性改变的国家为原产国。

● 原产地规则应符合国民待遇原则,对进口商品实施的原产地规则不得比确定是否是本国产品的规则更严格。

● 原产地规则应是客观的、可理解的和可预知的。

● 原产地规则应以一致的、统一的、公正的和合理的方式管理。

● 原产地规则不应直接或间接地成为实现贸易目标的工具。

● 原产地规则应具有连续性,成员方当局对有关产品原产地的评定要求应不迟于150天作出评定意见,评定意见的有效期为三年。

《原产地规则协定》第一次把原产地规则和多边贸易协定联系起来,旨在努力协调成员方各自的原产地规则,尽可能实现原产地的国际统一标准。上述规则既是对各成员方制定有关原产地的法律、法规和政策的约束,也是协调各成员方原产地规则的基本准则。

根据《原产地规则协定》的规定,世界海关组织(World Customs Organization, WCO)在世界贸易组织成立不久就组建了专门机构,按协调编码制度(HS)的分类,对每个税目的完全原产产品、实质性改变、未有实质性改变的加工等作了详细的定义。到1998年7月,90%以上协调编码制度的税目已完成了原产地认定标准,在此基础上拟订的《协调非优惠原产地规则暂定文本》为形成世界贸易组织的统一原产地规则迈出了坚实的一步。

上述原产地规则也称为非优惠原产地规则,普遍优惠制等优惠性原产地规则归入了《原产地规则协定》的附录二(《关于优惠性原产地规则的共同宣言》)。宣言指出,优惠性原产地规则与非优惠原产地规则不同,它是一个成员方用以确定进口货物能否享受比最惠国待遇更优惠的关税待遇的规则。一般而言,优惠性原产地规则比非优惠原产地规则的规定严格,但其实施的原则应与非优惠原产地规则相同。

三、WTO 新一轮谈判

世界贸易组织建立后,就酝酿启动新一轮多边贸易谈判。一是讨论世贸组织成员间如何进一步开放市场问题;二是针对国际贸易和投资活动中出现的新情况、新问题,如贸易与环境、竞争政策、电子商务等制定新的规则;三是对原有规则,如反倾销规则等存在的一些缺陷和不足进行审议和必要的修改。

1. 多哈会议。2001年11月9日—14日,世贸组织第四次部长级会议在卡塔尔首都多哈(Doha)举行。各方经过激烈争论和艰难磋商,最终通过了《部长宣言》等文件,就新一轮多边贸易谈判的启动达成了共识。

(1) 关于发动新一轮多边贸易谈判的《部长宣言》,又称"多哈发展议程",明确了新一轮谈判的主要内容,将就农产品、服务贸易、非农产品市场准入、与贸易有关的知识产权、世贸组织规则(主要是反倾销和反补贴)、争端解决机制、贸易与环境、贸易与竞争政策、贸易与投资、政府采购透明度、贸易便利以及发展中国家特殊差别待遇等10多个领域的有关问题展开谈判。

(2) 会议在磋商启动新一轮多边贸易谈判过程中取得的第一个突破是关于知识产权与公共健康问题的宣言,这是发展中国家努力的结果。会议通过的宣言强调了知识产权保护对研制新药的重要性,同时也承认世贸组织的有关规则不应阻碍各成员采取措施保障公众健康。

(3) 会议在农产品补贴、反倾销、竞争政策和投资等问题上取得有限的进展。在农产品补贴方面,欧盟拒绝减少和逐步取消农产品补贴的立场有所松动。美国也最终同意就限制滥用反倾销措施举行谈判。在投资规则和竞争政策等发展中国家的弱势领域,谈判被推迟到两年后的下次部长级会议。

(4) 会议决定,在总理事会下设立贸易谈判委员会(Trade Negotiations Committee 简称TNC),下属谈判机构共分为八个,其中新建立非农产品市场准入和世界贸易规则两个谈判组,农业、服务贸易、贸易与环境、与贸易有关的知识产权、争端解决、贸易与发展等谈判议题分别在相应的理事会和专业委员会的特别会议中进行。至此,"多哈发展议程"谈判,即新一轮多边贸易谈判的准备工作完成。

欧盟和美国对尽快启动新的多边贸易谈判态度积极。他们认为世贸组织作出新一轮谈判的决定有助于增强人们对恢复经济增长的信心。大多数发展中国家并不反对启动新的多边贸易谈判,但要求新的谈判应当纠正乌拉圭回合协议中存在的发达国家和发展中国家利益不平衡状况,充分考虑发展中国家的利益和合理要求。

2. 坎昆会议。2003年9月10日—14日,世界贸易组织第五次部长会议在墨西哥的坎昆(Cancun)举行,会议的目标是对多哈会议以来21个月的谈判进展进行评估,在诸多谈判议题上形成共识,推动下一步的谈判,为2004年底达成相关协议奠定基础。

在此次会议上,主要由发展中国家成员组成的23国集团希望在新一轮谈判中能够更好地维护自身利益,要求发达国家成员作出相应的承诺和让步。

会议一开始,各成员方在会议议题的次序问题上发生分歧,发展中国家要求首先讨论农业问题,在发达国家承诺取消农业补贴后,才可以讨论非农产品市场准入等其他问题。发达国家则提出启动贸易与投资、贸易与竞争政策、政府采购透明度、贸易便利化四项议题。这四项议题是1996年世贸组织在新加坡召开的第二次部长会议上提出的,也叫"新加坡议题"。

会议连续了五天,世贸组织148个成员的146个成员参加了会议。虽然几经努力,各方立场仍然无法协调一致,最后,会议未能达成任何协议。这是继1999年西雅图会议后,世贸组织成立8年来第二次没有结果的会议。

坎昆会议反映了全球化背景下,发展中国家和发达国家之间的利益冲突和严重的分歧,会议主要涉及的问题有以下几个。

(1)多哈会议以后,世贸组织成员就农业、纺织业、关税及非关税壁垒进行谈判,但未能按原定时间表结束谈判。

(2)多哈会议通过的声明中明确了坎昆会议后谈判"新加坡议题"。但是,马来西亚、印度等国家反对在其他议题,特别是农产品补贴的谈判没有进展的情况下,率先启动"新加坡议题"的谈判,认为新的国际投资规则和其他使贸易更加自由化的规则会损害发展中国家的利益,而使跨国公司受益。

(3) 农产品补贴包括农产品的出口补贴、国内支持和市场准入三个方面是长期困扰多边贸易谈判的议题。

以 23 国集团和凯恩斯集团为一方的发展中国家要求欧美国家大幅度削减补贴,承诺直接补贴的最高限额和确定完全取消补贴的时间表。农业是很多发展中国家的重要产业,发达国家每年高达 3 千亿美元的补贴,扭曲了国际市场上的农产品贸易,严重损害了发展中国家的农业生产和经济发展。

欧美等国受制于国内利益集团的压力,农产品问题的回旋余地很少。美国和欧盟在农产品问题上也矛盾重重。美国认为欧盟对农业的补贴是美国的 3 倍,美国是否取消农业补贴取决于欧盟的态度。

(4) 非农产品市场准入是发达国家积极推动的谈判议题,他们认为,高关税、"绿色壁垒"和"技术壁垒"等新的贸易限制,滥用反倾销、歧视性贸易政策等等阻碍市场准入的贸易保护主义措施,正在削弱多边贸易谈判取得的成果。市场准入谈判就是要削减各种壁垒,开放国内市场,促进货物在成员间的自由贸易。

发展中国家认为:如发达国家垄断了国际多边贸易谈判,发展中国家的利益未得到完全维护,全球化和自由贸易使发展中国家受到伤害,因此,发达国家应削减关税和降低最高关税,取消对发展中国家的各种非关税壁垒,应该允许发展中国家按较小的幅度降低关税,有较长的过渡期,给予发展中国家更优惠的差别待遇。

坎昆会议是世贸组织新一轮多边谈判的组成部分,新一轮谈判原定于 2005 年 1 月 1 日前结束,预计谈判成功将会给发达国家和发展中国家带来 5 千亿美元的额外收益;并在 2015 年以前使 1.22 亿穷人摆脱贫困。

坎昆会议对世贸组织和世界经济的影响还未完全显现,一种观点认为,发展中国家团结起来表达共同的愿望是一种进步。另一种观点认为,美欧等发达国家有可能抛开世贸组织框架,寻找较容易见效的双边自由贸易和区域自由贸易途径。

复习思考题

一、关键词语

临时适用议定书　最惠国待遇　国民待遇　普遍优惠制　原产地规则　马拉喀什协定　倾销　损害　公平价格　禁止性补贴　可申诉补贴　不可申诉补贴　成交价格

二、问答题

1. 关税与贸易总协定的基本规则有哪些？
2. 什么是普遍优惠制的原产地标准？
3. 世界贸易组织与关贸总协定有哪些不同？
4. "反倾销协定"是怎么规范"正常价值"的？
5. 发达国家如何对非市场经济国家的产品反倾销？
6. "补贴和反补贴措施协定"是怎样定义"补贴"的？
7. 世界贸易组织的成员实施原产地规则应遵循哪些规则？

第十六章　中国与世界贸易组织

中国是世界贸易组织的前身——关税与贸易总协定的 23 个首批适用国之一。

1947 年 4 月—10 月,联合国经社理事会在日内瓦召开会议,筹备"国际贸易与就业会议"。中国政府应邀参加了这次会议,同时与美国等国家进行了关税减让谈判,这次会议后来被称为关贸总协定的第一轮谈判。

1948 年 3 月,中国政府签署了联合国国际贸易与就业会议的最后文件。同年 4 月,中国政府代表在"临时适用议定书"上签字。根据"临时适用议定书"的规定,30 天以后,即 1948 年 5 月 21 日,"关税与贸易总协定"对中国临时适用。

1949 年 4 月,中国政府参加了在法国举行的关税与贸易总协定第二轮谈判,达成了新的关税减让。

1949 年 10 月 1 日,中华人民共和国成立,由于国民党当局无法在中国大陆实施两轮谈判中作出的关税减让承诺,也不愿意把外国对中国作出的关税减让承诺继续给中国内地的对外贸易享受,于是在 1950 年 3 月宣布退出关税与贸易总协定。台湾的国民党当局能否代表中国退出的问题曾引起争议,捷克斯洛伐克等缔约方指出,台湾不能以中国的名义退出关税与贸易总协定。同年 5 月,台湾事实上退出关税与贸易总协定。

1965 年 3 月,台湾申请加入关贸总协定失败后,取得了关贸总协定的"观察员"地位。

1971 年联合国大会恢复中华人民共和国在联合国的席位后,关贸总协定取消了台湾的观察员资格。

第一节 中国加入世界贸易组织

1971年,联合国大会恢复中华人民共和国在联合国的"中国"席位后,中国政府并未立即要求恢复或加入其他一些国际经济组织。当时,中国在"独立自主、自力更生"的高度计划经济体制下,国际环境也充满了"冷战"气氛。

1986年,中国政府正式提出恢复在关贸总协定的缔约方地位,从此开始了长达十五年的谈判之路。

一、新中国和关税与贸易总协定

1978年以后,中国的改革开放使整个经济发生了深刻的变化,中国先后恢复了在国际货币基金组织和世界银行的成员国地位。

20世纪80年代初,中国参加了关贸总协定的一些活动。

1982年11月,中国派代表团作为观察员参加关贸总协定第38届全体缔约方大会,中国政府提出恢复在关贸总协定缔约方地位的三项原则:

(1) 是恢复缔约方地位,而不是重新加入;

(2) 以关税减让为承诺条件,不承担具体的进口义务;

(3) 享受发展中国家的待遇,承担相应的义务。

中国提出恢复而不是重新加入,是强调台湾在1953年的退出不能代表中国,中国既然没有退出过,就没有必要重新加入。

中国提出关税减让为承诺条件,是因为中国长期实施计划经济,没有参加关贸总协定第三轮到第七轮的减税谈判。当时中国的关税税率与其他缔约方的税率有很大差距,承诺减让关税是必要的。但是,承担具体的进口义务是关贸总协定对东欧等一些"非市场经济国家"加入关贸总协定的一种歧视性做法,要求这些国家在协定书中具体规定进口增长的义务。这是中国不愿意承担的。

关贸总协定对发展中国家缔约方有一系列优惠政策,在开放市场等义务方面不要求与发达国家对等的互惠,因此,中国从实际经济发展水平出发,明确作为发展中国家的身份是十分重要的。

1986年7月,中国政府正式提出恢复缔约方地位的申请,并派代表团全面参加"乌拉圭回合"的关贸总协定多边谈判。

1987年2月,中国政府向关贸总协定递交了《中国对外贸易制度备忘录》,备忘录全面介绍了中国的经济体制,中国对外贸易政策和体制以及中国对外贸易的组织机构和出版资料。

1987年6月,关贸总协定成立"中国的缔约方地位工作小组"。中国开始了艰苦而又漫长的"入关"谈判。

在随后的两年里,中国谈判代表团与工作组举行了八次工作会议,回答了各国对我国外贸体制、关税制度等方面三百多个问题,于1991年1月,完成了工作小组对中国外贸制度的评估。

在拟订中国恢复缔约方地位的协定书时,涉及对中国外贸制度的总体评价及中国在关贸总协定中的具体权利和义务。由于美国等发达国家对中国的经济改革提出种种疑问,要求中国承诺的具体条件越提越多,使中国的谈判变得十分困难。

中国在恢复缔约方地位的多年谈判中,始终未能达成一致意见的主要原因是:

(1) 20世纪90年代初,苏联的解体和东欧一些国家的重大变化改变了原有的世界政治格局;

(2) "乌拉圭回合"的多边谈判,从传统的货物贸易扩大到服务贸易、知识产权等新的领域;

(3) 改革开放以后,中国的经济实力迅速提高。

1999年11月15日,中国和美国签署了"中国加入世界贸易组织的协定"。完成了中美双边谈判,为中国加入世界贸易组织扫除了一个重要的障碍。

二、中美谈判的主要问题

由于1995年世界贸易组织取代了关税与贸易总协定,因此,中国申请恢复在关贸总协定的缔约方地位的谈判也相应地成了中国加入世界贸易组织的谈判。

根据马拉喀什签订的"关于建立世界贸易组织的协定"的规定：新成员加入应由部长级会议作出决定，部长级会议应当根据世界贸易组织成员方 2/3 多数通过的条件批准加入的决定。

从理论上讲，即使中美之间不能达成双边谈判协定，中国若能在部长级会议上得到 2/3 成员方的多数同意，也能够加入世界贸易组织。但是，美国作为世界上最大的贸易国和中国最重要的贸易伙伴国之一，中美达成双边谈判协定是必要的。根据世界贸易组织的非歧视原则，中国对美国作出的承诺，也必须是对所有其他世界贸易组织成员的承诺。

中美谈判的主要问题有以下四个方面。

1. 中国以什么身份加入世界贸易组织。如前所述，中国认为中国是发展中国家，这是一项十分重要的原则性问题。美国认为，中国不能以发展中国家的身份加入世界贸易组织，因为中国不是完全的市场经济国家，而是仍然属于"非市场经济"。

同时，美国认为中国的整体经济实力强大，对外贸易处于世界各国的排名第 10 位。如果让中国作为发展中国家享受世界贸易组织的特殊优惠，中国巨大的出口潜力将会对其他成员的经济造成损害。

2. 反倾销问题。中国认为，中国加入世贸组织以后，其他成员对中国的反倾销行为必须符合世贸组织的反倾销协定。美国认为，世贸组织的反倾销协定是建立在价格反映真实成本的市场经济基础上的。中国在完全市场经济之前，仍然应该用"替代国"的办法确定中国的出口商品是否倾销。

3. 选择性保障问题。世贸组织协定框架中的有关保障条款是非歧视的，一旦某个成员被允许采取保障措施，这些措施适用来自所有其他成员的相关商品。美国认为中国在完全成为市场经济之前，应承诺中国出口商品大量增加，使世贸组织的成员受到严重损害时，受损害的成员有权对来自中国的商品采取保障措施。中国认为这种单独对中国采取的措施是歧视性的，中国如果作出这种承诺，将会失去加入世贸组织以后中国应该得到的重要利益。

4. 美国给中国永久的正常贸易关系地位。美国给予中国最惠国待遇的条款,包括在 1980 年中美政府签订的中美贸易协定中,这是一个双边的贸易互惠规定。但是,美国国会根据美国国内贸易法的 402 条款,对是否给予中国最惠国待遇要做一年一度的审议。中国认为,中国加入世贸组织以后,中国和美国相互给予最惠国待遇应建立在世贸组织的多边协定基础上,美国应取消一年一度的审议。

由于世贸组织现有 130 多个成员,最惠国待遇并不表示一种特别的优惠,而是一种非歧视的正常贸易关系。因此,美国若不再对中国的最惠国待遇问题作一年一度的审议,也称作给予中国永久的正常贸易关系地位(Permanent Normal Trade Relations, PNTR)。

除了上述几个主要问题以外,中美协定还包括中国在货物贸易和服务贸易等各个领域里有关市场准入的内容广泛的具体承诺。

三、中国加入世界贸易组织的利与弊

中国加入世贸组织必须进一步开放国内市场,国内企业将会面临更为激烈的市场竞争,中国政府在制定贸易政策和部分经济政策时,必须遵守世贸组织的有关规定和中国政府作出的有关承诺。国内一些成本高、技术水平低、管理落后的企业将受到严峻的挑战,承受重大的压力。

同时,中国在了解和运用世贸组织的规则方面经验不足,世贸组织关于"非市场经济"的一些规定可能对中国与其他成员发生贸易争端时对中国不利。

但是,中国加入世贸组织的有利方面还是主要的,具体体现在以下五个方面。

1. 有利于进一步扩大出口和引进外资。加入世贸组织以后,中国将根据非歧视的原则,享受其他所有成员方给予的最惠国待遇和国民待遇,各成员方的市场将对中国企业进一步开放。现有的成员方对中国的一些歧视性规定会逐步取消,有利于中国的出口。同时,中国将根据世贸组织的规定,逐步改善投资环境,更多地引进国外资本、先进技术和管理经验。

2. 有利于国内产业的结构调整。加入世贸组织以后,中国经济与世界经济的联系更加紧密,商品和服务的贸易障碍会不断减少。中国可以根据国内市场和国际市场的需求,调整产业结构,优化产业结构,提高国民经济的整体水平,加快国民经济的发展。

3. 有利于深化经济体制改革。中国改革开放的目的是建立社会主义市场经济体制。世贸组织的规则是建立在市场经济基础上的,两者的基本要求都是充分发挥市场的竞争机制,加大企业的活力,使具有竞争优势的企业有更大的市场活动空间。市场竞争也将淘汰一部分落后企业,要求企业始终保持积极进取的动力,使经济体制的改革得以深入发展。

4. 有利于提高中国的国际地位。加入世贸组织以后,中国可以参与世贸组织规则的制定,中国作为联合国常任理事国,可以在世贸组织内部更多地为发展中国家争取应有的利益。

世贸组织正把环境问题、劳工标准问题、农产品问题等作为各成员方谈判的议题,中国可以在这些谈判中代表发展中国家的立场,使中国在谈判中发挥更大的作用。

5. 有利于中国参与国际经济一体化的进程。国际经济一体化的进程不断加快,中国加入世贸组织以后,有利于开发中国的比较优势,同外国企业进行广泛的合作,条件成熟的中国企业可以建立跨国公司,使中国经济更好地融入世界经济。

综上所述,中国加入世贸组织的利与弊都与市场经济有关,如何化弊为利,关键是要有大批专业化的人才。商品和服务的竞争,实质上是人才的竞争。中国不仅需要大批企业家,也需要大量世界贸易组织问题的专家,研究和分析中国对外贸易、世界贸易和世贸组织的规则,维护中国在国际贸易中的正当权益。

第二节　中国加入世界贸易组织后的对外经济和贸易

2001年11月9日至14日,世界贸易组织的第四次部长级会议在卡塔尔首都多哈举行,会议审议和通过了中国加入世界贸易组织的议定书。11月11日,中国代表签署了有关协议。30天后,即2001年12月11日,中国正式成为世界贸易组织的成员。从总体上看,加入世贸组织对促进我国市场经济的发育和成熟,加速国内产业结构调整和技术进步,更广泛和深入参与经济全球化进程,充分利用国际经济中的比较优势,为我国改革开放和经济现代化创造良好的外部环境,具有积极的意义。

由于世贸组织的大多数"游戏"规则是基于发达国家较完善的市场经济运行机制制定的,我国在加入世界贸易组织时所作的一系列"市场准入承诺"使国内市场的对外开放度明显增大,国内外许多专家学者对中国入世后的经济表现有乐观,也有忧虑,我国对外贸易的发展态势和前景成了各方关注的焦点之一。

一、对外经济和贸易的发展

从一年多的实际情况来看,入世对中国经济的短期冲击不像预先想像的那样严重,外经贸发展的总体状况也比往年好。

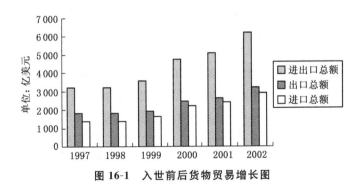

图 16-1　入世前后货物贸易增长图

数据来源:《中国统计年鉴2002》和《中国WTO报告2003》

1. 货物贸易发展。2002年中国货物贸易的发展有以下几个特点。

(1) 增长强劲,增速显著加快。货物贸易进出口总额达到6 207.7亿美元,同比增长21.8%。其中出口3 255.7亿美元,增长22.3%;进口2 952.0亿美元,增长21.2%。累计实现贸易顺差303.6

亿美元,较2001年增长34.6%。出口贸易已经成为促进国民经济持续增长的重要力量。

2002年,中国货物贸易出口额占世界贸易总额的比重由2001年的4.3%上升到5.1%,在世界的排位由第6位升为第5位。货物贸易进口额仍居世界第6位,但占世界贸易总额的比重则由2001年的3.8%上升到4.4%。货物贸易进出口总额在世界贸易中所占的比重由2001年的4%上升到了4.7%,成为全球第五大贸易国。

(2) 机电产品和高新技术产品的比重提高。机电产品进出口总额3 126.7亿美元,较上年同期增长30.7%。其中,出口1 570.8亿美元,增长32.2%,进口1 555.9亿美元,增长29.1%。

高新技术产品中,出口678.7亿美元,比上年同期增长46.1%,其占出口总额的比重上升至20.8%;进口828.5亿美元,增长29.2%,特别是生物技术和电子技术产品的进口增速最为明显。

(3) 加工贸易和一般贸易出口同步增长。加工贸易出口1 799.4亿美元,增长22.0%;进口1 222.2亿美元,增长30.0%。一般贸易出口1 362.0亿美元,增长21.7%;进口1 291.2亿美元,增长13.8%。在加工贸易出口中,机电产品和计算机与通信技术产品增长较快。

(4) 主要贸易伙伴稳定,对美出口和对日进口增加。北美地区成为我国出口增长最快的市场,2002年我国对美国和加拿大的出口增幅分别达28.9%和28.7%。对香港地区和台湾省的出口增幅分别为25.6%和31.7%,对东盟国家的出口增长28.3%,对欧盟出口增幅为17.9%,对日本出口仅增长7.8%。

从进口方面看,我国进口增加较多的是日本、东盟各国和台湾省,增幅分别为25.0%、34.4%和39.2%。

(5) 外商投资企业和民营企业成为出口的重要力量。2002年,外商投资企业出口1 699.4亿美元,同比增长27.6%,占全国出口总额的52.2%;民营企业出口总额的比重升至10.0%;国有企业出口1 228.6亿美元,增速平缓,仅增长8.5%,占出口总额的比重降为37.7%。

2. 服务贸易发展。2002年,我国国内生产总值跃上10万亿元的新台阶,达到10.24万亿元,其中第一产业、第二产业、第三产业的比重为15∶52∶33,服务业的比重较上年有所提高。在国内服务业较快发展的同时,对外服务贸易也获得了较快的增长,特点有以下两个方面。

(1) 对外服务贸易快速增长,逆差进一步扩大。2002年,服务贸易出口397.44亿美元,增长19.2%;进口465.28亿美元,增长18.5%。服务项下逆差达到67.84亿美元,同比扩大14.4%。

(2) 在对外服务贸易构成中,运输和旅游依然是主要产业,占全国对外服务贸易总额的63.9%。主要逆差为运输、保险、专有权使用以及咨询服务,主要顺差包括旅游、其他商业服务和建筑服务。通讯、建筑、咨询、计算机和信息服务出口增长速度较快。

3. 吸引外资。2002年,中国吸收外商直接投资500多亿美元,超过美国,列全球第一。

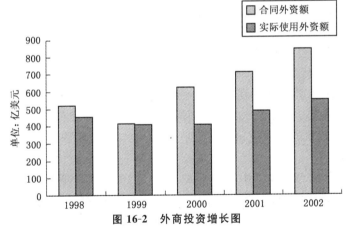

图16-2 外商投资增长图

数据来源:《中国统计年鉴2002》和《中国WTO报告2003》

外商在中国的投资特点是:

(1) 持续快速增长。2002年,中国取代美国,成为全球最热门的外国直接投资地区。2002年中国合同外资额达到847.51亿美元,比上年增长19.15%,实际利用外资额达到550.11亿美元,比上年增长 12.67%。

(2) 从吸收外资的行业结构来看,加工制造业仍为外商投资的重点投资行业,银行、保险、证券、旅游等行业利用外资有了新的进展。

中国加入 WTO,使中国经济融入了国际产业结构的调整,融入了全球范围的资源优化配置。目前发达国家制造业对外转移,以求降低成本,而中国拥有丰富的劳动力资源和巨大的发展潜力,因此加工制造业已成为外商在中国投资的产业。

中国政府修订后的《外商投资产业目录》拓宽了吸收外资的领域,放宽了股权控制限制,特别是服务贸易领域吸收外资的变化尤为显著,商业和现代物流成为外商关注的新领域。

二、中国入世的承诺

我国加入 WTO 时,作出了遵守市场经济的规则,开放国内市场,逐步同 WTO 的规则接轨的承诺。所以,我国履行承诺的过程,不仅仅是开放国内市场的过程,更是规范政府管理贸易的行为,按 WTO 规则建立并完善市场经济体制的过程。

1. 履行承诺的基本情况。中国入世后在货物贸易、服务贸易、知识产权和投资等领域采取了一系列措施,降低了关税,取消了部分非关税措施,扩大了外商投资领域,加大了知识产权保护力度,增加了相关政策的透明度,修改和废止了一批与世贸组织规则不符的法律和法规。

(1) 降低关税。中国于 2002 年 1 月 1 日大幅下调了 5 300 多种商品的进口关税,关税总水平由 15.3% 降低到 12%。电子产品是所有的商品中降税幅度最大的,进口关税由 16.2% 降低到 10.7%,降幅达 33%;电子产品中有关信息技术产品的 251 个税目的进口关税由 12.47% 降低到 3.4%,降幅达 73% 左右;其中 122 个税目的信息技术产品实行零关税。

(2) 取消了大部分进口配额。自 2002 年 1 月 1 日起,中国取消了粮食、羊毛、棉花、化纤、化肥、部分轮胎等产品的配额许可证管理,改原有的绝对配额管理为关税配额管理,并承诺了一定的配额年增长率。政府先后公布了《进口配额管理实施细则》、《特定产品进口管理细则》、《农产品进口关税配额管理办法》和《化肥进口关税配额管理暂行办法》等行政规定,对配额的总量、分配原则和申请程序作了规定。

(3) 加强知识产权保护。中国在入世以后,对著作法、商标法、专利权法、计算机软件保护条例等有关知识产权保护的法律、法规进行了修订,完善了对知识产权的保护,加大了对侵犯知识产权违法行为的惩处力度。这些法规的实施,使中国的知识产权保护立法基本符合《TRIPS协定》的要求。

中国的工商、公安、新闻出版等部门已经建立了情况通报制度,最高人民法院和部分省市的法院设立了知识产权审判庭,专门审理有关知识产权侵权案件,外经贸、海关、质检等部门协作打击涉外投资领域中的侵权行为,维护正常的外经贸秩序和知识产权权益人的合法权益。

在涉外知识产权的保护方面,中国加强了对境外投资者保护,普遍给予境外投资者知识产权的国民待遇,对中外名牌商品实施有效保护。

(4) 扩大外商投资领域。中国修订了《中外合资企业法》、《中外合作企业法》和《外资企业法》。修改内容包括"当地含量"条款、外汇平衡条款、出口业绩要求和企业生产计划备案条款等,外商投资企业到中国投资,不再受中方资本的比例限制,取消了外商投资企业使用外汇的限制,不再强制规定外商投资企业产品的外销比例。

2002年,中国对外商投资的产业政策进行了修改,新的《外商投资产业指导目录》和《指导外商投资方向规定》把外商投资项目分为鼓励、允许、限制、禁止四类。鼓励类投资条目由原来的186条增加到262条,限制类条目由112条减少到75条。放宽了对外商投资的股权比例限制,开放了新的投资领域,原禁止外商投资的电信和燃气、热力、供排水等城市管网首次列为对外开放领域。

(5) 增加政策透明度。根据中国加入世贸组织有关透明度的承诺,外经贸部设立咨询局,自2001年12月11日起,正式开展工作。2002年1月1日,该局在外经贸部政府网站公布了《中国政府世贸组织通报咨询局咨询办法》和《中国政府世贸组织通报咨询局咨询办法登记表》,咨询方式为书面形式,咨询问题将在30个工作日内得到答复。

咨询局的服务是向中外社会各界,就中国所有有关或影响货物贸易、服务贸易和与贸易有关的知识产权或外汇管制的法律、法规和其他措施的信息提供咨询。为了更好地履行中国政府咨询的承诺,该局已经开始筹建中国政府WTO咨询网站。通过咨询网站,公众将获得简单、快捷、全面的信息咨询服务。

(6)开放旅游业。按照加入WTO的方面承诺,中国应在2005年12月31日前允许外商在中国建立独资的旅行社。2003年6月14日,国家旅游局和商务部联合发布了《设立外商控股、外商独资旅行社暂行规定》,符合条件的境外投资方可在经国务院批准的国家旅游度假区及北京、上海、广州、深圳、西安5个城市设立控股或独资旅行社,提前开放了旅游市场。

2. 履行承诺的国际评估。

(1)WTO的过渡性审议。根据中国入世议定书,自中国加入世贸组织后8年内,世贸组织将每年对中国贸易政策进行过渡性审议(Transitional Review)。

从2002年9月开始,世贸组织的货物贸易委员会、服务贸易委员会、与贸易有关的知识产权委员会等16个委员会分别在相关领域对中国进行了第一次贸易政策审议,并将报告提交正在召开的总理事会。世贸组织的总理事会在2002年12月10日完成了审议,并对此项审议作出了总结:中国加入世贸组织第一年基本履行了义务。至此,中国顺利地通过了2002年度的过渡性政策审议。

2002年世贸组织的审议内容,主要涉及中国加入世贸组织以来履行入世协议书的承诺、执行WTO协议的情况,以及中国的现行贸易政策制度和最新发展情况。具体包括:法律法规的立、改和废情况;增加贸易政策透明度情况;与贸易有关的投资问题;取消各种贸易限制措施情况;知识产权保护情况;开放服务业情况;农产品贸易;增加市场准入机会等情况。另外,也涉及一些审议的程序性安排问题。

(2) 美国商会(中国)评估报告。根据美国国会的要求,美国商会(中国)(The American Chamber of Commerce-People's Republic of China)要在中国入世五年内每年对中国的承诺的执行情况进行评估。2002年12月19日,美国商会(中国)发布了第一份报告:《中国加入世贸组织承诺的报告》。

报告主要有三个方面的内容:

第一,认为中国政府完全有决心履行对入世的一揽子承诺。

第二,作为外国商界代表,美国商会(中国)对中国入世后达到的效果持积极的态度,外商直接投资不断增加;比照以前,外商投资的领域发生了一些变化;制造业、能源、服务业包括物流业的投资得到增长。

第三,中国在履行承诺过程中也存在一些问题。现行最大的实际问题是如何保持政策执行标准的统一。具体到行业,中美农业贸易争端较多,如转基因谷物和油料作物限制、棉花和小麦的配额分配、肉类食品安全标准等;知识产权方面由于检测技术问题以及有关人员的作风拖拉,造成保护知识产权的执法不力。

三、融入世界贸易组织的大家庭

世贸组织成员和中国社会各界都密切关注着中国加入世界贸易组织后经济的发展态势。可以说,中国加入世界贸易组织以来的表现和实绩是:开端良好,为持续发展注入了活力。

1. 入世给中国带来了发展的机遇。加入WTO后,中国经济保持高速增长,对外贸易持续发展,外资投入规模增大,外汇储备不断增长,政府职能加速转变,企业的竞争意识加强,银行、保险、运输等各种服务业的改革力度加大。

从中国整个产业结构来看,没有明显受到入世引起的波动和损害。原来估计的汽车、农业、服务贸易领域可能遭受的冲击并不严重,政府正按照入世议定书的时间表积极兑现各项承诺。

(1) 农业:净进口国变成进出口贸易国。与入世前人们的普遍预期不同,2002年以来中国农产品出口增长、进口微减,顺差扩大。中国从多年的粮食净进口国变成了粮食进出口贸易国。原因是国际市场粮食减产、价格上升,国内农产品供给过剩,结构调整加快。除个别国内短缺品种进口增长较快外,农业整体上未受到明显进口冲击,特别是大宗敏感农产品,如小麦、玉米进口压力不大,农业生产、就业、价格和农民收入总体平稳。

但是,由于中国农业实行精耕细作、分散经营,机械化程度不高,导致农业成本居高不下,同时,生产的农产品还存在药物残留度比较高、标准化程度低等问题,国外的农产品,仍将对中国同类产品形成强大的竞争压力。所以,一旦国际市场上行情发生变化,进口农产品仍会对中国农业造成严重影响。

(2) 汽车:市场活跃,供需两旺。由于国内汽车行业重组步伐加快,外国主要汽车生产厂家与我国汽车企业纷纷签订合资合作协议或追加投资规模,使得国内汽车市场上新车型、新品牌不断涌现,质量明显提高。国内居民多年来收入不断增加,对汽车的需求直线上升。虽然2002年汽车进口关税下调、汽车进口配额准入量达80亿美元,但进口汽车的国内市场占有率仅在3%左右,对国内市场直接冲击不大。

(3) 机电产品和高新技术产品:新的出口增长点。一般认为我国最大的比较优势在劳动密集型产品上,然而入世以来,我国出口增长最快的产品却是机电产品和高新技术产品,特别是新兴的电子信息类产品。这类产品出口增长快的主要原因是,在世界需求不振和价格竞争日益激烈情况下,大批跨国公司在我国投资生产,使这些行业生产效率大幅提高。

2. 入世使中国对外开放进入了一个新阶段。随着中国经济的发展,对外贸易也高速增长,中国既是世贸组织许多成员的主要贸易伙伴,也是他们的竞争对手,非关税壁垒将成为世贸组织成员与中国竞争的重要手段。中国加入世贸组织,改善了世界贸易组织框架内中国的竞争地位。

(1) 面对非关税壁垒,中国可以根据世贸组织的规则,运用和行使自己的权利,维护自己的合法权益。

中国入世以来比较典型的例子有:

● 钢铁进出口贸易

2002年,美国对进口钢铁实施临时保护措施,中国政府和有关企业根据世贸组织规则和程序,要求美国就此项争端进行磋商,并向世贸组织提出上诉。

中国政府从同年5月份开始对11大类进口钢铁产品(包括美国产品)发起保障措施调查,根据调查结果,于11月20日起对其中5个品种采取为期3年的最终保障措施。这是我国成为世界贸易组织成员后,第一次利用该组织的有关条款处理贸易争端。

● 农产品转基因限制

我国颁布《农业转基因生物进口安全管理办法》,规定对中国出口转基因产品的外国公司必须向中国农业部申请安全证书,证明这些产品对人、畜以及环境无害。农业部将在270天内批复申请,3月、9月是每年两次申请证书的时间。该办法符合世贸组织的有关规定,同时,也表明中国开始用世贸规则保护本国的利益。

● 铜版纸反倾销

2002年11月我国政府部门作出初裁决定,对进口韩国、日本和美国生产的铜版纸产品采取临时反倾销措施。据统计,自1997年我国制定反倾销条例、反补贴条例和保障措施条例以来,截至2002年底,反倾销立案共21起,保障措施1起,铜版纸是首例决定征收反倾销税的进口商品。

● 热轧板反倾销应诉

我国出口产品反倾销案件的总体应诉率,已上升到60%—70%;其中,涉及美国和欧盟的反倾销调查案件,我国企业的应诉率已达到100%,绝对胜诉率(无税结案)已上升至35.7%。宝钢应诉加拿大反倾销案成功,终裁税率由初裁的96%下降到2.8%,对国内企业具有普遍的借鉴意义。

（2）积极参加多边贸易谈判，主动参与国际经贸规则的制订。

中国入世以后积极参与世贸组织的各项活动，如多哈的多边贸易谈判，中国派出20多个代表团全面参与各个议题的谈判；与申请加入世贸组织的俄罗斯和越南进行了双边市场准入谈判；在世贸组织框架下，参与了对墨西哥、印度等世贸组织成员的贸易政策审议。

在坎昆会议上，中国派出商务部长和农业部长率领的60人代表团，成员来自商务部、农业部、海关总署、财政部、外交部、国家发改委以及中国驻世贸组织使团。代表们与其他成员方进行了广泛的接触；中国和其他20个发展中国家共同提出了农业问题的新建议；中方还和包括欧盟、美国在内的主要成员方就所有议题进行了磋商。

世贸组织总干事素帕猜评价说：尽管中国是世贸组织的一个新成员，但是其在世贸组织中的作用却是十分重要的。中国常驻世贸组织大使孙振宇说：中国在发达成员和发展中成员之间起了桥梁作用。

中国入世的开端良好，长期的影响还有待时间来证明，中国的经济，特别是对外经济和贸易，仍将经受新环境下的各种考验。

复习思考题

一、关键词语

　　402条款　　正常贸易关系　　过渡性审议

二、问答题

1. 中美关于中国加入世界贸易组织谈判的主要问题有哪些？
2. 世界贸易组织对中国贸易政策第一次年度审议有哪些主要内容？

图书在版编目(CIP)数据

新编国际贸易/胡涵钧主编.—2版.—上海：复旦大学出版社，2000.9(2023.2 重印)
(复旦博学·金融学系列)
ISBN 978-7-309-02642-9

Ⅰ.新… Ⅱ.胡… Ⅲ.国际贸易-教材 Ⅳ.F740

中国版本图书馆 CIP 数据核字(2000)第 42321 号

新编国际贸易(第二版)
胡涵钧　主编
责任编辑/盛寿云

复旦大学出版社有限公司出版发行
上海市国权路 579 号　邮编：200433
网址：fupnet@fudanpress.com　http://www.fudanpress.com
门市零售：86-21-65102580　团体订购：86-21-65104505
出版部电话：86-21-65642845
上海华业装潢印刷厂有限公司

开本 787×960　1/16　印张 25　字数 345 千
2000 年 9 月第 2 版
2023 年 2 月第 2 版第 10 次印刷
印数 27 601—28 700

ISBN 978-7-309-02642-9/F·611
定价：37.00 元

如有印装质量问题，请向复旦大学出版社有限公司出版部调换。
版权所有　　侵权必究

复旦博学：经济管理类主要教材

复旦博学·大学管理类系列教材 管理学：原理与方法（第四版），**周三多**；《管理学原理与方法》电子教案，管理学——教与学导引，**周三多**；管理心理学（第四版），**苏东水**；国际市场营销管理（第二版），**薛求知**；国际商务管理（第二版），**薛求知**；人力资源开发与管理（第三版），**胡君辰 郑绍濂**；会计学原理（第三版），**张文贤**；会计学原理习题指南，**张文贤**；现代企业管理（第二版），**王方华**；企业战略管理（第二版），**王方华**；新编组织行为学教程（第三版），**胡爱本**；生产与运营管理（第二版），**龚国华**；生产与营运管理案例精选，**龚国华**；质量管理学（第三版），**龚益鸣**；货币银行学通论（第二版），**万解秋**；市场调查教程，**范伟达**；市场营销学（第二版），**王方华**；电子商务管理，**黄立明**；现代企业财务，**张阳华**；现代投资学原理，**万解秋**；现代企业管理案例选，**芮明杰**；纳税会计，**贺志东**；有效管理IT投资，**黄丽华等译**。

复旦博学·经济学系列 高级政治经济学——社会主义总论，**蒋学模**；高级政治经济学——社会主义本体论，**蒋学模**；世界经济新论，**庄起善**；世界经济新论习题指南，**庄起善**；国际经济学，**华民**；统计学原理（第四版），**李洁明**；国际贸易教程（第三版），**尹翔硕**；经济学基础教程（第二版），**伍柏麟**；经济思想史教程，**马涛**；《资本论》教程简编，**洪远朋**；经济博弈论（第三版、十一五），**谢识予**；经济博弈论习题指南，**谢识予**；古代中国经济思想史，**叶世昌**；经济社会学（第二版），**朱国宏**；新编公共财政学——理论与实践，**唐朱昌**；社会主义市场经济论，**顾钰民**；经济法原理，**胡志民**；现代西方人口理论，**李竞能**；投资经济学（第二版），**金德环**；计量经济学教程，**谢识予**；当代西方经济学流派（第二版），**蒋自强、史晋川**。

复旦博学·金融学系列 国际金融新编（第三版），**姜波克**；国际金融新编习题指南（第二版），**姜波克**；现代公共财政学（第二版），**胡庆康 杜莉**；现代公共财政学习题指南，**胡庆康**；现代货币银行学教程（第二版），**胡庆康**；现代货币银行学教程习题指南（第二版），**胡庆康**；国际经贸实务（第二版），**胡涵钧**；国际金融管理学，**朱叶**；中央银行学教程，**童适平**；中国金融体制的改革与发展，**胡海鸥**；电子金融学，**杨青**；行为金融学，**饶育蕾**；金融市场学教程，**霍文文**。

复旦博学·21世纪经济管理类研究生系列 高级计量经济学，**谢识予**；产业经济学，**干春晖**；现代企业战略，**王玉**；规制经济学，**曲振涛**；中高级公共经济学，**毛程连**；金融博弈论，**陈学彬**。

复旦博学·21世纪人力资源管理丛书 劳动经济学，**曾湘泉**；人力资源管理概论，**彭剑锋**；组织行为学，**孙健敏**；社会保障概论，**郑功成**；战略人力资源审计，**杨伟国**；组织文化，**石伟**；组织设计与管理，**许玉林**；工作分析，**付亚和**；绩效管理，**付亚和**；员工福利管理，**仇雨临**；

职业生涯管理,**周文霞**;薪酬管理原理,**文跃然**;员工招聘与人员配置,**王丽娟**;培训与开发理论及技术,**徐芳**;人员测评与选拔,**萧鸣政**;国际人力资源管理,**林新奇**;员工关系管理,**程延园**。

复旦博学·财政学系列中国税制(第二版),**杜莉**,税收筹划,**王兆高**;政府预算管理学,**马海涛**;国际税收,**杨斌**;比较税制,**王乔**;比较财政学,**杨志勇**;国有资产管理学,**毛程连**;资产评估学,**朱萍**;政府绩效管理,**马国贤**。

复旦博学·广告学系列现代广告学(第六版、送课件),**何修猛**;广告学原理(第二版、十一五、送课件),**陈培爱**;广告策划创意学(第三版、十一五、送课件),**余明阳**;广告媒体策划,**纪华强**;现代广告设计(第二版),**王肖生**;广告案例教程(第二版),**何佳讯**;广告文案写作教程(第二版、送课件),**丁柏铨**;广告运作策略,**刘绍庭**;广告调查与效果评估(第二版),**程士安**;广告法规管理(第二版),**吕蓉**;广告英语教程,**张祖忻**;色彩与表现,**王肖生**。

复旦博学·会计、财务管理、审计及内部控制系列会计制度设计(十五规划),**李凤鸣**;会计信息系统,**薛云奎**;政府与非营利组织会计(十五规划),**赵建勇**;会计理论,**葛家树**;中级财务会计(第二版),**张天西**;管理会计,**吕长江**;高级财务会计(十一五规划),**储一昀**;财务管理,**欧阳令南**;国际会计,**王松年**;成本会计(十一五规划),**王立彦**;房地产企业会计,**钱逢胜**;保险公司会计,**张卓奇**;证券公司会计,**瞿灿鑫**;审计理论与案例,**刘华**;内部控制案例**,朱荣恩**;审计学原理,**李凤鸣**;内部会计控制制度设计,**赵保卿**;财务金融学,**张玉明**;公司理财,**刘爱东**;中级财务管理(十一五规划),**傅元略**;高级财务管理(十一五规划),**刘志远**;国际财务管理,**张俊瑞**;财务控制,**朱元午**;财务分析,**张俊民**;财务会计(十一五规划),**张天西**;会计英语,**叶建芳**;战略管理会计,**夏宽云**;银行会计(第二版),**贺瑛**。

复旦博学·工程管理系列房地产管理学(十一五规划),**谭术魁**;房地产金融,**邓宏乾**;房地产法,**陈雷东**;国际工程承包管理,**李惠强**;工程项目投资与融资,**郑立群**;房地开发企业会计,**冯浩**;房地产估价,**卢新海**;房地产市场营销,**王爱民**;工程经济学,**杨克磊**;工程造价与管理,**李惠强**;投资经济学,**张宗新、杨青**;财务管理概论,**彭浩涛**。

复旦博学·21世纪国际经济与贸易系列世界经济学,**黄梅波**;国际结算,**叶陈刚 叶陈云**;国际经济合作,**湛柏明**;国际服务贸易学,**程大中**。

复旦博学·21世纪旅游管理系列旅游经济学原理,**罗明义**;现代饭店经营管理,**唐德鹏**;饭店人力资源管理,**吴中祥**;旅游文化学,**章海荣**;生态伦理与生态美学,**章海荣**;旅游策划,**沈祖祥**;猴岛密码,**沈祖祥**。

复旦博学·微观金融学系列证券投资分析,**邵宇等**;投资学,**张宗新**;公司金融,**朱叶**。

复旦博学·21世纪管理类创新课程系列咨询学、品牌学教程、品牌管理学,**余明阳**;知识管理,**易凌峰**。

复旦卓越:适用于高职高专、实践型本科

复旦卓越·经济学系列 微观经济学,宏观经济学,金融学教程,**杨长江**等;国际商务单证实务,**刘伟奇**;市场经济法律教程,**田立军**。

复旦卓越·21世纪管理学系列 市场营销学教程(十一五、送课件),**王妙**;市场营销学实训(送课件),**王妙**;应用统计学(第二版、十一五),**张梅琳**;质量管理教程(送课件),**岑咏霆**;人力资源管理教程,**袁蔚**;管理经济学教程,**毛军权**;人力资源管理实务,**顾沉珠**;中小企业管理,**杨加陆**;艺术市场学概论,**李万康**;现代公共关系学(第二版),**何修猛**;人才资源管理(第三版、送课件),**杨顺勇等**;连锁经营管理(送课件),**杨顺勇**;品质管理(送课件),**周东梅**;商业银行实训教程(送课件),**宋羽**。

复旦卓越·保险学系列 保险学,**龙玉洋**;工程保险理论与实务,**龙玉洋**;汽车保险理论与实务,**龙玉国**;财产保险,**付菊**;保险英语,**刘亚非**;保险公司会计(第二版、送课件),**候旭华**。

复旦卓越·21世纪物流管理系列教材 总顾问 **朱道立** 现代物流管理(送课件),**黄中鼎**;商品学,**郭洪仙**;供应链管理(送课件),**杨晓雁**;运输管理学(送课件),**刘小卉**;仓储与配送管理(十一五),**邬星根**;物流设施与设备,**张弦**;物流管理信息系统(送课件),**刘小卉**;第三方物流教程,**骆温平**;供应链管理习题与案例,**胡军**。

复旦卓越·21世纪会展系列 会展概论,**龚平**;会展营销,**胡平**;会展经济,**陈来生**;会展设计,**王肖生**;会展策划,**许传宏**;会展实务,**张龙德**;会展文案,**毛军权**;博览学,**余明阳**。

复旦卓越·会计学系列 基础会计(第二版),**瞿灿鑫**;银行外汇业务会计,**陈振婷**;成本管理会计,**乐艳芳**;管理会计学,**李敏**;财务管理学,**孙琳**;小企业会计电算化,**毛华扬**;审计学,**王英姿**。

复旦卓越·金融学新系 金融学,**刘玉平**;国际金融学,**贺瑛**;中央银行学,**付一书**;金融市场学,**许文新**;商业银行学,**戴小平**;保险学,**徐爱荣**;证券投资学,**章劼**;金融法学,**张学森**;金融英语,**刘文国**;国际金融实用教程,**马晓青**。

复旦卓越·国际经济与贸易系列 国际结算(第二版),**贺瑛**;国际贸易,**陈霜华**;国际贸易实务(英语),**黄锡光**;外贸英语函电(英语),**葛萍**;国际商务谈判,**窦然**。

新编经济学系列教材 现代西方经济学(微观经济学)(第三版),**宋承先 许强**;现代西方经济学(宏观经济学)(第三版),**宋承先 许强**;现代西方经济学习题指南(微观)(第四版),**尹伯成**;现代西方经济学习题指南(宏观)(第四版),**尹伯成**;微观经济学教程,**黄亚钧**;公共经济学教程,**华民**;社会主义市场经济学教程,**伍柏麟**;电子商务概论,**赵立平**;项目管理,**毕星**;保险学原理,**彭喜锋**;证券投资分析(第二版),**胡海鸥**;市场营销学(第三版)**徐鼎亚**;

《资本论》脉络(第二版),**张薰华**;环境经济学概论,**严法善**;高级宏观经济学,**袁志刚**;高级微观经济学,**张军**。

MBA系列教材 公司财务,**欧阳光中**;管理沟通,**苏勇**;物流和供应链管理,**朱道立**;管理经济学,**袁志刚**;概率论与管理统计基础,**周概容**;市场营销管理,**芮明杰**;投资学,**陈松男**;跨国银行管理,**薛求知**;企业战略管理教学案例精选,**许晓明**;人力资源开发与管理教学案例精选,**胡君辰**;组织行为学,**胡君辰**。

通用财经类教材 投资银行学,**贝政新**;证券投资通论,**贝政新**;现代国际金融学,**刘剑**;金融风险与银行管理,**徐镇南**;中央银行概论,**万解秋**;现代企业财务管理(第二版),**俞雪华**;保险学,**姚海明**;国际经济学(第二版),**王志明等**;财务报表分析,**欧阳光中**;国际贸易实用教程,**徐立青**;网络金融,**杨天翔等**;实用会计,**张旭霞等**。

请登录 http://www.fudanpress.com

内有所有复旦版图书全书目、内容提要、目录、封面及定价,有图书推荐、最新图书信息、最新书评、精彩书摘,还有部分免费的电子图书供大家阅读。

可以参加**网上教学论坛**的讨论,交流教学方法。

可以网上报名**参编教材、主编教材、投稿出书**。

填写网上调查表,可由院系统一免费借阅教材样书,教师可免费获得教材电子样书,免费获得邮寄的精品书目,并可免邮费购书一次。

请登录 http://edu.fudanpress.com

复旦大学出版社教学服务网,内有大部分教材的教学课件,请授课老师登陆本网站下载多媒体教学资源。